中国会计理论研究丛书
——会计史专题（2013）

中国会计学会　编

经济科学出版社

图书在版编目（CIP）数据

会计史专题．2013/中国会计学会编．
—北京：经济科学出版社，2015.12
（中国会计理论研究丛书）
ISBN 978－7－5141－6344－5

Ⅰ．①会…　Ⅱ．①中…　Ⅲ．①会计－经济史－学术会议－文集　Ⅳ．①F23－09

中国版本图书馆 CIP 数据核字（2015）第 282281 号

责任编辑：黄双蓉　黎子民
责任校对：杨　海
责任印制：邱　天

中国会计理论研究丛书
——会计史专题（2013）
中国会计学会　编
经济科学出版社出版、发行　新华书店经销
社址：北京市海淀区阜成路甲 28 号　邮编：100142
总编部电话：010－88191217　发行部电话：010－88191522
网址：www.esp.com.cn
电子邮件：esp@esp.com.cn
天猫网店：经济科学出版社旗舰店
网址：http://jjkxcbs.tmall.com
北京万友印刷有限公司印装
787×1092　16 开　19.25 印张　520000 字
2015 年 12 月第 1 版　2015 年 12 月第 1 次印刷
ISBN 978－7－5141－6344－5　定价：45.00 元
（图书出现印装问题，本社负责调换。电话：010－88191502）

中国会计学会第八届会计史国际学术研讨会合影留念

中华会计文明探源与寻根之旅
中国会计学会第八届会计史国际学术研讨会（2013）
The 8th Accounting History International Conference of the Accounting Society of China(ASC)
主办：中国会计学会会计史专业委员会
承办：河南财经政法大学会计学院
中国·郑州 2013年10月12日–13日

大会主席台

二里头考察

目　录

传承史前会计文明，开创中国会计改革未来

——中国会计学会第八届会计史国际学术研讨会综述　薛玉莲　方拥军　1

中国原始计量记录时代与夏代会计传演对接研究　郭道扬　杜建军　7

敦煌寺院内部控制初步发展论

——兼议敦煌文书会计史研究中的问题　李孝林　杨兴龙　粟会明　31

十三年来的中国会计理论研究基本取向与态势

——基于2000~2012年间国家三大基金资助会计类项目的统计分析与思考　许家林　舒利敏　孔令辉　45

二十世纪中期的中国会计　付　磊　66

汉唐中央财计组织制度变迁研究　张嘉兴　张　涛　韩传模　76

夏王朝时期会计发展研考　赵丽生　92

胡雪岩内部控制思想评析及其现实启示

——基于COSO内控框架视角的审视　康　均　朱西平　黄劲国　98

革命根据地会计发展研究

——延安时期中直机关会计工作的经验与启示　王海民　106

中国企业会计准则思想发展原因的历史考证

——会计准则思想的供给　刘常青　111

论注册会计师行业诚信建设　杨智杰　118

会计文化传承与中国会计软实力的提升路径

——从传统文化中探寻影响中国会计发展进程的基因图谱　李连华　126

超然主计制度与卫挺生　李宏健　136

新郑出土部分战国牛肋骨墨书账簿考　蔡全法　141

郑韩故城战国牛肋骨会计账考论　陈　敏　程水金　周　斌　160

原始计量与记录行为的演进分析　余根亚　刘　力　176

云南省土司的内部控制初探

——以德宏州土司为例　陈　红　陈　林　曹细钟　196

近代上海钱庄与山西票号的会计制度比较研究

——以银钱会计为视角　马光华　师冰洁　204

浅谈山西票号的理财模式　张丽云　郭　睿　211

国家审计起源历史新探　夏　寒　戚振东　220

我国会计师制度建设早期史事考略　范存遥　228

我国财务分析学科的历史演进
——兼论财务经济分析学的产生与发展　樊行健　孙建华　薛　媛　234
两百年来会计理论研究发展的全球扫描
——理查德·马蒂西克《会计研究二百年》评介　严　明　许家林　246
国外会计史研究综述与启示：2008～2012　王遂昆　260
新中国内部控制制度发展沿革　杨　鹃　270
改革开放后我国会计人员管理体制的回顾、思考与评价　尹世芬　275
新中国企业福利费用会计核算的历史演进　冯延超　282
美国公允价值会计应用历史考察　于永生　287
美国企业合并会计处理方法的演进及启示　赵彦锋　298

后记　305

传承史前会计文明，开创中国会计改革未来

——中国会计学会第八届会计史国际学术研讨会综述

薛玉莲　方拥军*

会计史研究作为会计理论研究的一个重要组成部分，对于洞悉会计理论与实务的演进与变迁、推动学科长远发展具有重大作用。为促进中外会计史学术研究和交流，探寻中华会计文明源头及其演进，特别是集中研讨中国原始记录时代与夏代会计传演对接问题，由中国会计学会会计史专业委员会主办、河南财经政法大学会计学院承办的“中国会计学会第八届会计史国际学术研讨会”于2013年10月12~13日在河南省郑州市举行。财政部部长助理余蔚平同志为会议的召开作出重要批示并表示祝贺。财政部会计司副司长、中国会计学会秘书长刘光忠同志参加大会并做了重要报告。河南省财政厅与河南省会计学会、河南财经政法大学的领导，中国会计学会会计史专业委员会主任、副主任以及委员出席了会议。来自美国、澳大利亚、韩国、中国台湾等国家和地区，来自北京大学、中国矿业大学、中南财经政法大学、天津财经大学、湖南大学、西安交通大学、重庆理工大学、东北财经大学、浙江财经大学、广东财经大学、山西财经大学、首都经济贸易大学、南京审计学院、云南财经大学以及河南财经政法大学等30余所高校、科研单位、政府机构、企业的130余位正式代表，以及9家新闻及出版单位的代表参加了会议。国际著名会计史学家加里·约翰·普雷维茨（Gary John Previts）教授和伦敦政治经济学院的理查德·梅克弗（Richard Macve）教授分别向大会发来视频祝贺。会议收到论文66篇，其中34篇入选会议论文集。郭道扬教授等7位学者在大会上宣读了论文，23个代表分4个小组开展了分组讨论。代表们围绕中国原始计量记录时代与夏代会计传演对接研究、古代会计审计思想、近现代会计与理财思想、新中国会计制度建设与会计改革，以及会计文化及会计史相关问题等议题开展了深入的探讨。

一、关于近几年我国会计改革、会计管理的工作重点与最新动态

刘光忠秘书长在开幕式上就近几年我国会计改革、会计管理的工作重点与动态作了重要报告，内容涉及三个重要方面：（1）会计标准（企业会计标准、政府会计标准、内部控制标准、管理会计标准）建设。刘秘书长系统分析了会计准则的国际趋同问题。2008年美国金融危机爆发以后，会计问题引起了国际社会的广泛关注，G20会议连续三次在全球最高领导人层面讨论会计问题，呼吁建立一套全球统一的高质量会计准则。国际会计准则理事会为了响应G20倡议，一方面对国际会计准则的一些项目进行修改和完善，另一方面致力于推进多个国家和各个

---

* 薛玉莲、方拥军：河南财经政法大学会计学院。

地区采用国际准则。刘秘书长认为，我国会计准则制定机构以及会计行业也面临着两大任务：一方面要积极地参与国际准则的制定，力争我们的话语权与影响力；另一方面中国会计准则要与国际保持持续趋同，不断跟进国际准则的修改变化并进行更新。在制度层面，政府会计相比企业会计改革比较滞后，不能系统、完整、全面地反映政府的财务状况和运行成本，绩效考核也难以进行。基于此，财政部非常重视政府会计改革，相关研究也在加快进展，学术界应重点关注。我国已经建立了企业内部控制的标准体系，今后的重点是在特定行业把这套规范体系维持下去，加强实施的具体措施需要不断地持续跟进，尤其是应大力推进行政事业单位内部控制，对预防腐败会发挥独特作用。管理会计对于创造价值非常重要，但近些年来我们在管理会计理论与实务方面相对有差距，今后要大力推进管理会计，研究制定一套符合中国国情的管理会计标准。（2）关于人才建设问题。应该研究建立一套我国的会计人才能力框架，同时完善评价体系尤其是正高级会计师评审工作，并进一步修改完善总会计师条例，把总会计师在企业单位的地位和作用真正发挥出来。（3）关于注册会计师行业的发展问题。为了推动中国注册会计师行业持续快速发展，国务院、财政部出台了一系列政策措施。本土品牌的事务所规模也越来越大，知名度也越来越高，但今后仍要继续推进改革。一方面要大力推进事务所由公司制向合伙制和特殊合伙制改进；另一方面，会计师事务所必须追求多元化发展，并不断强化内部制度建设和内部治理，实现可持续发展，真正做强做大。

二、中国原始计量记录时代与夏代会计传演对接研究

中南财经政法大学郭道扬教授在题为“中国原始计量记录时代与夏代会计传演对接研究”的主题报告中，从中国史前会计规则、方法及会计文化起源与演进研究出发，考证了中国史前会计与进入文明社会之后的夏代会计的传承性对接，突出了本次大会的主题。郭教授认为，早在中国的智人阶段便有了开创性成就，形成了中国会计的开端，其后这种创造性在新石器时代得以发展。原始计量记录规则与方法得到逐步改进并创造的奇迹，是原始社会末期发生变革、与夏代会计文明传演对接的前提条件。基于此，研究认为：（1）中国原始会计文化演进的必然趋势是走向文明，通过会计计量记录规则和方法创造与应用积累下来的成就，与夏代会计文明发生传承性对接，中国史前会计文明将持续性地、极其深刻地影响中国会计发展史的整个进程；（2）中国原始会计的历史起点是辉煌而伟大的，它对中国处于智人阶段的人得以解决生存与发展问题，渡过极其艰难的采集经济时代起着重大作用。伟大的历史起点预示着中国会计发展必将有光辉灿烂的未来；（3）中国原始计量记录时代，通过旧石器时代中晚期简单刻划符号与直观绘图记事的创造，通过新石器时代越来越进步和越来越复杂刻划符号与抽象绘图规则及方法的创造，以及在中国原始社会末期，通过“龙山文化”与“齐家文化”阶段“原始会计书契”的创造，所形成的传承性对接基本内容是：随原始自然经济进步而进步的原始会计思想；受原始经济管理法则影响而不断改进的原始计量记录规则；在原始自然经济发展推动之下，受思想与规则进步的支配，原始计量记录方式方法的不断改进；在原始经济、数学、文化艺术以及在史前自然科学与社会科学发展其他方面的综合影响之下，史前会计文化不断进步。与夏代会计的传承性对接正是从以上这四个方面展开的。（4）源于仰韶文化的中原龙山文化，其中的河南龙山文化，以及山东龙山文化与陕西龙山文化的去向，最终都奔河南偃师二里头而来，这里是“中华文明探源工程”严肃认真而科学考证所确定的“二里头文化遗址”，坐落其间的斟鄩便是夏王朝王都所在地，也正是中国原始会计与夏代会计传承对接之地。（5）偃师

的尸乡沟为商都西亳遗址，是商灭夏后最早兴建的商城，“三代之居，皆在河洛之间”，这充分说明夏、商、周文化是关联的，商的会计发展当在夏代会计基础上进行的，故原始会计与夏代会计的传承性对接完全具有它的历史基础，研究夏、商、周时期的会计应在这种指导思想支配之下。尽管还有一些问题有待进一步考证，但通过郭教授的考证性研究，在会计方面发生的这种传演性对接的研究结论是完全能够成立的。从会计史角度深入展开研究，客观上当是“中华文明探源工程”中的一部分，它证实了中国史前会计发展的历史必然性，也旁证了中国上下五千年的光辉历史。

湖南大学陈敏教授等以河南偃师二里头夏文化考古遗址为研究基础，结合夏代手工业发展、私有产权经济及国家政权形式，认为夏代存在会计产生的经济和社会条件，并从夏代经济数码与计量单位（大口尊陶容器）、官厅理财与官厅会计活动等方面推断了夏代会计的存在及其表现形式。陈教授认为，二里头文化中的刻划符号，无论其是否属于文字，都与早期的会计记录符号密切相关，其中的经济数码与甲骨文中的数码几乎一致；二里头遗址大口尊陶容器口径及容积基本统一，为标准计量提供了计量工具。复杂的社会分工和完备的国家政权体制，不仅是会计存在的前提而且是充分条件。如果没有会计，不可能建立这样有序和完备的社会组织结构，司马迁笔下的“贡赋备矣”，更为夏代官厅会计的存在和表现提供了明证。从二里头文化中的刻划符号及尚未识别的“文字”可以推断，夏代会计应该是界于文字出现前的刻划绘图记录与文字出现后书契记录之间的一种发展状态，也是会计由原始记录向书契记录过渡的一个重要时期。赵丽生教授按照会计概念的要素对夏代会计发展作了研究。由于没有成熟的文字和数字的考古史料支撑，他认为二里头至今发现的文物尚不能有力地证明会计在夏王朝已经存在，但是国家的产生、经济和生产力的发展使会计的产生具有了必要性；文字系统、数字系统和数学运算系统的初步形成使会计的产生具有了可能性。云南财经大学余根亚对云南少数民族原始计量记录行为的演进进行了研究。原始社会生产的发展，私有制经济的出现激发了对经济活动实施管理的必要性。人类在逐渐形成数量观念后尝试采取确认所涉数量、反映经济活动过程与结果的各种技术方法，再现社会经济活动及交往方面的数量关系。于是，便萌发和产生了原始计量记录行为，而原始计量记录行为发展的必然趋势便是会计。

三、关于我国古代会计审计思想的相关历史研究

天津财经大学韩传模、张涛等从制度变迁的影响因素出发，通过考证汉唐时期中央财组织制度的演进历程，根据环境起点论分别对秦汉、魏晋南北朝、隋唐的中央财计组织制度的演进过程进行了分析，归纳了汉唐中央财计组织制度变迁的基本逻辑，为我国大部制改革提出了参考意见。

上海立信会计学院宋小明教授采用比较研究的方法，分析考察了文明古国和中世纪会计的发展状况，旨在阐释各文明古国会计的特点、共性及特异之处，考证和分析各文明古国会计的历史地位与贡献，从全球史的角度，阐明文明古国会计起源、发展的历史意义。

学术界对于审计起源的研究观点各异，南京审计学院的夏寒、戚振东通过考察审计各个要素的起源发展分析了中国古代审计的发展历程，指出审计的要素在历史发展过程中是逐渐出现的并在春秋战国时期发展齐备，上计制度的出现表明国家审计制度已具完形。

土司作为古代少数民族聚集地区特有的政权组织形式，在云南少数民族地区有近700年历史。云南财经大学的曾军在分析云南土司生存的政治环境、经济环境、社会环境、文化环境、

宗教环境、地理环境等环境条件的基础上，对德宏州土司的内部控制内容、载体及方法做了详细阐述，进而总结出土司内部控制的目标是在确保财务完整性、合理性的基础上维持家族血统的延续性；相对于现代内部控制制度，土司内部控制的目标不一样，范围上更广。

重庆理工大学杨兴龙报告了与李孝林教授合作研究的“敦煌寺院内部控制初步发展论”。研究依据敦煌文献，以内部控制五大要素为纲，从寺院组织、人员，审计控制、风险评估、财产管理、会计系统控制活动与方法、信息与沟通、内部监督等方面论证了内部控制的发展。并在会计系统控制部分，对当前敦煌文书会计史研究中的问题，提出了自己的商榷观点。

河南省文物考古研究院的蔡全法研究员考证了新郑出土部分战国牛肋骨墨书账簿。研究结合郑韩古城以及牛肋骨考古过程，对刻有文字较多的43号、42号、40号牛肋骨及其译文进行了系统研究。

四、关于我国近现代会计与理财思想的历史研究

内部控制是与特定企业、特定文化相结合的个性化产物，西方国家的企业内部控制模式未必适应中国文化环境和员工价值观。中国地域辽阔，南北方存在文化差异，企业内部控制也不尽一样。中南财经政法大学康均教授通过对胡雪岩经商内部控制思想的研究，旨在对构建一种真正与中国文化环境（包括区域文化环境）相一致的内部控制系统有所启发和反思：要注重良好控制环境的营造及保持，面对风险与机遇要敢于出奇制胜，针对潜在风险点设置控制活动，将内部沟通的被动接受转变为主动反馈并注重内部监督的艺术性；建立长期激励及理性决策机制，防范串通舞弊，注重内部监督及整改，以及加强制度建设保证内部控制制度的持续性。

在西方新式银行未传入中国之前，上海钱庄与山西票号是近代金融机构的代表。新乡学院马光华教授以银钱会计为视角对近代上海钱庄与山西票号的会计制度进行了比较后发现，票号专营汇兑，钱庄则以存放款项为主，汇兑与存放款都属于近代银钱业会计，都为社会资金清算服务。在新式银行成立前，钱庄与票号各有其会计制度，例如在会计机构的设置、账簿制度、转账结算制度以及记账货币单位等方面既相通又各有特点，都成为当时先进会计方式的代表，造就了多种会计制度与会计思想，共同促进中国会计思想以及技术的发展。山西财经大学张丽云教授对山西票号的理财模式进行了研究，认为山西票号创立了以目标为指引、以规则为主要依据、严格实务操作的理财模式，它适应了所处的社会经济环境，满足经营管理的需要，属于一种自觉主动型的理财，不仅为促进票号发展发挥了重要作用，也对后来的企业理财产生了重要影响。

西安交通大学王海民教授结合延安时期中直机关会计工作的经验研究了革命根据地的会计发展，总结了其主要经验包括：强有力领导，财务与会计工作者的全局观念，与其他职能部门很好的配合，而且参与民主管理、依靠群众公开理财，重视规章制度建设和审计职能的发挥等。

五、关于新中国会计制度建设与会计改革的历史研究

首都经济贸易大学付磊教授研究了20世纪中期的中国会计问题。这一期间在全国全面推行现代会计，结束了长期以来中国会计落后、散乱的局面；同时会计在艰难摸索过程中受到政

治的强烈影响。历史经验昭示：宽松、和谐的政治氛围为会计发展提供机遇；恶劣的政治氛围则将会计引入歧途。研究呼吁珍惜现在大好时光，认真开展会计研究、努力实践，推进我国会计的健康发展。

郑州航空工业管理学院刘常青教授对中国企业会计准则思想发展的原因进行了历史考证：当会计准则思想供给的正向增量作用达到一定程度，就会通过促进会计准则思想供给的量、质的提高（即有效性）来满足日益增长的会计准则需求，进一步在促进供求间沟通有效性的基础上，通过交易费用的减少来促进会计准则思想的发展。

首都经济贸易大学尹世芬对改革开放后我国会计人员管理体制进行了回顾、思考与评价。研究指出，应将我国政府主导型会计人员管理体制转向政府和企业结合的双重导向型会计人员管理体制；应该进一步完善《会计法》进一步强化会计从业资格的准入要求，提高会计从业资格准入门槛，改革现行会计资格考试制度，并建立正高级会计师职称制度。

企业职工福利是薪酬的重要形式，河南财经政法大学冯延超博士根据福利制度和企业会计准则的变迁历程，把新中国企业职工福利费用的核算演变过程分为计划经济时期、转型经济时期和市场经济时期三个阶段；未来职工福利的发展方向将是逐步建立完整的人工成本管理制度，将职工福利纳入职工工资总额管理；同时应修订职工薪酬会计准则，充实离职后福利的内容。孙建华博士研究了我国财务分析学的历史演进问题，认为财务经济分析学的兴起是财务分析模式的融合与创新的结果，其学科定位为一级学科工商管理类下的二级学科较为合理，其研究对象强调诸因素（主要是生产经营因素）的影响所形成的财务指标差异及其原因剖析，而非财务活动本身；研究内容以财务分析为主，也应把生产分析和成本分析作为影响财务指标的原因来展开分析。

六、会计文化及会计史其他相关问题研究

会计文化传承和中国会计软实力的提升，是目前我国在国家层面上亟须研究和解决的问题。浙江财经大学李连华教授从中国传统社会文化中提炼、总结和绘制了传统会计文化的基因图谱，认为中国传统会计文化主要由诚实文化、技巧文化、节俭文化、谦和文化、稳健文化、仁义文化等文化元素组成。同时分析了中国传统会计文化存在的竞争意识较弱、冒险精神不强、科学性探索不足、缺乏对规则的尊重等潜在的文化缺陷。基于此，研究提出了会计文化创新与提升中国会计软实力的努力方向：加强对会计战略文化的研究；做好会计文化的融合创新研究；做好会计文化的继承创新。

在我国，国家自然科学基金、国家社会科学基金和教育部人文社会科学基金资助的项目及其分布可在一定程度上折射出同期会计理论研究的基本取向与态势。中南财经政法大学舒利敏博士报告了与其导师许家林教授以2000～2012年三大基金资助会计类项目为样本进行的系统统计分析，总结了十三年间我国会计理论研究现状及其显现出来的多元特征后发现：在研究内容上三大基金均侧重于财务管理、资本市场与信息披露和审计等领域，而对会计基础理论、成本与管理会计、政府及非营利组织会计等领域的资助却较薄弱；在研究主体分布上以“985”和“211”高校教师为主，但其他高校教师也开始逐渐成为重要力量。

管理会计发展史上有一个“丧失相关性”的命题。上海大学许金叶博士基于文献资料的证据，借鉴社会经济学的理论解释，从企业性质理论和分工理论出发构建企业管理会计发展的动因构架，在此基础上应用史料和案例来验证提出企业管理会计发展的动因的解释框架。河南

财经政法大学会计学院周琳博士采用实地研究方法对中外管理会计变革与创新的影响因素进行了比较分析后认为，我国国有上市企业在转型经济中都面临着管理困境。

2008 年，理查德·马蒂西克（Richard Mattessich）联合国际会计史学界数十位专家学者，撰写了《会计研究二百年：国际视角下的人物、思想和成就》一书。中南财经政法大学的严明博士汇报了他和导师许家林教授就该书核心思想和主要内容进行的评介研究，认为该书从广阔的国际视角对 1800 ~ 2000 年两百年会计理论研究的历史进行了全景式扫描与审视，向人们展示了一幅全球性会计理论研究与会计文化发展的绚丽画卷，具有重大借鉴价值。

来自中国台湾地区的李宏健教授介绍了中国台湾从 2013 年起主要上市公司开始采用国际会计准则的情况，并认为会计人员应当同财政部脱离，成立平行于财政部的专门机构对会计人员进行派驻、任用、免除和升迁，使会计人员不易受到领导的干涉，有自己的立场，做到公正处理财务资料。悉尼大学的彼得·沃尔尼泽（Peter Wolnizer）教授介绍了国际教育委员会的工作思路及工作成果。中国社科院袁为鹏研究员从会计与经济发展的关系入手报告了统泰升号商业账簿（1798 ~ 1850）的基本研究情况。

本次会议日程安排紧凑、内容丰富，代表们研讨认真，成效突出，在中国原始记录与夏代会计对接研究等领域取得了重大进展，特别是更多中青年学者参与会计史研究，并吸引了国际上更多的关注。会议初步确定中国会计学会第九届会计史学术研讨会将于 2016 年举行，由广东财经大学承办，会议的主题是革命根据地会计史研究。

中国原始计量记录时代与夏代会计传演对接研究*

郭道扬　杜建军**

【摘要】本文研究目标是作为“中华文明探源工程”框架之内的一部分进行的，它从中国史前会计规则、方法及其会计文化起源与演进研究出发，考证中国史前会计与进入文明社会之后的夏代会计的传承性对接。文章以考古成果为依据，从仰韶文化到河南、山东与陕西龙山文化，再从齐家文化到二里头文化，以会计计量记录规则与方法逐阶段传承演进为研究主线，最终将递演传承归结到与夏文化的对接。由于本文选择了科学的研究路径，又有充分的考古依据为依托，故本文认为其研究成果可以作为“中华文明探源工程”反映在会计方面的历史证据。

【关键词】会计历史起点　仰韶文化　龙山文化　二里头文化　夏代会计传演对接

中国会计认识的前史，始于智人阶段（尤其是晚期智人阶段）的人，以人的思维活动方式思考问题的时候。具体而言，它表现为一个建立在通晓思维活动的历史与成就基础之上的、理论思维活动的过程。其间经历几十万年之久，跨越旧石器时代与新石器时代，及至原始社会末期的铜器时代，最终与进入文明社会初期夏代的会计发生传演性对接，显示中国智人的理论思维活动在历经史前时代社会经济演进过程之后的结果。

一、中国智人创造了会计历史的起点

关于旧石器时代中晚期，中国智人阶段计量记录行为发生的原因及其伟大创造性价值，作者已另文作了详细考证①，本文不作赘述。以下着重研究中国智人阶段发明创造原始计量记录规则与方法的思维活动过程及其实践过程，以明确中国会计历史起点的形成。

人类学家认为，早期猿人便是最早的人类，目前，考古发现地球上最先出现的这类人，其生存年代约在距今 377 ~ 359 万年之间。晚期猿人被称作“直立人”，其生存年代距今 180 ~ 20、30 万年之间（崔连仲，1997）。考古发现属于这个时期的中国人，有云南的元谋人（距今约 170 万年）、陕西蓝田人（距今约 110 ~ 115 万年）、北京人（距今约 50 ~ 60 万年）等。考古学上以制造石器为衡量标准，把史前人类划分为蒙昧时代与野蛮时代，并把这两个时代分别划分为早、中、晚三个时期，其划期如图 1 所示。

---

* 本文为 2011 年度国家社科基金重大项目（项目编号：11&ZD145）的阶段研究成果。

** 郭道扬：中南财经政法大学会计学院；杜建军：美国休斯敦维多利亚分校。

① 参见《会计研究》2009 年第 8 期与《中国会计研究（英文版）》2011 年第 3 卷第 1 期。

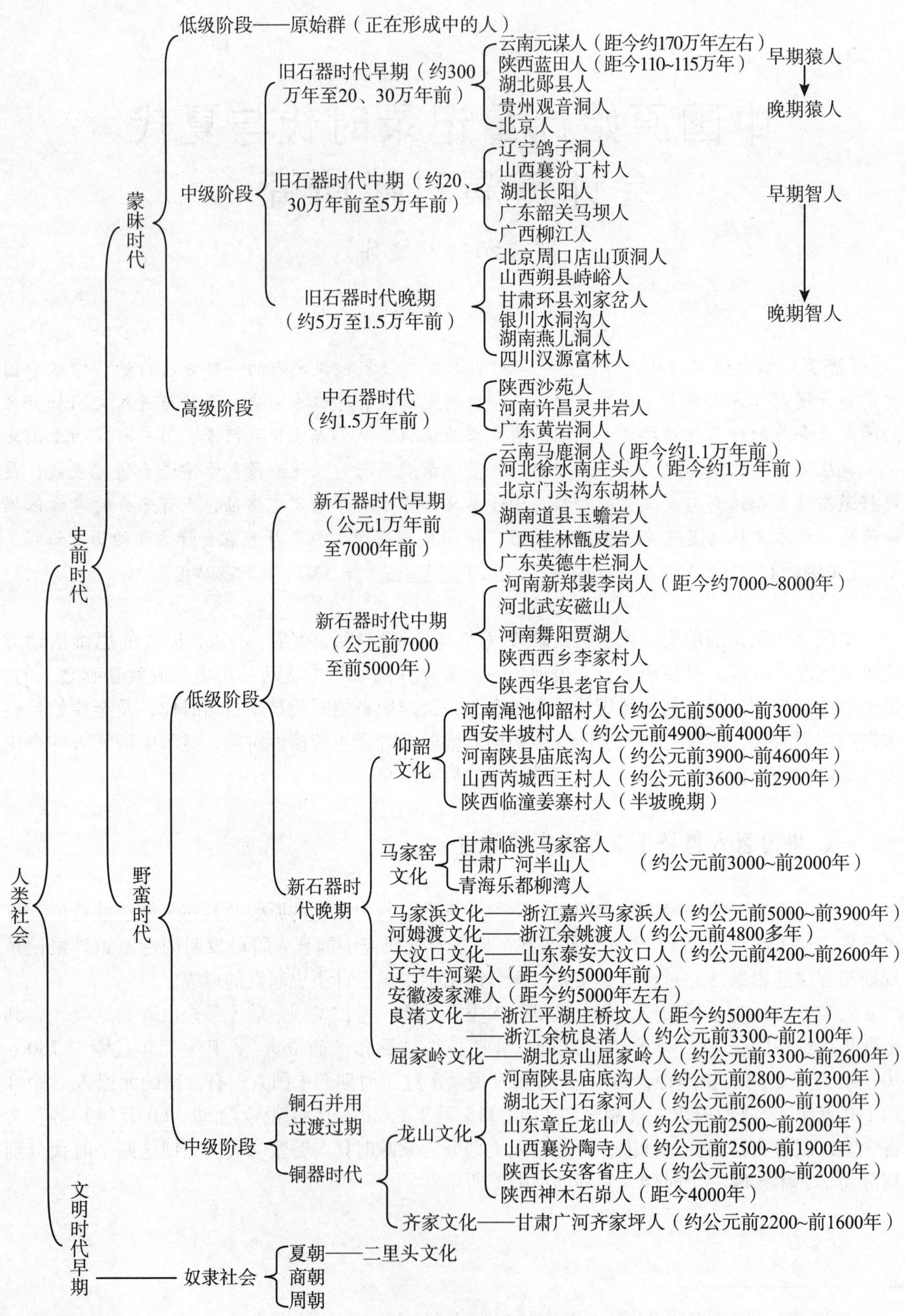

图1　中国史前人类社会考古的划期

在旧石器时代，人们主要依靠采集自然界现成植物的根、茎及其果实维生，并通过狩猎辅以肉食，所以经济史上将其称之为"采集经济时代"。中国史书上曾有过这样的记载："昔者先王未有宫室，冬则居营窟，夏则居橧巢；未有火化，食草木之食，鸟兽之肉，饮其血，茹其毛；未有麻丝，衣其羽皮。"① 其所讲大体上是从猿进化到猿人时期的事。此后，随着人们思维活动的进步，在石器与狩猎工具制造方面，相继有了进步。再往后，人们学会了用火，熟食明显促进了人们思维活动的进步。这时的石器制造水平表明中国人已进入早期智人阶段，诸如山西丁村人、湖北长阳人、广东韶关马坝人等都属于早期智人。到晚期智人所处阶段，已经有了类似整理过的山洞这样的住所，比较固定的住所，不仅使人们的生活基本稳定下来，而且能够使一个血缘家庭聚集在一起，共同解决越冬生存的问题。到旧石器时代晚期，母权制氏族公社成为原始社会的基本单位，这时人们按氏族居住与劳作在一起，共同解决生活资料采集与消费问题，以求氏族的生存与发展。

在采集经济时代的一个相当长时期内，由于收获物完全依赖于自然，故生活资料来源具有很大的不确定性，人们的生活一直处于被动状态。在此情况下，当采集食品不足以维持氏族部落成员需要时，人吃人，尤其是吞食年老和儿童的现象便发生了。所以，这个时代，无论在中国范围内，还是在整个世界，人类在征服自然方面却还处于异常被动的状态。到旧石器时代中期的早期智人阶段，由于这个时期人类个体的脑容量已接近现代人，因此，人的思维活动在采集经济的实践过程中发生了实质性变化。这时，由"血缘家族"结合而成的部落里的主事人，已渐自把管理部落的活动集中到解决本部落的生存与发展方面，尤其是在越冬之前主事人对越冬食品的筹划，一是设法在生产环节尽可能增加食品采集的数量，以尽量增加食品的储备；二是筹划越冬期间有限储备食品的合理分配问题，以求食品耗费足以使部落里的全体成员安全越冬，以进入到新的采集阶段。针对人类早期的思维活动，认识论研究者认为："人类的认识从产生时起，就总是包括两方面，即逻辑——数学的侧面和认识论——心理学的侧面，这个方面构成了认识的形式及其内容的统一。"（李景源，1989）从逻辑——数学的侧面来研究，"逻辑数理运算来源于行动本身，因为它是从行为协调中抽象出来的结果，而不是从对象本身抽绎出来的……人们只有通过行动本身所固有的秩序，才能认识到客观的秩序。"（皮亚杰，1982）恩格斯从哲学的角度讲到人类的这种认识，他认为人的通晓思维是作为理论思维建立的基础的②。当处于早期智人阶段的中国人，在大脑之内筹划日趋复杂的越冬食品安排问题已不胜其烦之时，便自然而然会在经过通晓思维活动过程之后，在产生感知认识的基础上，形成他们的理性思维活动，最终把寻求解决越冬食品筹划问题的方法转移到主体以外的客体方面，于是中国人最早的计量记录行为便产生了。由于岁月长远（距今约20~30万年至5万年），有关中国早期智人阶段的刻石、刻骨、刻木或结绳记事法应用的痕迹，至今尚未能发现，所以，目前只能根据这个时期人口数量的明显增加与人们管理生产、生活能力的进步加以判断，笔者认为，在此阶段，中国人已进入原始计量记录时代。

在晚期智人阶段，由这时人们的神经系统、感知认识系统与相关生理系统的进步所决定，人们的认知能力使其注意到"种的繁衍"问题，正是从这一点出发，逐渐增强了他们"对计算的特殊要求"（理查德·利基，1995），这时，"语言，尤其是符号，使抽象成为可能"③。马克思在论及人们关心考量劳动成果问题时曾经这样讲过："在一切社会状态下，人们对生产资

① 《小戴记·礼运》。
② 恩格斯：《自然辩证法》，见于《马克思恩格斯选集》（第三卷），人民出版社1972年版，第533页。
③ 理查德·利基：《人类的起源》，上海科技出版社1995年版，第97页。

料所耗费的劳动时间，必然是关心的，虽然在不同的发展阶段上所关心的程度不同”。[①] 从社会状态与认知程度上来理解，马克思所指当然包括史前人类最初发生的计量记录行为在内。在旧石器时代晚期（距今约5～1.5万年前），在中国范围内发现的计量记录符号有：（1）山顶洞人的简单刻记。在周口店龙骨山山顶洞人居住地考古发现的一根长而弯曲的鹿角棒上，明显“刻着弯曲或平行的浅纹道”（郭沫若，1976）和在四只骨管上刻出的大小不一的豁口（李迪，1985）就可能为山顶洞人记事所用，对于这些刻记的豁口有两种基本解释，一种认为，可能是记事符号，凡大事刻大豁口，豁口依次排列，反映事项发生的顺序；另一种认为可能是数学符号，小豁口表示一个单位，大豁口表示10个单位（李迪，1985）。无论两种认识如何不一致，但从解决计量记录问题方面讲，它们却是一致的。当时，山顶洞人所住洞穴，已明显分为“上室”和“下室”，在室内已有了他们用于安排储备生活资料的“库房”（宋兆麟，1983）。（2）甘肃环县刘家岔人的简单刻记。刘家岔出土的“刻纹鹿角”（甘肃博物馆，1982），鹿角上的刻划符号也被认为是当时人们用于记事的符号。（3）山西峙峪人的简单刻记与绘图记事。在峙峪人居住地出土的两万余件碎骨片中，其中有“数百件上面有刻划痕迹。骨片上的刻划纹多是直笔，数目多少不一，可能是最早的记数符号”（张维罴，1994）。此外，还有一件“后端一侧有打击痕迹的骨片，上面刻划着两组清晰的图像”（张维罴，1994），反映当时峙峪人猎捕羚羊与鸵鸟的情况，这是关于当时狩猎情况的真实记录（尤玉柱，1982）。这种绘画的实际用意，正如著名考古学家戈登·柴尔德（1990）所指出的：“在一切情形之下，人类自然都数记实在的东西——例如捉到的鲑鱼、羊栏里的羊……”“旧石器时期的雕刻与绘画，并不只是一种神秘的‘艺术冲动’的表现……却不是为的专门寻求那种乐趣，而是为的一个严肃的经济目的。”山西峙峪人绘图记事的目的正是这样。

在此期间，中国人所创造的计量记录规则和方法是中国会计发展的伟大历史起点，往后，正是在这个起点的基础上，通过不断创新与改进，奠定了中华民族会计发展的历史基础。

中国旧石器时代中晚期产生的计量记录规则与方法，体现为原始会计与原始数学的密切结合，原始数学中的数理逻辑思维，成为原始会计由感知思维向通晓思维，进而向理性思维演进的依托，它促使原始计量记录规则与方法得以建立起来，并且能在反映与管理采集经济活动中正确加以应用，体现出中国人最早的应用数学实践。从中国起源之际的会计思想及其行为可见，数学的逻辑是引导会计学建立自身逻辑关系的指导性逻辑，从今往后，会计学理论体系与方法体系的构建从始至终离不开数理逻辑，而会计学逻辑关系的构建，又反过来促进了应用数学逻辑关系的发展。

中国人在采集经济时代对计量记录规则和方法的创造与应用，已充分显示出“会计”所固有的文化艺术特质。当年，那些为表现简单刻记所反复使用的单线条与复合性线条，已完完全全具备了画图线条的素质与本质特征，而那些以直观绘图记事手段来反映某种经济事项的方法，又绘形绘色，确实如画图一般。随后，那些逐步复杂起来的线条，又表现出形态各异的数码记录艺术，而那些经过抽象之后所表现的绘图记事方法，则已表现出与美丽而又奇特的图画文字、象形文字十分类似的文化艺术。就此而言，会计在本质上虽然不像有些学者讲的那样是一门“艺术”，然而，从本源上讲，早在其发端之际，它的种种表现都确确实实已具有了文化艺术的品性。

① 马克思：《资本论》（第一卷），人民出版社1975年版，第88页。

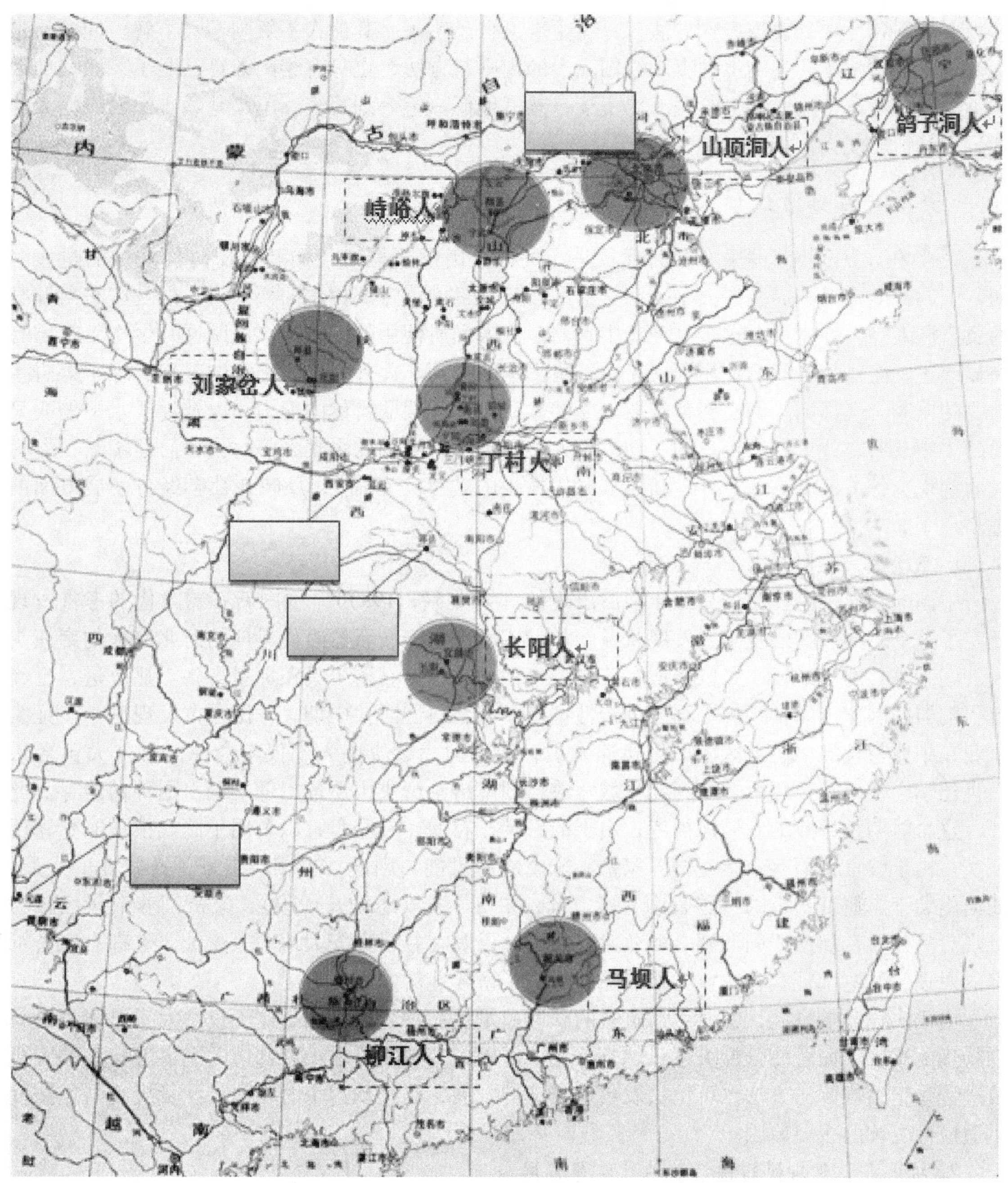

图 2　中国旧石器时代会计文化分布状态①

二、新石器时代计量记录规则与方法的演进

旧石器中晚期所应用的计量记录规则与方法，通常都是单一直线条的排列组合，由于这种被称之为“简单刻记”的方法，最初的阶段仅仅是被“血缘家庭的主事人掌握应用”，所以，

① 图引自：谭其骧：《中国历史地图集》（第一册），原始社会早期遗址图（旧石器时代），中国地图出版社 1996 年版。作者进行了标注。

其刻划规则和计数的表现方式方法，只有主事人自己明了，其他人一般则不甚了解。同时，最初在狩猎活动中所产生的那种直观绘图记事的规则与方法，也只有绘图人自己明了，而其他人并不清楚。考古学家认为，绘画人忠实于自然，他们一笔一划写实，不厌其烦。山西峙峪人绘图记事的情形便大体如此。

（一）新石器时代计量计录规则与方法进步原因

距今约 1.5 万年前的中石器时代，是人类社会由旧石器时代向新石器时代演进的过渡时期，中国河南许昌的灵井岩人、陕西大荔的沙苑人、内蒙古海拉尔的松山人，以及广东封开县的黄岩洞人等，便生活在这个时期。中石器时代人们所使用的细石器，说明这时生产工具已有明显改进，而弓箭的普遍使用则又表明狩猎水平的提高。此外，这时出现的对狗、绵羊等野生动物的驯养，又证明人们在肉食获取方面的主动性及其驾驭自然的能力，以及生活水平的明显提高。中石器时代人们所创造的一切，为人类社会摆脱被动的采集经济时代，而迎接新石器时代的到来准备了最基本的条件。新石器时代发生的“生产革命”，反映在社会经济发展方面的进步在于：

1. 农业和畜牧业的生产与发展

中国的农业也是在距今一万年前后出现的（宋兆麟，1983）。中国新石器时代的考古发现证实了这个时期农业的发生、发展状况。如考古发现处于新石器时代早期的河北徐水的南庄头人、湖南道县的玉蟾岩人，以及广东英德的牛栏洞人等，石器工具在那里得到明显改进，已经有了陶器的制作，以及种植水稻的创造性进步。至新石器时代中期，我国考古发现进一步证实农业在中原与长江中游地区已取得迅速发展，诸如河南裴李岗人不仅学会种植黍（大黄米），而且还学会种植油菜和稷。在湖北枝城背溪与湖南澧县彭头山遗址也都发现水稻种植遗存。此外，这个时期种植业的发展还被考古出土的石铲、石镰、石磨盘，以及用于储藏粮食的仓库所证实。由于粮食食而有余，使饲养家畜、家禽成为可能，因此，也相应带来了畜牧业的发展。如河南裴李岗遗址出土的“兽骨中有猪、狗、牛等”（安志敏，1979），家畜饲养数量已较为可观。另外，在河南舞阳贾湖、河北武安磁山，以及在甘肃秦安大地湾等遗址，也都有家畜饲养的发现，这些都证实，农业的发展随即带来了畜牧业的发展。

由于农牧业的发展，促使生活资料的获取数量、品种大量增加，这不仅增大了对多种储备物管理的难度，而且使分配关系日趋复杂化，所以，客观上要求氏族部落的主事者与相关人员改进计量记录规则与方法。可见，农牧业经济的发展，是推动这个时期原始计量规则与方法发生适应性变革的主要原因。

2. 纺织手工业与陶器制造业的产生和发展

由于在农业发展基础上的畜牧业方面的进步，使衣皮成为这个时期改进衣着的首选。随后是麻制品进入着装领域。考古出土的陶制吊轮，穿孔骨梭、骨针，以及许多印有布纹的陶片，都反映了当时在麻制品生产方面的进步。另外的一个突出方面是，中国人在改变采集经济探索农业经济的过程中学会了制陶，并形成了颇具特色的“陶土文化”。在美国《考古》杂志评出的 2012 年世界十大考古发现中，把在江西仙人洞遗址（约 2 万 ~ 1.9 万年前）出土的世界上最早的陶器列示其中，从此打破了陶器产生于约公元前 1 万年新石器时代革命过程中的说法。陶器的创造，最初是模仿自然界随处可见的坚硬的果壳、竹筒的造型，其后又从陶器装饰出发，以纺织品纹饰美化各式陶制器皿，生产实践是中国“陶土文化”形成的思想基础。“陶土文化”最初的造型及其饰纹，开启了中国人思维活动进化的新领域，它促使最初的装饰性艺术，逐渐进入为经济活动服务的实用性艺术领域，正因如此，一批又一批计量记录符号产生了，在实用性艺术领域，这些符号既作为一种装饰性艺术被表现出来，而又同时作为具有“会计”意义与价值的“账单”被表现出来，正因为有了这种在中国荒远时代得以在陶器上保留下来的艺术杰作，才能使后世人从“陶土文化”艺术中认识到新石器时代中国人对史前“会计”发展所作出的重要贡献。应当明确，在中国新石器时代，计量记录规则与方法演进的两大历史走向，一是至中国“陶土文化”发展的成熟时期，“会计文化”已成为其中的重要组成部分，计量与记录方法的进步，成为推动“陶土文化”发展的一个重要方面；二是构成“陶土文化”的一个重要部分，便是反映某种经济事项状况的图画文字，这种图画文字朝着抽象化方向的发展，与其后的形象性文字、象形数码的产生有着密切关系，另外，它与后来“会计”类“书契”的产生与发展也有着直接的关系。

3. 原始交换关系的萌芽

传说中的中国神龙时代（母系氏族社会末期），在氏族部落之间便发生了原始交换关系。考古证实，这个时期，在西安半坡遗址发现的碧玉耳坠与在姜寨村遗址发现的玉坠饰，都可能是通过交换取得的（张维罴，1994）。往后，至马家窑文化时期，“在柳湾 M45 发现海贝，在 M91 发现石贝，在 M345 中发现骨贝，在 M503 中发现蚌壳，这些不同质料的天然的和人工制成的各种贝的存在……起着原始货币的作用，这是交换发展的反映”（张维罴，1994）。原始交换关系的产生与发展，不仅成为新石器时代经济发生变化的重要促进因素，而且这种交换关系的自身变化，又相应促使这个时期的经济关系趋于复杂化，从而也对改进原始计量记录规则及其方法提出改进要求。

4. 社会与家庭组织形式的变化

在新石器时代，中国的母系氏族公社进入到它的繁荣发展时期。在此期间，女性的地位得到进一步的加强，这一点巩固了由老年的女性氏族长主持一个氏族公社生产与管理工作的权威性。那时候，氏族长进行工作管理的重点是生活资料的加工、储备与分配，她们所坚持的原则已进入到实现公平合理的管理阶段。这时的家庭组织形式已进入到对偶制时期，财产依旧归氏族共同所有，还无法按家庭认定财产权利。从新石器时代中期的裴李岗人、磁山人、到晚期的半坡村人、姜寨村人、百首岭人、柳湾人等，都处于这种家庭组织状态。论及这个时期的财产占有方式与生活方式，正如马克思所讲：人们“共同占有土地和集体耕种土地，必然导致共同的住宅与共同的生活方式”①。所以，对于氏族共同占有的财产，客观上决定既须通过具体进行计量记录达到管理的目的，以防止财产向氏族以外流失，而又要通过管理实现氏族内部生活处于有序状态，以此顺应氏族部落的社会生存与发展环境，防范可能出现的生存、发展危机。

（二）新石器时代计量记录规则与方法的改进状况

中国人在进入新石器时代之后，不难发现，他们所作出的任何一项关于“会计”事项的记录，已与以往大不相同，一方面有了比较准确的数码记录，清楚地显示出经济事项的量，另一方面又有了原始文字表述对数量关系表现的配合，并且这两方面的结合已显示出作为原始“账单”的实质性意义。

1. 刻符计量记录规则与方法的演进

刻符计量记录法又称之为刻记记事法，它是用一整套刻划符号来表现经济事项记录规则与

① 马克思：《摩尔根〈古代社会〉》，人民出版社 1978 年版，第 229 页。

实际内容的方法。与旧石器时代所用规则与方法相比，其进步在于：（1）已在中国相当大范围内，创造与应用了一整套刻划符号，并得到许多氏族部落的认同一致使用它，其中的基本规则已约定成俗；（2）在比较大的范围内，形成了数码类刻划符号与表述经济事项内容的刻划符号的配合使用关系，对刻符人所记经济事项的性质与表现方式方法，不仅主事人或记录处理者知道，而且也被氏族部落的主要成员或其他更多的人知道；（3）直观绘图记事符号，已逐渐被记录者抽象化，在简笔写大意的创作方式下，逐步形成了抽象绘图记事计量记录规则与方法；（4）围绕经济事项记录内容的安排，初步明确了计量记录规则，在记录顺序安排上有了层次；（5）在计量表现方式上，有了通过拼写和计算关系形成的具有复合性意义的数码符号，如图 4 中所示半坡型的刻划符号“𥫗”，便反映了当时中国人在数理逻辑思维方式方面的进步。

20 世纪 50 年代，在西安半坡遗址出土的陶器的口沿上，发现了三十多种被认为标志中国文化起源的刻划符号。

图 3　西安半坡仰韶文化陶器上的刻划符号①

郭沫若（1976）认为：“这些刻划记号，可以肯定地说就是中国文字的起源。”显然，图 3 中的符号也包括了当时人们用于计量记录的数码符号与一些一般性的刻划符号。在西安半坡村遗址后来的发掘中，除与图 3 中的符号相同的之外，又有新的发现。

仰韶文化遗址分布于关中地区三万平方公里范围之内，是新石器时代黄河中上游的一支最先进的文化。从考古发现可见，这个范围所应用的计量记录刻划符号已基本上趋于一致。如其中的Ⅰ、Ⅱ、Ⅲ等基础数码的使用已达到规范，被后世人继承、沿用（王志俊，1980）。此外，基本上通用的数码还有X、∧、十、八，其意义与后来甲骨文中的五、六、七、八相同（西安半坡

① 图转引自：郭沫若：《中国史稿》（第一册），人民出版社 1976 年版，第 66 页。原图经过尹国俊整理。

博物馆，1988）。另外，属于半坡文化类型的临潼姜寨村遗址，考古所发现的刻划符号，既有许多相同之处，也有更新之处。

图 4　姜寨遗址出土的刻划符号①

中国考古界所讲的马家窑文化，在传承渊源上，受仰韶文化影响很深，被认为是由仰韶文化演变而来的，故考古界对其又有“甘肃仰韶文化”（张维罴，1994）之称。同时，属于马家窑文化类型的青海乐都柳湾文化，虽然要比半坡村和姜寨村文化约晚 1 000 年，然而，柳湾文化中的彩绘符号，却与它们极为相似，可见，这两种原始文化间的历史渊源关系是十分明显的。

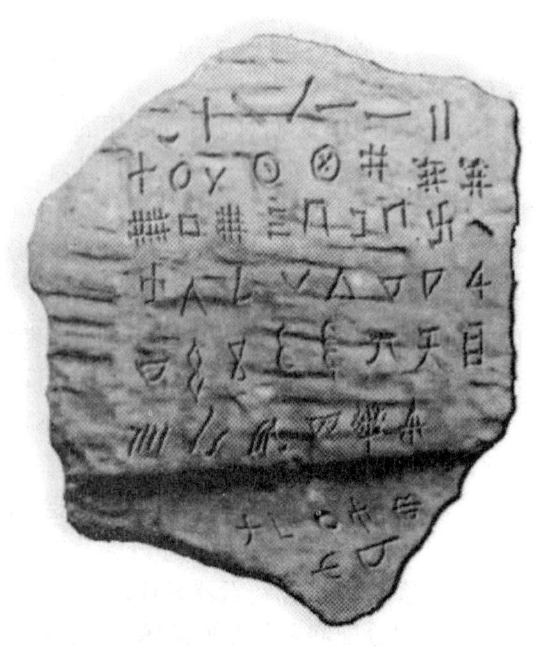

图 5　青海乐都柳湾人的彩绘符号②

① 图转引自：王秀娥等：《陕西的远古人类和文化》，西北大学出版社 1988 年版，第 91 页。原图经过尹国俊整理。
② 图转引自：宋兆麟：《中国原始社会史》，文物出版社 1983 年版，第 392 页。原图经过尹国俊整理。

比较而言，柳湾人的彩绘符号，在形象上的表现，不仅显得更为生动一些，而且在表现方式上更为简约明快一些。尤其是那些新创的刻划符号，反映出柳湾人刻划记事规则与方式方法的进步。对于考古界已经发现的一百六十多种彩绘符号，研究者认为："这些符号似有首部，绝大多数可以归类，只有少数例外，已显示汉字是在某些符号的基础上长期发展的结果。"（张维罴，1994）同时，柳湾的"有些符号还具有若干图画的迹象，说明符号脱胎于图画"（张维罴，1994）。从中国汉字演进方面看，这一百多种符号，除绝大部分还属于象形的符号之外，其中也有一些抽象性质的符号，"如'天'、'目'、'巾'、'人'、'入'等，和今天的汉字几乎相同。"（张维罴，1994）在数码创造方面，尤其是那些竖写与横写的两种类型的数字在同一地区出现，这说明当时已有了多位数的应用。如"竖写数目最多的是|||、////、八、≷，横写数目最多的是≡，特别注意的是[illegible]的出现，有可能表示数的个、十、百位"（张维罴，1994）。从刻划符号成熟程度方面讲，要数新石器时代晚期大汶口文化中的刻符号"象形性最鲜明"（张维罴，1994），这种进步表明，当时的大汶口人已经能够把数码与相应的象形文字配合起来使用，用于反映比较复杂一些的经济事项。

从中国新石器时代晚期南方的马家滨文化来考察，马家滨人除了在陶器上刻写出一些象形符号之外，还使用了一种鹿角棒，他们在上面用单线条重复刻着必须记录下来的数码，诸如||||、|||||、||||||、|||||||、||||||||等（张维罴，1994）。与前文联系起来分析，这种普遍而又最基本的刻数方式，是从旧石器时代晚期一直传承下来的，它是后来人们普遍学会使用的一直九个数目的表现方法。新石器时代氏族部落的主事人，数理逻辑思维活动的进步，已经突破了对基础数码概念的认知，而且初步学会了应用多位数，学会了应用基础数码进行组合，从而从根本上摆脱了应用单一线条进行组合的局限性，显著提高了数的应用水平。同时，这时概念认识准确的计数与原始图画文字及象形文字的配合，使刻符计量记录规则及其方法逐步稳定下来，这一进步为中国"会计"之类的"书契"的产生奠定了思想、原理与实践基础。

2. 绘图计量记录规则与方法的演进

随着新石器时代经济关系趋于复杂化，人们对以往所采用的直观绘图记事规则与方法已渐自感到不胜其烦，故开始考虑到对这类表示方法的简化问题。其后在不断探索中，抽象绘图记事的规则与方法便产生了。考古学者认为："原始符号最初来源于指事（指数）和图画（书画同源），所以指事和象形是原始符号的基本特征，后来，又在指事和象形的基础上形成了会意字。"（张维罴，1994）从原始"会计"改进方法方面来研究：（1）在时空关系上，新石器时代氏族部落里的主事者对于生产的筹划不仅着眼于现时，而且同时考虑到现时与未来安排的恰当结合，如现时粮谷的消费与对未来生产的种子留用；（2）氏族部落的主事人对生产安排要考虑到多方面的安排问题，既要首先考虑到对农业的安排问题，还要兼顾考虑到畜牧业生产、制陶手工业生产等方面的问题，通过筹划达到合理分工理事是主事者的重要责任；（3）对与生产、生活相关的物品的储备，涉及不同季节之间的调剂问题，要使调剂使用达到合理，便必须以更加科学一些的计量记录规则与方法作为保障，这里既涉及进行调剂处理的信息的正确性问题，也涉及对各种安排的管理问题；（4）在新石器时代，主事人对分配问题的处理，不再局限于生活安排一方面，而是必须把分配问题与交换问题，以及储备问题统一起来考虑，由此，对经济事项的计量记录处理与各环节的管理随之复杂化；（5）在此期间，氏族公社范围的扩大、人口数量的增加，又促使主事人对氏族部落内部的管理分工，由此，氏族部落内围绕管理分工的组织关系日趋形成，其中从事计量记录工作的人也渐自稳定下来，成为氏族部落内管理中的一项重要职能，后世所讲的会计的"受托责任"此时已处于萌芽状态。正是在上述情况下，绘图记事与刻符记事的规则、方法，逐步在应用中结合为一个整体，它们的关联一致，为其后“书契”规则与方法的产生奠定了基础。

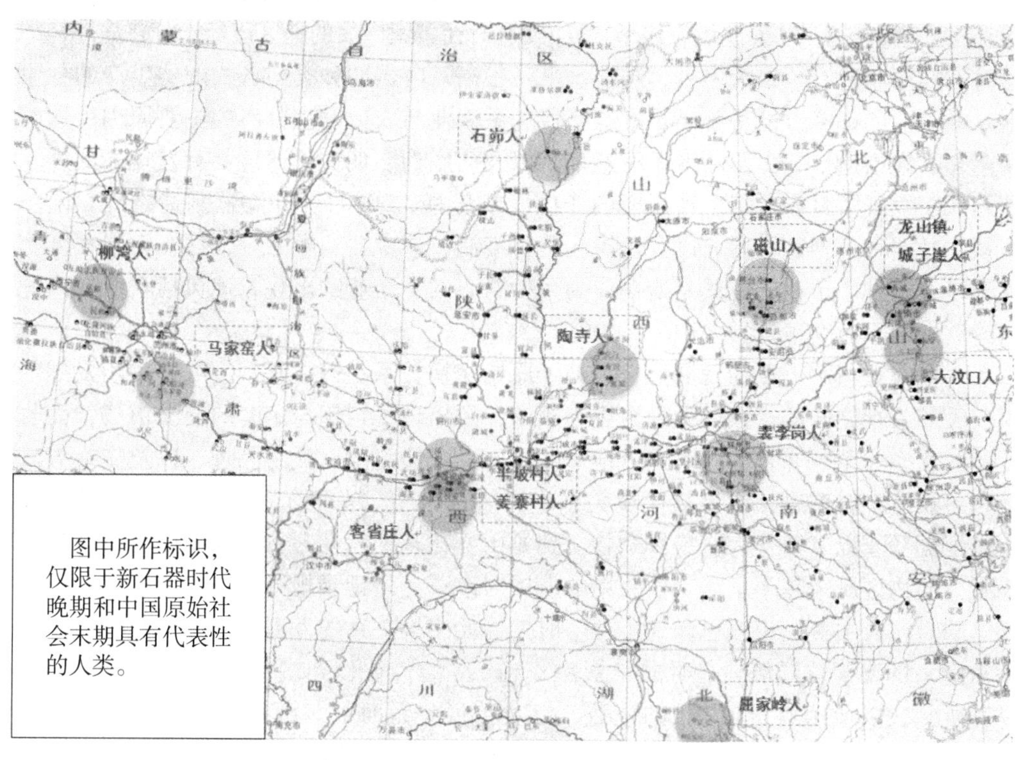

图 6 中国新石器时代原始会计文化演进分布状态①

三、原始社会末期计量记录规则和方法的变革及其与夏代会计文化传演对接演进趋势

至新石器时代晚期，随着由母系氏族公社过渡到父系氏族公社时期，氏族制度开始走向解体。就家庭组织而言，这种情况在实质上体现为一场变革。父系氏族家庭公社是从对偶家庭形式演进至个体家庭的一个中间环节，其变革结果集中表现为父权制的萌芽，父权制为一夫一妻制家庭组织形式的最终确立创造了一个根本的前提条件。正是这一点，最终使氏族制度走向瓦解成为必然。

（一）引发变革的经济动因

在中国的原始社会末期，农业生产水平的显著提高主要得益于生产工具的改进。如龙山文化遗址出土的农具，不仅通过磨制加工达到了比较精细的程度，而且还发现了复合性农具的应用。从太湖地区出土的石犁可证，农业已由锄耕阶段进入到犁耕阶段，这使农业生产力得到显著提高。同时，在此期间，手工业生产中出现了铜的冶炼，相应有了铜器与铜具的制造。其中铜具在农业生产中的使用，使深耕与种植水平得到明显提高。考古证实，在齐家文化遗址的广

① 图引自：谭其骧：《中国历史地图集》（第一册），黄河流域原始社会晚期遗址图（新石器时代），中国地图出版社1996 年版。作者进行了标注。

大地带，已经进入到铜石并用时代。因此，在中国的原始社会末期，粮食生产不仅数量大、品种多，“五谷”的种植都已经有了，而且粮食储备量相当大，并且有了防腐技术的应用，储备质量提高也很快。与此相适应，家畜、家禽饲养业也有了发展，中国人传统所讲的“六畜”“至迟到新石器晚期已基本齐备”（安志敏，1986），而到这时在中国广大的地区已经十分普遍。

这时的陶器制造有了很大发展，制造水平已很高。陶器的种类与各式陶器生产的数量，使人们在日常生活的许多方面得到满足，这是促进手工业与农业发生分离的主要原因。这时，陶窑在河南临汝煤山遗址、山西新绛孝陵遗址，以及庙底沟二期文化遗址都有发现。此外，在另外一些地区还发现了具有一定生产规模的作坊（刘庆柱，2010）。除陶器制造之外，同一时期的玉石器、骨器、角器、木器，以及丝织、草竹编制、漆木器、酿酒等，都在不同程度上取得了发展。以上多种手工业，尤其是冶铜作为一种新兴的手工业的出现，使包括农业在内的生产工具的改进处于不断变革过程之中。

农业、畜牧业与手工业的发展，又带动了原始交换关系在以往基础上的进一步发展。那时候，不仅氏族公社之间的交换关系发生更为频繁，还出现了定期与定时的交易市场，而且还出现了远地的交换关系。并且，无论是近地还是远地，交换范围、交易品种，以及交换方式都发生了变化。在这个时期最初的物物交换关系中，多以牲畜（如猪）为交换媒介。随后，又发现以生产工具乃至以玉器作为交换媒介物。到龙山文化晚期，在考古发现中以贵重精良之物作为交换媒介的物证越来越多了，交换关系的发展对改革计量记录规则与方法所形成的影响是实质性的。同时，有关史籍记载也印证了这个时期原始交换关系的发展。如从居住于帝丘（今河南濮阳东南）的部落首领颛顼之时的“祝融作市”① 的传说，到《淮南子》中关于“以其所有，易其所无，以所工易所拙”② 的记载，以及传说尧舜时的“北用禺氏之玉，南用江汉之珠”“散其邑粟与其财物，以市虎豹之皮”③ 的记载等，都反映了原始社会末期交换取得前所未有发展的情形。“交换是私有制和社会分工的产物，反过来又推动了社会分工和私有制的发展，对原始社会向奴隶社会的转变起着催化作用。”（郭沫若，1976）这个时期交换关系的发展状况，对社会乃至原始社会会计形成的影响也是这样。

（二）社会生产方式变化的影响

社会生产力与经济关系的明显进步，推动了原始社会经济全方位的发展，其结果促使社会生产总过程中的生产、分配、交换与消费格局初步形成，进而又推动了社会生产方式的变化。就物质资料生产过程中的社会关系而言，最初是男子在父系氏族中占据支配地位，私有财产制度以家庭为单元开始形成。其后，当一夫一妻制家庭组织形式成为社会的单元，夫权制随之得以确立，自此，掌握实权的男子或男首领便控制了家庭或氏族公社里的行政权和财权，扩大私有财产成为握持权利人的追求，以权谋私现象随之产生，不平等的社会政治经济关系形成，这些促使原始公社制进入瓦解过程之中。

恩格斯指出：当社会中的一夫一妻制被确定下来，并且被永久化了的时候，这样“在古代氏族制度中便出现了一个裂口：个体家庭已成为一种力量，并且以威胁的姿态与氏族对抗了”④。这种对抗首先集中在经济方面，随后，再由经济问题指引集中到政治方面。其经济与

---

① 《世本·作篇》。
② 《淮南子·齐俗训》。
③ 《管子·揆度》。
④ 恩格斯：《家庭、私有制和国家的起源》，见于《马克思恩格斯选集》（第四卷），人民出版社 1972 年版，第 158 页。

政治两方面引发社会性对抗的结果，贫富两极分化形成，政治权力随倒向富有家庭，其结果是社会中的多数人或多数家庭沦为奴隶，少数人则成为奴隶主。自然而然，在这个重大变化过程中，原始计量规则与方法的变革，便与私有财产占有制度的变革进程相一致，最终也成为围绕私人占有财产制度变革中的一部分。在国家正式产生之前，原始社会计量记录规则与方法的变革，还分别考虑到公有财产与私有财产这两个方面。

（三）中国考古中发现的原始文化传承关系与发展变化

从旧石器时代晚期发现的简单刻划符号虽然还很少，也还谈不上与原始文化究竟存在什么样的关系，然而到新石器时代中期的那些考古发现便不同了。如陕西临潼的白家文化、天水的西山坪文化，以及甘肃秦安的大地湾文化等，在陶器上所发现的刻划符号与彩绘符号都已明显趋于复杂化，其中还有不少符号已具有象形性质，这时，已能够明显体验到这些符号与中国原始文化的关联性。此外，河南舞阳的贾湖文化与新郑的裴李岗文化，考古学者认为这两处所发现的那些符号与中国原始文化的发展有着直接的联系。更值得注意的是，上述文化都与新石器时代晚期的仰韶文化存在着明显的传承关系。仰韶文化一是受被称之为“淮系文化主源”（高广仁，2003）的裴李岗文化的影响，二是受到大地湾一期文化的影响。大地湾文化存在年代约为公元前5900~前5000年，要早于仰韶文化的半坡类型。

《中国史稿》一书称：“大约从五千多年起，我国黄河和长江流域的一些氏族部落，先后进入了父系氏族公社时期”（郭沫若，1976）。考古证实，“在黄河和长江流域大体上属于这个时期的氏族部落文化遗址，有青莲岗文化（即马家浜文化）、屈家岭文化、大汶口文化、龙山文化、良渚文化和齐家文化”（郭沫若，1976）。从历史本源上讲，上述文化都直接或间接与仰韶文化相关。仰韶文化是黄河中上游出现的一种最先进的文化，在新石器时代的文化中存在价值大，对后来中国文化的发展，其意义与影响颇为深远。从中国史前史演进路径上来研究：（1）仰韶文化对马家窑文化有着直接影响，考古学者认为它是由仰韶文化蜕变而来，属于地方性的一个变体，故而也把它称之为“甘肃仰韶文化”（张维罴，1994）。尤其是从从属于马家窑文化晚期的柳湾文化来看，仰韶文化对马家窑文化的影响要更清楚；（2）考古学者认为，中原龙山文化是由仰韶文化演化而来的一个文化系统（郭沫若，1976），具体而言，它是由仰韶文化的后岗型与秦王寨类型等演进而来的（张维罴，1994）。更重要的是，河南龙山文化的发展去向是二里头文化，史书上关于尧、舜、禹的传说便发生在这个地区（张维罴，1994）。而二里头文化的发展再向前便是中国的夏文化，夏纪年与这个时间是衔接的（何健安，1986）。在历史传承关系上，马家窑文化对后来的齐家文化也有一定的影响；（3）仰韶文化对马家浜文化、大汶口文化与大溪文化的影响。首先，一方面是马家浜文化对大汶口文化与良渚文化发展的直接影响，另一方面则是随后的山东龙山文化在本源上又是在大汶口文化的基础上发展起来的（郭沫若，1976）。自然，在发展过程中，它们也同时受到仰韶文化和河南龙山文化的影响；（4）陕西龙山文化在考古界也称其为“客省庄二期文化”，其发展序列在于：老官台文化类型（前仰韶文化）→北首领类型（下层）→半坡类型→庙地沟类型（案板第一期）→半坡及晚期类型（案板第二期）→案板第三期（龙山文化早期）→客省庄二期文化（龙山文化晚期）（陕西省考古研究所科研规划室，1988）；（5）“中华文明探源工程”发表最新研究成果表明，距今5000年左右的辽宁牛河梁与安徽凌家滩等遗址，发现了随葬有精美玉器的大型高级贵族墓与规模宏大的祭祀遗址，据此可以推测，这个阶段已出现王权的雏形，中国已经可能进入它的初期文明阶段（杨雪梅，2012）；（6）“中华文明探源工程”发布的最新研究成果还表明，良渚文化与山西襄汾陶寺类型龙山文化遗址发现的，年代在公元前2500年前后的巨型都邑、大型宫殿基址、大型墓葬证明，“早在夏王朝建立之前，一些文化和社会发展较快的区域，已经出现了早期国家，进入了古国文明的阶段”（杨雪梅，2012）。从中华历史在此期间与往后的连接关系上考证，“在夏代后期，以二里头遗址的宫城、具有中轴线理念的宫室为代表的宫室制度，以青铜礼器、大型玉石仪仗器具为代表的礼器制度，以青铜器和绿松石制作作坊为代表的官营手工业作坊出现为标志，中华文明进入了王国文明的新阶段”（杨雪梅，2012）。

图7　凌家滩遗址出土的玉龙与陶寺遗址出土的彩绘龙纹陶盘①

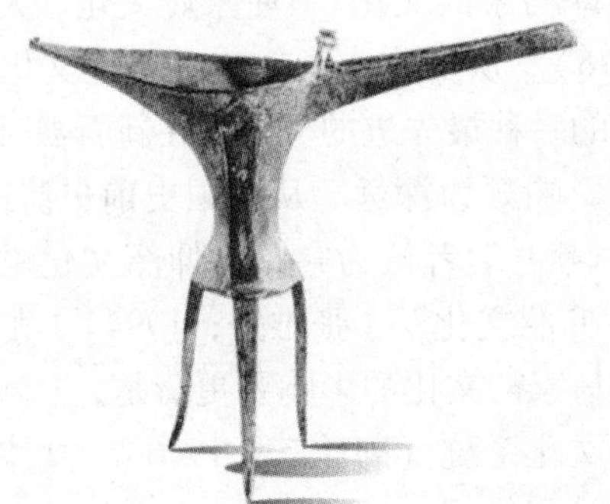

图8　河南二里头遗址出土的夏代青铜器②

从以上所述可见，新石器时代晚期文化发展变化及其所存在的历史传承关系表明，这个时期是中国原始文化发展“由多元文化发展到以中原文化为中心的文化发展格局”（刘庆柱，2010），一方面无论是黄河流域还是长江流域文化的发展，都与仰韶文化的演进分不开，应当讲，仰韶这支先进的原始文化是引导中国整个原始文化最终走向创新发展时期的根源；另一方面，龙山文化发展的历史走向，以及齐家文化演变的去向，都与后来的夏文化乃至商文化至为密切相关。同时，还可以看到，“距今6000年前，在中原、长江中下游等地区开始出现的社会分化，文明进程呈现出加速度的状态”（杨雪梅，2012）。总而言之，史前时期最后发展变化阶段的中国，正是在黄河流域文化与长江流域文化相融合的基础上，经过逐步扩展渐自把南中国的原始文化包容在一起，最终在夏文化的交汇之处，展示出远古中华文化传承的结果，并且

① 图引自：杨雪梅：《五千年文明并非虚言》，载于《人民日报》2012年7月13日。

② 河南省偃师市人民政府：《古都偃师》，河南画报社2001年版，第18～19页。

通过在进入文明社会之前的变革，把中华文化的传承与发展统一一致起来，使包括会计文化和会计科学在内的中华文化与科学的发展，从一个历史时期推进到一个新的历史时期。

（四）原始计量记录规则和方法变革结果：“会计书契”创造萌芽及其与夏代会计的传演性对接

1. 由刻划符号阶段向数码与象形文字结合阶段的转变

新石器时代早中期的以刻划符号记事，较之旧石器时代中晚期的以简单刻记记事，已有了十分明显的进步，刻划记事所用的符号，已十分明显朝着图画文字乃至象形文字的方向发展。到新石器时代晚期，尤其是在晚期的后半期，这种具有创造意义与价值的发展越来越显著了。如属于大汶口文化，在山东莒县凌阳河和诸城前寨遗址遗窑出土的陶尊腹部上的符号，已经具有象形与会意性质，那些具有文字意义的符号，其中有用以表示天象的“ ”字与“ ”字（考古学者将其释为“旦”与炅或热字），有用以表示生产工具的“ ”字与“ ”字（被释为“锄”字与“斧”字）（邵望平，1978），陶尊是用以酿酒的器具，酒的成品专门用于祭祀，陶尊上刻写的字自然与祭祀相关。这个阶段，在数码创造与应用方面，不仅已有了一至十的基础数码，而且对十以上的数目也有了表示（张维罴，1994）。再从大汶口文化发展而来的典型龙山文化（山东龙山文化）的考证来看，龙山镇城子崖出土陶器上的刻划符号，明显属于象形文字，其中比较容易识别的字有：“子”、“犬”、“齐”、“人”、“网”、“获”、“六”、“鱼”、“一”、“小”、“龟”等，这些字“都可以从甲骨文或金文中找到加以改变的相同的字”（张维罴，1994）。故考古学者认为：“大汶口文化中已经出现了原始的象形文字，典型龙山文化黑陶上的刻划符号是一种原始阶段的汉字。”（陈德祺，1982）所以那些认为甲骨文起源于龙山文化的观点是具有考古证据力的。

在计数与指事方面，在这个阶段人们在进行计量记录中，已经能够把握住记录的基本要素，把数码与象形文字配合起来记事，并已初步使所表达的经济事项的内容，达到识别清楚明了的效果。考古研究者根据上述龙山镇城子崖陶器上的刻划符号中能够识别的象形字，以及根据这些字之间的关联关系，认为在客观事实上，已经形成了这样的一则记录，即“齐人网获六鱼一小龟”（张维罴，1994），本文认为这则考古判断是可以被确认的。

图 9　山东龙山文化遗址——山东章丘龙山镇城子崖黑陶上的刻划符号连接考释①

① 符号连接考释依据来自：张维罴：《原始社会史》（第三编），兰州大学出版社 1994 年版，第 464 页。

图9所示记录与其后甲骨文中的记录几乎一致，其表现出来的进步在于，首先是记录中使用了行为动词“获”字，通过“获”字反映了记录的性质，说明所表达的是一项关于捕鱼收获的记录。这不仅是记录实践上的进步，而且反映出记录思想与记录处理原理上的进步；其次，在这则经济事项的表述中，已经表明计量数码与文字的有机结合，已初步有了按照“会计书契”叙事的基本特征；最后，这则记录对基本要素表达较为简明扼要，也基本上有了明确表达经济事项的精神，在叙事方法应用方面也大体有了逻辑上的层次。这一进步是历史性的，它反映出中国原始社会末期，会计计量记录规则与方法在原始政治经济变革中的适应性进步，是由中国的原始计量记录时代向文明时代的会计转变与演进的重要标志。

此外，在陕西龙山文化遗址发现的多种刻划符号，其结构和形态与后来殷墟刻辞中的符号已相差无几，其中尤其是长安花楼子客省庄遗址发现的兽骨刻辞（郑洪春等，1988），其字符的形态已达到与甲骨刻辞几乎完全相当的水平。受陕西龙山文化影响的甘肃齐家文化，其出土陶器上的刻划符号，不仅在许多方面与陕西龙山文化的符号相一致，而且还出现了许多新的进展，如它的象形符号刻写趋于复杂，属于象形文字的特征更为明显，在表达反映出的会意与指事方面也更进一步。甘肃齐家坪人当时在计数中还使用了一种小石子，石子运算在计算比较复杂一些的计量事项中才使用，这也表明齐家坪人的计量记录水平已有较大提高。言及计数所用工具，同时期的宁夏固原河店人，在计数过程中也使用了一种带齿槽的骨片，那些骨片上的齿槽一般在2~6个之间，应用方式与石子计量不相同，可能是河店人创造出来的一种新工具与新的计算技术（宁夏文物考古研究所，1987）。齐家坪人所处年代正是金石并用时期，一夫一妻制家庭组织单元与私有财产占有制度，已处于形成过程之中，原始公社制社会的生产关系已处于深刻变化过程。所以，齐家坪的原始计量规则与方法也正处于变革的酝酿过程之中，并且变革的基本方向，也是朝着“会计书契”制度与方法方向进展的。

对于这个时期考古发现的诸多原始文字，学术界存在不同的认识，如“良渚文化已发现有八件陶器刻有符号，有的四五个符号成组出现”。再如“山东邹平丁公城址”，出土了刻有11个符号的陶片，在江苏高邮龙虬庄采集的龙山文化陶片上有5个刻画符号（刘庆柱，2010）。对这些符号，“多数学者认为，它们不属于甲骨文所代表的汉字系统的另外一种文字，属于原始文字”（刘庆柱，2010）。但又有一些学者同时指出，在山西襄汾“陶寺遗址中出土的一件陶扁壶上朱书的两个字，一个‘文’字，形体与甲骨文中的同类字相同”（刘庆柱，2010）。这种认识上存在的分别是正常的。中国文字的发展可能存在不同的源流，但后来出现的甲骨文却都是从一个主要源流演进而来的。

考古发现距今4000年左右，陕西神木县高家堡镇石峁村遗址，始于龙山文化中期或略晚，兴盛于龙山晚期（杨永林，2012）。在仅对石峁外城东门遗址的发掘中，便发现了体积巨大、结构复杂、建造技术先进的门址、石质城墙、墩台、“门塾”，以及内外“瓮城”等（杨永林，2012），考古学者初步断定它是整个防护性城址中的“王城台”，这种情形表明，石峁遗址属于中国史前晚期北方地区一个超大型中心聚落（杨永林，2012）。再从神木石峁遗址上出土的玉器考证，其存在年限的“上限可至龙山晚期，其下限绝不能晚至商代以后……石峁玉器中牙璋、玉戈等器物特征是二里头类型器物及玉器形态的变化”（王炜林等，2011）。另外，在距石峁遗址西北约30公里外新华遗址的玉器坑也出土了36件精美玉器，与石峁等遗址存在密切的文化关系。“新华文化晚期遗存中与双鋬高领鬲、斝、三足瓮等伴出的圈足罐、直口厚唇鬲、单把鬲等器物，与陶寺晚期遗存显示出较强联系。从文化因素角度来说，新华遗存的整体时代与陶寺晚期相当或略晚。新华晚期遗存中所见的瓮形斝、口沿掐印花边的陶罐等都暗示着其与关中夏代前期遗存的密切联系”（北京大学考古学系等，2000），“其中瓮形斝属于客省庄文化最晚阶段”（陕西省考古研究所康家考古队，1988）。夏商周断代工程年表，将夏代起始年代暂定为公元前2070年。“若此，新华晚期遗存无疑已进入夏代纪年。”（王炜林等，2011）石峁遗址玉器遗存数量大，品种多，制作耗费人工，成品精美，计量测试精细。

图10　陕西神木石峁遗址出土的玉鹰和玉璧①

玉鹰长6.5厘米，腹径1.6厘米，长条立鹰形，尺寸计量达到恰当得体的程度。冠毛与翅膀间有刻文，翼羽毛以阳线纹表示，雕刻线条优美，雕工的计量测试水平高。牙璧内径3.45厘米，璧厚0.4厘米，“外缘薄刃做等距离分布，其间各有二缺刻”（高嵘，2009），其已与《周礼》中所讲苍璧为祭天的礼器类似。小牙璧可供佩戴，其造型也体现了计量与测试水平。手工业品的设计与工艺技术水平，在一定程度上反映了当时计量记录水平的进步。石峁出土批量玉器表明，“龙山时代晚期以来河套地区玉器传统的客观存在。从考古类型学及文化谱系的角度来看，河套地区南部一带龙山时代晚期遗存与夏代早期遗存之间没有明显、剧烈的嬗变，属于同一支考古学文化”（孙周勇，2005；王炜林等，2011）。有不少学者赞同此说，如认为“将石峁玉器归入史前龙山时期晚期至夏代一个较长时期还是客观可信的”（高嵘，2009）。研究中国原始社会晚期的计量记录规则和方法，与中国夏代会计文明的对接，本文高度正视中国考古学者所作出的这一客观结论。

另外与中国文字演进相关，很值得研究的是最近一些年才被学者们关注的“昌乐甲骨文”、“寿光甲骨文”、“龙山甲骨文”等，这些“骨刻文可能在大汶口文化晚期已经开始产生使用，并延续到岳石文化和商代”（刘凤君，2012）。根据各种检测，“骨刻文年代距今3300～4600年”，“骨刻文是甲骨文的主要源头”（刘凤君，2012）。目前，尽管学术界对“骨刻文”及其考证结论认识存在不同看法，但本文认为它确实是一个值得继续考证与深入研究的重要问题。以下不妨根据现有考证资料，从会计史的角度进行分析研究。

---

① 图引自：高嵘：《陕西历史博物馆藏石峁玉器赏析》，载于《文博》2009年第4期，第80～81页。

山东昌乐袁家庄遗址出土的“骨刻文”，属于龙山时期文化。文字类型“属东夷文字，是中国早期的图画象形文字”（刘凤君，2012）。考证者认为，这些骨刻文是记事文字，和占卜毫不相关，与甲骨文占卜刻辞的作用根本不同。现已发现的骨刻文中有许多是关于动物的刻写，如牛、羊、豕、马、鹿、犬、狐、兔、鼠、鸟、龟等，其刻写都十分形象。牛、羊、豕骨刻齐备可能与祭祀相关，整个动物种类的刻写与狩猎、食肉相关，并且动物品种的书写和甲骨文中的用牲记录、狩猎记录一致。

“书画同源”在中国文字的创立阶段也充分反映出来。原始社会末期，在刻记或刻画符号变革中，图画象形的脱胎一直朝着汉字构造的方向发展，这一点在变革中是坚定不移的。客观上“昌乐刻骨”以图画象形文字记事的历史走向也是这样，从它的文字形体上考察，昌乐的图画象形文字很有可能与甲骨文有着必然的联系，它很有可能用它的这种文字形态，填补了甲骨文正式产生之前的这几百年或大几百年，中国文字变革演进这个过程的空白。无疑，这个阶段中国的原始社会计量记录规则与方法，也随着文字的变革而向前推进，“昌乐刻骨”中那些与狩猎、牲畜饲养与祭祀用牲相关的动物类画图文字，与“甲骨书契”中，获鹿、获象、获狐、获狼与寮牛、寮羊、寮豕，以及伐百牛、叀百羊的用牲记录可能也存在必然的联系。

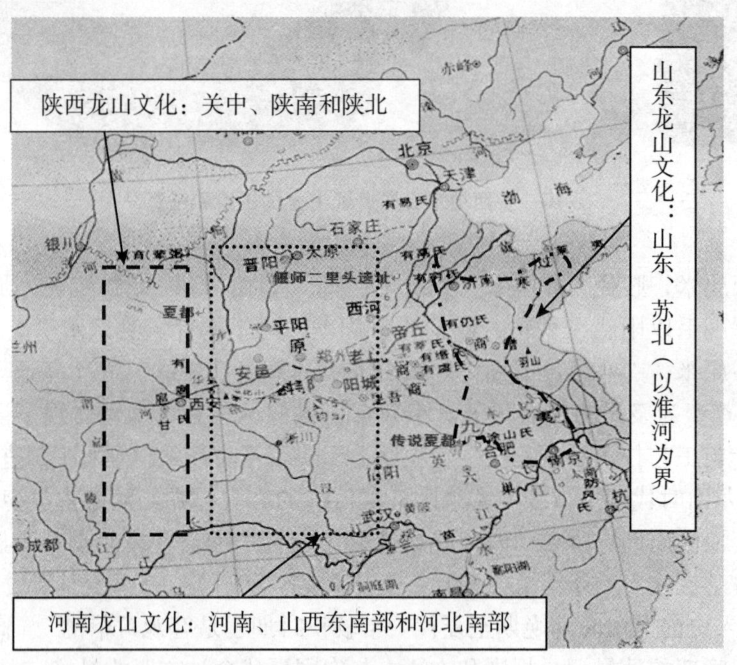

图 11　龙山文化与夏文化①

2. 原始计量记录规则和方法：中国“会计书契”的萌芽及其与夏代会计的传演性对接

原始社会末期，原始计量记录法发生变革的根本原因，是这个阶段社会经济发展及其由发展所带来的根本性变化，进而其促使政治经济关系所发生的深刻变化，这是原始社会末期计量记录规则与方法发生变革及向夏代会计文明转变的原因。

（1）政治经济关系的深刻变化——夏的发现

变化的第一阶段：随着中国新石器时代末期，以农业经济为主体与家禽饲养、家庭手工业

① 图引自：谭其骧：《中国历史地图集》（第一册），夏时期全图，中国地图出版社 1996 年版。作者进行了标注。

经济的跟进，以及手工业陶器制作中的陶礼器制造的发展、冶铜手工业的出现，原始部落发生了向“聚落形态”的转变，这是中国原始社会形态大分化、大改组的一种表现。考古学者指出：中国新石器时代的聚落正是随着农业经济发展起来的，它们由于地理环境与经济类型的差异而表现为不同形态，聚落的特征归纳起来讲是内向的与具有凝聚力的，但一开始却是比较封闭的。公元前3500年之后，一些因凝聚力强而形成的中心聚落和专业经济中心及其宗教中心开始出现。公元前2600年以后出现了中国最早的城市。

变化的第二阶段：早在“公元前2600年至公元前2000年间，形成了以中原地区、海岱地区、长江中游地区、太湖地区四个文化发展水平较高的中心地区，各个中心区域内部形成各种由‘聚’、‘邑’、‘都’三级形式组成的具有政治与经济关系的各种社会实体，由此形成了‘万国林立’的社会发展格局”（严文明，1989）。考古专家认为，其中以良渚文化、陶寺文化中一些社会实体具有更多的“古国”特征，它们是夏王朝出现之前中国古国的发展阶段。“古国”特征发展是最充分的文化地区，这些文化地区的计量记录规则及方法，随着以上变化向“古国”的“会计”发生重要转变。

变化的第三阶段：中国的原始社会末期如何由“古国”阶段演进至夏朝的方国阶段的。考古学者认为：至迟在夏，或许早在龙山文化时代，王权基本上凌驾于神权之上，从这一点出发，可把中国新石器时代末期区分为四个阶段：第一，半坡四期文化及其稍后，是古国与方国时代（本文注：可认为是由古国向方国的变化时期）；第二，龙山文化时期或其后期，相当于传说中的尧舜时期，是势力平衡的方国建立联盟体制时期；第三，夏商时期；第四，西周时期。至夏代，方国联盟体制遭到破坏，形成了统一的王国机制（张忠培，1997；1999）。

考察最终的变化，通过山西襄汾陶寺，河南登封王城岗、新密新砦、偃师二里头，以及陕西石峁的考古发掘，中国在公元2000年前后，一些中心性城邑的发现，在研究中使考古界认识清楚了夏代的历史起点（刘庆柱，2010）。夏朝再也不是传说，夏都再也不是史学界的一种假说，夏朝的历史演进轨迹是：

部落→聚落→中心聚落→古国→方国→王国

夏族，姓姒，又称有崇氏，是黄河南岸最早的著名部落，它是以一般聚落发展到中心聚落，从中心聚落发展到古国，然后又从古国到方国，而最终实现了由方国向王国的转变，建立了中国进入文明时期的第一个朝代——夏朝。这是研究中国原始计量记录规则和方法与中国文明对接的历史源头。

（2）*原始计量记录规则和方法变革结果：“会计书契”创造萌芽及其与夏代会计的传演性对接*

一方面是历史性的传演，另一方面则是与早期“会计书契”的对接，其传演与对接的过程是极其复杂的，故以下研究只能是初步的探索。

①由刻化符号阶段向数码与象形文字结合阶段的转变。

中国的原始计量记录时代，是中国会计产生与发展的历史起点。本文以史前政治经济环境演变为依据，又把这个起点发生发展过程，划分为三个相关联的阶段。第一阶段为中国的采集经济时代，即在旧石器时代中晚期，处于智人阶段的中国人，通过创造简单刻记与直观绘图记事的规则与方法，具有针对性地、切实地解决了和维护人类社会生存与发展直接相关的生活资料及人种的再生产问题，从而创立了中国会计发展的历史原点。由于这个时代采集经济发展变化的大环境相同，故世界上处于这个时期其他国家或地区会计发轫所形成的历史原点与它所作出的伟大历史性贡献具有一致性。

第二阶段为中国的新石器时代，在以原始农业为主体的社会经济演进过程中，中国人在第一阶段计量记录规则与方法应用的基础上，通过革新又创造了刻符记事和直观绘图记事的规则与方法。考古证实，改进之后的规则与方法，一方面在反映与处理日益复杂的经济活动中，其基础性管理作用日趋显著，并且人们不仅越来越重视这项工作，而且力求在实践中持续改进这项工作，而另一方面，改进之后的规则与方法，进一步密切了和语言、文字与数学等原始文化的关系，并使“会计”文化成为原始文化中既独立存在，而又不可或缺的一部分。

第三阶段是中国的原始社会末期，在社会酝酿、发生与进行政治经济变革的过程中，中国的史前“会计”顺其自然地由第二历史阶段，向“书契”计量记录规则与方法演进。考古证实，在整体上，起源之际三个阶段的中华文化是一脉相传的，就新石器时代晚期的中华文化而言，这个时期的大汶口文化、龙山文化与齐家文化，显而易见是由中原仰韶文化传演下来的，而更值得注意的是，后来这些文化又直接与夏文化乃至殷商文化存在传承关系。中国史前的史实表明，整个原始计量记录时代的规则与方法的演进过程都是这样。还应当注意，“书契”计量记录规则与方法这个变革的最终成果，是与原始社会末期的语言、文字、数学等方面的变革成就分不开的，其中，语言交流是“会计书契”普遍得到应用及其在社会上达成共识的前提条件，而文字与数学则是它科学原理形成的关键。

从以上三阶段的演进史可见，史前经济发展与变革支配着史前“会计”演进的进程及其水平。第一阶段是它历史的开端，第二阶段是它发生实质性变化的转折时期，而第三阶段则是中华史前“会计”变革的终结，或者说是中国史前“会计”变革的最终结果。在原始社会末期，“会计书契”产生在中国会计发展史上的意义在于：它既是中国史前会计阶段的里程碑，又是中国古代会计演进的历史基础，它的历史价值一直持续而深刻地影响到中国会计发展的未来。

②对原始社会末期与文明时代交汇之际“书契”产生简析。

《周易·系辞下》称：“上古结绳而治，后世圣人，易之以书契。”文中所指“书契”是讲在上古结绳记事规则基础上，通过变革而产生的新的记事规则与方式方法。只是以往对“书契”的解释忽略了客观上包容的会计含义。《释名》讲：“书，庶也，记庶物也。亦言著也。著之简字永不灭也。”① 又讲：“契，刻也，刻识其数也。”② 可见，“书契”是个统称，它泛指是用文字刻写下来的记录，其记录既包括著述，也包括用数字记事的记录。自然“书契”记录规则和方法与“会计”相关，它不仅源于结绳记事的计量记录规则与方法，而且突出了“数”在“书契”记录规则与方法中的地位。加之称之为“后世圣人”的黄帝命“隶首作算数”③ 与“数有十等”④ 的解释，以及关于“黄钟秬黍”派生计量单位的传说，这些关联与对照起来说明上述传说具有一定的可信度，事实上近几十年来中国的考古成果和甲骨文中对数与数位的表现，使这些方面也在一定程度上得到证实。

③由考古事实确认的夏文化和会计文化的存在，以及原始计量记录规则和方法的演进路线，与夏代“会计”传演对接的可能性。

第一，位于伊、洛河流域，处于伊、洛、河洛之间的夏王朝，定居农业比较发达，麦粟成为主要粮产，夏代的农业已脱离原始生产状态。

---

①② 刘熙：《释名·释书契》。

③ 《世本·作篇》。

④ 甄鸾：《五经算术》（卷上）。

图 12　夏都斟鄩（偃师二里头）王宫建筑基址与一号宫殿建筑复原模型①

第二，粮食大量剩余，家畜饲养正常化，酿酒、制陶、制玉，以及金属生产工具的制造等，均有一定程度的发展，七孔玉刀充分显示当时的计量测试水平。

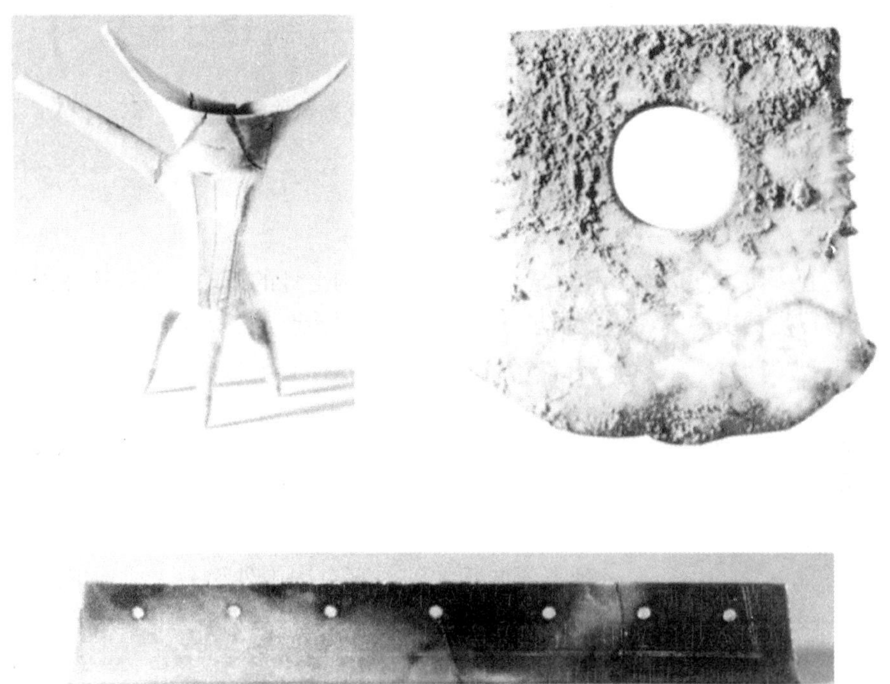

图 13　夏代生产的陶器与玉器②

第三，夏朝官厅有了贡赋的征收，贡品中有海贝和制作的骨贝与石贝。仅偃师二里头一次便出土了十二枚海贝，这证实在夏代的社会经济活动中已出现生产与交换关系的对接。

第四，在夏朝官厅组织机构中开始出现分部建制的格局，“百官”中有掌理交通的“车正”、掌理畜牧业的“牧正”、掌管膳食的“庖正”等。

第五，夏代出土的文字符号与中国原始社会末期的计量记录符号存在关联一致的地方，尤其是其中的数码符号存在传演对接关系。

①②　河南省偃师市人民政府：《古都偃师》，河南画报社 2001 年版，第 15 ~ 17 页。

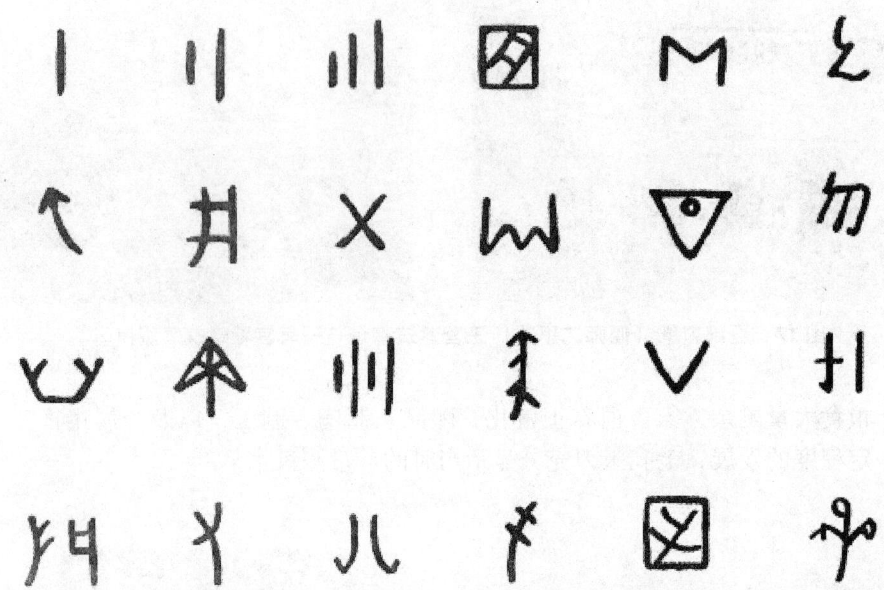

图 14　夏代二里头遗址陶器上的刻划符号①

四、研究结论

早在中国的智人阶段便有了开创性成就，形成了中国会计的开端。其后这种创造性在中国的新石器时代得以发展，原始计量记录规则与方法得到逐步改进。原始计量记录规则与方法改进在这个时期所创造的奇迹，是原始社会末期发生变革，创立了与夏代会计文明传演对接的前提条件。

（1）中国原始会计文化演进的必然趋势是走向文明，通过会计计量记录规则和方法创造与应用积累下来的成就，与夏代会计文明发生传承性对接，中国史前会计文明将持续性地、极其深刻地影响中国会计发展史的整个历史进程。

（2）中国原始会计的历史起点是辉煌而伟大的，它对中国处于智人阶段的人得以解决生存与发展问题，渡过极其艰难的采集经济时代，起着重大作用。正因为中国有着会计伟大的历史起点，才会有中国会计发展光辉灿烂的未来。

（3）中国原始计量记录时代，通过旧石器时代中晚期简单刻划符号与直观绘图记事的创造，通过新石器时代越来越进步和越来越复杂刻划符号与抽象绘图规则及方法的创造，以及在中国原始社会末期，通过“龙山文化”与“齐家文化”阶段“原始会计书契”的创造，所形成的传承性对接基本内容是：①随原始自然经济进步而进步的原始会计思想；②受原始经济管理法则影响而不断改进的原始计量记录规则；③在原始自然经济发展推动之下，受思想与规则进步的支配，原始计量记录方式方法的不断改进；④在原始经济、原始数学、原始文化艺术，以及在史前自然科学与社会科学发展其他方面的综合影响之下，史前会计文化的进步。与夏代会计的传承性对接正是从以上这四个方面展开的。

（4）源于仰韶文化的中原龙山文化，其中的河南龙山文化，以及山东龙山文化与陕西龙

① 中国科学院考古研究所洛阳发掘队（方酉生执笔）：《河南偃师二里头遗址发掘报告》，载于《考古》1965 年第 5 期，第 222 页。

山文化的去向，最终都奔河南偃师二里头而来，这既是传说中的尧、舜、禹所在之地，又是通过“中华文明探源工程”严肃认真而科学的考证，所确定的“二里头文化遗址”，这个遗址便是“夏墟”所在地，确定坐落于“二里头文化遗址”范围之内的斟鄩便是夏王朝王都所在地。因此，这里正是中国的原始会计与夏代会计传承对接之地。

（5）偃师的尸乡沟为商都西亳遗址，是商灭夏后最早兴建的商城，夏文化与商文化是密切关联的。“三代之居，皆在河洛之间”（司马迁《史记》）这又是说明夏、商、周文化也是关联的。约公元前1298年盘庚迁都殷（今河南安阳小屯），在安阳发现甲骨文，根据甲骨文内容考证，证实了商代会计的发展，商的会计发展当在夏代会计基础上进行的，故原始会计与夏代会计的传承性对接完全具有它的历史基础。研究夏、商、周时期的会计，应在这种指导思想支配之下。

尽管还有一些问题有待进一步考证，但通过本文考证性研究之后，在会计方面发生的这种传演性对接的研究结论是完全能够成立的。从会计史角度深入展开研究，客观上当是“中华文明探源工程”中的一部分，它证实了中国史前会计发展的历史必然性，也旁证了中国上下五千年的光辉历史。

主要参考文献

［1］安志敏：《裴李岗、磁山和仰韶——试论中原新石器文化的渊源及发展》，见于河南开封地区文物管理委员会编：《裴李岗文化》，1979年，第52页。

［2］安志敏：《中国的史前农业》，载于《考古学报》1986年第4期，第369~383页。

［3］北京大学考古学系等：《陕西麟游县蔡家河遗址龙山遗存发掘报告》，载于《考古与文物》2000年第6期，第3~16页。

［4］陈德祺：《略说典型龙山文化即是夏文化》，载于《苏州大学学报》1982年第1期，第107~123页。

［5］崔连仲主编：《世界通史》（古代卷），人民出版社1997年版，第15页。

［6］恩格斯：《家庭、私有制和国家的起源》，见于《马克思恩格斯选集》（第四卷），人民出版社1972年版，第158页。

［7］恩格斯：《自然辩证法》，见于《马克思恩格斯选集》（第三卷），人民出版社1972年版，第533页。

［8］甘肃博物馆（执笔人谢骏义）：《甘肃环县刘家岔旧石器时代遗址》，载于《考古学报》1982年第1期，第35~47页。

［9］高广仁：《淮系文化概说》，见于《中国史前考古学研究——祝贺石兴邦考古半世纪暨八秩华诞文集》，三秦出版社2003年版，第332~339页。

［10］高嵘：《陕西历史博物馆藏石峁玉器赏析》，载于《文博》2009年第4期，第80~81页。

［11］戈登·柴尔德：《远古文化史》，上海文艺出版社1990年版，第55~185页。

［12］郭道扬：《人类会计思想演进的历史起点》，载于《会计研究》2009年第8期，第3~13页。

［13］郭沫若：《中国史稿》（第一册），人民出版社1976年版，第25~106页。

［14］何健安：《王湾类型、二里头文化与陶寺类型的关系试论夏文化》，载于《考古与文物》1986年第6期，第67~80页。

［15］河南省偃师市人民政府：《古都偃师》，河南画报社2001年版，第15~19页。

［16］李迪：《中国数学史简编》，辽宁人民出版社1985年版，第3~8页。

［17］李景源：《史前认识研究》（导言），湖南教育出版社1989年版，第7页。

［18］理查德·利基：《人类的起源》，上海科技出版社1995年版，第97~98页。

［19］刘凤君：《昌乐骨刻文》，山东画报出版社2008年版，第4页。

［20］刘凤君：《龙山骨刻文》，山东画报出版社2012年版，第2~3页。

［21］刘庆柱：《中国考古发现与研究》（1949～2009 年），人民出版社 2010 年版，第 187～194 页。

［22］马克思：《资本论》（第一卷），人民出版社 1975 年版，第 88 页。

［23］马克思：《摩尔根〈古代社会〉》，人民出版社 1978 年版，第 229 页。

［24］宁夏文物考古研究所：《宁夏固原店河齐家文化墓葬清理简报》，载于《考古》1987 年第 8 期，第 673～677 页。

［25］皮亚杰：《儿童的心理发展》，山东教育出版社 1982 年版，第 107 页。

［26］陕西省考古研究所康家考古队：《陕西临潼康家遗址 1988 年发掘简报》，载于《考古与文物》1988 年第 5～6 期，第 214～229 页。

［27］陕西省考古研究所科研规划室：《陕西省考古研究所三十年来的研究工作的主要收获》，载于《考古与文物》1988 年第 5～6 期，第 5～11 页。

［28］邵望平：《远古文明的火花——陶尊上的文字》，载于《文物》1978 年第 9 期，第 74～76 页。

［29］宋兆麟：《中国原始社会史》，文物出版社 1983 年版，第 124～392 页。

［30］孙周勇：《新华文化述论》，载于《考古与文物》2005 年第 3 期，第 40～48 页。

［31］谭其骧：《中国历史地图集》（第一册），中国地图出版社 1996 年版。

［32］王炜林等：《石峁玉器的年代及相关问题》，载于《考古与文物》2011 年第 4 期，第 40～49 页。

［33］王秀娥等：《陕西的远古人类和文化》，西北大学出版社 1988 年版，第 91 页。

［34］王志俊：《关中地区仰韶文化刻划符号综述》，载于《考古与文物》1980 年第 3 期，第 14～22 页。

［35］西安半坡博物馆编：《半坡仰韶文化纵横谈》，文物出版社 1988 年版，第 123 页。

［36］严文明：《中国新石器时代家落形态的考察》，见于《庆祝苏秉琦考古五十五年论文集》，文物出版社 1989 年版，第 24～37 页。

［37］杨雪梅：《五千年文明并非虚言》，人民日报，2012 年 7 月 13 日。

［38］杨永林等：《石峁遗址，中国史前最大的城址——2012 年陕西神木石峁遗址考古侧记》，光明日报，2012 年 12 月 21 日。

［39］尤玉柱：《三万年前的骨雕之谜》，载于《化石》1982 年第 2 期。

［40］张维罴：《原始社会史》（第三编），兰州大学出版社 1994 年版，第 140～523 页。

［41］张忠培：《中国古代文明之形成论纲》，载于《考古与文物》1997 年第 1 期，第 17～20 页。

［42］张忠培：《中国史前时代研究的一些认识》，载于《北方文物》1999 年第 4 期，第 1～5 页。

［43］郑洪春等：《陕西长安花楼子客省庄二期文化遗址发掘》，载于《考古与文物》1988 年第 5～6 期，第 229～239 页。

［44］中国科学院考古研究所洛阳发掘队（方西生执笔）：《河南偃师二里头遗址发掘报告》，载于《考古》1965 年第 5 期，第 222 页。

敦煌寺院内部控制初步发展论

——兼议敦煌文书会计史研究中的问题*

李孝林　杨兴龙　栗会明**

【摘要】内部控制逐渐发展成为一门独立的学科。流行观点认为：其“真正的产生还是20世纪的事”。笔者不敢苟同。前已证明，我国内部控制产生不迟于周朝，汉朝已经初步发展。本文依据敦煌文献，以内部控制五大要素为纲，从寺院组织和人员、审计控制、风险评估、财产管理、会计系统控制活动与方法、信息与沟通、内部监督等方面论证内部控制的发展。

在会计系统控制部分，对当前敦煌文书会计史研究中的问题，提出商榷。

【关键词】内部控制　初步发展　敦煌文献　会计史研究　商榷

随着经济发展和研究的深入，内部控制逐渐发展成为一门独立的学科。国内外学术界流行观点认为：“内部控制是工业革命和大机器作业的结果”，提出“20世纪40年代之前：内部控制萌芽时期”，或称内部牵制时期，“真正的产生还是20世纪的事”（李凤鸣）。笔者不敢苟同。

认识古代内部控制，既可弄清内部控制的产生时间，弘扬民族文化，建立内部控制史学，还有助于弄清内部控制不仅限于企业，把握和认识内部控制的全貌，建立完整、准确的理论体系；古为今用，吸取历史经验，有助于全面建立内部控制学。

从粗到细，是事物发展的普遍规律。史料证明，《周礼》内容早于反映战国晚期秦国活动的《睡虎地秦简》，两者内部控制五要素具备，方法都有10种，证明内部控制产生不迟于周朝（李孝林、杨兴龙，2010）。汉朝的内部控制已经有所发展（李孝林、黄小红，2009；李孝林、陈丽蓉，2011）。从而否定了国内外学术界的流行观点：内部控制产生于20世纪说（李凤鸣，2002）。

本文引用敦煌寺院文书，均使用楷体，前后各空一行。

一、内部控制环境

内部控制环境是实施内部控制的基础。

（一）寺院组织机构及权责分配

1. 僧官制度结构

敦煌文书记载了大量的日常事务管理活动，寺院设立了层次分明而又完善的僧官制度。

僧官制度结构图如图1所示。

---

* 基金项目：国家社科基金后期项目“简牍中经济、管理史料比较研究——商业经济、兵物管理、赋税、统计、审计、会计等方面”部分成果，批准号06FZS005。

** 李孝林、杨兴龙、栗会明：重庆理工大学财会研究与开发中心。

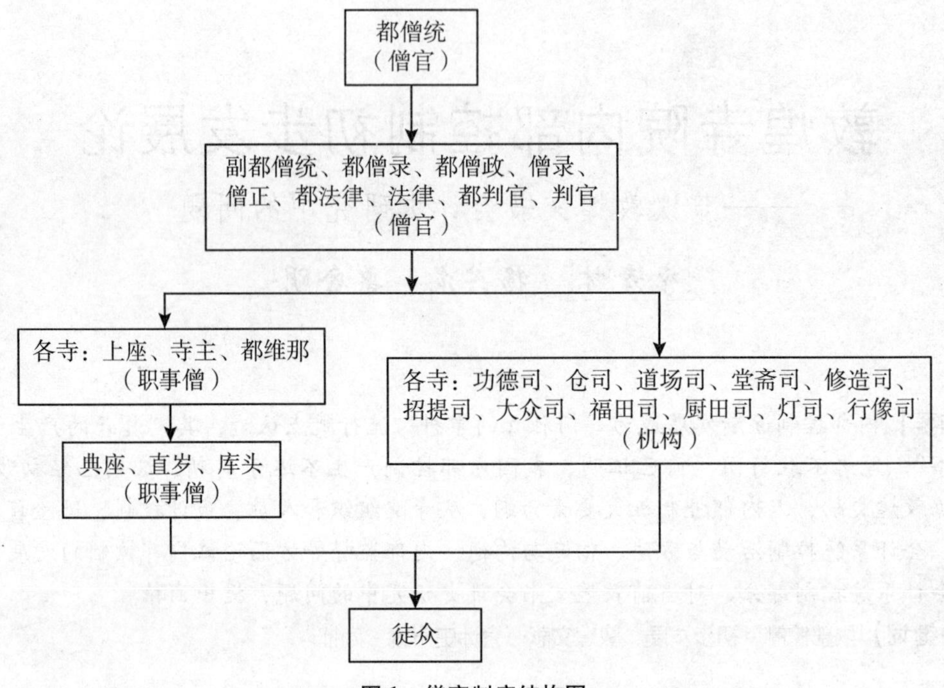

图 1　僧官制度结构图

河西都僧统是敦煌的最高僧官，由朝廷任命（或由节度使任命），负责统领河西佛教界。

典座负责管理所有事务，直岁负责会计事务，要对寺院发生的各项事务进行记录，每年年初还要写出会计报告，并由其他僧官审核。直岁，在东汉末年就已出现。起初该职务并没有涉及管理寺院的经济事务，多是负责接待与处理寺中的日常事务。随着寺院经济的发展，物质财富的增加，寺院的经济事务逐渐成为日常生活中越来越重要的部分。尤其是在隋唐时期，敦煌寺院的经济急剧膨胀，直岁的职能逐渐专一起来，主管本寺的日常经济事务，负责对本寺日常经济活动中涉及的各项收入、支出做好明细记录，并且分阶段加以汇总，然后在每年年末或次年年初写好汇总的诸色入破历算会牒（年度会计报告书），向本寺僧众进行汇报并接受审核。此时直岁已经成为名副其实的"会计总负责人"。

直岁职务在敦煌文书中多见，下面以 P. 2049v《后唐同光三年（公元 925 年）正月沙洲净土寺直岁保护手下诸色入破历算会牒》（见唐耕耦、陆宏基编《敦煌社会经济文献真迹释录》第三辑第 347 页）为例：

净土寺直岁保护。

右保护，从甲申年正月一日以后，至乙酉年正月一日以前，众僧就北院算会，保护手下承前账回残，及自年田收、园税、渠课、利润、散施、佛食所得麦粟油苏米面黄麻麸渣豆布緤纸等总壹仟叁佰捌拾捌硕叁斗叁胜半抄。

（中略）

右通前见算会，出现破除，一一具实如前。伏请（缺）处分。

牒件状如前，谨牒。

同光三年乙酉岁正月（缺）日直岁保护谨牒。

（后略）

此书记载的是自甲申年（公元924年）正月一日以后，至乙酉年（公元925年）正月一日以前，净土寺一年的收入、支出以及最后的结余情况的详细记录，这是直岁保护于同光三年对同光二年的会计报告，前后都有直岁保护的署名，这正是直岁所执掌的会计事务。

2. **人员任用与考核**

敦煌寺院的寺主等主要职事僧，既不是终身制，也不是师门承袭的。他们的任职都是先经徒众选举，再由都僧统批准。

敦煌寺院常住什物，由寺主负责执掌，或由寺主、都维那、直岁、典座、法律等一起负责执掌。此外，还有具体掌管住物的职事僧如仓库保管。为了保证常住什物不被侵吞、检查主管者的诚实性，寺院设置了领得历、付历、借历、交割、点检历……尤为重要的是，寺院的寺主、都维那、直岁、典座、法律以及仓库保管等职事僧实行轮换制，职事僧离职时，要对在职期间执掌的常住什物清点清楚，造具交割历，详列各种货物的品名、数量、变动情况，现在何处，无端短缺的要负责赔偿。移交清册，要面对本寺徒众以及上级派来的僧官宣读，接受审查质询。

有的专著认为："直岁是寺院的重要职事僧，职掌一切作务，是该会计年度各种收支帐目的总负责人。"似有矛盾。既然直岁主管会计，"职掌一切作务"的可能是寺主，有待进一步研究。

（二）内部审计控制

内部审计是内部控制的重要内容和方法。

1. **审计制度**

敦煌寺院建立了审计制度。执掌僧上任时要对领得的财物编制凭证。如果财物出现变动，要在相应的会计账簿进行记录。离职时，要编制交割历、交割点检历等财物变动账簿，其他僧徒要对账目进行审查。如与实际数不相符，还要审查其中涉及的责任，然后再对僧官所承担的责任进行记录，以便以后查阅。寺院以此对执掌僧的行为实行监督，能有效地防止执掌僧弄虚作假，利用权力盗窃寺院财产等徇私舞弊的行为。

2. **审计活动**

（1）送达审计和就地审计。

送达审计也称报送审计，是指被审单位按照规定，定期将会计凭证、账簿等报送到审计机关，以审核其财务信息是否正确。敦煌寺院会计文书的部分内容体现了送达审计，下面以P. 2638《后唐清泰三年（公元936年）沙洲儭司教授福集等状》为例：

儭司教授福集法律金光定法律愿清等状。右奉处分，令执掌大众儭利，从癸巳年六月一日以后，至丙甲年六月一日以前，中间三年，应所有官施、私施、疾病死亡僧尼及车头、斋儭，兼前儭回残，所得绫锦绢絓褐布衣物盘碗卧具什物等，请诸寺僧首、禅律、老宿等，就净土寺算会，逐年破除兼支给以应管僧尼一一出唱，具名如后：（后略）

从起首部分可看出，都司的下属机构儭司将三年间的收支状况写成"状"，呈给都司审查，这是送达审计。

就地审计是指审计单位委派审计人员到被审计单位进行实地审计，有利于了解被审单位实际情况，发现违法行为。就地审计在审计过程中对于相应僧官进行财务方面的详细审查，可以发现其中的徇私舞弊行为，从而可以防止利用权利之便侵吞寺院财产，从而更好地进行寺院的财务保护并做到有效的管理。下面以 S. 474v《戊寅年（公元918年）三月十三日行像司算会分付诏建等斛斗数记录》为例：

戊寅年三月十三日，都僧统法律徒众就中院算会，赵老宿孟老宿二人行像司丁丑斛斗本利，准先例，一一声数如后：（后略）

此时，敦煌寺院上级僧官、法律和当寺僧徒一起参加寺院的算会活动，他们到被审计单位进行审计，这就是就地审计。

（2）审计方法。

审计方法是指用来搜集审计证据所采用的方法，一般包括观察法、盘存法、核对法、听审法以及审阅法等内容。

听审法指账务人员宣读会计记录，审计人员在一旁听取，认真核对所述内容是否与实际数一致。在上述 S. 474v《戊寅年（公元918年）三月十三日行像司算会分付诏建等斛斗数记录》例子中，就是听审法。

唐开成三年（838）十二月二十九日，僧圆仁至扬州开元寺，记云："礼佛之时，众皆下床，于地下敷座具。礼佛了，还上床座。时有库司典座僧，在于众前读申岁内种种用途账，令众闻知。"圆仁在开成五年（840）十二月二十五日在长安大兴善寺见到这样的情形："众僧上堂，吃粥、馄饨、杂果子。众僧吃粥间，刚维、典座、直岁一年内寺中诸庄及交易并客断诸色破用钱物账，众前读申。这两则史料说明了唐代寺院的僧众用"听计"的方法审计寺内财物收支的状况。

审阅法指审计人员通过审查会计凭证、帐簿等与会计报告相关的会计账簿，从而判断会计账目数是否与实际数一致。在敦煌文书中有很多关于审阅法的记载，下面以 P. 2838《唐中和四年（884）正月上座比丘尼体圆等诸色斛斗入破历算会牒残卷附悟真判》为例：

（前略）

右通前件所得斛斗破除及见在，具实如前，伏请处分。牒件状如前，谨牒。中和四年正月日上座比丘尼体圆等牒。勘算既同，连附案记。正月十九日。都僧统悟真。

河西都僧统对会计账簿进行核算审查，看其账目数和实际数是否一致，经审查没有错误，签上"勘算既同，连附案记"以及自己的名字"悟真"。

盘存法是指审计人员根据账簿记录，盘点各项财产物资，以验证其账面记录的真实性、正确性和完整性。敦煌寺院中已广泛采用这种方法，在上例 S. 474v《戊寅年三月十三日行像司算会分付诏建等斛斗数记录》中，僧官都僧统以及该寺的僧徒通过监督寺院僧职人员清点财物，这就是监督盘存。

上面"送达审计"引用的资料也可用来说明审阅法。都僧统在审阅账簿后，写上审计意见，这种意见以判词的形式体现出来。如《算会牒残卷附悟真判》第107～109行："勘算既同，连附案记。正月十九日。唐中和四年（884）正月上座比丘尼体圆等诸色斛斗入破历都僧统悟真。"这里说的是经过勘验核算以后，账目数字是相符的，说明都僧统悟真批准了这件算会牒。

在实际审计中，往往是将上述方法结合使用，以适应多方面的需要。如 P. 2049v《后唐同光三年（公元 925 年）正月沙洲净土寺直岁保护手下诸色入破历算会牒》第 2 行云：“众僧就北院算会”这里的众僧参加算会不是说每个僧众都去清点财物，而是由专门的清点人员在清点物品的同时一一报出相关物品的数量，僧众听取账目的相关信息并监督实物的清点，这就体现了听审法和监督盘存的方法。文书尾部的第 452 行“右通前件算会，出现破除，一一具实如前，伏请处分”，说明此件算会牒是要呈上级僧官审核的，上级僧官审核的方式是审查算会牒中的账目，采用的就是审阅法。

（3）审计主体。

敦煌寺院经济文书记载了丰富的审计活动，从上面的 S. 474v 号文书可以清楚地看到，审计主体是上级僧官和普通徒众审计相结合，从而提高了审计的有效性。

（三）职工素质控制

如前所述，敦煌寺院中的主要职事僧如都僧统等的任职都有相关的规定。先经推举，而后批准。执掌财物的执事僧离职时，要编制移交簿，并要接受审查，倘若账面与实际数不一致，财物缺少，执掌僧要承担相应的责任。下面以 P. 3631《辛亥年（公元 951 年?）正月二十九日善因、愿通等柒人将物色折债抄录》为例：

> 辛亥年正月廿九日，先把物品善因、愿通等柒人，欠常住物斛斗，现将物色折债抄录谨具如后。（后略）

这是一件关于善因、愿通等七人以实物赔偿的文书，后面省略的是其所折赔实物的具体情况，其中包括实物数量、品种等，此文书清楚地记载了执掌僧因财务缺少而承担经济责任的情况。

二、风险评估

风险评估是及时识别、系统分析经营活动中与实现内部控制目标相关的风险，合理确定风险应对策略。应当根据设定的控制目标，全面系统持续地收集相关信息，结合实际情况，及时进行风险评估。

前面已经讲到，主要职事僧的任职，先经推举，后再批准；执掌财务的执掌僧离职时，要接受审查，如果短少还要承担经济责任等，这些都反映了敦煌寺院在风险防范方面有效的控制。在敦煌文书中，以 S. 4701 号《庚子年（公元 940 年?）十二月十四日某寺执仓法进、惠文、愿盈等算会分付回残斛斗凭》文书为例：

> 阴法律、寺主定昌、戒宁三人身上欠麻叁硕贰斗贰升，徐僧正、寺主戒福、善清等三人身上欠麻两硕叁斗伍升（后略）

这件文书说的是前任执掌僧在离任清点时所缺少的什物数量，要对缺少情况详细的记录，确认相应的责任，落实到僧徒个人身上。可见其风险防范已经达到了较高水平。

三、控制活动

控制活动是根据风险评估结果，采用相应的控制措施，将风险控制在可承受度之内。采用的控制措施一般包括：不相容职务分离控制、授权审批控制、会计系统控制、财产保护控制、预算控制、运营分析控制和绩效考评控制等。

（一）不相容职务分离控制

敦煌寺院已经实行不相容职务分离控制。如会计工作由直岁负责管理，仓库工作由仓司负责管理，并设置库头负其责。

（二）财产管理控制

1. 制度建设

“要物质基础稳固，必须建立健全的财产管理制度和财务会计制度。敦煌寺院在这方面的制度是比较健全的，指派专人掌管，定期结算，并采用群众审查和上级审核相结合的稽核办法。”

从敦煌文书看，凡是正式的公私财务登记、报表、契据以及官府的户籍、手实，数字都一律用繁写“壹贰叁肆伍陆柒捌玖拾伯（同佰）阡”……西魏大统十三年（公元547年）计账稿上，凡是人口的生年一律用繁体数字。

湘西里耶秦简已有全套大写字码，可见其产生不迟于战国时代。壹早见于鲁人毛亨《诗序》，贰早见于《孟子》、《周礼》。

大写中文数码当代仍在通用，这是会计凭证的一大进步。而唐代会计凭证的单位准确到“文”，相当于现在的“分”。这些凭证格式划一，内容完整，手续齐备，说明我国会计凭证的发展到唐代又踏上一个新台阶。

2. 实物保护控制

稳固的物质基础是敦煌寺院存在和兴盛的重要条件。而物质基础的稳固，需要健全的财产管理制度。敦煌寺院在这方面已经建立了比较完备的制度，主要体现在以下两个方面：

首先，寺院设立常住什物方面的簿历，对财务的增减变动情况做了详细的记录。在常住什物方面的簿历设置包括：常住什物领得历、借历、点检历、付历、交割历（牒）等。

其次，寺院建立了较为完善的财务岗位制度，寺院设有很多僧职。此外，寺院还设有功德司、道场司、大众司、灯司、福田司、厨田司、行像司等机构。对职事僧的职务做了分工。建立了岗位轮换制度。各寺的寺主、上座、都维那、直岁等主要职事僧的任职，先经推举，而后批准。寺院通过这些制度对寺中财务进行了有效的管理。

3. 清点核对

寺院的寺主、都维那、直岁、典座、法律以及仓库保管等职事僧实行轮换制，职事僧离职时要对在职期间执掌的常住物清点清楚，造具交割历，详列各种货物的品名、数量、变动情况，现在何处。无端短缺的要负责赔偿。移交清册一面对本寺徒众以及上级派来的僧官宣读，接受审查质询。

“多数账目之品名旁有点‘、’，系清点核对时所加。”这不仅是一种制度，而且是一种核算方法。

4. **群众审查**

寺院的寺主、都维那、直岁、典座、法律以及仓库保管等职事僧实行轮换制，职事僧离职时，要对在职期间执掌的常住什物清点清楚，造具交割历，详列各种货物的品名、数量、变动情况，现在何处。无端短缺的要负责赔偿。移交清册，要面对本寺徒众以及上级派来的僧官宣读，接受审查质询。敦煌寺院的寺主等主要职事僧，既不是终身制，也不是师门承袭的。他们的任职都是先经徒众选举，再由都僧统批准。

（三）会计系统控制

敦煌寺院已经建立了较为完善的包括会计记录、会计账簿以及会计报告在内的财务会计核算系统。使会计控制有根有据，落到实处。

1. **账簿设置**

敦煌寺院通过设置一些不同的簿历，详细记录各项收入、支出以及结余情况。这些簿历包括：入历、破历；便物历（借贷）、唱卖历、官斋历、领得历、借历、点检历、交割历、交割点检历等。寺院设立常住什物簿历，记录财产的增减变动情况，为财务管理提供依据。

（1）入历（收入账）、破历（支出账）。

入（破）历又可分为序时流水式（即日记账）和汇总的诸色入（破）历，供会计年度编造诸色入破历算会牒（报表）用。

下面是序时流水式入历，以 S. 1313 号为例：

辛未年十一月廿二日，都师领得麦贰斗伍升。廿五日，麦叁斗，马寺主施入。壬申年后正月一日，麦叁斗、粟肆斗，画知官施入。五日，领得麦叁斗

（后略）

破历又名付历等。有只记一类货物破用的，有记多种货物破用的。如 P. 3505 号为：

四日早上面壹斗，午时面四斗，夜料叁斗。五日早上面壹斗，午时面陆斗伍升，夜料面叁斗。六日早上面贰斗捌升，午时面伍斗伍升，夜料断，造水（面）贰升。十八日早上，面壹斗伍升，午时面伍斗，夜料面贰斗。通计使面叁硕肆斗伍升。

（后略）

（2）金额账。

敦煌寺院大都是实物数量账，仅见一例金额账。如下：

唐（开元九年?）于阗某寺支出簿（Ch969 – 72 号）

（前缺）

卅日出钱柒佰伍文，沽酢陆斗，斗别伍十文，籴豉陆升，升别一十文，柘留三颗，颗别十伍文。

胡饼两石面脚，每斗十伍文，供众岁节三日用。

直岁僧“法空”都维那那僧“名圆”寺主僧“日清”上座僧“法海”

同日，出钱贰阡肆佰捌拾肆文，籴干葡萄壹石叁升，升别伍文。豆壹斗捌升，升别一十伍

文，糶油麻壹石伍斗壹升，升别玖文，小豆叁斗肆升，升别一十文，并供众用。

直岁僧“法空”都维那那僧“名圆”寺主僧“日清”上座僧“法海”

(中有四行空白)

正月廿四日，出钱壹佰捌伍文，沽酢壹斗捌升，升别伍文，豉贰升，升别十文，柘留壹颗，十伍文。胡饼肆斗面脚，脚别十伍文，为道超亡父设斋供众用。出钱壹佰文，买纸两贴，帖别五十文，供文磨用。

直岁僧“法空”都维那那僧“名圆”寺主僧“日清”上座僧“法海”

十四日，出钱壹佰文，买白纸两贴，帖别五十文，糊灯笼卅八个，并补贴灯面用。出钱贰佰玖拾伍文，籴稻谷花贰升，六十文，锡壹斤半，一百文，柘留三颗，卌五文枣贰生，十二文，梅子壹升，八文阿魏卌文，口口贰十颗，廿文。烟薰葡萄壹升，十文，供看灯官寮苏山药食等用。

直岁僧“法空”都维那那僧“名圆”寺主僧“日清”上座僧“法海”

廿二日，出钱捌佰文，付西河蒲宁野乡确弥拱村吒半萨董，充家人悉口吉良又科着税并草两络子价。出钱壹佰陆拾伍文，沽酢贰斗，一百文，豉贰升，廿文，胡饼叁斗面脚，卌五文，供当寺众僧。出钱壹佰文，付桑宜洛，充买裤布緤。

直岁僧“法空”都维那那僧“名圆”寺主僧“日清”上座僧“法海”

(中缺)

在唐代遗存的敦煌寺院文书中，现金收支账簿罕见。上列开支簿证明：

各项开支的内容包括数量、单价，总金额，尤其是用途，记载清楚，并不次于当代。

每笔或者每日开支，有四位主管（直岁僧“法空”都维那那僧“名圆”寺主僧“日清”上座僧“法海”）签字，从而证明内部控制制度的严格，超过当代。

(3) 借历，寺院所记借什物账。如：

甲辰年（公元944）二月后净土寺东库便物历“李莘端便豆壹石，至秋壹石伍斗，(押)。”

借物人李莘端姓名上的“┌───”号，有勾销号与核对号两说。“（押）”是借物人画押，相当于现代的签字。还物人在借物账上画押。这样的便物历与借贷契约相结合，起源于公元前153年的江陵汉简：

户人击牛能田二人口四人田十二亩十卩　贷一石二斗（散简[i]814）

“+”是贷款人的“画押”。“卩”即“节”字，假借为结，表示该帐结清，相当于现代的“收付讫”，与敦煌寺院文书的勾销号相似。这是我国保存下来的最早的划押实物。与之类似的是：古巴比伦“经营业务的当事人和证人应在粘土版上画押署名，记录官记下他们的名字，记录即告结束”（［美］迈克尔·查特菲尔德，1989)。

“帐簿”与“账簿”如何使用，素有争议。敦煌寺院文书用“帐簿”。《现代汉语词典》第5版：帐，帐篷；账，记账，账簿。我们赞成《现代汉语词典》的区分，作为现代论著，则用“账簿”，古代引语仍用“帐簿”，以示尊重原著。

2. **记账程序**

敦煌寺院会计文书的记账程序如下：

原始的序时流水入历——→汇总的入历——→分类入文书——→入历算会稿——→算会牒
原始的序时流水破历——→汇总的破历——→分类破文书——→破历算会稿——→算会牒

原始的序时流水入、破历开收入、支出流水（日记）账之先河；据以登记汇总的入、破历，再登记分类入、破文书，开总分类账之先河。算会牒是会计报表。序时流水破历实例见金额账之唐（开元九年?）于阗某寺支出簿（Ch969－72号）。

往来账在唐代称便物历。其过帐程序是：

序时流水账——→汇总账

诸色入破历算会牒（状）是记载收入、支出以及结余情况的会计报告。在诸色入破历算会牒中使用了"四柱式结算法"和"非四柱式结算法"。

在敦煌寺院日常的经济活动中，对各项收入和支出详细的记录，分别记为序时流水式入历和序时流水式破历，然后汇总，在年终或次年年初编制上一年的收、支报告，最后编制出年终会计报告。

3. 总括核算与明细核算结合

我国古代会计的总括核算如何设置，一直是会计史研究的难题。《周礼·天官·职内》："辨其财用之物而执其总。"（汉朝郑玄注：总，"谓簿书种别与大凡"）种别是明细分类核算；大凡，指财物总计即总括核算。会计账簿分类明显。宋朝王安石在《周官新义》中解释："合众数而为目，合众目而为凡，合众凡而为要。"（宋朝王安石，1937）其理解与郑玄相同。尽管周朝的总括核算和明细核算已经划分，但在众多汉简中，虽有大量的明细账簿，却难以认定总括核算账簿。唐朝敦煌寺院文书有多种以实物分类的明细账逐步汇总、直到会计报告的实例，如上列记账程序。

秦汉简牍不见"总簿"，真是百思不得其解。联系古高丽四介松都治簿法（尹根镐，1964）和敦煌寺院文书，使我们恍然大悟。四介松都治簿法没有总簿，像敦煌寺院文书和王安石所说的那样，明细分类账按种类汇总，直到会计册。"各分类数直控本类明细帐。"

在敦煌寺院中，总分类核算主要表现形式之一是年终的算会。算会一般在直岁主持下进行，都僧统司派来的僧官和寺院的僧众参加并监督。算会后写成算会牒，呈交给都僧统司审核。目前所发现的算会牒只有两件是完整的，即P. 2009va和P. 2049vb。算会牒一般包括回残（上年结余）、新收（当年收入）、破用（当年支出）、见在（当年结余）四个部分，即会计史籍常说的"四柱"。其中新收和破用部分是以平时形成的收入和支出明细分类账目为基础的。这种算会牒就是通过总分类核算而形成的报表。主持总分类核算的直岁全面核算寺院总的收支情况和结余情况，核算时也检查各种收支明细账目。

4. 记账标志

研究敦煌文献涉及会计的论著流行"记账符号"说。"记账符号"指在会计核算中，借贷记账法用以指明记账方向的标志。借贷记账法在日本明治维新时从英国传入日本。下野直太郎教授说："日本最初直译原文为甲乃借于乙，后将'乃'、'于'二字删除不用。"（下野直太郎，1934）"日本人初译，苦无适当之译文，意译'借'、'贷'而加以'ハ'、'ニ'之片假，盖尤西文之'is Dr to'与'is Cr by'，习用乙久，去其'ハ、ニ'。"（潘士浩，1934）清末，我国将"借、贷""抄译"过来。

借、贷，无论在中文或日文中都是同义词，查《词源》和《康熙字典》，借，贷也；贷，借也。以同义词借贷，用来表示对立的记账符号，从而产生了词不达意、甚至词与意违的缺点。借贷译文不善，乃是几十年来争论的焦点。正是因为词不达意，只得称之为记账符号，意在不用追究其原来的涵义。我国的收付记账法和增减记账法并无记账符号的提法，因为收付、增减有确切的意思。敦煌会计文献记账采用：入、领得、得、新附入，付、用、出、破用、破等，用其原来的准确含义，是实实在在的记账标志，不宜套用借贷记账法专用的“记账符号”概念。

5. **记账方法**

对应记录是复式簿记的根本特征。只有对应记录才能对应分析，下文从这两方面讨论。

（1）对应记录

从记账方法的角度看，上文的借历，所举“甲辰年（公元944年）二月后净土寺东库便物历”李莘端户便豆壹石，必然同时记录对应账户豆类什物账的付出。用现代会计术语说，转账业务对应记录，显然是复式簿记。

敦煌寺院会计文书大量账簿是实物数量账。原始的序时流水入、破历要分别按照账户过入汇总的入、破历分类文书，期末再编制入、破历算会稿。所有的账户都是这样。

“唐（开元九年?）于阗某寺支出簿”（Ch969－72号）每笔账既记录开支项目，又记录现金的付出，证明：现金流水簿与开支簿（费用）对应记录。陈直教授仅据旧居延汉简罗列其72种簿检名称（陈直，1986），不仅有钱出入簿、谷出入簿、钱财物出入簿，还有奉禄簿（费用）、债券簿（负债）、偿及当还钱簿（往来帐）。一笔经济业务，如用钱购入谷物或支付费用，必然记入对应帐簿，如下例：

都内赋钱五千一百卌

入　给甲渠候史利上里高何齐

地节二年正月尽九月积九月奉（《合校》111·7）

地节二年是公元前68年。这种现金业务记一笔而能反映对应账户的方式，开“三脚账”之先河。三脚账是我国固有的复式簿记之一，笔者已经论证。（李孝林，2008）在2012年11月韩国首尔召开的专门讨论“三脚账”的国际会议上，已经公认。

（2）对应分析。

对应分析是复式簿记的特点和优点，敦煌文献进一步证明复式簿记记录和对应分析的流行。比敦煌寺院文书早千年的敦煌悬泉汉简和居延汉简已经能够运用复式簿记的对应分析法。见下例：

效谷移建昭二年十月传马簿，出悬泉马五匹，病死，卖骨肉，直钱二千七百卌，校钱簿不入，解（何）?（悬泉汉简0116②：69）

效穀傳馬病死錢未備萬八千六百。（悬泉汉简ⅡT0111②：5）

校候三月尽六月折伤兵簿：出六石弩弓廿四付库。库受啬夫久廿三，而空出一弓。解何?（《合校》179·6）

建昭二年是公元前37年。三简都是审计简牍。179·6简记录审校某候折伤兵簿，付出弩弓24副给仓库，仓库主任久只收到23副，短少一弓，是何原因？证明弩弓付库，应等额记录对应帐簿。69号简郡府审核效谷县报来的悬泉置传马簿和钱出入簿，发现：死马五匹，在传马簿已下帐（出），卖骨肉钱2 740却未记入钱簿，是何原因？5号简类似，记录效谷县传马骨肉钱差 18 600 钱。前两枚简说明：按照当时流行的程序，这笔经济业务既须记入传马簿，还须记入钱簿。第 3 枚简审校某候折伤兵簿，付出六石弩弓廿四给仓库，仓库主任久只收到廿三，短少一弓，是何原因？像这样对应记录，显然体现复式簿记。下例同理。

建昭三年三月丁巳朔癸亥，敦煌大守強、守部騎千人雲行丞事，謂縣：案所移十月盡二月傳馬簿，出馬病死斥賣移爰書賈直校錢不入，效穀出遮要傳馬十七匹，病死賈或三百，或二百。傳馬皆食穀，賈賤，疑非實。方遣吏案校，今移舉各如牒。書到 A 掾慶、守屬宮、守書佐禹。B（悬泉汉简Ⅱ T0214②：550B）

太守府通告各县，骨肉钱要及时上交，在校对传马簿和钱簿时发现，效谷县以前的传马病死贯卖爰书价值或 200 钱、或 300 钱，吃同样食物的马，为什么骨肉钱不一样，恐有假。发文派人检查此事，两置要针对出现的情况，准备好原来的资料以备检查。说明传马死亡，在登记传马簿时，卖骨肉钱必须登记钱簿。

劉承明到遮要，病柳張，立死，賣骨肉賈錢四百，有書賣賈四百，賤非實，書到，更實移。謹案文書臧官者。（悬泉汉简Ⅱ T0115④：49）

騧，乘，齒十八歲，送渠犁軍司馬令史勳承明到遮要，病柳張，立死，賣骨肉臨樂里孫安所，賈千四百。時嗇夫忠服治爰書，誤脱千，以爲四百。謁，它爰書。敢言之。A

守嗇夫富昌 B（悬泉汉简Ⅱ T0114③：468AB）

郡府审核钱簿，第一简，马的骨肉卖了 400 钱，但是钱却没有收到；第二简，卖了 1 400 钱，却记为 400 钱。说明在当时这笔经济业务不仅要在传马簿上下账，还要记入钱簿。不然，就不能发现这些差错。

上述汉简充分证明：一笔经济业务在对应帐簿中等额记录，已成惯例，并能运用对应关系进行经济分析。否则，就不可能据以发出那样的审校通知。折伤兵簿例可以证明转帐业务的对应记录，其他诸例可以证明现金收付业务的对应记录。还要强调：这种由于复式簿记根本特征产生的帐户对应关系分析，当代仍然流行，其源头在公元前 1 世纪的西汉。

只有对应记录，才能对应分析。如果不是复式簿记，怎么可能进行对应分析？不应把敦煌文书中的会计记录简单的一律称作单式簿记。

6. “四柱结算法”的应用

敦煌寺院在这一时期已经“普遍运用四柱结算法”（唐耕耦，1996）。一些论文重复研究，认为“是我国四柱结算法的最早实例”，“是会计史研究的重大发现”。需要商榷。

过去根据宋朝黄山谷赠李辅圣的名句“旧管新收几妆镜”，认为“四柱法”始于宋朝。从黄山谷名句不难看出宋朝对“四柱”的提法已经系统化、理论化了。理论是对实践的总结，其前必然有较长的发展过程。1982 年，郭道扬教授在《中国会计史稿》中以确凿的史料，证明“四柱结算法在唐代后期业已创立，并在一定范围内得到运用”。唐代后期约在 9 世纪。从而把“四柱法”的运用向前推进了一个世纪。被我国会计名家潘序伦誉为对会计史研究的重大贡献。1987 年，本文第一作者根据地下简牍，结合国外史料，提出：“我国四柱结算在实际工作中的应用，不会迟于公元前 7 世纪。”（李孝林，1987）1996 年，在《中外会计史比较研究》对“四柱结算法”专门讨论后指出：“古巴比伦时代（前 19 世纪）……四柱结算法已经发展到一定程度。”（李孝林，1996）实际上，会计人士都知道，一般资产类、负债类会计账簿的结构都是采用“四柱结算法”，否则，会计账簿的控制职能就无法发挥。

湘西龙山县里耶镇战国——秦代古城的1号井中发掘出土大批文物，其中非常重要的是多达36 000枚秦简。已经公布的少数简牍之一如下例：

迁陵已计：卅四年余见弩臂百六十九。

·凡百六十九。

出弩臂四输益阳，

出弩臂三输临沅，

·凡出七。

今八月见弩臂百六十二。（里耶8－147）

始皇卅四年是公元前213年。169－7＝162，校算相符。可能是弩臂年报。睡虎地秦简《秦律十八种·田律》：“远县令邮行之，尽八月口口之。”边远县由邮驿传递，“在八月底［结账］”。秦以十月为岁首，因为迁陵交通不便，提前一月结账，故八月上报。该年无收入，所以只有三柱。可能是现存最早的四柱结算实物。

论者可能认为上例只有“三柱”。“三柱”与“四柱”的实质差异在于是否将期初余额与入、出、期末余额联系在一起。入、出、余，早已出现在西周，因而将其与期初余额联系运算是“四柱”的关键。上例证明其已经联系运算。

敦煌寺院文书证明，四柱结算法已经普遍运用，但“四柱”的提法尚未统一。

四、信息与沟通

信息与沟通指及时收集相关的信息，确保企业与外部之间进行有效的信息沟通。

敦煌寺院建立了较为完备的会计报告控制制度，设置诸色入、破历算会牒（状），即收支结算会计报告。在此项活动中，寺院管理机构派来的僧官和该寺僧徒一起参加，对算会活动进行监督。对本寺一年的收入、支出和结余情况进行核算。

算会牒在结构上广泛采用“四柱式结算法”，结构上可分为六部分：起首、第一柱、第二柱、第三柱、第四柱和结尾。以上是算会牒中的核心四柱，结算公式为：承前账旧＋新附入－破用＝应及见在。P. 2049v《后唐长兴二年（公元931年）正月沙洲净土寺直岁愿达手下诸色入破历算会牒》（见唐耕耦、陆宏基编《敦煌社会经济文献真迹释录》第三辑第369页）就是四柱结算法的详细记录，由于前面已经说明，此处不再详细说明。

五、内部监督

内部监督是企业对内部控制建立与实施情况进行监督检查，评价内部控制的有效性，发现内部控制缺陷，应当及时加以改进。

上面所述寺院组织机构及权责分配、内部审计控制、职工素质控制、风险防范控制、会计系统控制、实物保护控制以及内部报告控制，都属于内部监控。各寺的主要职事僧的任职，既不是师门承袭，也不是终身制，而是先推举，后批准，在职事僧的任免程序上得到了有效的控制。此外，执掌财务的执掌僧在离职时，要接受审查，如果数量不一致，短少，执掌僧要承担责任。

以 P. 2838（1）《唐中和四年（884）正月上座比丘尼体圆等诸色斛斗入破历算会牒残卷附悟真判》例："勘算既同，连附案记。正月十九日。都僧统悟真。"即指都僧统审核批准了经过审查账目数与实际数一致的会计报告。这样会对敦煌寺院的日常账目做到一个很好的监控。

敦煌寺院中还使用了平时审计和交接审计相结合的审计制度。其中，平时审计指的是年终或次年岁初审计活动。下面以 P. 2049v《后唐同光三年（公元 925 年）正月沙洲净土寺直岁保护手下诸色入破历算会牒》（见唐耕耦、陆宏基编《敦煌社会经济文献真迹释录》第三辑第 347 页）为例：

净土寺直岁保护。

右保护，从甲申年正月一日以后，至乙酉年正月一日以前，众僧就北院算会，保护手下承前账回残，及自年田收、园税、渠课、利润、散施、佛食所得麦粟油苏米面黄麻麸渣豆布緤纸等总壹仟叁佰捌拾捌硕叁斗叁胜半抄。

（后略）

这件会计文书说的就是平时审计。当寺僧众对该寺自甲申年正月一日已后至乙酉年正月一日已前会计年度的收支情况进行审计。关于平时审计的算会牒还有很多，此处不一一列举。

交接审计指的是寺院中的执事僧在离职的时候，其他僧官要对其管理财务期间进行财务审计，判断账目数与实际数是否一致。在 P. 2613《唐咸通四年（873）正月四日沙州某寺交割常住物等点检历》中，说的是某寺前后任僧官对其所掌管的财务进行交接时，一些僧官担任审计员的角色。

通过对敦煌经济文书的研究分析，可以看到此时敦煌寺院的内部监督制度已较为完善，为寺院的存在和繁荣发展奠定了坚实的基础。

六、结语

通过对敦煌文书的研究可以看出，内部控制方法在这一时期已经广泛地运用，并且发展到了较高水平，内部控制五要素在这一时期也已具备，对内部控制史在我国的发展具有深远的影响。希望能有更多的学者参与唐代敦煌文书有关内部控制的研究工作，以发掘更多更有意义的史料，为内部控制史在我国的发展提供重要的史料依据。

主要参考文献

［1］李凤鸣：《内部控制学》，北京大学出版社 2002 年版。

［2］杨兴龙、李孝林：《〈周礼〉中的内部控制探析——兼议内部控制制度的产生》，会计史第七届国际研讨会。当代内部控制方法一般认为有 11 种，周代已有 10 种，仅缺电算化控制法。

［3］唐耕耦、陆宏基：《敦煌社会经济文献真迹释录（三）》，全国图书馆文献缩微复制中心，1990 年。

［4］唐耕耦：《敦煌寺院会计文书研究》，新文丰出版公司 1997 年版。本文引用的敦煌寺院文书一般出自该书，引用时夹注该书页码。

［5］李孝林、黄小红：《简牍中的定额管理初探——汉朝内部控制初步发展新证据》，载于《重庆工学院

学报》2009 年第 6 期，人大复印报刊资料《经济史》2009 年第 3 期全文转载。

［6］李孝林、陈丽蓉：《汉简中的内部控制方法探索》，载于《江西财经大学学报》2011 年第 1 期。

［7］李孝林、李国兰：《睡虎地秦简中内部控制方法》，载于《会计之友》2009 年第 3～6 期。

［8］李孝林：《简牍中经济控制史料新探》，载于《重庆理工大学学报（社会科学）》2010 年第 1 期。人大复印报刊资料《经济史》2010 年第 3 期要目索引。

［9］李均明、何双全：《散见简牍合辑》，文物出版社 1990 年版，第 70 页。

［10］（美）迈克尔·查特菲尔德：《会计思想史》，中国商业出版社 1989 年版，第 5 页。

［11］宋朝王安石：《周官新义》，商务印书馆 1937 年版，第 31～32 页。

［12］尹根镐：《韩国会计史研究》，韩国研究院，1984 年。

［13］下野直太郎：《论收支簿记法》，载于《会计杂志》1934 年第 4 卷第 5 期。

［14］潘士浩：《论借贷簿记法与收付簿记法》，载于《会计杂志》1934 年第 3 卷第 1 期。

［15］陈直：《居延汉简所见的簿检》，见于《居延汉简研究》，天津古籍出版社 1986 年版，第 109 页。

［16］李孝林：《我国复式簿记产生与发展比较研究》，载于《中国社会经济史研究》2008 年第 1 期。

［17］唐耕耦：《敦煌寺院会计文书》，载于《北京图书馆馆刊》1996 年第 1 期，第 55 页。

［18］李孝林：《四柱法溯源》，载于《北京商学院学报》1987 年增刊。

［19］李孝林等：《中外会计史比较研究》，科学技术文献出版社 1996 年版、2002 年版。

十三年来的中国会计理论研究基本取向与态势

——基于2000～2012年间国家三大基金资助会计类项目的统计分析与思考*

许家林　舒利敏　孔令辉**

【摘要】在我国会计理论研究领域，一定时期内国家自然科学基金、国家社会科学基金和教育部人文社会科学基金资助的项目及其分布，可在一定程度上折射出同期会计理论研究的基本取向与态势。本文以2000～2012年间的三大基金资助会计类项目为研究样本，系统统计分析了21世纪后前十三年间我国会计理论研究现状及其显现出来的多元特征。研究发现：三大基金资助的会计类项目数量均呈持续增长态势，资助总额和平均额亦不断增加；在资助项目类别上，不仅主要项目类别立项稳中有升，且呈现出对青年项目和地区项目的适当倾斜；但在研究内容上，三大基金均侧重于财务管理、资本市场与信息披露和审计等领域，而对会计基础理论、成本与管理会计、政府及非营利组织会计等领域的资助却较薄弱；在研究主体分布上，虽然研究主力军以"985"和"211"高校教师为主，但其他高校教师也开始逐渐成为重要力量。中国会计理论未来研究方向与布局可适当调整。

【关键词】会计理论研究　国家基金项目　资助　研究内容　研究主体

一、引言

随着世纪之交经济全球化的趋势，以及我国经济发展对会计理论与实务的影响不断加深，21世纪头二十年，肯定会是中国会计理论研究的繁荣发展期（王军，2005）。定期从不同角度对会计理论研究的基本态势进行系统梳理与总结，并发现其变化过程所呈现的规律，也是繁荣与推进会计学术研究的一个重要环节（孙铮、贺建刚，2008）。在我国当前的学术环境下，会计理论研究领域所获得的国家自然科学基金项目、国家社会科学基金项目以及教育部人文社会科学研究项目（以下简称"三大基金"项目），是我国会计研究领域高级别课题资助项目的代表，它所涉及的范围、资助方式与内容，可在一定程度上综合、系统、敏锐地反映出同期会计研究的特征与趋势，代表着我国会计研究的风向标，其资助强度和结构上的分布，也会在一定程度上直接影响与制约我国会计科研发展的程度和方向。因此，对三大基金中会计类项目的立

---

* 2011年度国家社科基金重大项目——《中国会计通史系列问题研究》（11&ZD145）的相关成果。感谢中南财经政法大学会计学院2011级硕士研究生周超和柴小康同学在搜集原始数据方面提供的帮助。本文的最初研究结果曾于2012年8月10～12日在湖北恩施召开的中国商业会计学会2012年学术年会暨第十七届现代会计理论与实务研讨会上交流，会后补充了2012年度的数据，并根据诸多专家学者的建议对论文做了相应的调整与补充，在此一并致谢，但论文仍然存在的错误，由作者负责。

** 许家林：中南财经政法大学会计学院；舒利敏：长江大学管理学院；孔令辉：内蒙古工业大学管理学院。

项情况进行梳理与研究，对促进我国现阶段会计科学研究乃至会计学科的发展具有重要意义。

据笔者所掌握的资料，国内相关文献中，已有的同类研究成果较少，仅有以国家自然科学基金2003～2009年间立项的会计类项目为分析对象总结该时期我国会计与财务研究数据特征的论文（王天东、许宇鹏，2011），故本文的研究具有创新性。本文的基本贡献在于：以三大基金资助的会计类项目作为研究样本，对其2000～2012年间会计类项目立项情况进行全面的多角度分析①，且在研究样本、研究内容、时间跨度等方面进行了深化拓展，进而使得据以分析的数据更加全面，所反映当代中国会计研究的特征与其揭示的问题更加客观。本文试图达到如下目标：（1）重点分析这一时期我国会计理论研究基本态势所显现的发展变化与特征，并尝试揭示其存在的问题；（2）据以提出完善我国当前会计研究组织与立项的建议，并明确未来需要重点资助与拓展资助的方向。

二、数据来源与筛选方式

为呈现21世纪以来三大国家基金立项资助会计类项目全貌，我们通过三大基金官方网站所提供的信息，收集了其公布的2000～2012年间立项资助的会计类项目②。由于这些项目一般均分散在经济学、管理学、社会学、法学和统计学等不同学科中，故本文选择样本的标准是，由研究者根据项目研究内容来逐一判别其是否与会计、财务管理或审计直接相关③。

文中具体数据来源与筛选方式如下：国家自科基金项目立项数据，源于国家自然科学基金委员会网站公布的项目资助信息，主要选择工商管理（G02）一级学科中的公司理财与财务管理（G0206）和会计与审计（G0207）两个二级学科的立项项目作为研究样本。另外，工商管理（G02）一级学科中除公司理财与财务管理（G0206）和会计与审计（G0207）两个二级学科以外的其他二级学科立项项目以及管理科学部的其他两个一级学科（管理科学（G01）、宏观管理（G03））立项项目中研究内容属于会计、财务管理与审计领域的项目也纳入统计范围。国家社科基金项目立项数据，源于全国哲学社会科学规划办公室网站“历年资助项目”专栏所提供的信息，主要选择理论经济学、应用经济学、管理学、统计学、政治学、社会学、法学等7个学科立项项目中研究内容与会计学、财务管理学或审计学直接相关的项目作为研究样本。教育部人文社会科学研究项目数据，源于中国高校人文社会科学信息网公布的历年立项信息，主要选择经济学、管理学、交叉学科/综合研究、政治学、社会学、统计学、法学等7个学科立项项目中研究内容与会计学、财务管理学或审计学直接相关的项目作为研究样本。

三、三大基金会计类项目立项现状与态势

（一）立项总量分布

2000年以来，我国三大基金项目中会计类项目的立项情况如表1所示。

---

① 其中，教育部人文社会科学研究项目由于受数据获取的限制，只能统计2003年以来的数据。

② 由于教育部人文社科基金官方网站只公布了2003～2012年项目资助的具体信息，故教育部人文社科基金项目统计时间段为2003～2012年。此外，教育部“高校青年教师奖”重点资助课题属于特别专项，没有包括在本统计项目之内。

③ 其中，财务管理项目的选择标准是项目研究内容与企业微观层次的财务管理直接相关，剔除了宏观层次的与财务管理有关的课题。考虑到金融企业理财的特殊性以及政府理财属于财政学的范畴，因此，财务管理课题筛选中剔除了与金融企业理财和政府理财相关的课题，同时剔除了农村村级理财主体财务管理相关的课题。

表 1　三大基金会计类项目立项数量统计表（按年份统计）　单位：项

年份	2000	2001	2002	2003	2004	2005	2006	2007	2008	2009	2010	2011	2012	合计
国家自科基金	11	21	27	22	31	39	36	41	52	56	72	106	132	646
国家社科基金	11	15	13	16	12	14	13	25	21	18	42	55	50	305
教育部人文社科基金	0	0	0	0	3	25	33	36	51	116	130	123	130	647
合计	22	36	40	38	46	78	82	102	124	190	244	284	312	1 598

从表 1 可以看出，三大基金会计类项目立项总量为 1 598 项，其中国家自科基金项目和教育部人文社科研究项目立项较多，国家社科基金项目立项相对较少。从纵向上看，国家自科基金会计类项目自 2001 年开始，几乎每隔三年立项数量会发生明显的飞跃，尤其是 2010 年以来，立项数量更是显著增加；国家社科基金会计类项目自 2007 年开始大幅增加，2010 年以来，国家社科基金会计类项目数量有了更大幅度的增长；而教育部人文社科基金会计类项目也从 2005 年开始大幅增加，2009 年以来，增长幅度和增长速度达到更高的水平。从以上分析可以看出，2000 年以来，三大基金项目中会计类项目立项数量均呈现持续增加态势，尤其是 2009 年前后，三大基金项目增长幅度越来越大，增长速度越来越快，这与十三年来三大基金规模逐渐扩大、对各学科资助规模相应扩大有关，同时也表明会计研究在三大基金中越来越受到重视。总体而言，教育部人文社科基金项目增长最快，国家自科基金项目次之，而国家社科基金项目则增长较慢，增幅相对较小，这可能与教育部人文社科基金单项资助金额一般小于国家自科基金与国家社科基金的资助额度以及国家社科基金规模有关。

（二）立项类别分布

2000 ~ 2012 年三大基金会计类项目各项目类别立项情况见表 2、表 3 和表 4。其中国家自科基金各项目类别的立项情况如表 2 所示。

表 2　国家自科基金会计类项目立项数量统计表（按项目类别统计）　单位：项

年份	重大项目	重点项目	面上项目	青年项目	地区项目	合作交流项目	联合基金项目	杰青项目	优秀青年基金项目	合计
2000	0	0	10	1	0	0	0	0	0	11
2001	0	0	18	3	0	0	0	0	0	21
2002	0	1	21	4	1	0	0	0	0	27
2003	0	0	20	2	0	0	0	0	0	22
2004	0	0	27	4	0	0	0	0	0	31
2005	0	2	33	3	1	0	0	0	0	39
2006	0	2	23	10	0	1	0	0	0	36
2007	0	0	29	10	0	2	0	0	0	41
2008	0	0	31	19	2	0	0	0	0	52
2009	2	0	34	18	1	1	0	0	0	56

续表

年份	重大项目	重点项目	面上项目	青年项目	地区项目	合作交流项目	联合基金项目	杰青项目	优秀青年基金项目	合计
2010	0	2	32	32	4	1	0	1	0	72
2011	0	1	53	48	4	0	0	0	0	106
2012	0	3	70	42	14	0	1	0	2	132
合计	2	11	401	196	27	5	1	1	2	646

从表 2 可以看出，国家自科基金项目资助体系中立项最多的项目类别是面上项目，其次是青年基金项目，再次是地区项目，而重大项目、重点项目、合作交流项目、联合基金项目、国家杰出青年科学基金项目（简称“杰青项目”）及优秀青年基金项目等立项数量较少。从上述项目类别构成可以看出，国家自科基金主要资助面上项目和青年项目，13 年来面上项目立项稳中有升，且呈持续增加态势，而青年项目则在早期资助较少，但自 2006 年开始，青年项目持续增加，说明 2006 年以来，国家自科基金加大了对青年项目的资助力度。此外，地区项目自 2008 年以来呈逐步增加趋势，说明国家自然科学基金对地区项目的资助力度逐渐加大。

表 3　　国家社科基金会计类项目立项数量统计表（按项目类别统计）　　单位：项

年份	重大项目	重点项目	一般项目	青年项目	西部项目*	后期资助项目*	自筹经费项目	合计
2000	0	0	8	2	—	—	1	11
2001	0	0	14	1	—	—	0	15
2002	0	0	9	4	—	—	0	13
2003	0	0	15	1	—	—	0	16
2004	0	0	11	1	0	0	0	12
2005	0	0	7	6	1	0	0	14
2006	0	0	10	3	0	0	0	13
2007	0	1	16	6	2	0	0	25
2008	0	0	16	4	1	0	0	21
2009	0	0	6	9	3	0	0	18
2010	0	0	20	17	5	0	0	42
2011	2	2	28	17	4	2	0	55
2012	1	0	30	17	2	0	0	50
合计	3	3	190	88	18	2	1	305

* 说明：西部项目和后期资助项目均系 2004 年才设立。

从表 3 可以看出，国家社科基金项目资助体系中立项最多的项目类别是一般项目，其次是青年项目，再次是西部项目，而重大项目、重点项目、后期资助项目和自筹经费项目立项较少。从上述项目类别构成可以看出，国家社科基金以资助一般项目和青年项目为主，对一般项目的资助稳中有升，而对青年项目的资助则是波动的，但自2005年开始青年项目立项数量在波动中逐渐增加，说明国家社科基金对青年项目的资助力度越来越大。西部项目2004年设立，2005年实现零的突破，之后立项数量逐步增加，说明国家社科基金对西部项目的资助力度逐渐加大。后期资助项目设立于2004年，早期以资助历史学、哲学、文学、宗教、语言学等学科为主，自2010年开始，后期资助项目开始资助理论经济和管理学等学科，2011年后期资助项目会计类课题实现零突破，获得两个财务类课题立项，分别是湖南大学王跃武老师的“竞争力财务经济学——企业价值、资本与竞争力分析”和武汉理工大学张友棠教授的“中国企业海外投资的风险辨识模式与预警防控体系研究”。值得说明的是，会计研究领域国家社科基金重大项目在2011年实现11年来的重大突破，本年立项的两个重大项目分别是中南财经政法大学郭道扬教授的“中国会计通史系列问题研究”项目和张龙平教授的“国家利益保护导向的中国环境审计体系创新研究”项目。

表4　教育部人文社科基金会计类项目立项数量统计表（按项目类别统计）　单位：项

年份	重大课题攻关项目	重点基地项目	规划基金项目*	青年基金项目*	自筹经费项目*	地区项目*	后期资助项目*	合计
2003	0	0	—	—	—	—	—	0
2004	0	3	—	—	—	—	—	3
2005	0	4	14	2	5	—		25
2006	0	5	20	6	1	—	1	33
2007	2	5	15	14	0	—	0	36
2008	0	5	25	21	0	—	0	51
2009	0	6	38	59	0	12	1	116
2010	1	4	44	75	1	5	0	130
2011	1	5	56	52	0	6	3	123
2012	0	4	60	64	0	2	0	130
合计	4	41	272	293	7	25	5	647

*说明：（1）由于2003年和2004年数据库系统只有重大课题攻关项目和重点基地项目数据，没有规划基金项目、青年基金项目和自筹经费项目数据，故这三类项目2003年、2004年数据为空白。（2）地区项目包括西部和边疆地区项目、新疆项目以及西藏项目三类，这些项目从2009年开始设立。后期资助项目2006年设立。

从表4可以看出，教育部人文社科基金项目资助体系在项目类别上以资助规划基金项目和青年基金项目为主。从纵向上看，规划基金项目的立项数量稳中有升，青年基金项目的立项数量也大体呈持续增加态势，但2008年以前，规划基金项目立项数量多于青年基金项目立项数量，但自2008年后青年基金项目立项数量几度超过规划基金项目立项数量，表明教育部人文社科基金对青年基金项目资助力度持续加强。此外，重点基地项目立项也相对较多，主要由上海财经大学会计与财务研究院和厦门大学会计发展研究中心两个教育部重点研究基地获得相关资助，而省部共建基地基本没有获得立项。地区项目自2009年设立以来，在设立当年立项较多，远远高于自科基金和社科基金同年会计类地区项目的立项数量，之后的两年立项数量有所减少，这可能与立项条件中“已承担国家级或教育部一般项目尚未结项者，不得申报教育部一般项目”的规定有关。但2010年和2011年地区项目仍保持在5个以上，与自科基金和社科基金同年对地区项目的资助数量持平，这表明教育部人文社科基金对地区项目的资助力度也较大。后期资助项目自2006年设立以来，立项数量不多。重大课题攻关项目立项也较少，四项重大课题攻关项目分别由西南财经大学、东华大学、武汉大学和中山大学获得。

（三）资助强度分析

由于国家社科基金项目和教育部人文社科研究项目没有完整公布项目经费，只有国家自科基金完整公布了每个项目的资助金额，因此本文以国家自科基金项目资助金额数据为基础分析会计类项目的资助强度。国家自科基金会计类项目的资助强度及其与管理科学部项目资助强度的对比情况如表5所示。

表5　国家自科基金会计类项目和管理科学部项目资助金额分析表

年份	会计类项目			管理科学部项目*		
	资助总额（万元）	立项数量（项）	平均额（万元/项）	资助总额（万元）	立项数量（项）	平均额（万元/项）
2000	121.15	11	11.01	—	—	—
2001	221.30	21	10.54	2 473	199	12.43
2002	431.30	27	15.97	3 527	267	13.21
2003	288.20	22	13.10	3 933	282	13.95
2004	411.70	31	13.28	4 755	353	13.75
2005	782.90	39	19.57	7 048	427	16.51
2006	748.50	36	20.79	8 493	475	17.88
2007	741.10	41	17.23	9 369	501	18.70
2008	1 088.30	52	20.93	12 861.1	603	21.33
2009	1 416.30	56	25.29	15 918	714	22.29
2010	1 918.10	72	26.64	21 119	915	23.08
2011	3 566.20	106	33.64	43 469	1 340	32.44
2012	6 058.2	132	45.90	57 520	1 486	38.71
合计	17 793.25	646	27.54	190 485.1	7 562	25.19

*考虑到自科基金会计类项目以面上项目、青年基金项目和地区项目为主，表中管理科学部项目数量、总金额及平均资助额度以自科基金管理科学部面上项目、青年基金项目和地区项目为基础计算，且其2000年的相关数据在数据库系统中是与1996~2000年数据合并反映，没有单独列示，故2000年数据空白。

从表5可以看出，13年来646项国家自科基金会计类项目资助总额为17 793.25万元，占管理科学部三大类项目资助总金额190 485.1万元的9.34%，平均资助额度为27.54万元，略高于管理科学部三大类项目的平均资助额度25.19万元。纵向来看，13年来国家自科基金会计类项目无论是年度资助总额还是单个项目的年均资助额度均不断增加，资助金额从2000年的121.15万元增加到2005年的782.9万元，2009年增加到1 416.3万元，2011年增加到3 566.2万元，2012年又增加到6 058.2万元，十余年间年度资助总额增长了50余倍；平均资助额度从2000年的11.01万元增加到2012年的45.90万元，十三年间平均资助额度提高4.17倍。国家自科基金对会计类项目的资助力度的不断加强为我国会计理论研究创新提供了有力保障。

（四）研究内容分析

1. 研究内容分类标准的选择

对会计研究项目研究内容的分类，据笔者所掌握的资料，国内相关文献中，只有王天东、许宇鹏等（2011）提出了一种分类，即将会计类项目按研究内容分为会计理论与方法、审计理论与方法、公司理财与财务管理三大类，但这种分类方法稍显粗略。此外，还有一些对会计研究文献进行分类的思路可供参考。如《中国会计研究文献摘编（1979～1999年）》将会计研究文献按研究内容分为六个领域：会计基础理论、财务会计、财务管理、成本与管理会计、审计、特殊业务会计与会计新领域。赵西卜、刘瑜宏等（2003）将会计研究论文按研究内容分为八个领域：财务会计、财务管理、成本与管理会计、审计与CPA、会计教育与改革、计算机与网络会计、资本市场与信息披露和其他。

在上述三种分类方法中，《中国会计研究文献摘编（1979～1999年）》的分类更全面、具体并富有逻辑性，且更贴合会计研究项目的特点。因此，本文参考《中国会计研究文献摘编（1979～1999年）》对会计研究文献的分类思路，并考虑现有的学科体系结构和目前的会计环境，将三大基金会计类项目的研究内容划分为八个领域，即：会计基础理论、财务会计、财务管理、成本与管理会计、审计、特殊业务会计与新领域会计、资本市场与信息披露和其他①。

八个研究领域所包含的具体内容如下：（1）会计基础理论。主要包括会计本质、会计对象、会计目标、会计职能、会计方法、会计环境、会计地位与作用、会计组织、会计法制、会计教育与会计学科体系、会计研究方法、会计与经济效益（果）的关系、会计与财务的关系、会计史、会计人员素质与职业道德等。（2）财务会计。主要涉及财务会计概念结构、财务会计核算规范（包括会计准则与会计制度及其与会计法的关系）、财务会计要素、会计确认理论、会计计量理论、会计记录理论和会计报告理论等。（3）财务管理。主要涉及财务基本理论、财务预测与计划、财务分析与评价、财务风险预警与防范、企业价值与绩效的影响因素、筹资管理（含资本成本与资本结构）、投资管理、营运资金管理、利润与分配（含税务筹划）、资本运营与并购、企业集团财务管理、公司治理（含经营者薪酬与激励）及其他（这里的其他是指财务管理类项目中不能归类到以上研究主题的其他项目）。（4）成本与管理会计。主要涉及成本会计、成本管理及管理会计等内容。（5）审计。主要涉及审计理论、技术与方法、注册会计师审计与会计师事务所、政府审计、内部控制与内部审计、绩效审计、环境审计等内容。（6）资本市场与信息披露。主要涉及盈余管理（含会计政策选择）、信息披露的影响因素及经济后果、会计信息质量、会计信息失真治理、会计舞弊防范、投资者保护、市场监管、证券分析师、资本市场的功能、效率及波动规律等。（7）特殊业务会计与新领域会计。主要涉及保险会计、反倾销会计、法务会计、产权会计、人力资源会计、能本会计、资源、环境与社

① 按照《中国会计研究文献摘编（1979～1999年）》的分类，"会计与资本市场"相关的研究属于特殊业务会计与新领域会计类别，但考虑到近年来资本市场相关研究的重要性、受关注的程度及其本身所具有的综合性，本文将其单独列为"资本市场与信息披露"。

会责任会计、价值链会计、信息资源会计、政府及非营利组织会计等内容。（8）其他。主要是指不能归入上述7个研究领域的其他项目。此外，如果项目研究内容包括2个或2个以上研究主题，且其研究主题跨2个或2个以上学科，如涉及会计、财务与审计两者或三者交叉或会计、财务、审计与法学、经济学、管理学、金融学及税收等学科两者或三者交叉的项目，导致其无法归入前述7个领域中的某一领域的，也归入该类别。如清华大学陈武朝副教授的国家自科基金项目“基于经济周期的会计及财务行为研究”按照本文的分类标准即归入“其他”类别。

2. **研究内容总体结构**

为呈现我国会计类项目立项在研究内容方面的结构和侧重点，本文对三大基金会计类项目的研究内容按前述标准进行了分类，分类后各研究领域项目立项总体情况如表6所示。

表6　　三大基金会计类项目研究内容总体分布分析表

基金类别	国家自科基金项目		国家社科基金项目		教育部人文社科基金项目		合计	
	立项数量（项）	所占比例（%）	立项数量（项）	所占比例（%）	立项数量（项）	所占比例（%）	立项数量（项）	所占比例（%）
会计基础理论	3	0.46	5	1.64	8	1.24	16	1.00
财务会计	30	4.64	16	5.25	33	5.10	79	4.94
财务管理	342	52.94	143	46.89	320	49.46	805	50.38
成本与管理会计	24	3.72	6	1.97	14	2.16	44	2.75
审计	52	8.05	31	10.16	82	12.67	165	10.33
新领域会计*	28	4.33	25	8.20	38	5.87	91	5.69
资本市场与信息披露	140	21.67	57	18.69	111	17.16	308	19.27
其他	27	4.18	22	7.21	41	6.34	90	5.63
合计	646	100.00	305	100.00	647	100.00	1 598	100.00

*说明：为简化表达，新领域会计即前述分类标准中的“特殊业务会计与新领域会计”（下文同）。

从表6中可以看出，三大基金会计类项目在研究领域上表现出了类似的侧重点，三大基金立项数量排前三位的研究领域均是财务管理、资本市场与信息披露和审计。在数量上，三大基金上述三大研究领域项目立项数量为1 278项，占全部会计类项目立项总数（1 598项）的79.97%。其中，财务管理类项目占国家自科基金、国家社科基金及教育部人文社科基金会计类项目立项数量的一半左右，其比例分别是52.94%、46.89%和49.15%，占三大基金会计类项目立项总量的50.25%；此外，有关资本市场与信息披露领域的研究项目占国家自科基金、国家社科基金及教育部人文社科基金会计类项目立项数量的比例分别是21.67%、18.69%和17.47%，占三大基金会计类项目立项总量的19.40%；有关审计领域的研究项目占国家自科基金、国家社科基金及教育部人文社科基金会计类项目立项数量的比例分别是8.05%、10.16%和12.67%，占三大基金会计类项目的10.33%。上述三大领域的研究之所以得到研究人员和社会的认同，一方面源于我国资本市场创新发展过程中存在对上市公司财务管理、信息披露和审计相关理论研究成果的迫切需求，另一方面也与现行会计研究重视实证研究而上述三大领域相关问题研究数据又较容易从公开数据库获得有关。

三大基金会计类项目中有关财务会计、新领域会计及其他研究领域的项目立项数量较少，在三大基金会计类项目中所占的比例均为5%左右。需要说明的是财务会计中有关信息披露的项目被归入了“资本市场与信息披露”类别，这可能是财务会计类项目较少的一个重要原因。其他类项目在构成上主要以研究内容跨学科交叉项目为主，该类项目与财务会计类项目及新领域会计类项目在三大基金中所占比重接近，说明跨学科研究受到了少数研究者的关注。

三大基金会计类项目中立项数量最少的是会计基础理论和成本与管理会计，其占三大基金会计类项目的比例分别1.00%和2.75%，说明有关成本会计与管理会计、会计基础理论的研究较为薄弱。

3. 研究内容具体分布

为进一步了解十三年来会计学各研究领域具体研究内容的分布特征，本文对三大基金中会计类项目的主要研究领域的研究主题进行了进一步分类，但未包括会计基础理论、成本会计与管理会计等立项较少的研究领域，其分布情况见表7。

表7 三大基金会计类项目研究内容具体分布分析表

研究内容		国家自科基金项目		国家社科基金项目		教育部人文社科基金项目		合计	
		立项数量（项）	所占比例（%）	立项数量（项）	所占比例（%）	立项数量（项）	所占比例（%）	立项数量（项）	所占比例（%）
财务管理领域	财务管理基本理论	2	0.58	0	0.00	2	0.63	4	0.50
	财务预测与计划	0	0.00	3	2.10	1	0.31	4	0.50
	财务分析与评价	13	3.80	6	4.20	6	1.88	25	3.11
	财务风险与预警	25	7.31	14	9.79	30	9.38	69	8.57
	筹资管理	68	19.88	37	25.88	58	18.13	163	20.24
	其中：IPO与定向增发	15	4.39	5	3.50	14	4.38	34	4.22
	资本结构与资本成本	14	4.09	3	2.10	7	2.19	24	2.98
	投资管理	56	16.37	15	10.49	60	18.75	131	16.28
	营运资金管理	9	2.63	1	0.70	7	2.19	17	2.11
	利润与分配管理	4	1.17	2	1.40	9	2.81	15	1.86
	并购与资本运营	18	5.26	13	9.09	14	4.38	45	5.59
	企业集团财务管理	16	4.68	1	0.70	12	3.75	29	3.60
	财务管理综合业务	10	2.92	0	0.00	4	1.25	14	1.74
	财务管理新领域	5	1.46	7	4.90	16	5.00	28	3.48
	企业价值与绩效	27	7.89	6	4.20	12	3.75	45	5.59
	公司治理	78	22.81	34	23.78	77	24.06	189	23.48
	其中：控制权	12	3.51	5	3.50	20	6.25	37	4.60
	经营者薪酬与激励	24	7.02	16	11.19	21	6.56	61	7.58
	非营利组织财务管理	5	1.46	0	0.00	4	1.25	9	1.12
	其他	6	1.75	4	2.80	8	2.50	18	2.24
	小计	**342**	**100.00**	**143**	**100.00**	**320**	**100.00**	**805**	**100.00**

续表

研究内容		国家自科基金项目		国家社科基金项目		教育部人文社科基金项目		合计	
		立项数量（项）	所占比例（%）	立项数量（项）	所占比例（%）	立项数量（项）	所占比例（%）	立项数量（项）	所占比例（%）
资本市场与信息披露	信息披露	64	45.71	25	43.86	58	52.25	147	47.73
	其中：盈余管理	19	13.57	0	0.00	18	16.22	37	12.01
	证券分析师	10	7.14	0	0.00	5	4.50	15	4.87
	投资者保护	24	17.14	11	19.30	20	18.02	55	17.86
	市场监管	11	7.86	9	15.79	9	8.11	29	9.42
	市场功能、效率与规律	29	20.71	12	21.05	18	16.22	59	19.16
	其他	2	1.43	0	0.00	1	0.90	3	0.97
	小计	**140**	**100.00**	**57**	**100.00**	**111**	**100.00**	**308**	**100.00**
审计领域	审计理论、方法与技术	12	23.08	4	12.90	14	17.07	30	18.18
	社会审计与 CPA 及事务所	22	42.31	9	29.03	25	30.49	56	33.94
	内部控制与内部审计	15	28.85	6	19.35	23	28.05	44	26.67
	政府审计	2	3.85	9	29.03	5	6.10	16	9.70
	绩效审计	1	1.92	0	0.00	10	12.20	11	6.67
	其他	0	0.00	3	9.68	5	6.10	8	4.85
	小计	**52**	**100.00**	**31**	**100.00**	**82**	**100.00**	**165**	**100.00**
财务会计领域	财务会计概念框架	0	0.00	0	0.00	2	6.06	2	2.53
	会计制度与会计准则	17	56.67	15	93.75	20	60.61	52	65.82
	财务报告	9	30.00	0	0.00	6	18.18	15	18.99
	会计计量	4	13.33	1	6.25	4	12.12	9	11.39
	会计确认	0	0.00	0	0.00	1	3.03	1	1.27
	会计记录	0	0.00	0	0.00	0	0.00	0	0.00
	小计	**30**	**100.00**	**16**	**100.00**	**33**	**100.00**	**79**	**100.00**
新领域会计	特殊业务会计	4	14.29	0	0.00	4	10.53	8	8.79
	资源、环境与社会责任会计	11	39.29	13	52.00	20	52.63	44	48.35
	反倾销会计	2	7.14	4	16.00	2	5.26	8	8.79
	价值链会计	3	10.71	0	0.00	0	0.00	3	3.30
	人力资源会计	1	3.57	0	0.00	1	2.63	2	2.20
	法务会计	1	3.57	0	0.00	1	2.63	2	2.20
	政府及非盈利组织会计	6	21.43	6	24.00	9	23.68	21	23.08
	其他	0	0.00	2	8.00	1	2.63	3	3.30
	小计	**28**	**100.00**	**25**	**100.00**	**38**	**100.00**	**91**	**100.00**

续表

研究内容		国家自科基金项目		国家社科基金项目		教育部人文社科基金项目		合计	
		立项数量（项）	所占比例（%）	立项数量（项）	所占比例（%）	立项数量（项）	所占比例（%）	立项数量（项）	所占比例（%）
其他领域	会计、财务、审计交叉	9	33.33	6	27.27	8	19.51	23	25.56
	与经济学、管理学交叉	4	14.81	2	9.09	8	19.51	14	15.56
	与金融学相关	7	25.93	2	9.09	5	12.20	14	15.56
	与法学交叉	1	3.70	9	40.91	15	36.59	25	27.78
	其他	6	22.22	3	13.64	5	12.20	14	15.56
	小计	**27**	**100.00**	**22**	**100.00**	**41**	**100.00**	**90**	**100.00**

说明：对于涉及两个或两个以上研究主题的项目，如果研究主题属同一学科，则按照项目研究的侧重点和“实质重于形式”的原则对其进行具体分类，如果研究主题不属同一学科，则归入“其他领域”类。

从表7可以看出，财务管理领域的研究重点主要集中在公司治理、筹资管理、投资管理、财务风险与预警、企业价值与绩效等方面，有关财务管理基本理论及财务预测与计划的研究立项最少。上述立项较多的研究主题，基本反映了当前经济环境下我国企业发展、成长中过程中面临的主要问题，具体涉及诸如资金筹集问题、投资效率问题、风险防范与预警、因代理而产生的公司治理机制与效率问题以及管理者的行为、激励与绩效等。

资本市场与信息披露领域的研究重点主要集中在信息披露、投资者保护以及资本市场的功能、效率及波动规律3个方面。这些立项较多的研究主题涉及不同层次信息披露的影响因素、经济后果、信息披露的质量及价值相关性、会计信息失真与舞弊的治理，如何防止大股东的“隧道挖掘”行为以保护中小投资者利益，上市公司的盈余管理与会计选择行为，资本市场的定价功能、价格波动规律、投资者行为对市场的影响等。这些研究主题也基本反映了我国资本市场在目前发展创新阶段迫切需要解决的问题。该领域立项相对较少的有关证券分析师的行为、影响因素及经济后果等的研究主题则在近几年逐渐受到了越来越多的研究者的关注。

审计领域的研究主要集中在CPA审计及CPA与会计师事务所、内部控制与内部审计以及审计理论、方法与技术等方面，尤其是财政部等五部委有关内部控制的系列规范颁布以来，有关内部控制的项目立项明显增加，而有关政府审计、绩效审计的研究则相对较少。上述立项较多的研究主题涉及CPA审计定价、审计行为、审计师选择、审计师声誉与审计质量，会计师事务所的专业化、国际化、风险与质量控制，内部控制的设计、信息披露、评价、审计及其经济后果，以及随审计环境变化、审计领域拓展而产生的审计理论、方法与技术的更新与探讨等。这些研究主题也基本反映了我国审计行业发展过程中面临的主要问题。

财务会计领域的研究主要集中在会计制度与会计准则和财务报告两大主题，其中会计制度与会计准则受到研究者的关注与十三年来我国会计准则的国际化协调、趋同乃至持续趋同以及相应的会计准则修订与变革的背景有关，而财务报告问题的研究主要围绕信息技术环境下企业财务呈报的改进展开，这显然与当前信息化的时代背景有关。财务会计领域有关财务会计概念框架、会计计量等财务会计基本理论问题的研究则很少，这可能与当前理论界重视经验研究，忽视基本理论研究有关。

特殊业务会计与新领域会计方面研究最多的是资源、环境与社会责任会计，这与21世纪以来社会对节能、环保及企业可持续发展的高度关注有关。其次是政府及非营利组织会计方面的研究，该主题自2000年开始受到研究人员的关注，但相关项目的立项一直很少，直到2009年立项数量才略有增加，这与我国政府会计改革进程的逐步推进直接相关，尽管如此，有关资源、环境与社会责任会计、政府及非营利组织会计的项目在总量上看仍很薄弱。

从其他研究领域项目立项情况来看，会计学其他领域的研究呈现出学科交叉的态势，不仅表现为会计学内部会计、财务与审计的交叉，而且表现为会计学研究与法学、经济学、管理学、金融学、社会学、传播学等学科的交叉。

从以上分析可以看出，三大基金会计类项目各研究领域研究重点的分布与这一阶段会计环境的变化及特定会计环境对相关会计理论研究成果的需求密切相关。

（五）研究主体分析

1. 立项单位的分布

分析三大基金会计类项目研究主体的分布，可以了解三大基金会计类项目研究机构和研究队伍的分布情况，从侧面反映我国会计研究机构和研究队伍的现状。统计表明，13年间三大基金会计类项目的立项单位共有252个，共获立项1 598项，除国务院发展研究中心、财政部、审计署、中国人民银行、深圳证券交易所等单位共立项22项外，其他项目均由高校立项。可见，高等院校是三大基金会计类项目的主要立项主体。在252个立项单位中，获准立项5项（含5项）以上的单位共有72家，占全部立项单位总数的28.57%，这72个立项单位共立项1 299项，占三大基金会计项目立项总数（1 598项）的81.28%，即28%的立项单位获得了80%以上的会计项目立项，显然，这些立项单位是我国会计研究的主力军。在这72个主要立项单位中，985、211高校45所，占72家主要立项单位的62.5%，共立项991项，占72家主要立项单位立项总数（1 299项）的76.28%；非985、211高校25所，占72家主要立项单位的34.72%，共立项297项，占72家主要立项单位立项总数（1 299项）的22.86%；此外，72家主要立项单位中还有财政部和深圳证券交易2家单位共立项11项。可见，我国会计研究的主要力量以985、211高校为主，同时，非985、211高校也是其重要组成部分。限于篇幅，表8列示了13年来三大基金会计项目合计获准立项10项以上（含10项）的单位分布及其在三大基金中的分布结构。

表8　　三大基金会计类项目立项单位分布分析表

序号	国家自科基金		国家社科基金		教育部人文社科基金		三大基金合计	
	立项单位	立项数量（项）	立项单位	立项数量（项）	立项单位	立项数量（项）	立项单位	立项数量（项）
1	厦门大学	46	中南财经政法大学	20	厦门大学	32	厦门大学	91
2	中山大学	38	厦门大学	13	上海财经大学	22	上海财经大学	70
3	上海财经大学	37	中国人民大学	13	中央财经大学	20	中山大学	53
4	中国人民大学	32	上海财经大学	11	西南财经大学	14	中国人民大学	52

续表

序号	国家自科基金		国家社科基金		教育部人文社科基金		三大基金合计	
	立项单位	立项数量（项）	立项单位	立项数量（项）	立项单位	立项数量（项）	立项单位	立项数量（项）
5	北京大学	30	湖南大学	10	南开大学	13	中南财经政法大学	45
6	清华大学	29	西南财经大学	10	浙江工商大学*	13	北京大学	44
7	南京大学	24	江西财经大学*	9	对外经济贸易大学	12	西南财经大学	43
8	复旦大学	22	东北财经大学*	8	暨南大学	12	中央财经大学	43
9	南开大学	22	对外经济贸易大学	8	南京审计学院*	12	南开大学	38
10	暨南大学	19	北京工商大学*	7	山东财经大学*	12	复旦大学	35
11	西南财经大学	19	山东财经大学*	7	首都经济贸易大学*	12	暨南大学	35
12	上海交通大学	18	复旦大学	6	武汉大学	11	南京大学	34
13	武汉大学	18	中央财经大学	6	中南财经政法大学	11	清华大学	34
14	中央财经大学	17	北京大学	5	中山大学	11	对外经济贸易大学	32
15	西安交通大学	15	财政部	5	北京工商大学*	10	武汉大学	30
16	重庆大学	15	吉林大学	5	北京大学	9	东北财经大学*	27
17	中南财经政法大学	14	重庆大学	5	北京交通大学	9	重庆大学	27
18	对外经济贸易大学	12	华中科技大学	4	大连理工大学	8	江西财经大学*	25
19	东北财经大学*	11	暨南大学	4	东北财经大学*	8	上海交通大学	25
20	江西财经大学*	9	上海交通大学	4	广东商学院*	8	西安交通大学	24
21	华中科技大学	8	西安交通大学	4	南京财经大学*	8	山东财经大学*	21
22	云南财经大学*	8	浙江财经学院*	4	山东大学	8	湖南大学	20
23	南京财经大学*	7	中山大学	4	上海立信会计学院*	8	南京审计学院*	20
24	大连理工大学	6	广东商学院*	3	石河子大学	8	北京工商大学*	19
25	湖南大学	6	河南大学*	3	云南财经大学*	8	云南财经大学*	18
26	浙江大学	6	湖北经济学院*	3	复旦大学	7	首都经济贸易大学*	17

续表

序号	国家自科基金		国家社科基金		教育部人文社科基金		三大基金合计	
	立项单位	立项数量（项）	立项单位	立项数量（项）	立项单位	立项数量（项）	立项单位	立项数量（项）
27	中南大学	6	济南大学*	3	吉林大学	7	南京财经大学*	16
28	北京航空航天大学	5	辽宁大学	3	江西财经大学*	7	浙江工商大学*	16
29	电子科技大学	5	南京大学	3	南京大学	7	华中科技大学	15
30	南京审计学院*	5	南京审计学院*	3	中国人民大学	7	中南大学	15
31	深圳证券交易所	5	南开大学	3	重庆大学	7	北京交通大学	14
32	北京交通大学	4	清华大学	3	华南理工大学	6	大连理工大学	14
33	哈尔滨工业大学	4	石河子大学	3	浙江财经学院*	6	吉林大学	14
34	上海对外贸易学院*	4	长沙理工大学*	3	中南大学	6	石河子大学	14
35	中国海洋大学	4	中南大学	3			广东商学院*	12
36							上海立信会计学院*	12
37							上海对外贸易学院*	10
38							浙江财经学院*	10

说明：立项数量相同的立项单位按首字母先后顺序排序。带＊号的是非985、211高校。

从表8可以看出，13年来三大基金会计类项目合计立项10项以上（含10项）的单位有38个，这38个单位总共立项1 084项，占所有会计类项目（1 598项）的67.83%，可见我国会计类项目立项单位分布较集中。其中排第一的厦门大学共获得了91个项目立项，占会计研究项目立项总数（1 598项）的5.69%。三大基金合计立项10项以上的38个立项单位均为高校，包括以厦门大学、中山大学为代表的综合型大学以及以上海财经大学为代表的财经类高校。与前文的分析一致，38家主要研究机构以985、211高校为主（25所），但以东北财经大学为代表的非985、211高校（13所）也是38家主要立项单位的重要组成部分。值得注意的是，38家主要研究机构中的13所非985、211高校均为财经类高校，无一家综合性大学，这说明在非985、211高校中，财经类高校比综合性大学在会计理论研究方面更具优势。在三大基金内部，项目立项分别排名前35位和34位的立项单位仍以985、211高校为主，非985、211高校立项最少的是国家自科基金项目（6所非985、211高校），非985、211高校立项相对较多的是国家社科基金项目（11所非985、211高校）和教育部人文社科基金项目（13所非985、211高校）。

2. 项目主持人的分布

为进一步了解三大基金主要主持人的分布情况，本文引用文献计量学中确定核心作者的普赖斯公式确定会计项目的核心主持人。核心主持人是主持国家级项目较多并在本学科领域具有较大影响的项目主持人。根据文献计量学中确定核心作者的普赖斯公式 N = 0.749 * sqrt（η），其中 N 为立项数，η 为所统计年限中主持频次最多的主持人立项课题数，只有那些主持 N 次以上者，方能称之为核心主持人。在本文所统计的年限内，η = 7，N = 1.98（项）。根据取整原则，取 N 的整数值为 2。将统计年限内主持会计学国家课题 2 项以上的主持人确认为会计学国家级课题的核心主持人。根据上述标准，自科基金会计类项目共有 484 人立项，其中立项 2 项以上（含 2 项）的核心主持人有 120 位；社科基金会计项目共有 287 人立项，其中立项 2 项以上（含 2 项）的核心主持人 18 位；教育部人文社科基金共有 618 人立项，其中立项 2 项以上（含 2 项）核心主持人 30 位。限于篇幅，表 9 列示了国家自科基金项目立项 3 项以上的主持人及国家社科基金项目和教育部人文社科基金项目立项 2 项以上的主持人分布情况。从表 9 可以看出，三大基金的核心主持人主要来自 985、211 院校，而来自非 985、211 院校的主持人较少。

表 9　三大基金会计类项目主要主持人分布分析表（按基金类别列示）

序号	国家自科基金		国家社科基金		教育部人文社科基金	
	项目主持人	立项数（项）	项目主持人	立项数（项）	项目主持人	立项数（项）
1	王化成（中国人民大学）	5	陈汉文（厦门大学）	2	曲晓辉（厦门大学）	3
2	吴联生（北京大学）	5	陈信元（上海财经大学）	2	陈信元（上海财经大学）	2
3	戴德明（中国人民大学）	4	高闯（首都经济贸易大学*）	2	程新生（南开大学）	2
4	李善民（中山大学）	4	葛家澍（厦门大学）	2	杜兴强（厦门大学）	2
5	刘星（重庆大学）	4	郭道扬（中南财经政法大学）	2	干胜道（四川大学）	2
6	陆正飞（北京大学）	4	何青（南开大学）	2	蒋义宏（上海财经大学）	2
7	沈艺峰（厦门大学）	4	雷光勇（对外经济贸易大学）	2	雷新途（宁波大学*）	2
8	魏明海（中山大学）	4	李长爱（湖北经济学院*）	2	李莉（南开大学）	2
9	吴文锋（上海交通大学）	4	罗宏（西南财经大学）	2	李善民（中山大学）	2
10	原红旗（上海财经大学）	4	潘飞（上海财经大学）	2	李延喜（大连理工大学）	2
11	陈晓（清华大学）	3	饶晓秋（江西财经大学*）	2	刘爱东（中南大学）	2

续表

序号	国家自科基金		国家社科基金		教育部人文社科基金	
	项目主持人	立项数（项）	项目主持人	立项数（项）	项目主持人	立项数（项）
12	陈信元（上海财经大学）	3	孙凤英（中南林业科技大学*）	2	刘红霞（中央财经大学）	2
13	陈志斌（南京大学）	3	王爱国（山东财经大学*）	2	马忠（北京交通大学）	2
14	胡奕明（上海交通大学）	3	魏成龙（河南大学*）	2	毛志宏（吉林大学）	2
15	胡援成（江西财经大学*）	3	吴联生（北京大学）	2	潘爱玲（山东大学）	2
16	李青原（武汉大学）	3	张龙平（中南财经政法大学）	2	潘飞（上海财经大学）	2
17	李延喜（大连理工大学）	3			孙铮（上海财经大学）	2
18	林斌（中山大学）	3			汤湘希（中南财经政法大学）	2
19	刘峰（中山大学、厦门大学）	3			肖虹（厦门大学）	2
20	吕长江（吉林大学）	3			许永斌（浙江工商大学*）	2
21	马永强（西南财经大学）	3			薛爽（上海财经大学）	2
22	孙铮（上海财经大学）	3			薛祖云（厦门大学）	2
23	王克敏（复旦大学）	3			尹美群（北京第二外国语学院*）	2
24	王跃堂（南京大学）	3			张奇峰（上海立信会计学院*）	2
25	王竹泉（中国海洋大学）	3			张祥建（上海财经大学）	2
26	谢德仁（清华大学）	3			周宏（中央财经大学）	2
27	杨丹（西南财经大学）	3			朱红军（上海财经大学）	2

续表

序号	国家自科基金		国家社科基金		教育部人文社科基金	
	项目主持人	立项数（项）	项目主持人	立项数（项）	项目主持人	立项数（项）
28	余明桂（武汉大学）	3				
29	周晓苏（南开大学）	3				
30	许家林（中南财经政法大学）等120人	2				

说明：立项数量相同的主持人按姓名首字母顺序排序。带＊号的是非985、211高校。

三大基金共1 158个主持人，立项2项以上（含2项）的主持人289位，占三大基金会计项目全部主持人的24.95%，289位主持人共主持会计类项目733项，占全部项目的45.86%；三大基金合计立项3项（含3项）以上的主持人94位，占全部主持人的8.11%，共立项339项，占全部立项总数的21.21%。显然，这些项目主持人是我国会计研究的核心队伍。三大基金合计立项3项（含3项）以上的94位主要主持人中，来自985、211高校的主持人83位，来自非985、211高校的主持人11位，这说明三大基金的活跃主持人主要来自985、211高校，来自非985、211院校的主持人较少。限于篇幅，表10只列示了三大基金合计立项4项以上的31位主持人的分布情况。

表10　三大基金会计类项目主要主持人分布分析表（三大基金合计）

序号	项目主持人	主持人单位	立项数量
1	陈信元	上海财经大学	7
2	吴联生	北京大学	7
3	李善民	中山大学	6
4	潘飞	上海财经大学	6
5	曲晓辉	厦门大学	6
6	孙铮	上海财经大学	6
7	王化成	中国人民大学	6
8	陈汉文	厦门大学	5
9	戴德明	中国人民大学	5
10	杜兴强	厦门大学	5
11	李延喜	大连理工大学	5
12	林斌	中山大学	5
13	陆正飞	北京大学	5
14	吕长江	吉林大学	5

续表

序号	项目主持人	主持人单位	立项数量
15	魏明海	中山大学	5
16	吴文锋	上海交通大学	5
17	原红旗	上海财经大学	5
18	陈晓	清华大学	4
19	陈志斌	南京大学	4
20	傅元略	厦门大学	4
21	干胜道	四川大学	4
22	胡奕明	上海交通大学	4
23	胡援成	江西财经大学＊	4
24	刘峰	中山大学、厦门大学	4
25	刘星	重庆大学	4
26	沈艺峰	厦门大学	4
27	王克敏	吉林大学	4
28	薛爽	上海财经大学	4
29	张秋生	北京交通大学	4
30	张天西	西安交通大学、上海交通大学	4
31	张祥建	上海财经大学	4
32	周宏	中央财经大学	4

说明：立项数量相同的主持人按姓名首字母顺序排序。带＊号的是非985、211高校。

从表10可以看出，立项4项以上的主持人全部来自高校，且来自上海财经大学、厦门大学、中山大学、北京大学、中国人民大学等高校的居多，来自非985、211高校的主持人只有1个，即江西财经大学的胡援成教授。

四、结论与启示

（一）研究结论

基于三大基金会计类项目2000～2012年的数据，通过对三大国家基金会计类项目在立项数量、立项类别、资助额度、研究内容、研究主体等方面现状与特征的分析，可以得出如下结论：

1. 立项数量持续增长，但增长速度和幅度各有差异

在立项数量上，三大基金会计类项目数量均呈现持续增加态势，尤其是2009年以后，增长速度越来越快，增长幅度越来越大，这与十三年来三大基金规模逐渐扩大、对各学科的资助规模相应扩大有关，同时也表明会计研究在三大基金中越来越受到重视。从三大基金内部来看，国家社科基金项目立项相对较少（共立项305项），增长较慢，增幅相对较小，而国家自科基金项目和教育部人文社科基金项目则立项较多（分别立项 646 项和 647 项），且增长速度较快，增幅较大。三大基金内部的这种差异与各基金规模和单个项目资助额度有关。

2. 主要项目类别立项稳中有升，青年项目和地区项目逐渐受到重视

在资助项目类别上，三大基金项目资助体系各有不同，但其在资助项目类别的倾向性方面却类似，均表现为在持续强化支持面上项目（国家自科基金）、一般项目（国家社科基金）和规划基金项目（教育部人文社科基金）等各基金资助体系中的主要项目类别的基础上，先后于 2006 年前后表现出了对青年项目的倾斜和重视，同时地区项目也稳步增长。其中国家自然科学基金青年项目和教育部人文社科基金青年项目呈持续增长态势，而国家社科基金青年项目则呈现出在波动中增长的态势。青年基金项目立项的增加与三大基金近几年来实施科技人才战略，重视培育科技后备人才，提高青年科学基金项目的资助规模有关。地区项目的增加则是三大基金为平衡区域科研水平不平衡而采取的重大举措，且这一举措与我国“西部大开发”战略遥相呼应。

3. 资助总额持续翻番，且平均资助额度稳步提高

资助额度上，13 年来国家自然科学基金会计类项目无论是年度资助总额还是单个项目的年均资助额度均不断增加。2000 ~ 2012 年国家自科基金会计类项目年度资助总额增加了 50 余倍，平均资助额度提高了 4.17 倍。国家自科基金委对会计类项目的资助力度的不断加强为我国会计理论发展和应用创新提供了有力保障。

4. 研究内容偏重于财务管理和资本市场，而基础理论与成本及管理会计等领域则显薄弱

在研究内容上，三大基金会计类项目研究重点的分布随会计环境变化而变化，且在研究内容上表现出类似的侧重点，均侧重于财务管理、资本市场与信息披露和审计等领域的研究，三大基金立项数量排前三位的研究领域均是财务管理、资本市场与信息披露和审计。在各领域内部，则侧重于与资本市场密切相关的主题的研究，如投资管理、筹资管理、公司治理、信息披露、投资者保护、盈余管理与会计政策选择、CPA 审计、会计准则与会计制度、财务报告等，这与我国资本市场发展过程中对上述相关主题理论研究成果的迫切需求有关，同时也与我国会计研究偏好实证研究而这些研究主题的实证研究数据相对较易从公开数据库获取有关。通过对三大基金会计类项目研究内容的分析，还可以发现，跨学科研究受到了部分研究者的关注，但有关会计基础理论、财务管理基本理论、财务会计概念框架等基本理论问题的研究很少，成本与管理会计、政府与非营利组织会计等研究领域也是三大基金会计类项目立项的薄弱环节。

5. 研究主体分布较集中，但非 985、211 高校也是重要力量

在立项单位和主持人分布上，我国三大国家基金会计类项目立项单位分布较集中。三大基金资助的会计类项目中 80% 以上的项目集中于 72 家主要立项单位（占全部立项单位的 28.57%），显然，这 72 家立项单位及其研究人员是我国会计理论研究的主要力量。我国会计研究的主力军在构成上以 985、211 高校为主（约占 72 家主要立项单位的 2/3），同时非 985、211 高校也崭露头角（约占 72 家主要立项单位的 1/3），形成其重要组成部分。在主要主持人分布上，也表现出了与主要立项单位分布类似的特点。

（二）启示与思考

通过对过去十三年三大国家基金会计类课题的梳理和分析，针对我国会计理论研究立项工作与未来的发展走向，提出如下建议：

1. 持续重视应用问题研究，也需加强基础理论研究

会计研究选题的变化与会计所处的社会经济环境变迁是紧密相连的。我国三大国家基金项目研究内容倾向于财务管理、资本市场与信息披露、审计等领域的应用型研究，正是我国企业以及资本市场创新发展阶段的需求所致。同时会计学作为一门应用性学科，也应根据社会经济环境的变化，充分考虑会计实践中的需求，持续重视并开展应用研究。然而，三大基金会计类项目研究内容的分析结果也表明基础理论研究是三大基金立项的薄弱环节。而会计基础理论对其构建的其他会计理论具有支撑或指导作用（于玉林，2010），我国会计研究在很大程度上还受着传统范式的束缚，突出表现为理论基础薄弱，研究缺乏权威支持（周清明、张德容，2009）。因此，应结合我国会计环境和财务管理环境，在持续重视应用研究的基础上，加强会计基本理论、财务管理基本理论、财务会计概念框架等基本理论问题的研究，构建基于我国环境特点的会计理论体系，以促进会计理论与实务紧密结合，充分发挥理论的前瞻性和理论对实务的指导作用。

2. 强化成本与管理会计及非营利组织与政府会计研究，推动会计理论研究全方位发展

从近十三年来三大基金会计研究项目立项的数据来看，三大基金立项的重点领域是财务管理、资本市场与信息披露、审计等领域，立项最少的几个领域是成本会计与成本管理、管理会计、非营利组织与政府会计等，这说明有关资本市场的财务、会计与审计问题的研究得到了研究人员和社会的认同，这些项目研究成果无疑会为我国资本市场进一步发展提供理论支撑。但是，有关成本与管理会计、非营利组织与政府会计的研究过于薄弱，如果没有以先进的成本会计与成本管理以及管理会计为支撑的公司，没有以强有力的非营利组织与政府会计为保障的政府监督及社会监督，中国资本市场的健康发展无疑是一句空话。因此，应在保持财务管理、资本市场与信息披露、审计等领域研究势头的基础上，重视成本与管理会计以及非营利组织与政府会计研究，以推动会计理论研究全方位发展，为资本市场健康发展提供全面、扎实的理论支撑。

3. 支持和引导跨学科研究，促进会计学与相关学科的融合与发展

随着经济学、管理学、金融学、社会学、法学等学科基本理论的不断丰富，很多相关学科理论为会计研究提供了新的方向，如代理理论、契约理论、产权理论、行为科学理论、金融行为理论等。会计学科与其他学科的交叉与融合，丰富了会计学研究的内容，拓展了会计学研究的领域，使会计学具有了更广阔的研究视角。近几年来，三大基金立项中跨学科研究越来越受到研究者的关注，尽管总量仍不多，但这是一种可贵的变化，应大力支持和引导，以促进会计学与相关学科的融合与发展。如环境会计、社会责任会计等会计新领域的研究就体现了学科交叉与融合以及知识和方法移植的特点。此外，姜国华、饶品贵（2011）提出，将宏观经济政策与微观企业行为互动的分析框架应用于财务会计、财务管理、资本市场、管理会计、内部控制等研究领域，也是一条值得拓展的思路。

主要参考文献

[1] 王军：《振奋精神　潜心研究　大力推进会计理论研究的繁荣与发展》，载于《会计研究》2005 年第 7 期，第 4～12 页。

[2] 孙铮、贺建刚：《中国会计研究发展：基于改革开放三十年视角》，载于《会计研究》2008 年第 7 期，第 7～15 页。

[3] 王天东、许宇鹏、任锦娜：《当代中国会计与财务研究现状分析——以国家自然科学基金项目为例》，载于《科技管理研究》2011 年第 18 期，第 153～156 页。

[4] 赵西卜、刘瑜宏等：《我国会计理论研究的发展轨迹与取向——〈会计研究〉十年文章述评》，载于《会计研究》2003 年第 4 期，第 55～60 页。

［5］中国会计学会编：《中国会计研究文献摘编（1979～1999年）》（会计基础理论卷、财务会计卷、财务管理卷、审计卷、成本与管理会计卷、特殊业务会计与会计新领域卷），东北财经大学出版社2002年版。

［6］于玉林：《危机化机遇：推进会计理论研究》，载于《会计之友》2010年第1期（下），第7～11页。

［7］周清明、张德容：《会计理论研究中若干基本问题的思考》，载于《生产力研究》2009年第6期，第158～176页。

［8］姜国华、饶品贵：《宏观经济政策与微观企业行为——拓展会计与财务研究新领域》，载于《会计研究》2011年第3期，第9～18页。

二十世纪中期的中国会计

付　磊*

【摘要】20世纪中期是中国会计发展史上一个重要的新旧转换期。这一期间在全国全面推行了现代会计，实现了会计的统一，结束了长期以来中国会计落后、散乱的局面。同时，这一时期的中国会计处在艰难的摸索过程中，会计的发展受到政治的强烈影响。

【关键词】20世纪中期　中国会计　转折期

本文所说的20世纪中期指的是20世纪50～60年代，具体说是新中国成立（1949年）至“文化大革命”开始（1966年）前的17年。这段时期奠定了新中国经济社会发展的基础，对中国以后的走向有着决定性的意义。与经济社会发展相适应，新中国成立后中国的会计也走上了一条与以往完全不同的道路，我国今天的会计是新中国成立之时所采取的会计模式的延续，当时的会计对今天仍有着直接的影响。研究和认识20世纪中期的会计，对于准确地把握中国现代会计的演变，理解今天的会计很有帮助。

一、20世纪中期中国会计的历史演变

新中国成立之初，国家面临的主要任务是如何建设新的国家，包括如何建立新中国的会计。“旧中国会计工作十分落后，近代会计方法仅在政府机关、官僚资本主义企业、外国在华企业及少数规模较大的民族资本企业中推行，古老的中式簿记广为应用；推行现代会计方法的单位也是各行其是，没有全国统一的会计原则；会计教育极其贫乏落后；会计人才十分缺乏。”面对这样的局面，首先要做的是建立新式的会计规范，特别在新组建的国有企业中建立统一、先进的会计制度。

据目前掌握的资料，新中国最早一批统一会计制度是中央政府围绕统一国家财政收支这一中心任务制定的，包括1950年3月颁发的《中央金库会计条例》、同月下旬颁发的《中央金库条例实施细则》及1950年4月财政部税务总局颁发的《各级税务机关暂行会计制度》、1950年12月财政部颁发的《各级人民政府暂行总预算会计制度》和《各级人民政府暂行单位预算会计制度》等。

重工业部编制和发布的会计制度是最早的统一企业会计制度。1950年4月，重工业部起草并向中央财政经济委员会提交《重工业部所属企业及经济机构统一会计核算制度》（1949年11月重工业部企业经理与财务会计人员会议讨论通过），经批准后于1950年7月正式颁发实施。差不多与此同时，中央财政经济委员会于1950年3月9日发布“关于草拟统一会计制度”

* 付磊，首都经济贸易大学会计学院。

的训令，称“……特决定由中央各企业主管部门，分别就所属企业及经济机构草拟各单位的统一会计制度草案，……并由财政部设置专门机构加以审查，报本委核定执行”[①]。于是中央政府各部门纷纷起草本行业的统一会计制度。1950 年下半年起，财政部“会计制度章程审议委员会”审议了重工、轻工、纺织、燃料、铁道、交通、邮电、贸易、农业等 13 个（一说 22 个）中央企业主管部门拟定的统一企业会计制度，通过了其中的 9 个。随后其他各行业统一会计制度陆续出台，1951 年发布的各部门统一会计制度即有：电力工业企业统一会计科目、成本项目、会计核算形式；邮电企业统一会计制度；“中央纺织工业部所属企业及经济机构统一会计制度（草案）”；棉纺织企业成本核算制度；“中国人民银行会计制度——联行会计”；“各级粮食局（厅）暂行粮食统一会计制度”；全国工商联合会拟定的“私营企业会计制度”等等，形成了我国以统一制度为特征的会计新局面。

在颁布上述各行业统一会计制度的前后，政务院相继颁发了《国营企业提缴利润会计处理暂行办法》、《国营企业提缴折旧基金会计处理暂行办法》、《国营企业资产清理及估价暂行办法》、《国营企业资金核定暂行办法》等一批有关企业财务管理和会计处理的规定，这些规定是面向所有国营企业的，也具有全国统一制度的性质。

1952 年 11 月，在财政部召开的第一次全国企业财务管理及会计会议上，讨论通过了多项财务、会计规定，如：1952 年度财务收支计划编审办法；若干行业的财务计划内容、报表格式；国营企业提缴利润、折旧办法；专业银行办理基本建设投资拨款及其监督使用办法；国营企业编送决算报告的办法；工业、交通、铁路、邮电、贸易、农林等行业的统一会计报表格式和会计科目；会计主管人员职务、权利、责任条例。会议还讨论了各行业统一的会计制度——“国营企业统一会计报表格式及说明草案”和“国营企业统一会计科目及说明草案”。该两项制度是新中国最早的全国统一企业会计制度，但由于种种原因而未能执行。

此后，财政部和其他中央部委不断出台各种各样的统一会计制度，并不断对已出台的会计制度进行修改，如：1952 年 10 月第二次企业财务管理及会计会议上拟定的《国营企业年度清查财产办法》、《国营企业统一登记会计簿籍、填制会计凭证办法》、《国营工业企业材料会计资料办法》、《国营工业企业统一成本计算规程》；工业、建设单位、包工（施工）企业统一会计科目、统一会计报表格式；1953 ~ 1954 年出台的《国营工业企业统一简易会计科目及会计报表格式》、《国营工业企业成本报表格式和说明》、《国营工业企业凭单日记账核算形式标准账簿格式和使用说明（第二次草稿）》、《国营企业基本建设投资及建筑安装过程成本核算（草案）》、《国营供销机构统一会计科目及会计报表格式》、《国营农业企业统一会计科目及会计报表格式》，修订的《国营工业企业统一会计科目及会计报表格式》、《国营企业建设单位统一会计科目及会计报表格式》、《国营包工企业统一会计科目及会计报表格式》等；1955 年颁布（1956 年 1 月执行）的《国营工业企业基本业务标准账户计划》、《国营工业企业基本业务统一会计报表和说明草案》；1956 年颁布的《中央主管部门所属公私合营工业企业基本业务标准账户计划及会计报表格式（草案）》；1957 年颁布的《地方级公私合营工业企业基本业务简易会计核算制度》、《国营企业基本建设投资及建筑安装工程成本的核算通则（草案）》，修订的《国营工业企业材料会计核算办法》；等等。

1958 年“大跃进”期间，受“左倾”冒进思潮的影响和对此前照搬苏联会计做法的反逆，对当时的会计制度开展了一场以“放权、简化、通俗”为方针的改造，简化了会计制度（如

① 杨纪琬、余秉坚：《新中国会计工作的回顾》，见于《中国现代会计手册》，中国财政经济出版社 1988 年版，第 3 页。

根据1958年6月财政部发布的《工业改革企业会计制度办法的通知》、《下放拟订地方企业会计制度权限的通知》废止了一批会计制度，下放了一批会计制度的制订权），各基层单位则大幅度地放松了会计管理。这场过激的简化运动扰乱了正常的会计工作，给经济工作带来了负面影响。在不太长的时间内，人们意识到了会计的过分简化带来的恶果，开始整顿会计工作秩序。1959年8月17日财政部颁发了《关于国营企业会计核算工作的若干规定》（史称“会计十条”），从会计凭证、会计账簿、固定资产管理、物资管理、现金和银行存款管理、支票和往来款管理、财产清查、会计交接、财会监督等十个方面对加强会计工作做出了规定。当年11月财政部本着满足企业经营管理需要和简便易行的原则，发布了国营工业企业、供销企业、建筑安装企业、国营企业建设单位的“示范会计科目和使用说明（草案）”、“示范会计报表格式和编制说明（草案）”等4类8种会计核算制度，使加强会计工作的规定得以制度化。

进入20世纪60年代，中共中央八届九中全会提出经济工作“调整、整顿、充实、提高”的方针，会计工作的整顿再次提到议事日程。1961年10月30日，财政部与国家计划委员会联合发布《工业国营企业成本计划管理工作的联合通知》，整合并强化了此前发布的关于成本、费用管理的若干规定。同年11月17日，国务院批转财政部制订的《国营企业会计核算工作规程（草案）》，针对当时会计工作中的突出问题，提出了会计核算工作必须遵守的手续、程序、规章和纪律。1961年12月和1962年1月，财政部分别发布了新的《国营工业企业会计科目和使用说明》、《国营工业企业会计报表格式和编制说明》（后数次修订），细化了核算内容并强调会计数据的真实、完整、及时。

在接下来的时间里，再次出现了50年代会计制度繁琐、简化的反复。1964年，针对有所改变但重新出现的会计报表“难懂”、会计工作“繁琐”的问题，财政部负责人在不同场合提出了会计制度需要再改革（时任部长李先念，1964年初、1964年11月全国财政会议；时任副部长曾直，1964年10月）。1965年7月15日，财政部就当时会计工作存在的形式主义、过于繁琐等缺点，出台《企业会计工作改革纲要（试行草案）》，提出12个方面的改进办法。根据“纲要”的要求，财政部于1965年11月8日印发了《工业企业会计科目及会计报表格式（草案）》，随后印发了《工业企业简化会计制度（草案）》、《基本建设单位会计科目和会计报表格式（草案）》。这是“文化大革命”前最后一批重大会计制度，带有相对简化、通俗的特征；但其核算质量和效果，却因“文化大革命”而未得到检验。

二、对20世纪中期中国会计的认识与评价

20世纪中期是中国会计发展的一个重要时期，发生了新旧会计时代的转折。通常，人们对那段时间中国会计的基本印象是计划经济会计体系、与市场经济格格不入、僵化陈旧，这些的确是不争的事实，无须重述；但也应该看到这一时期对中国会计发展的推动，给中国会计带来的变化，以及少被提及的其他若干方面，对该时期的会计予以全面评价，这样才能准确地认识中国现代会计的发展过程。

1. 现代会计全面推广

这里所说的现代会计，是相对旧中式簿记而言、以西方借贷复式簿记体系为基本特征的会计体系。中国几千年来一直实行传统的中式簿记，晚清时才引入现代西式簿记。西式簿记引入中国后，很长一段时间内只在“政府机关、官僚资本主义企业、外国在华企业及少数规模较大

的民族资本企业”等小范围内实行①，被人们接受的程度也不高，占中国企业绝大多数的中小企业仍采用旧中式簿记或改良中式簿记。除了前文引用的杨纪琬、余秉坚原文外，其他很多文献也曾讲述过旧时中国会计的状况，如赵友良教授在《中国近代会计审计史》一书中谈到："著者曾于1948年调查过上海市十多家的中药材批发行业，可以说是清一色地使用着中式簿记……从调查中，还了解到这些工商业的会计，有的没有使用过钢笔，有的不会书写阿拉伯数字，这在旧式工商业中也不是个别的现象。"②"中国会计学社上海分社负责人陈九如在《现代会计》发刊词中，也说工商业目前（1947年）至少还有百分之八十以上，沿用旧式会计。"③现代会计在中国的大范围推广，是在20世纪中期新中国成立之初。

新中国成立后，面对旧中国留下的贫穷、落后，首要任务是恢复和发展经济，而发展经济离不开会计。为此，新中国凭借政府的权威，以统一会计制度的方式全面推行现代会计，并在较短的时间内取得了明显的成效。至"一五"（1953～1957年）结束时，已基本形成了涵盖企业、预算单位、银行、农场等几乎各领域、各行业、各种经济所有制的统一会计制度，现代会计在全国全面推行，旧中式簿记从此退出了历史舞台。亲身经历了新中国会计发展的著名会计学家杨纪琬教授曾对此评论说："我国国民经济恢复时期和'一五'时期的会计工作，就整体来说，是一个新、旧转换的时期，即从旧中国分散的、落后的、各自为政的会计转换为全国统一的现代会计……"④新中国成立后竭力推行的统一会计制度最终完成了中国传统会计向现代会计的转化，实现了中国会计发展史上的重大转折。

在论及当时的中国会计时，有两个问题必须分辨清楚：新中国最早实行的会计制度是否为现代会计；苏联的会计是否为现代会计。这两个问题直接关系到当时会计的性质。

新中国的会计制度最初是由中国专家设计的。20世纪50年代最早的一批会计制度先由中央政府各主管部提出方案，交由设于财政部会计处（1949年12月12日设立）的"会计制度规章审议委员会"审查后公布实行。著名会计学者杨时展教授曾对新中国早期的会计制度进行过细致的研究，认为这些会计制度基本符合国际通行的会计标准。以新中国第一部企业统一会计制度《重工业部所属企业及经济机构统一会计核算制度》为例，杨教授从该制度所体现的会计假设（会计主体、会计分期、货币计量）、记账方法（复式簿记/借贷记账法）、会计原则（权责发生制、历史成本）、会计报表（资产负债表、现金收支表、成本计算表）、会计流程（原始凭证——记账凭证——账簿——报表）方面进行了分析，确认尽管以今天的眼光看存在很多不足之处，但"……本制度总则部分的各项规定，都是我国解放后40余年来会计工作所依据的标准，也都符合国际会计的要求"⑤；"在会计工作的流程上，采用的也是当时国际一般通行的办法。"⑥杨教授还分析了1949～1958年间的会计制度与国际惯例的异同，认为在会计基本公设、原价主义、会计工作基本要求（正确、及时、清晰、明了）、借贷复式簿记、应记基础、会计体系（原始凭证、记账凭证、日记账、分类账、会计报表）、会计数据实际发生额与计划额的比较等方面与国际惯例相同；在服务对象（微观还是宏观）、报表项目（对清偿或获利能力的表达）、资产减值（坏账、存货跌价的处理）、稳健原则、成本计算（完全成本法）

---

① 见前文

② 赵友良：《中国近代会计审计史》，上海财经大学出版社1996年版，第240页。

③ 赵友良：《中国近代会计审计史》，上海财经大学出版社1996年版，第281页。

④ 杨纪琬、余秉坚：《新中国会计工作的回顾》，见于《中国现代会计手册》，中国财政经济出版社1988年版，第6页。

⑤ 杨时展：《1949～1992年中国会计制度的演进》，中国财政经济出版社1998年版，第9页。

⑥ 杨时展：《1949～1992年中国会计制度的演进》，中国财政经济出版社1998年版，第14页。

等方面与国际惯例不同①。此外，其他一些学者也充分肯定新中国成立之初会计制度的现代性②。

从当时审查会计制度的机构——“会计制度规章审议委员会”的人员组成，也可以判断出早期会计制度的现代性。“会计制度规章审议委员会”由中央政府各经济部门的管理人员、著名会计学者组成，有文献记载其中包括财政部会计制度处处长安绍芸（此前曾任上海商学院、上海交通大学、复旦大学等校教授）、清华大学教授余肇池、辅仁大学教授赵锡禹、北京大学教授刘心铨、中国人民大学教授邢宗江和燕京大学、北京交通大学的教授各一位③。这些学者长期致力于宣传和推广现代会计，由他们审定的会计制度自然是西方现代会计，不可能是旧式会计。这可以作为当时会计制度现代性质的一个佐证。

接下来的一段时期，中国会计很大程度地受到苏联会计的影响。应当怎样评价苏联的会计？它对中国会计的发展起到了怎样的作用？这是准确评价上世纪中期中国会计的一个重要问题。

尽管苏联的会计存在很多与市场经济不相符合、僵化、繁琐的地方，但也应当承认“前苏联建国近 80 年的情况已经证明前苏联会计确定取得了相当高的成就”。④ 前苏联的会计是在接受西方会计的基础上按照计划经济体制设计的。“在古老的俄国，会计核算曾是新兴事物。当然，它之形成曾受到多种因素的影响，尤其是在彼得一世时代以后，主要受到欧洲会计思想的影响。”⑤ 到了 20 世纪初（十月革命前夕）“俄国的会计思想与整个世界的标准水平是相吻合的”⑥。苏维埃政权成立以后，苏联将现代会计与计划经济体制相结合，提出了一套符合计划经济体制的会计理论和方法，但其会计基本体系、方法与西方会计一致⑦。杨时展教授在分析了当时的苏联会计之后得出的结论是：“……苏联进行会计工作的方式，却和资本主义国家的没有基本上的不同。如果有不同，主要也是技术上的，而不是由于社会制度不同非如此不可的。”⑧ 一些西方学者在对世界各国的会计进行分类时，将苏联和东欧国家的会计列为单独的一类，称之为共产主义国家模式或社会主义国家模式、统一会计模式、苏联模式等⑨，也是基于苏联会计是可以与其他西方国家会计相提并论的现代会计，而非传统的旧式会计。对苏联会计的上述定性，应该没有异议。

因此，无论是中国专家在新中国成立之初设计和制定的会计制度，还是后来按照苏联模式改造了的会计制度，毫无疑问地均为现代会计，与旧式的中国传统会计完全不同。在全中国范围内实行这样的会计制度，加速了中国会计的现代化进程，短期内完成了过去几十年没有走完的会计现代化道路⑩。不可否认，那段时期由于实行计划经济并受苏联的影响，会计核算脱离

---

① 杨时展：《1949～1992 年中国会计制度的演进》，中国财政经济出版社 1998 年版，第 68～70 页。

② 见郭永清（《新中国企业会计核算制度变迁研究》，东北财经大学出版社 2003 年版）；杨纪琬、余秉坚（《新中国会计工作的回顾》，见于《中国现代会计手册》，中国财政经济出版社 1988 年版）；项怀诚等（《新中国会计 50 年》，中国财政经济出版社 1999 年版）；李宝震、王建忠（《中国会计简史》，经济科学出版社 1989 年版）。

③ 《新会计》杂志 1951 年第 3 期对此曾有报道，但不十分准确。

④ 王建忠：《会计发展史》（第二版），东北财经大学出版社 2007 年版，第 301 页。

⑤ ［苏］索科洛著，陈亚民等译：《会计发展史》，中国商业出版社 1990 年版，第 120 页。

⑥ ［苏］索科洛著，陈亚民等译：《会计发展史》，中国商业出版社 1990 年版，第 191 页。

⑦ 苏联会计与西方会计的差异表示在若干方面，其核心在于按照计划经济组织会计工作：“在资本主义条件下是一个企业范围内组织核算，而在社会主义中，会计核算是国民经济统一体系的组成部分。”见［苏］索科洛著，陈亚民等译：《会计发展史》，中国商业出版社 1990 年版，第 268 页。

⑧ 杨时展：《1949～1992 年中国会计制度的演进》，中国财政经济出版社 1998 年版，第 19～20 页。

⑨ 参见［美］杰佛里·S·阿潘、李·H·瑞德堡著，常勋等译：《国际会计与跨国公司》，中国经济出版社 1988 年版；［英］C.W. 诺比斯，R.H. 帕克著，黄世忠等译：《比较国际会计》，中国商业出版社 1991 年版；［美］特·米勒、美国会计学会、阿伦：《国际会计教程》，王松年、钱嘉福译，中国财政经济出版社 1991 年版。

⑩ 自 1905 年蔡锡勇的《连环记账谱》出版至 1949 年新中国成立，中间经历了 50 余年。

市场经济且繁琐、僵化，现代会计控制职能的发挥远远不够，与当时世界会计发展相隔绝；但也应当看到，那段时期的确是中国结束旧式会计，全面步入现代会计的时代。新中国对中国会计发展的这一历史功绩，应该得到承认。

2. 实现会计统一

20 世纪中期中国不仅全面推行现代会计，还实现了会计的统一，从而结束了几千年来中国会计零乱无序的局面。

会计的统一有着重要的意义。进入工业化社会之后，会计已经不是一家一户企业的个体行为，而负有社会责任，即向会计信息使用者提供决策有用信息，引导社会资金优化配置。会计这一作用的发挥，有赖于会计的统一。这是因为统一的会计才能使会计信息具有统一的标准，各企业的会计数据才具有可比性，会计信息使用者才能够凭借会计信息判断企业经营的优劣，否则会计的决策有用性无以实现。因此，统一会计是现代会计发挥作用，实现会计目标的前提，也是衡量会计先进性、合理性的标志之一。郭道扬教授在论及统一会计时认为："……对统一市场经济的管理必须建立在统一会计制度控制这个基础之上，失去了会计制度的统一性和一致性，便会造成严重侵害财产所有者合法经济权益的后果，并最终因基础控制层面的失控而使市场经济遭受严重破坏"；① "统一会计制度建设所确立的控制目标在于，通过实现对产权的统一性控制和基础性控制，达到维护与保障财产所有者合法经济利益的目的"②，讲的就是这个意思。新中国成立之前由于落后的经济和社会环境，中国的会计，尤其是企业会计非常落后③，"中央人民政府成立以前，中国的企业以私营为主，企业的会计制度是不统一的，有的采用西式簿记，有的采用中式簿记，有的又采用改良中式簿记。会计基础也不统一，有的采用应计基础，有的又采用现金基础。即使是同一行业，会计制度也各行其是，彼此的数据，没有可比性，也无法据以合并。"④ 新中国成立后实行的统一会计制度扭转了旧中国会计的混乱状况，使中国会计从此走上了统一的道路，这是历史性的进步。

应该指出的是，新中国成立后的统一会计制度⑤与西方国家建立在市场经济之上的、以会计准则或会计原则为形式的统一会计不同，是建立在计划经济基础之上，凭借国家对社会的统一管理而硬性推行的。从清末到 20 世纪 50 年代，西方现代会计在中国迟迟不得推广，根本原因在于经济落后，缺乏对现代会计的需求，但也在于缺乏对会计的统一管理。20 世纪 30 年代曾发生过关于新型西式会计和改良中式会计孰优孰劣，中国会计应该如何发展的大讨论，这场讨论当时引起了很多人的关注，但并没有引发中国会计的重大实际变化，中国的会计依旧故我⑥；而新中国成立后短短的几年，在经济基础与 30 年代相比没有区别（甚至因为连年战争使经济遭受了更大的破坏）的前提下便实行了现代会计，完全是由于政府推行统一会计制度的缘故。通过这一历史过程可以看到，各个国家会计现代化的路径不一样，往往既需要具备适当的经济基础，也需要有一定的思想准备和舆论先导，而权威力量（如政府、法律、税收等）的推进作用同样重要，甚至及其重大、必不可少。

---

① 郭道扬：《郭道扬文集》，经济科学出版社 2009 年版，第 121 页。

② 郭道扬：《郭道扬文集》，经济科学出版社 2009 年版，第 126 页。

③ 企业会计是近现代会计的主体，一般以企业会计说明一个国家或地区的会计发展水平。

④ 杨时展：《1949～1992 年中国会计制度的演进》，中国财政经济出版社 1998 年版，第 6 页。

⑤ 严格地讲，在中国实行统一会计制度并非新中国成立之后的事。1949 年 5 月东北人民政府曾设立会计部门，按照统一的规定和方法对接受的大批敌伪产业进行财产清理，是人民政府统一会计制度的开始。

⑥ 本文充分肯定那场讨论的积极意义，在此只不过从另一个侧面评价它的后期作用。

三、会计在模索中发展

20 世纪中期是中国会计的转型期，处在转型期的会计不可避免地会遇到各种各样前所未有的问题，要在摸索中前进。当时最重要问题有两个：一是如何学习苏联会计模式，二是如何处理会计的繁与简。

新中国实行社会主义制度，推行计划经济，会计工作则要适应计划经济的需要。计划经济下的会计如何进行？只能效仿苏联做法，这是国家政治制度所决定的。但学习苏联会计模式也有不同的方法——全盘照搬还是有选择地引进、改造。新中国对待苏联会计模式曾有过前后不同的态度。

新中国刚刚成立便开始了对苏联会计模式引进。1950 年中央政府发布统一会计制度训令，成立会计制度规章审议委员会，“这时，苏联专家维纽阔夫已到财政部工作，审议委员会在审议这些制度时，经常征询苏联专家的意见，并尽可能地采用苏联的经验。这说明中央人民政府对中国的会计工作一上来就十分重视对苏联的学习。”① 但直到 1954 年之前，对苏联会计模式并没有全盘照搬，而是“学到一点，制度修改一点”②。对此，当时负责制定统一会计制度的人也承认：“现在的统一会计制度，虽然基本上还能适应计划经济的需要，但是在很多方面是不够完善的，它们不够完善，是有历史根源的。在基本上它是在 1951 年和 1952 年制定的。那时，无论在学习苏联先进经验方面，在结合中国具体实践方面，在配合计划管理和财务管理方面，都是不够深入，不能得到定型的水平。”③ 导致如此的重要原因是西方会计对部分会计制度制定者的深厚影响。“国营企业的会计制度，经过会计工作同志们的努力，苏联专家的帮助，更重要的是经过了思想改造，三年以来，正在逐渐排除英美资本主义国家输入的腐朽会计理论及实务而逐渐靠近苏联的办法。但是，截至现在，还没有完全跳出资产阶级会计理论及实务的圈子。这是不可否认的事实。”④ “四年多来，我们在会计核算工作上学习苏联先进经验是有一定的成绩的，但是也存在着不少问题，其中主要的是在我国会计界中尚存在着一定程度的资产阶级会计理论残余的影响和我们的学习迄今为止还是十分不够的。”⑤ “……1951 年和 1952 年所初步制定的统一会计制度，基本上是以苏联先进经验为蓝本，只不过当时因限于客观条件，钻研得不够深入，又过多地保留了我国旧社会固有的会计基础”。⑥

为了更好地适应计划经济的需要，1954 年之后加大了学习苏联的力度，最具代表性的是 1955 年先后颁布的《国营工业企业基本业务标准账户计划》和《国营工业企业凭单日记账核算形式标准账簿格式和使用说明》⑦。这两个会计制度从会计科目（账户计划）、核算形式（凭单日记账核算形式）到会计报表，基本是苏联会计的复制品，“现行的标准账户计划，是在学习苏联先进经验结合我国实际情况的基础上制定的。无论在账户编号、分类和名称方面，在内容和编写形式方面，都有了较大的改进……”⑧ “充分表明会计核算业务全面学习苏联先进经

---

① 杨时展：《1949～1992 年中国会计制度的演进》，中国财政经济出版社 1998 年版，第 7 页。
② 郭永清：《新中国企业会计核算制度变迁研究》，东北财经大学出版社 2003 年版，第 49 页。
③ 安绍芸：转引自《1949～1992 年中国会计制度的演进》，中国财政经济出版社 1998 年版，第 33 页。
④ 王裕译：《工业会计》月刊，1953 年第 1 期，第 5 页。
⑤ 黄寿宸：《为在会计核算工作中进一步深入学习苏联先进经验而努力》，载于《工业会计》月刊 1954 年第 8 期，第 5 页。
⑥ 安绍芸：转引自《1949～1992 年中国会计制度的演进》，中国财政经济出版社 1998 年版，第 34 页。
⑦ 项怀诚：《新中国会计 50 年》，中国财政经济出版社 1999 年版，第 137～141 页。
⑧ 郭永清：《新中国企业会计核算制度变迁研究》，东北财经大学出版社 2003 年版，第 58 页。

验的进一步发展。同时也标志了资本主义会计形式的最后消灭。"①

会计工作全面学习苏联的情况持续到1958年前后。1956年之后，中国的经济建设从1953年执行第一个五年计划算起有了3年多的实践经验，已经逐步认识到苏联经济建设中的一些缺点和错误，感到不能全面仿效苏联的做法，需要走出一条适合中国实际情况的经济建设道路。1956年4月25日，毛泽东在政治局扩大会议上做《论十大关系》的报告，明确提出在政治上和经济上不能完全跟着苏联走。在会计工作上，一些人也开始认识到一边倒地学习苏联的弊端。② 1958年5月中共中央八届二中全会通过了"鼓足干劲，力争上游，多快好省地建设社会主义的总路线"，号召在15年或更短的时间内主要工业产品的产量超过英国，随后全国掀起了社会主义建设的"大跃进"。在一片狂热情绪之下，很多规章制度被认为是阻碍"大跃进"的，要"发动广大群众，根据多快好省地建设社会主义的方针，用大鸣、大放、大辩论的方法，对现有的一切规章制度，进行全面的审查"③。会计制度亦在审查之列。经过讨论，人们认为当时会计制度的主要问题表现为繁琐、复杂、不够合理，其原由在于"对苏联经验，不管懂与不懂，囫囵吞枣，机械地照搬照抄，把苏联书本当作解决一切问题的王牌，作辨别是非、判断先进和落后的法宝"；还在于"资产阶级思想和资产阶级会计观点没有彻底根除。片面强调会计监督，忽视人的因素"④。针对上述问题，提出了"彻底放权，大力简化，力求通俗"的改革方针。⑤ 于是出台了多项会计报表编制、会计科目设置、固定资产管理等会计事务的简化规定，下放了多项会计事务管理权限，中国的会计工作从此与苏联会计模式渐行渐远。

会计的繁与简，指的是制度对会计工作过于繁琐或相对简化的规定。20世纪中期，中国会计制度曾经历过"繁琐——简化——调整——简化（精简）"的循环、反复过程，这既是因为与人们对会计工作的不同认识，也与对苏联会计模式的不同态度有关。苏联的会计规则制定权高度集中且比较繁琐，全盘学习苏联也使得中国当时的会计沾染了类似的弊端。毛泽东的"论十大关系"核心内容是要调整好各种关系，其中提到管理权限不能过于集中，需正确处理中央与地方的关系，调动地方的积极性。随后周恩来在党的"八大"报告中提出管理放权及放权的七条原则。国务院于1957年9～11月通过了一系列下放管理权限、调整中央与地方关系的文件，财政部则在1958年陆续印发了一批下放会计制度制定权限（废止6项制度，12项制度交由中央各主管部门和各省自行决定是否执行）和简化会计制度的规定、通知⑥。

但是会计制度的"放"和"简"没有起到改善工作的效果，反而引起了全国性的会计秩序混乱、会计监督职能削弱、资金大量损失。⑦ 幸运的是，会计制度改革的失误很快被察觉。1959年8月财政部在中央"加强经济核算，经济工作要越做越细和建立合理的规章制度"的精神指导下，为扭转财会工作的混乱局面，发出了《关于国营工业企业会计核算工作的若干规定》（时称"会计十条"），并与国家计委联合发出了《关于国营工业企业生产费用要素、产品成本和成本核算的几项规定》；同年12月颁发了《地方财政机关总预算会计制度》和《单位

---

① 杨时展：《1949～1992年中国会计制度的演进》，中国财政经济出版社1998年版，第47页。

② 杨纪琬、于秉坚曾谈到："'一五'末期，我们已经开始研究改进会计科目、会计报表格式以及账务处理方面因学习苏联模式而造成的过细、过繁和'一刀切'的弊端。"见杨纪琬、余秉坚：《新中国会计工作的回顾》，见于《中国现代会计手册》，中国财政经济出版社1988年版，第5页。

③ 刘少奇：《八届二中全会"目前时局的报告"》，转引自《1949～1992年中国会计制度的演进》，中国财政经济出版社1998年版，第75页。

④ 张新周（时任财政部会计制度司副司长）：《在财政部1958年5月召开的部分中央主管部财务会计司局长会议上的发言》，载于《工业会计》（月刊）1958年第6期，第1～4页。

⑤ 见《工业会计》（月刊）1958年第5期，第1页。

⑥ 见项怀诚：《新中国会计50年》，中国财政经济出版社1999年版，第146～148页。

⑦ 见项怀诚：《新中国会计50年》，中国财政经济出版社1999年版，第18～22页、第149～150页。

预算机关会计制度》，开始纠正会计工作中出现的各种问题。这些措施和此后发布的诸多规章，对整顿当时十分混乱的会计秩序起到了积极作用，会计工作状况有所好转。

会计秩序恢复了一段时间后，由于多方面原因（如：会计制度确实存在不合理之处，基层单位负责人和会计人员专业素养差），不少基层单位再次通过各种途径反映会计报表"难懂"、会计工作繁琐等老问题，对会计工作重新提出了"算要有用，管要合理"的要求，财政部负责人也在公开场合多次谈到要简化会计制度①。本着改革的精神，1965 年 7 月 2 日财政部报经国务院批准发布《企业会计工作改革纲要（试行草案)》，指出了会计工作存在的繁琐、晦涩难懂、形式主义等现象，提出了 12 个方面的改进办法②。根据《纲要》的精神，1965 年 11 月、12 月财政部先后颁发了工业、基本建设、国营农场的《会计科目和会计报表格式（草案)》及这些行业的《简易会计制度》③，对会计制度做出了大幅精简，会计科目和报表项目名称等会计术语也更为通俗。

20 世纪中期中国会计所走过的道路是曲折的，一直围绕着如何处理本国与国外的关系、如何协调现实与理想的矛盾（如会计人员素质相对较低的现实和高标准会计质量要求之间的矛盾）等问题中摸索着前进。历史总是不断地重演，当年发生的情况并非一去不复返，今天我们仍然面临怎样科学地将国外经验与中国国情相结合，怎样建立高效实用的会计规则的难题。面对如今错综复杂的国内外会计形势，联想当初的情景，不禁使人感到在前进的道路上，迷茫和摸索是长期的、不可避免的，遭遇挫折与反复（如会计制度繁与简的反复）不是偶然之事而是常态；会计的发展道路不会一帆风顺，选定了的道路和政策也不会一成不变，对此应该有足够的思想准备，保持长盛不衰的改革精神。

四、政治对会计的影响

20 世纪中期的中国是"政治挂帅"，政治支配一切的时代，会计要为政治服务，服从政治要求。当时所有重大事件都强烈地受到政治的驱动：新中国成立以后推行统一会计制度，基本原因是为了实行社会主义计划经济；关于会计阶级性的讨论，是为了"将会计理论建立在马列主义政治经济学上，坚决肃清资本主义会计理论的残余影响，整个地学习与接受苏联先进的会计理论"④；模仿苏联会计模式，经济上是为了实行社会主义计划经济，政治上是因为在世界格局中的"选边站队"的需要；放弃苏联会计模式，从根本上讲则是政治取向及经济发展道路与苏联分道扬镳；"大跃进"中过分的会计"放权、简化"，又是早日建成共产主义、"超英赶美"的政治热情及"以革命的精神，对一切不合理的规章制度加以合理的改革"⑤ 的"左倾"思想的后果；除了学习苏联之外，断绝与世界的交流，无视当时世界会计的发展（当时

① 见杨时展：《1949～1992 年中国会计制度的演进》，中国财政经济出版社 1998 年版，第 115～119 页。

② 见项怀诚：《新中国会计 50 年》，中国财政经济出版社 1999 年版，第 158～160 页。

③ 杨纪琬："中华人民共和国会计大事记"，《中国现代会计手册》，中国财政经济出版社 1988 年版，第 63 页。

④ 陈信元、金楠：《新中国会计思想史》，上海财经大学出版社 1999 年版，第 4 页。在 20 世纪 50 年代初关于会计阶级性的讨论中，认为会计是一门应用技术，没有阶级性的陶德（《怎样建立新中国会计理论基础读后》，载于《新会计》1951 年第 4 期）横遭批判，受到不公正的待遇；而发生于同时期的关于记账方法的讨论（应采用西式借贷记账法还是中式收付记账法），发起人、提倡采用收付记账法的章乃器先生（《应用自己的簿记原理记账》，载于《大公报》1950 年 1 月、《再论应用自己的簿记原理记账》，载于《大公报》1950 年 3 月）却未因此遭受责难。究其原因，无非在于记账方法的讨论不涉及政治问题，而会计阶级性的讨论则被认为关系到是否要划清社会主义与资本主义界限的问题（参见马卡洛夫：《论会计核算的阶级性》，载于《工业会计》1952 年第 4 期）。

⑤ 社论：《发动群众打破一切不合理的会计规章制度》，载于《工业会计》1958 年第 4 期，转自郭永清：《新中国企业会计核算制度变迁研究》，东北财经大学出版社 2003 年版，第 72 页。

正值西方会计理论、管理会计、审计、财务会计标准蓬勃发展之际），更是基于与西方势不两立的政治立场，将西方会计视为腐朽、反动、危害社会主义政治与经济基础的毒瘤所致。

毋庸置疑，会计不可避免地要受到政治、经济环境的制约，不可能脱离政治、经济环境而独立存在，这形成了世界上各种各样的会计模式。同样是会计生存的土壤，但政治和经济有所区别：经济是基础，政治是上层建筑；上层建筑对会计的影响具有弹性，可能很强烈，也可能相对温和。20 世纪中期中国的政治对会计的影响较为强烈，很多本来属于学术性的会计认识、技术性的会计处理被强行与政治立场挂钩，视为某种政治倾向，结果限制了正常的讨论与探索，阻碍了会计的发展，这在之后的"文化大革命"中更达到登峰造极的程度。而改革开放之后正常的政治环境营造了活跃的会计学术气氛，促进了中国会计的进步。本文无意评价某个时期的政治，只是根据历史的经历指出政治对会计可能的两种影响：宽松、和谐的政治氛围为会计发展提供机遇；恶劣的政治氛围则将会计引入歧途，甚或扼杀会计的发展。经历了风雨动荡的中国，目前正处于现代史上最好的时期，我们应该珍惜和维护现在的大好时光，认真开展会计研究，努力实践，推进我国会计的健康发展。

主要参考文献

[1] 项怀诚：《新中国会计 50 年》（第 1 版），中国财政经济出版社 1999 年版。
[2] 杨纪琬：《中国现代会计手册》（第 1 版），中国财政经济出版社 1988 年版。
[3] 杨时展：《1949～1992 年中国会计制度的演进》（第 1 版），中国财政经济出版社 1998 年版。
[4] 赵友良：《中国近代会计审计史》（第 1 版），上海财经大学出版社 1996 年版。
[5] 郭道扬：《郭道扬文集》，经济科学出版社 2009 年版。
[6] 王建忠：《会计发展史》（第 2 版），东北财经大学出版社 2007 年版。
[7] 郭永清：《新中国企业会计核算制度变迁研究》（第 1 版），东北财经大学出版社 2003 年版。
[8] ［苏］索科洛著，陈亚民等译：《会计发展史》（第 1 版），中国商业出版社 1990 年版。
[9] 陈信元、金楠：《新中国会计思想史》（第 1 版），上海财经大学出版社 1999 年版。
（期刊文献）
[10]《工业会计》（月刊），1958 年各期。
[11]《新会计》（月刊），1951 年各期。

汉唐中央财计组织制度变迁研究

张嘉兴　张　涛　韩传模*

【摘要】从历史演进的视角出发，朝代的更替和人事的需求会使制度中的某些要素发生改变，使其处于相对稳定与绝对变化的辩证发展之中。中央财计组织制度是国家经济运行的枢纽和政治制度范畴的内核，其演进过程表现为制度主体在其与外部环境的互动关系中所作出的适时调整。但是，中央财计组织制度演化的路径安排和内在逻辑仍然尚未厘清。本文试从制度变迁的影响因素出发，通过考证汉唐时期中央财计组织制度的演进历程，找出其变迁的基本逻辑，以鉴古知今，提出我国大部制改革可能的发展方向。

【关键词】中央财计组织制度　三公九卿制　三省六部制　大部制改革

一、引言

中央财计组织制度作为上层建筑的范畴，是一定时期社会经济基础的产物。衡量中央财计组织制度是否合理的标准是能否适应经济、社会、政治和文化的发展需要，能否形成规模适度、结构合理、分工明确、权责一致且运行高效的组织体系。从三公九卿制到三省六部制的变迁是中国古代制度史研究之枢纽，以往的研究主要集中在宰相制度的演化以及三省制的形成上，本文试通过考证汉唐中央财计组织的变迁过程，包括政务部门和事务部门的演化等，展示政治制度变化的运行轨迹，以还原汉唐中央财计组织制度之所以演变完成的历史真相。

中央财计组织制度与社会经济有着天然的密切联系。原始社会末期，土地所有制从氏族公有制发展成为以血缘为基础的家族公社私有制，成为私有制的最初形态。随着生产力的提高和奴隶制国家的建立。家族公社的土地所有权被具有公共权力的政权组织形式（国家）所取代。奴隶制社会生产力水平较低，神权政治在国家中处于支配地位，各部落需要缴纳一定数量的农牧产品完成祭祀，从而形成了赋税的最初来源并产生了征收剩余物的官吏。西周政权是建立在井田制、分封制和宗法制基础上的领主制贵族统治，周天子与分封的贵族共享土地所有权，公田成为上缴国家赋税和满足贵族消费的主要来源。中国古代典籍《周礼》作为一部以天地四时论百官居位的官制著作，尽管其成书年代存在学术争议①，但其中反映的中央财计组织制度却极为规范缜密。春秋以后生产力水平进一步发展，铁器在农业和手工业中的使用一方面使家庭为单位的农业生产成为可能，以宗法分封制为基础的井田制面临着瓦解；另一方面促进了土地的兼并和扩张，大国间的战争使得建立统一的中央集权国家成为必然。随着私有制的发展和

---

* 张嘉兴、张涛、韩传模：天津财经大学商学院会计系。

① 主要代表观点有西周成书说、春秋成书安、战国成书说、汉初成书说和刘歆伪造说等。

私有观念的扩张，个体家庭从宗族共同体中独立出来。封建生产关系在各国的确立和地主制经济的发展，客观上要求建立新的统治方式和统治机构，政治上的贵族制也逐渐过渡到君主制中央集权制度。

秦统一后建立了封建集权的君主专制国家，为了适应土地私有制的迅速发展和中央集权的客观要求，进一步废除了世禄世卿制和宗法制，“建皇帝之号，立百官之职。太尉主五兵，丞相总百揆，又置御史大夫以贰于相”①，开创了中央财计组织制度建设的崭新格局。皇帝拥有至高无上的权力，天下之事无大小皆决于上，设立了以丞相为首的中央官制，丞相之下分由诸卿掌管中央行政部门事务，进行分部建制和分官设职。秦始皇首创了国家财政与皇室财政分离的管理制度。治粟内史和少府分掌国家财政和皇室财政，治粟内史领天下钱谷，以供国之常用，并负责上计之事，属官太仓令和大内具体负责财务收支、保管和会计核算；少府掌管山海池泽之税以及皇室事务，属官尚书令、仆射掌殿内文书，其下有丞一人，尚书四人。两大财政收支系统在相对独立核算的基础上相互补益，对后世具有深远的历史影响。尚书原本为少府属官中的六尚之一，到东汉时期已对中央财计组织制度的变迁产生了实质性的变化，对后世官制以及中央财计组织制度产生了决定性影响。御史之官始于周代，掌管图书典籍、议定法令和传递诏书。秦设御史大夫，位列上卿，协助丞相处理政务，兼掌监察行政之权，其下有御史中丞、侍御史和监察史等属官。御史大夫的设立主观上出于维护封建集权的需要，客观上开启了中央财计组织部门经济监察权力独立之先河。秦朝根据事务的性质和类型设官分职，不仅具有管理国家、推动国家机器正常运转的功能，同时也是君主加强集权统治、维护权力实施的重要手段。虽然秦朝仅存在了十五年的时间，但其建立的君主制中央集权制度以及国家组织机构的设置具有开创意义，奠定了中国两千多年封建政治制度的基本格局。

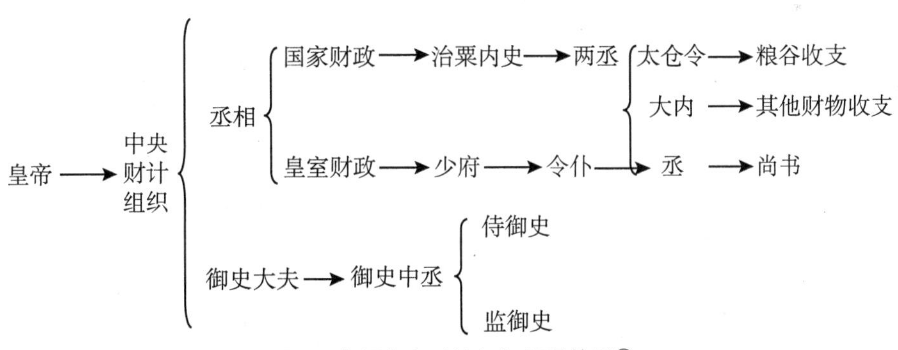

图1　秦朝中央财计组织部门简图②

二、汉朝中央财计组织制度的发展

汉朝的基本政治制度大体与秦相同，但因循环境的变化和人事的需要做出了较大调整。“汉因循而不革，明简易，随时宜也。其后颇有所改”③。西汉中央组织部门仍以丞相、御史大夫为中枢，诸卿分掌具体事务，组织建制更为健全完善。武帝时期为了进一步加强中央集权，推行了一系列新的政策和制度，其中以尚书为代表的中朝官开始取代以丞相为首的外朝官，中

①③　《汉书·百官公卿表》。
②　作者根据相关资料整理而成。

央财计组织制度产生了变化的趋势。东汉光武帝时期三公九卿制正式形成，同时尚书台机构职权日益隆重，分曹办公的组织形式使组织部门的分工和职能趋向合理和完备。后世尚书省的分立，独掌国家政务之大权，其下形成了六部分工主事之格局，与东汉尚书组织地位的确立有着直接的关系①。

（一）西汉中央财计组织制度

西汉初年因袭秦制，中央组织机构的最高职官仍为丞相、太尉和御史大夫。汉武帝时期为了进一步加强中央集权，开始重用侍从近臣以削弱丞相的职权，客观上发展了尚书制度，使丞相与尚书的权力此消彼长。在中央财计组织部门设置方面，由丞相府统掌全国财政以及郡国上计、迁除赏罚事权，根据郡国上计对官吏进行考课，并按照治绩的优劣奏行赏罚。史证："衡位三公，辅国政，领计簿，知郡实，正国界"②、"萧何为相国，令苍以列侯居相府领郡国上计者③、"岁竟，丞相课其殿最，奏行赏罚"④。御史大夫总领图书秘籍、四方文书，以及监察百官之职，与丞相构成中央财计组织的整体架构。御史大夫虽为副丞相，但对丞相的财计以及考课之权有着监督和制衡作用，"御史查计簿非实者按之，使真伪毋相乱"⑤。

西汉社会经济之繁盛使中央财计工作重要性日渐凸显、机构职能范围不断扩大。在国家财政系统中，诸卿之大司农掌管全国财计工作。大司农秦名治粟内史，景帝后元年更名大农令，武帝太初元年更名大司农，其主要属官大司农丞"主钱谷顾庸"⑥、"管诸会计事"⑦，下设太仓令主管京师粮仓，负责粮谷和财物的会计核算；都内令主管国库钱币货物的收支；籍田令主管皇帝亲耕事宜以及籍田的收获；均输令"以相给运，便远方之贡"⑧，掌管各地贡物运输，协调地方均输官之间的工作；平准令利用国家控制的产品参与市场交换活动，以调节市场物价。皇室财政系统由少府掌管，属官中藏府令负责财物保管，尚书负责文书计籍及其核算。武帝时期开始以尚书为首的中朝官代替以丞相为首的外朝官，使其权力逐渐增大，至东汉发生了本质性的变化。尽管国家财政和皇室财政在体系上是分立的，多数情况下国家财政收入多用于皇室支出不足之调剂，这一特征对于汉朝国家财政与皇室财政的统分产生了重要影响。

统治者为了适应不断变化的社会经济环境以及满足自己的统治需要，对财政政策进行过多次改革，特别是汉武帝时期实施了统一的货币政策、倡行盐铁专卖政策、创办均输法、实行平准政策。与之相应在中央财计组织部门中形成了执掌钱币铸造、盐铁收入、交通运输和价格平抑的专职财计人员，国家财政和皇室财政所涉及的经济事项进一步扩大，中央财计组织分部建制的格局得到进一步深化，为财政改革的顺利实施提供了制度保障。

---

① 郭道扬：《会计史研究》（第一卷），中国财政经济出版社 2004 年版，第 240 页。
② 《汉书．匡衡传》。
③ 《汉书．张苍传》。
④ 《汉书．丙吉传》。
⑤ 《通典．卷二十二．职官四》。
⑥ 《汉书．卷十．成帝纪》师古注。
⑦ 《汉书．卷二十四．食货志》。
⑧ 《盐铁论．本议论》。

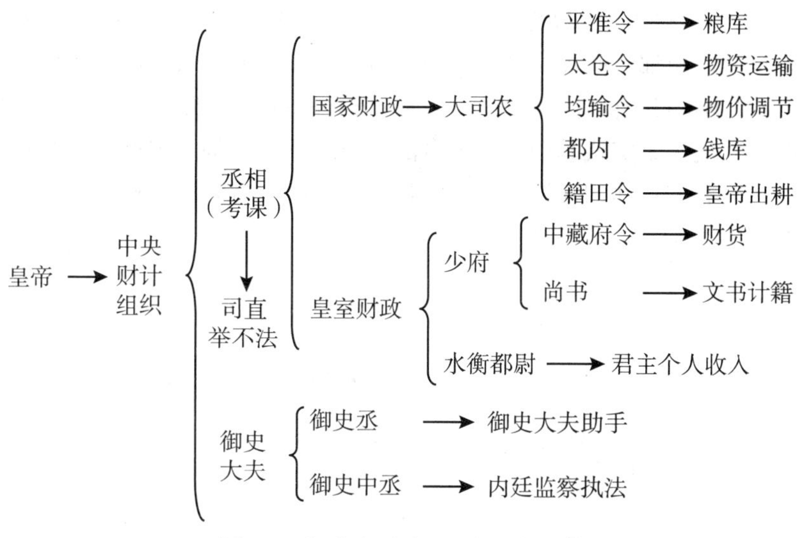

图 2　西汉中央财计组织部门简图①

（二）东汉中央财计组织制度

东汉光武帝时期以太尉、司徒、司空为三公命名，分掌军事、民事和工程，而且国之大计需三公共同协商，“职责明确、地位相等、权力制衡②”的三公制至此形成。三公中太尉主太常、卫尉、光禄勋，司徒主太仆、鸿胪、廷尉，司空主宗正、少府、司农。光武帝鉴于西汉末年大权旁落于贵戚权臣，所以将机密之事全部交给尚书，以此制约三公。尚书虽然名义上仍属少府，但实际已成为独立的运行机构，称为尚书台。因此，东汉时期实行三公九卿制与尚书理政并置的双重辅政机制。

三公制正式确立后，司徒仍接受郡国上计，并进行考课和奏行赏罚。三公府中财计部门的分工及命名更为科学合理，其中太尉府中“户曹主民户、祠祀、农桑。金曹主货币、盐、铁事。仓曹主仓谷事③”。由于尚书权力的不断发展，御史大夫职权渐归尚书，以御史中丞为御史台主，“受公卿奏事，举劾案章④”，客观上促进了经济监察权与行政权的分离。东汉光武时期对国家财政大司农部门进行了精简，仅设太仓令和平准令，其余职官裁并其中。同时将少府掌管的皇室财政一并交由大司农，“承秦，凡山泽陂池之税，名曰禁钱，属少府。世祖改属司农⑤”。大司农对财政收支的统一管理使国家财政与皇室财政分立之制一度发生动摇，在一定程度上起到了精简机构、节省开支的作用，也为皇室控制国家财政征收赋税以供私用等腐败现象的出现埋下了隐患。

尚书台中管理钱粮收支为尚书右丞，“右丞假署印绶，及纸币墨才用库藏⑥”、“右丞与仆射对掌授廪假钱谷，与左丞无所不统⑦”。尚书始设于秦，有令、仆射及丞，在殿中负责启发文书。汉成帝时期尚书机构不仅分职，已经开始分曹，“初置尚书五人，其一人为仆射，四人

① 图部分引自郭道扬：《会计史研究》（第一卷），中国财政经济出版社 2004 年版，第 239 页。作者进行了相关补充。
② 陈仲安、王素：《汉唐职官制度研究》，中华书局 1993 年版，第 7 页。
③ 《续汉书．百官一》。
④ 《汉书．百官公卿表》。
⑤ 《后汉书．百官志》。
⑥ 《后汉书志．百官三》。
⑦ 《汉仪》。

分为四曹，后又置三公曹[①]”。东汉尚书台分为三公曹、吏曹、二千石曹、民曹和客曹，其中三公曹掌天下岁尽集课州郡。两汉时期尚书权力虽然不断扩大，但在中央机构中三公仍是最高权力机关，“当时尚书不过预闻国政，未尝尽夺三公之权也[②]”。尚书权力的扩大与地位的提高为唐朝尚书省的建立提供了实践基础，尚书台的三级组织结构基本定型，诸曹开始按照事物性质分工的组织形式对唐朝户部的建制产生了明显影响。尚书与三公的权责不明以及尚书曹与九卿的执掌不清所产生的流弊也一直延续至隋唐。

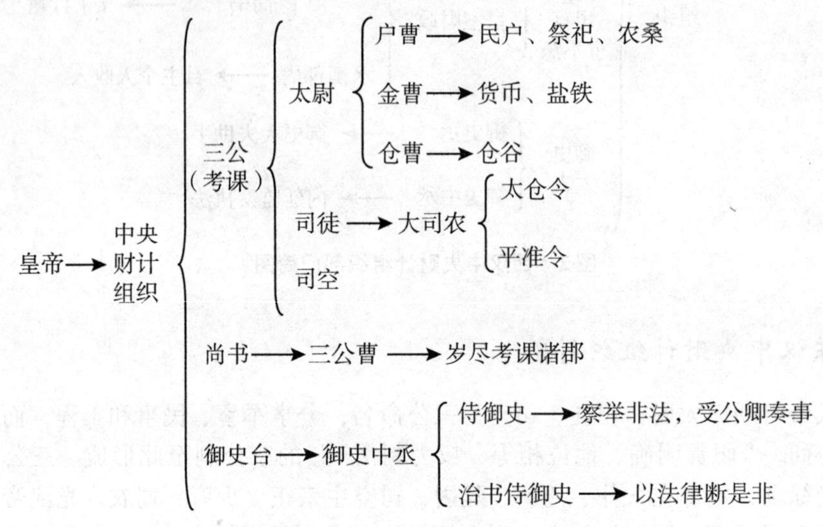

图3　东汉中央财计组织部门简图（光武时期）[③]

两汉时期中央集权的统一国家得到巩固并进一步发展。无论“削弱相权中朝参政”、“虽置三公事归台阁”还是“三公台阁双轨并置”都是君主制中央集权制度的反映。三公九卿制为后世封建君主专制政体下的中央组织制度的发展打下了基础，但皇权和相权的矛盾与博弈催生了尚书辅政的运行模式。双轨并置的组织制度是在社会和政治局势日益发生变化的情况下，统治者为了实现权力集中以巩固自身收益最大化的目标，对于三公九卿制和尚书辅政做出的一种调整和权宜。总体而言，秦汉帝国的官僚行政建制水平，远远超过了同期的罗马帝国，并已和近代的超级国家具有可比性[④]。

三、魏晋南北朝中央财计组织制度的融合

朝代更替并不意味着政治制度的戛然而止，人类社会仍然不断向前发展，制度根据环境变化和人事需要不断演化和发展，具有明显的继承性和因袭性。魏晋南北朝中央财计组织制度大体因循两汉旧制，但群雄纷争、王朝频繁更替、民族融合的历史背景使其被赋予了新的内涵。尚书省发展成为全国最高行政机关，实际已掌握宰相之权。君主制中央集权制度的核心是君权至上，为了钳制尚书省的权力，中央组织机构又逐步发展了门下省和中书省。随着尚书省分曹

① 《汉书．卷十．成帝纪》师古注。
② 《文献通考．职官三》。
③ 作者根据相关资料整理而成。
④ H. G. Creel，The beginning of Bureaucracy in China：The origin of Hsien，Journal of Asian Studies，1964.

执掌政务的完善，逐渐形成以度支尚书为核心、左民尚书为补益的中央财计组织部门，为唐朝户部中度支部和户部本司的设立奠定了基础。稳定的制度相对的，变化的制度才是绝对的。总体而言，魏晋南北朝的中央财计官制前承秦汉、后启隋唐，在相对稳定的制度中寻找变化的原因和关键点是把握魏晋南北朝中央财计组织制度的要义。

（一）度支尚书成为中央财计部门之核心

曹魏时期，尚书台从少府中独立出来成为最高政务机关，其中度支尚书以入制出，掌军国之计。西晋时期尚书台发展为六曹尚书，三十五曹郎，后有增减。东晋时期分为吏部、祠部、五兵、左民、度支五大曹，每曹各设尚书为其长官，而度支一直存在，“……拜度支尚书……兴常平仓，定谷价，教盐运，制课调①”。度支尚书掌管粮食仓储、谷物定价、食盐运输、征收赋税等多项财计工作，基本涵盖了汉朝大司农的执掌。除度支尚书外，尚书台内其他负责财计工作的还有左右民尚书（因袭东汉的民曹尚书）。曹魏时期的左民尚书主管工程建造事宜，大量劳役的征发客观上要求其掌握全国户籍。两晋时期随着起部郎的设置，左民尚书进一步加强了户籍管理职能。户籍管理是征收赋税的依据，会计核算是征收赋税的基础，因此左民尚书与度支尚书之联系开始明确了唐代户部尚书中户部和度支部的分工。

（二）度支尚书与民部尚书之演化

北魏前期将原来的部落机构和汉族中央组织机构进行融合，形成了以内朝官控制外朝官的官制。太武帝时期创立了杂糅的尚书省制，中经孝武帝改革，形成以尚书统辖吏部、殿中、祠部、五兵、都官、度支六部的格局。北齐官制承袭北魏，其中度支尚书统度支（掌支计国用）、仓部（掌仓库出纳）、左民（掌计帐与户籍）、右民（掌田宅与租调）、金部（掌权衡度量、内外诸库文帐）、库部（掌戎仗器用）②。西魏文帝时期依北魏制度进行改革，将六尚书三十六曹变为六尚书十二部。这次改革不仅确立了隋唐至明清六部的名称，而且还开启了北朝后期精简机构、归并尚书省郎曹的先声③。北周依《周礼》建制，将西魏尚书十二部及九卿等机构全部并入六官之中：掌支计国用的度支部与金部、太府卿（掌金帛府库）被列在天官府，成为中央财计组织的核心；民部与仓部、司农卿集中在地官府，民部成为地官大司徒的本司。

经过北魏北齐和西魏北周的流变，首先将左民右民二曹合为民部，使计帐户籍与田宅租调联系起来，反映了均田制下以租调为主要计帐内容的时代特点，并一直沿用至唐代户部建立；其次将掌管计帐与户籍的民部与国库部门司农卿和太府卿联系起来，形成了新的中央财计组织部门，为尚书六部和诸卿的明确分工及隶属关系的确立奠定了基础。度支根据民部所编户籍计账量入为出，金银钱帛和粮谷之物分别由国库部门太府卿和司农卿进行管理，发放则需经过金部和仓部的出纳审核和批准授权，形成了相对较为完整的财计内部控制体系，为隋唐时期中央财计制度的完善厘清了脉络。

---

① 《晋书．卷三四．杜预传》。
② 《隋书．卷二七．百官志》。
③ 石冬梅：《论西魏尚书省的改革》，载于《许昌学院院报》2008年第1期，第28页。

表1　唐朝户部尚书北朝溯源考证略表①

朝代	尚书	本司	子司				
北魏北齐	度支	度支	左民	右民	仓部	金部	库部
西魏北周	民部	计部（比部）	度支部	金部	仓部		
隋初 开皇三年	度支 民部	度支 度支	左户 右户 民部		仓部 仓部	金部 金部	库部
唐贞观二十三年	户部	户部	度支		仓部	金部	

（三）财计监察权由分到和的孕育

曹魏时期治书侍御史地位日尊，下设课第曹掌考课，治书曹掌度支。西晋时期御史中丞“初不得纠尚书，后亦纠之②”，东晋司隶校尉所分监察权已合于御史，御史中丞职权有所提高。北魏时期改中丞为中尉且威仪地位日盛，“后魏御史甚重，必以对策高第者补之③”。北齐时期“御史台掌纠察弹劾，中垂一人，治书侍御史二人，侍御史八人，殿中侍御史、检棱御史各十二人，录事四人④”。御史组织在魏晋南北朝时期逐渐脱离史官的身份，监察职能逐渐明朗，与尚书分掌监察之权。至唐代御史台独掌政治与监察之大权，真正实现了行政权与监察权的分离。

（四）魏晋南北朝中央财计组织制度之传承

魏晋南北朝时期，汉族和少数民族共同开发和彼此融合成为中国历史发展的主流。一方面汉族封建经济与文化以不同方式影响少数民族，使他们完成了从奴隶制到封建制的历史性跨越；另一方面少数民族的优秀传统也被融入和吸收，成为中华民族的共同财富。从历史维度看，制度本身是演化的，每一个过渡的状态都结合了变化的社会环境而突破了传统惯例的束缚，影响和规定了制度的演化方向⑤。中央财计组织制度通过不断调整以适应新的政治经济形势需要，尚书台逐渐取代卿监成为行政机构的核心，度支尚书取代大司农成为中央财计组织的决策部门，开始扭转三公九卿制向三省六部制过渡过程中二者并存造成的混乱局面。但两晋南北朝时期基本都在实行既省并尚书、又省并卿监的调和办法，并未在理顺二者的关系方面向前跨出关键性的一步⑥。隋统一中国后，完结了这一过渡阶段，确立了三省六部体制的基本框架⑦。

四、隋唐中央财计组织制度的完善

隋唐两朝是中国封建社会的鼎盛时期，大一统的局面持续了三百多年，封建社会经济得到

① 表部分引自史卫：《隋唐财政制度之北周渊源略论》，载于《唐都学刊》2007年第9期，第3页。作者进行了相关补充。

②③ 《通典．卷二十四．职官六》。

④⑥ 《隋书．百官志》。

⑤ 《制度研究范式的现实分析思维——制度变迁和路径依赖问题》，载于《制度经济学研究》2012年第1期，第185页。

⑦ 郭道扬、曹大宽：《会计史讲座：中国古代财计体制沿革》，载于《中国农业会计》1992年第9期，第37页。

空前发展。隋文帝吸取数百年战乱之教训，“易周氏官仪，依汉魏之旧①”，对两汉魏晋南北朝官制进行全面整合，削三师、三公之权，形成五省六部制的基本格局，其中核心机构为尚书、门下和内史三省。隋朝的进步在于形成了有别于三公制的三省联合执政模式。三公制根据事务类别来划分治理权，三公之间各负其责，互不隶属，且相互牵制。三省共同执政则是按照事务流程划分治理权，三省共同参与同一事务的处理过程。这种变化从根本上提高了决策质量，降低决策失误的概率。尚书省在中央组织机构中处于最高行政机关，事无不总，尚书令、左右仆射各一人，下设吏部、礼部、兵部、度支（开皇三年改为户部）、都官（开皇三年改为刑部）、工部六部，各部设尚书一名，分统六曹三十六侍郎，开始形成六部尚书执政之格局。

（一）隋朝中央财计组织制度

隋初尚书省中度支部成为中央财计组织主管部门，度支尚书统辖度支、仓部、左户、右户、金部和库部六曹，度支曹成为中央财计组织部门的本司。隋朝仓储规模宏大，仓部负责官仓库存出入，实行严格的出纳制度；左户掌天下记账和户籍，重点在于统计核算，为征税提供依据；右户掌公私田宅租调，实为国家税收机关；金部掌钱帛之库藏，负责现金出纳之职；库部掌军用财务，负责军用物资的收发与核算。民户是封建国家赋役的基础，隋朝严格户籍制度，积极推行均田制。开皇三年，隋文帝改度支部为民部，统度支、民部、金部、仓部四曹。增加民户的目的在于通过赋税增加财政收入，使国库得到充盈，至隋文帝末年“计天下储积，得供五、六十年②”。隋朝度支尚书（民部尚书）与汉朝大司农的财计职权大体相似，经过魏晋南北朝的融合和发展，会计职能在中央财计组织机构中的地位日益突出，且会计与出纳职责明确；现金与实物实行分管，组织建制更为科学合理。隋朝的另一个进步在于使比部结束了魏晋南北朝时期游离的局面，开始隶属于刑部尚书（开皇三年直至唐朝），其执掌从主法制向勾稽转变，为唐朝比部从司法系统独立地对财务收支进行审计夯实了基础。

隋朝作为中国封建社会历史上的重要转折时期，虽然统治历史短暂，但其中央财计组织制度对唐代以及后世有着深远的影响。隋唐换代之际至开元前期，随着三省六部制的不断调整和尚书省机构的日臻完善，从魏晋南北朝以来六部与诸卿职权重叠混淆的问题得到了根本解决，并将封建王朝中央财计组织制度推向发展的顶峰。

（二）唐朝中央财计组织制度

隋和唐初在总结前代制度的基础上形成了适应新的时代特点的三省制。隋朝的三省联合执政倾向于三省内部组织的协调和完善。唐初因循隋朝之制，三省省长仆射、侍中和尚书令共议国政，以担宰相之职。为了实现中书出令，门下封驳，尚书受而行之的运行机制。在此基础上设立政事堂制度，由三省长官集体商议国政，综合发挥三省行政枢纽的作用。三省首长共任宰相、权力并重且真正分权而治的三省制正式形成③。这种将中央组织机构划分为决策、审议、执行三个系统的组织制度在巩固皇权的同时有效地平衡了相权，开创了中国君主制中央集权制度的新阶段。

① 《隋书．高祖上》。
② 吴兢：《贞观政要．卷八．辩兴亡》。
③ 王素：《三省制略论》，齐鲁书社1986年版，第191页。

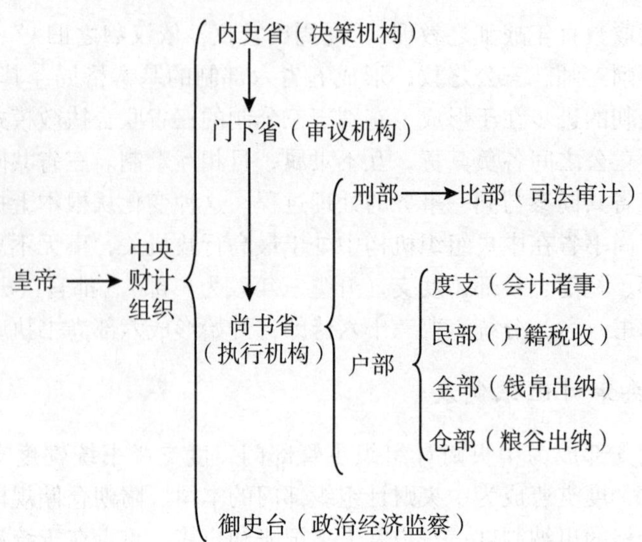

图4　隋朝中央财计组织部门简图（开皇三年）①

九卿是东汉以前中央重要的行政长官，随着尚书机构逐渐掌权，渐渐凌驾其上，而九卿沿用不废，两套行政机关并行造成分工不明且冗员大增。经过魏晋南北朝尚书和九卿的省并之法，至唐代尚书成为中央行政机关，而九寺（北齐将九卿定为九寺）也正式成为中央事务机关。唐代三省六部以及九寺、三监的设立，实现了决策、政令和具体事务机关的分离。至此九寺与尚书六部之间的关系也日渐清晰：尚书六部颁布政令以行君命，九寺掌管具体事务以行尚书之令，并将相关事务的处理结果向六部尚书汇报。

在尚书、中书、门下三省中，尚书省掌管国家财计工作。由于尚书令不常设置，故仆射为尚书省首席长官，下设吏部、户部、礼部、兵部、刑部、工部六部，各部设尚书一人，侍郎一至二人。六部之中户部为中央财计主管部门，刑部之中的比部成为具有司法性质的审计机关②。户部尚书始于汉朝民曹的设置，经过魏晋南北朝的流变（前已考证，不再赘述）至隋设度支尚书，后改为民部。唐初统治者从历代国家兴衰的历史中认识到农民与土地的关系，继续推行以户籍为基础的均田制，以有效地组织租庸调和户税的征收工作，确保国家财政收入的实现。在中央财计组织部门中，根据户籍征税从而量入为出、度支国用，从而将统计、税收和会计职能结合起来。户部设尚书一人，掌天下田户、均输、钱谷之政令，赋税征收以及会计工作；侍郎二人，统筹部内事务。

1. 户部四司——税务、会计及出纳部门

尚书六部之中每部按事务分置四司，形成六部二十四司分工合理且编制完备的组织结构。由于上下级的统属关系相当明确，三个层级间的管理幅度也较适中，从而成为一个高度稳定的组织系统③。户部掌管全国户籍及田亩政令，下设户部、度支部、金部和仓部四司。全国每年编造一次账目，三年编造一次户籍，州县进行汇总后报尚书户部，户部本司根据州县报送的户籍汇总后编制计帐作为征税依据，在此基础上进行各项税赋征收，最终将所征财物及地方进贡之物分别归入国库组织部门。度支部总掌财政预算和会计核算，根据各地赋税之数、物产多寡

① 作者根据相关资料整理而成。
② 郭道扬：《会计史研究》（第一卷），中国财政经济出版社2004年版，第253页。
③ 袁刚：《隋唐三省体制析论》，载于《北京大学学报（哲学社会科学版）》1994年版，第102页。

以及每岁所费编制财政预算，根据《长行旨》作为会计核算的标准，在此基础上权衡运输情况安排物资在中央、地方以及军队之间的调度分配。金部“掌判天下库藏绵帛出纳之事，总其文籍而颁其节制①”，所有钱帛之出纳必须持有金部审核无误且经其主管官员盖印的木契（即原始凭证）。仓部“掌判天下仓储，受纳租税，出给禄廪之事②”，所有粮谷之出纳必须持有仓部审核无误且经其主管官员盖印的木契（即原始凭证）。凡一年财物收、支及结存情况，金部仓部必须及时向度支部报告，由度支部统考一岁之出入，作为解脱或追究其责任之依据③。四司之中户部本司兼具统计和税务职能，度支部掌管会计，金部和仓部则为归口不同之出纳部门，四司之间虽平行设置而无隶属关系，但却形成了以度支部为核心的配合及牵制之实。

2. 太府寺和司农寺——国库管理部门

唐代九寺从汉代九卿发展而来，包括太常寺、光禄寺、卫尉寺、宗正寺、太仆寺、大理寺、鸿胪寺、司农寺和太府寺。其中太府寺和司农寺为中央财计组织中的国库管理部门。司农寺“掌邦国仓储委积之事，总上林、太仓、勾盾、导官四署与诸监之官属，谨其出纳④”，司农寺掌管各种类型的粮谷国库，下设仓场之令丞具体执行各库粮谷的出入保管之工作，验收有据，支出有牵。太府寺“掌邦国财货，总京师四市、平准、左右藏、常平八署之官署，举其纲目，修其职务⑤”，太府寺掌管各种类型的钱帛国库，下设署库之令丞掌管钱帛出纳工作，收付流程和司农寺一致。太府寺和司农寺在业务上与金部和仓部上下对口，钱谷的核实和批准之权归于金部和仓部，保管和收支之权归于太府寺和司农寺。

唐代钱谷支出程序极为严格，内部控制效果尤佳。首先由申领钱谷部门根据度支部的预算为依据提出申请，经金（仓）部进行审批无误后开出符牒作为支付命令，同时发出雌木契作为支付凭证，申领财物者前往太府寺（司农寺）领取钱物。太府寺令（司农寺令）监察符牒并将雌雄木契勘合无误后，再次发放本寺雌木契作为支付命令，经寺内署官勘合无误后方能按照符牒所载发放钱物。最后受领财物人将署官盖章后的相关记录交由监门官，方可离开。与此同时，唐代钱谷仓库还形成了较为完善的会计报告制度，“凡左、右藏库帐，禁人之有见者，若请受、输纳、人名、物数皆著于簿书，每月以大摹印纸为之簿，而丞、众官同署，月终，留一本于署⑥”，各署将会计资料和报告定期交由太府寺（司农寺）——金部（仓部）——度支进行逐级统考，最终由比部统一勾稽。这种以木契和符牒作为财物出纳凭证的三级勘合制度及会计报告制度体现了不相容职务分离控制、授权批准控制、财产保护控制和会计系统控制原则，堪称后世仓库财务内部控制与会计核算之典范。

3. 比部审计与御史监察制度的分离与配合

比部最早见于三国曹魏时期尚书五曹之下，如何隶属史无明载，其设置源于西周的“比附论罪”和“依比定律”。魏晋南北朝的比部也经历了从法律制定到勾稽诏书律令的转变。唐承隋制，作为六部二十四司之一，比部隶属于刑部，不受其他行政部门的干涉和控制，从司法系统独立地对中央至地方各级官府的财政财务收支进行勾覆⑦，进一步提高了审计的权威性和独立性。唐朝政治经济高度繁荣，法律制度健全完善，也是我国会计报告编制较有法的第一个朝

① 《旧唐书．职官二》。
② 刘昫：《旧唐书．职官二》。
③ 郭道扬：《会计史研究》（第一卷），中国财政经济出版社2004年版，第254页。
④⑤ 刘昫：《旧唐书．职官志》。
⑥ 李林甫：《唐六典．卷二．太府寺丞职掌》。
⑦ 方宝璋：《论比部》，载于《审计研究》2001年第5期。

代[①]，应运而生的比部审计范围之广，审计内容和依据之具体详实，都达到了前所未有的高度。史证“掌勾诸司百僚俸料、公廨、赃赎、调敛、徒役、课程、逋悬数物，以周知内外之经费而总勾之[②]”。

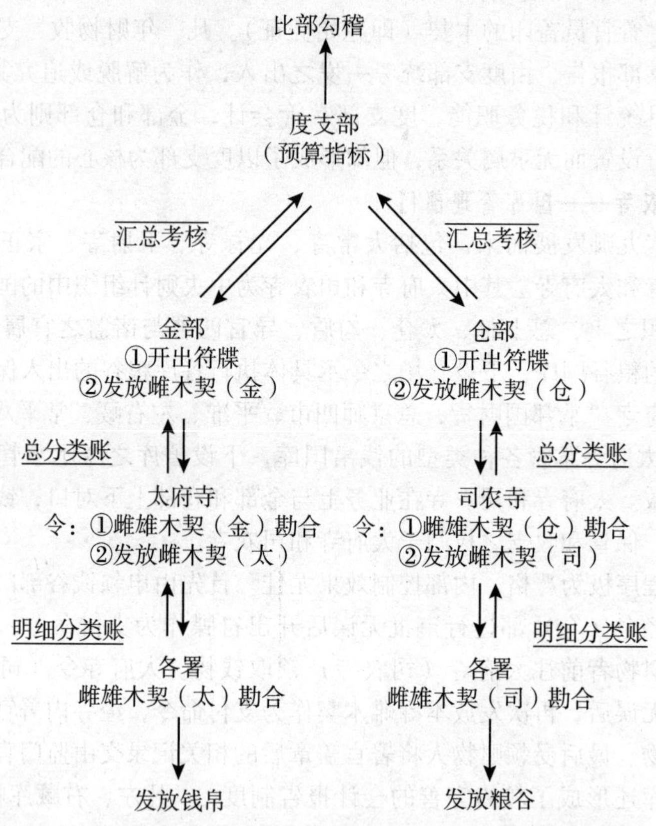

图 5 唐朝中央财计组织财物支出牵制及会计账簿设置简图[③]

唐代御史台成为独立的监督部门，以刑法典章纠百官之恶。御史大夫为主官，御史中丞副之，下设台院、殿院和察院，分别由侍御史、殿中侍御史、监察御史领之，其中由监察御史领衔的察院在财计工作中具有较强的监督作用。御史监察制度对财计工作的监察主要表现在两个方面：一是对户部及国库等财计组织部门的监督，唐代首创了御史分察六部以及监临仓廪、藏库之制，定期对户部、司农寺及太府寺等部门进行监察。二是依据法律对官吏个人的经济监督，包括对官吏贪赃枉法以及违反财务收支制度的纠察以及对比部官员的监督。御史的监察工作在一定程度上弥补了比部以账目为基础的事后定期审计的不足，有力地配合了比部的常规审计[④]。唐朝开辟了独立的审计部门，明确了御史台和比部的职责分工，从组织形式和经济实质上对经济领域实施了有效地监督和控制，开创了中国审计与监察相结合的历史新时期。由于中央财计部门管理体制的严密性以及审计监察制度得到了较好发挥，保证了唐代财计工作的顺利运行。

---

① 郭道扬：《中国会计史稿》（上册），中国财政经济出版社 1982 年版，第 327 页。
② 刘昫：《旧唐书．职官志》。
③ 图中会计账簿设置部分引自郭道扬：《中国会计史稿》（上册），中国财政经济出版社 1982 年版，第 304 页。
④ 夏寒、尹平、戚振东：《试论唐前期比部审计的制度环境及其启示》，载于《审计研究》2011 年第 4 期，第 50 页。

4. 中央财计组织之五分管牵制

郭道扬教授将唐朝中央财计组织建制凝练为“财计权力五分管的经济牵制[①]”，集中体现为以度支部为枢纽且纵横内外牵制相结合的中央财计组织制度。其中内部牵制表现为：横向度支部与户部本司的配合及牵制，即统计、税务与会计部门的分工及协作，构成了国家财计工作之基；度支部与金部、仓部的独立与牵制，即会计与出纳部门的分管以及出纳部门之间的细分，形成了相对严密的内部控制制度。纵向金部与太府寺、仓部与司农寺的配合牵制，即财物出纳与国库收发的分管与相互制约，开创了财物支出管理之典范。外部牵制表现为：刑部之比部对户部之度支的独立勾稽，形成了财计监察与审计分离的双重监督模式。比部与御史台之间明确分工，各有侧重，且比部也在御史台的监察范围之中。

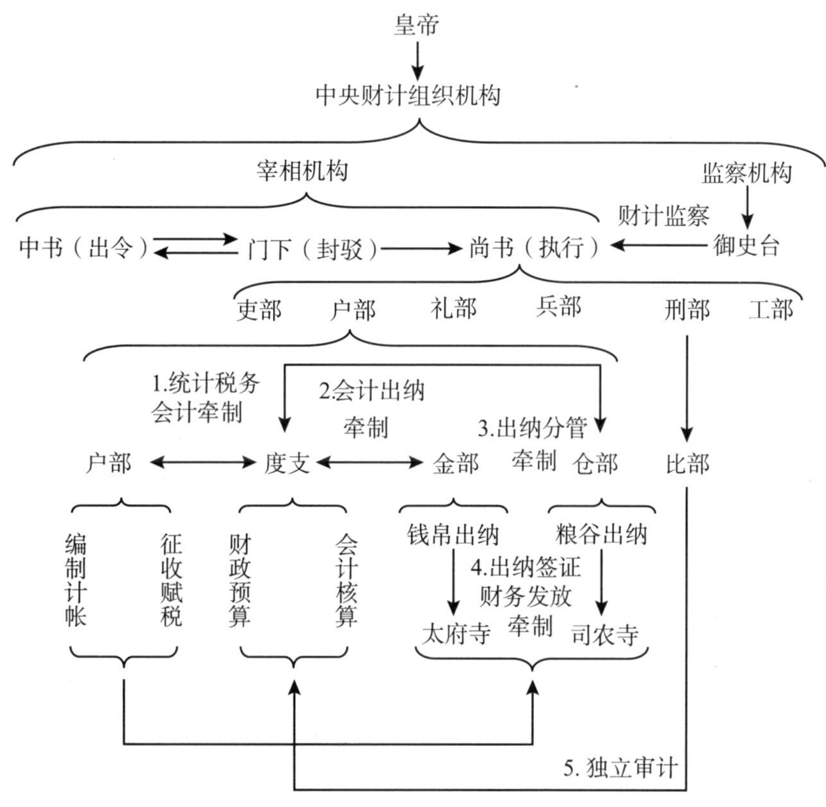

图 6 唐朝中央财计组织部门及经济牵制关系简图[②]

五、汉唐中央财计组织制度变迁逻辑与中国大部制改革

理解汉唐中央财计组织制度变迁的逻辑，需要把握推动其变迁的外部逻辑和内在逻辑，以及二者的互动关系。外部逻辑主要强调环境的变化和主体的推动作用，内在逻辑则强调制度本身的路径依赖。社会生产力是社会发展的根本推动力，生产力的发展是制度变迁的根本动因。“一个民族的生产力发展水平，最明显地表现在该民族分工的发展程度上。分工发展的各个不

① 郭道扬：《会计史研究》（第一卷），中国财政经济出版社 2004 年版，第 257 页。

② 该图根据郭道扬：《会计史研究》（第一卷），中国财政经济出版社 2004 年版，第 256、258 页整理而成。

同阶段，同时也就是所有制的各种不同形式①”。汉唐时期建立在封建土地所有制为基础的生产关系和地主制经济为核心的经济基础之上，地主阶级为了维护其政治、经济利益，客观上需要君主制中央集权制度来维护其统治地位。经济基础决定上层建筑，财政经济是巩固国家政权的物质保证，因此财政经济之权的巩固是君主制中央集权制度的核心。财权的集中需要以一定的制度要件——中央财计组织制度作为依托，即通过中央财计组织建制的完善以更好地执行国家财政经济政策，实现巩固统治、发展经济的目标。随着经济水平的发展和政治制度的成熟，中央财计组织制度综合体现了国家行政以及决策合理化的过程，主要表现为国家财计工作范围的日益扩大以及中央财计组织部门经历了从初创到完善、从粗放到集约的转变，最终形成了以会计、国库、审计、行政监察四大系统相互协调而有所牵制的完整体系。从历史上看，中央财计组织制度发展的根本动力源于国家经济的整体发展水平，同时受到政治制度等因素的直接制约和影响，是生产方式、社会形态和社会态势的综合反映，因此具有相对的稳定性，如图 7 所示。任何一项制度都要考虑其时代性，根据历史环境判定其利弊得失。

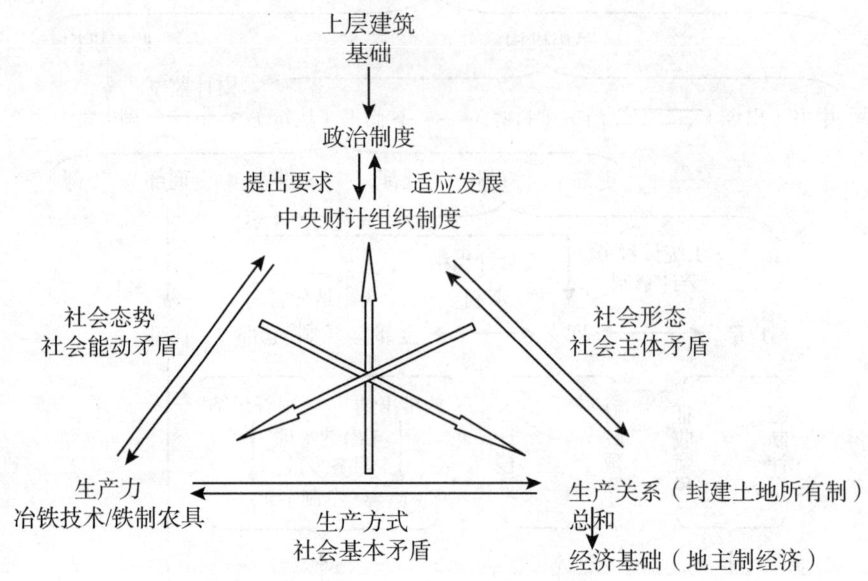

图 7　汉唐中央财计组织制度影响因素简图②

当环境等客观条件发生改变的时候，制度不会自动进行变迁。某一项制度的产生必有其渊源，至成熟必有其人事需要，而消失亦有其流变，整个过程都离不开变迁主体的推动作用。从政治学的视角来看，国家本身是权力集中的产物，国家职能的执行需要依靠富有效率的组织机制。从产权学派的视角看，国家在制度变迁中具有重要作用，统治者寻求租金最大化与社会产出最大化之间的内在冲突和博弈将导致经济的增长或是人为衰退。财政是社会经济和国家权力的运行支柱，会计则是财政经济运行的真实反映，二者有着天然的依托联系。汉唐以来，中央财计组织制度变迁过程始终贯彻了统治者量入为出的财政政策以及加强集权的统治目标。中央财计组织制度的变迁和完善取决于两点：当生产力水平以及土地政策等社会环境决定了财政收

---

① 《马克思恩格斯选集》（第四卷），人民出版社 1972 年版，第 25 页。

② 图部分引自郑孟煊：《对生产力、生产关系与上层建筑相互关系的理解图式》，载于《现代哲学》1996 年第 2 期，第 48 页。作者进行了相关补充。

入一定的条件下，统治者对于中央财计组织的建制和分工要精心安排，通过不同职务的安排进行配合牵制，量入为出，防漏补缺；同时随着经济的发展，财计事务和关系日趋复杂，统治者为了实现经济集权的目标必须控制关系国家经济命脉的产品，因此需要对财计组织的分工和安排进行谋划。历史实践证明，国家财计是任何政权组织赖以生存的经济支柱，是国家兴衰的催化剂，其运行效果具有两面性，不但会直接促进国家繁荣社会的进步，而且也会成为朝代更迭社会停滞的导火索，因此统治者必须重视财计制度的建立健全以及效用的发挥，以防“天下未乱计先乱，天下欲治计乃治[①]”。

制度带来的收益决定了制度变迁的方向，并使得制度变迁可能呈现出两条截然相反的轨迹：当收益递增普遍发生时，制度变迁不仅得到巩固和支持，而且能在此基础上沿着良性循环的轨迹发展，即路径依赖；当收益递增不能普遍发生时，制度变迁就朝着无效或不利于收益最大化的方向发展，即锁定轨迹[②]。统治者为了持续拥有至高无上的权力来支配整个社会的资源从而实现自己利益的最大化，需要审时度势对中央财计组织制度进行调整。任何一项制度都不是孤立运行的，中央财计组织制度最大效能的发挥需要与当时的土地制度、预算制度、漕运制度、货币制度等密切配合联合推进，形成一个有效的制度综合体，以适应彼时社会经济的发展需要。制度的运行机制以及人的因素对制度的执行效果起到重要的作用，在中央财计组织制度中体现为财计组织部门服务的本质性、职能的有效性、制度设计的前瞻性以及权力运行的规范性上。从历史上看，君主制中央集权制度下中央财计组织制度为统治者服务的本质自不必说。秦汉以后分别设置国家财政与皇室财政两大系统并分别建制，有利于对国家财政的管理，在一定程度上抑制皇室的随意开支，变家国同构理念为化家为国的行动，有效发挥了中央财计组织部门的职能。隋唐时期形成的尚书六部的组织制度之所以能够沿用至明清主要由于制度设计具有前瞻性，组织建制、如何用人以及职务分工科学合理，形成了严密的组织体系。权力的行使必须加以一定形式的规范和制约，赋税的依律征收、国库的支出制度及对口发放、会计的预算核算以及审计与经济监察的防漏补缺体现了内外结合的控制体系，从而保证权力的规范运行。

制度是历史的产物，汉唐中央财计组织制度的变迁逻辑是在历史环境变化的前提下，变迁主体即统治者为了实现经济及政治利益最大化的统治目标，对制度实现服务的本质性、职能的有效性、设计的前瞻性以及运行的规范性上所作出的调整与安排。制度变迁总有着相似的逻辑和机理，我国的政府机构改革也可从中寻找一定之规。1982～2008 年我国共进行了六次政府机构改革，虽然取得了一定成效，由于受到路径依赖的影响，总是陷入“精简—膨胀—再精简—再膨胀”的怪圈。政府机构改革与社会经济环境密切相关，不同历史时期其目标颇有所改，其形成与变迁是一个持续的动态过程。党的十八大报告明确提出：“稳步推进大部门制改革，健全部门职责体系。”[③] 党的十八届二中全会审议通过了《国务院机构改革和职能转变方案》。职能是机构的灵魂，职能转变是机构改革的前提、基础和关键，机构改革是职能转变的载体和保证[④]。大部制即大部门体制，即在组织内部将职能相近、范围趋同的业务交由一个部门统一管理，解决职能交叉、重叠和协调问题，以提升组织效率并优化组织结构，从而整合和优化行政资源，在实现公众利益最大化的基础上有效降低行政成本。

在大部制改革的实践中，首先要借鉴汉唐时期中央财计组织制度中的有益经验，摒除君主

---

① 杨时展：《国家审计的本质》，见于《杨时展论文集》，企业管理出版社 1997 年版。

② 夏玉华：《制度变迁的内在逻辑——对现阶段中国农地制度改革的思考》，载于《财贸研究》2006 年第 4 期，第 23 页。

③ 胡锦涛：《坚定不移沿着中国特色社会主义道路前进　为全面建设小康社会而奋斗——在中国共产党第十八次全国代表大会上的报告》，见于《人民日报重要言论汇编》，人民日报出版社 2012 年版，第 76 页。

④ 彭国甫：《中国行政管理新探》，湖南人民出版社 2006 年版，第 172 页。

制中央集权的消极影响，强化公民参与和监督政府行为的意识。与之相应在建立服务型政府的过程中，政府要贯彻以人为本的公共行政理念，强调服务观念、效率观念、法治观念和责任观念，关注公众的需求和社会整体的利益，将培育成熟的市民社会作为自己的价值取向，为公众提供公共产品和公共政策服务，从根本上实现从国家本位、政府本位向社会本位、公众本位的转变。

第二，在将理念转为制度设计的过程中要具有前瞻性、综合性和突破口，确保改革长期收益和总体目标的实现。一要在理论研究的基础上建立相对科学且稳定的组织机构。没有理论现实是空洞无物的，对改革的根本性问题如大部制的核心内涵、实现条件、影响因素、运作机制、保障环节、过程救济等要进行系统理论研究①，对大部门的组织结构要在管理幅度与管理层次之间进行合理的安排，从而得到效率之最优解。大部门内的组织结构一旦确定不宜频繁变动，国外经验表明大部制改革效果和优越性的发挥有赖于组织机构的健全和相对稳定。二要在立足我国现实和借鉴国外成功经验的基础上，将大部制改革纳入政治体制改革和社会管理体制改革的整体框架之中，以更好地发挥改革的协同和集群效应。三要寻求重点领域作为大部制改革的突破口。汉唐中央财计制度的变迁表明得财计者得天下，现代社会财政经济更是促进社会公平、改善民生的重要手段，因此财政金融改革是大部制改革的最佳切入点和突破口。按照公共财政的要求，推动建立公开、透明、规范、完整的预算体制，建立符合社会主义市场经济和政治文明建设的现代国家财政体制。

第三，要寻求大部门职能有效发挥的途径。每一个组织都是一个系统，其内部由几个不同的分系统组成，但是它又都处于一个更大的系统中，相对环境而言，每个组织又是一个环境的分系统，环境为组织提供资源投入，并利用其产出②。随着经济社会的发展，社会公共事务的复杂性与日俱增，单靠政府的力量已难以实现社会价值最大化。为了谋求最优投入产出比，需要建立大部门之间以及政府同市场、社会组织等多元主体之间有效的沟通协调机制，发挥大部制改革的应有效果。例如建立大部门工作的标准化流程、大部之间的协调机构、搭建政府部门与企业组织、社会组织合作的平台和对话机制，以此促进大部门职能的有效发挥。

最后，要落实大部制权力运行的规范机制。从历史上看，传统的政府机构贯彻以执行为核心的设置理念，有效的监督机制相对较弱。“权力导致腐败，绝对权力会导致绝对腐败③”。大部门的组织幅度扩大相应带来权责增多，因此建立有效的内外监督机制成为应有之义。大部内部应将决策权、行政权以及监督权予以分离，强化监督权的基础上使决策与执行职权得到高效行使。当然对公权力的监督，最为有效的方式仍为外部监督，不仅能改促进行政效率的提高，更重要的是保证公共行政服务目标的公民取向④。

六、结论

中央财计组织制度是国家政治制度的重要组成部分，与社会经济政治环境的变化息息相关。本文在考证汉唐中央财计组织制度变迁的基础之上，从制度变迁理论层面分析其影响因素，总结了汉唐时期中央财计组织制度变迁的逻辑，并找出其与政府改革的相似机理，以历史

---

① 石亚军、于江：《大部制改革：期待、沉思与展望——基于对五大部委改革的调研》，载于《中国行政管理》2012年第7期，第15页。

② 胡爱本：《新编组织行为学教程》，复旦大学出版社2002年版，第105页。

③ Dalberg－Acton，John Emerich Edward（1949），Essays on Freedom and Power，Boston：Beacon Press，P. 364.

④ 范广垠：《大部制的理论基础与实践风险》，载于《同济大学学报（社会科学版）》2009年第2期，第115页。

经验为我国的大部制改革提出参考意见。

主要参考文献

[1] 班固:《汉书》。

[2] 司马彪:《续汉书》,百官志部分。

[3] 范晔:《后汉书志》,百官志部分。

[4] 杜佑:《通典》,职官部分。

[5] 马端临:《文献通考》,职官部分。

[6] 魏征:《隋书.百官志》,百官志部分。

[7] 刘昫:《旧唐书.卷四四〈职官三〉》,中华书局1975年版。

[8] 李林甫:《唐六典.卷三.尚书户部》,中华书局1992年版。

[9] 郭道扬:《中国会计史稿》(上册),中国财政经济出版社1982年版。

[10] 安作璋、熊铁基:《秦汉官制史稿〈上〉》,齐鲁书社1985年版。

[11] 王素:《三省制略论》,齐鲁书社1986年版。

[12] 祝总斌:《两汉魏晋南北朝宰相制度》,中国社会科学出版社1990年版。

[13] 陈仲安,王素:《汉唐职官制度研究》,中华书局1993年版。

[14] 郭道扬:《会计史研究》(第一卷),中国财政经济出版社2004年版。

[15] 吴宗国:《中国古代官僚政治制度研究》,北京大学出版社2004年版。

[16] 袁刚:《隋唐三省体制析论》,载于《北京大学学报(哲学社会科学版)》1994年第1期。

[17] 郑孟煊:《对生产力、生产关系与上层建筑相互关系的理解图式》,载于《现代哲学》1996年第2期。

[18] 王慧杰:《魏晋至唐代比部职掌演变》,载于《石家庄师范专科学校学报》2000年第3期。

[19] 方宝璋:《论比部》,载于《审计研究》2001年第5期。

[20] 郭道扬、曹大宽:《会计史讲座:中国古代财计体制沿革》,载于《中国农业会计》1992年第9期。

[21] 夏寒、尹平、戚振东:《试论唐前期比部审计的制度环境及其启示》,载于《审计研究》2011年第4期。

[22] 李恒全:《从家族公社私有制到个体家庭私有制的嬗变——先秦秦汉土地所有制变化的轨迹》,载于《学海》2005年第4期。

[23] 陈锋:《中国古代的土地制度与田赋征收》,载于《清华大学学报》(哲学社会科学版)2007年第4期。

[24] 黄思思:《中国古代中央行政管理体制沿革略论》,载于《中南财经政法大学研究生学报》2007年第5期。

[25] 史卫:《隋唐财政制度之北周渊源略论》,载于《唐都学刊》2007年第9期。

[26] 石冬梅:《论西魏尚书省的改革》,载于《许昌学院院报》2008年第1期。

[27] 单德伟:《大部制:我国行政改革的科学呼唤》,载于《甘肃行政学院学报》2008年第4期。

[28] 范广垠:《大部制的理论基础与实践风险》,载于《同济大学学报》(社会科学版)2009年第2期。

[29] 改革杂志社专题研究部:《国大部制改革的政策演进、实践探索与走向判断》,载于《改革》2013年第3期。

夏王朝时期会计发展研考

赵丽生*

【摘要】考证殷墟甲骨文献的结果表明，商代晚期已经产生了相对成熟的会计。本文利用二里头文化的考古学成果，按照会计概念的要素对夏代会计发展作了理论推测：国家的产生，经济和生产力发展水平使会计的产生具有了必要性；文字系统、数字系统和数学运算系统的初步形成使会计的产生具有了可能性。

【关键词】夏朝　二里头文化　会计发展　考证

夏墟无文字。长期以来，由于缺乏可信的文献资料以佐证，使得中国会计源头和早期发展研究变得扑朔迷离，中华文明史上的会计起源由于神话传说杂间其中变得模模糊糊。迄今为止，中国会计的源头和早期发展脉络在理论界尚没有一个令人信服的结论。

若干年前，笔者发表了拙作《武丁甲骨：中国会计可考的源头》①，对殷墟出土的部分甲骨文献从会计学的角度进行了考证，取得了一定成果。研究的初步结论是：殷商时期的武丁时代已经产生了相对成熟的会计。殷墟发现的大量甲骨文献完全可以证明殷商时期人们已经开始使用龟甲和兽骨对经济活动进行了较为规律的记忆和记录行为，殷商时期武丁时代的会计已经基本成型。

但是，比殷商更早的夏朝会计发展水平又是什么模样呢？

一、关于会计定义

研究会计起源，必须首先定义清楚会计的概念。如果人们对什么是会计还不能取得比较一致的意见，就根本无法研究会计起源问题。研究会计起源应该首先解决什么是会计的问题。如果对什么是会计有不同的理解，关于会计的起源就会产生较大的争论。会计概念是研究会计起源和会计发展脉络的标尺。

按照逻辑学原理，定义概念必须要使概念能够满足被定义项的一般属性，能够概括被定义项在不同历史发展阶段的一般特征。基于这样的要求，我们给会计所确定的一般性的定义是：会计是人类借助于特殊工具，按照一定的规则，运用一定的方法，对经济活动进行记忆、计量，为管理经济提供信息的行为。这个定义传达以下信息：第一，会计是一种人类主导的行为；第二，会计要借助于特殊的专门工具；第三，会计具有一定的规则；第四，会计使用专门的方法；第五，会计的基本功能是记忆、计量和报告；第六，会计的对象是经济活动。

---

* 赵丽生：山西省财政税务专科学校。

① 《武丁甲骨：中国会计可考的源头》，载于《上海立信会计学院学报》（双月刊）2008 年第 6 期。

会计是人类主导的行为。我国古代神话传说中的炎帝、黄帝等先贤，具有半人半神的色彩，如牛首人身，寿命140岁，在位120年等等，这些传说基本上没有史料价值，所以不能予以采信。会计行为应该是有充分史料资证的实实在在的人类行为。会计活动是人类特有的管理活动，是人类主观进行经济管理并形成一定客观结果的过程。非人类的活动，比如历史上神话传说中的人格化了的神对于经济活动的所谓记忆、计量行为，不能认为是会计活动。

会计必须借助于特殊的专门工具。人类头脑的记忆、计量和使用肢体进行的记忆计量均不是会计行为。人类有思维，但不借助于特殊工具，直接用头脑和手指等肢体进行的记忆和计量行为，不是会计行为。

会计应该具有一定的规则。不管会计发展阶段如何，作为一种管理活动行为，应该具有人们普遍认可的一定的规则。只有规则才能体现会计是管理活动的一种，包括会计信息的储存、加工和报告的规则。按照大家普遍认可的规则所提供的会计信息才能成为有效的信息。会计管理具有固定或相对固定的呈现一定规律的方法。会计方法是指人类在对经济活动进行记录和计量时所使用的相对固定的、具有一定规律的记录符号、记录规则、记录顺序。尚未发育成熟记录经济活动数量的符号、文字和数字，如果没有一定的规律，没有相对固定的意义，即使具有了记忆、计量的性质，也不能认定为会计。

会计应该使用一定的方法。会计的记忆、计量和报告应该具有特定的方法，不是说毫无规律随意刻划刻写的符号都可以叫做会计，人类通过自己的智慧运用特定的方法，来反映经济活动的过程及其成果，才是具有管理意义的会计。会计活动是人类借助于特殊工具进行的管理活动。人们记忆和计量可以用脑，可以用肢体（两手、十指等），也可以利用其他特殊工具。数量少、数字小、时间短的可以用头脑和肢体记忆计量；数量多、数字大、时间长时则必须借助其他特殊工具帮助进行记忆计量，包括记忆计量信息的工具和信息的载体等，如草绳、石子、刀、竹、木、笔、墨、纸、机器和各种文字处理的工具等。脑和肢体的记忆和计量行为不是会计行为。

会计的基本功能是记忆、计量和报告。记忆就是对经济信息的储存，计量是对经济信息的加工，报告是对经济信息的输出，会计活动的过程就是对经济信息进行储存、加工和输出。

会计的对象是经济活动。会计的对象就是会计所要记忆、计量和报告的内容，是会计客体。为了区别会计与原始的数学、统计等行为，凡是对经济活动进行的记忆、计量和报告行为才是会计行为，古人对日月星辰、四季变化等自然现象进行的记忆、计量和报告行为，不是会计行为。会计管理的对象是人类的经济活动，也就是说会计的客体是经济活动，包括经济现象动态和静态的数量关系及其变化。人类凡是属于经济活动信息的记录和计量行为才是会计活动。凡是反映经济活动对象数量增加、减少和余存情况的记录和计量就是一般意义上的会计。以经济活动作为管理对象是会计区别于数学等学科的一个重要特征。原始的数学活动应该包括人类所有的对于“数”的记录、计算，如对人口、季节、日月星辰和宇宙现象等所作的记录和计量。但只有对经济活动的记录和计量才属于会计行为。

上述定义是一个一般意义上的定义，是能够基本符合会计各个发展历史阶段的会计定义，而不仅仅是现代会计的定义。

按照这个定义作为标尺衡量，会计产生起码应该具备的条件是：文字、数字和数学的产生，经济活动要达到一定的规模。如果文字还没有产生，就说已经产生了会计一定是很不严肃的。没有文字，就不会有大家普遍认同的会计规则和会计方法。同样没有数字和数学，就没有办法对经济活动和经济成果的记忆、计量和报告，所谓的经济信息的储存、加工和输出就是一句空话。没有一定规模的经济活动，会计的规则、方法和记忆、计量、报告就失去了对象。

综上所述，考察会计起源和早期发展线索，主要考察一定历史时期是否具备了文字和数学，文字的诞生和数学的发展使会计的产生具有了可能性，经济和生产力发展是否达到足够的水平，使会计的产生具有了必要性。

二、关于夏文化

司马迁的《史记·夏本纪》是人们研究会计起源的一个重要依据，主要原因是，《史记·夏本纪》中有："自虞夏时，贡赋备矣。或言禹会诸侯江南，计功而崩，因葬也，命曰会稽。会稽者，会计也。"人们普遍认为"会计"一词的起源来自《史记》。许多人认为，司马迁撰写《史记》时，做了大量的实地调查研究，《史记》所反映的都是历史事实，《史记》是信史。实际上，《史记》是一部具有鲜明文学色彩的史书，鲁迅先生赞其"史家之绝唱，无韵之离骚"，既说明该书具有极高的史学价值，也说明该书具有相当的文学水准。但是，不可否认，《史记》也有许多虚构成分，特别是上古时期的几个"本纪"：五帝本纪、夏本纪、殷本纪和周本纪，用现在的眼光看，有许多虚构的成分，也有大量的"剽窃抄袭"行为，有许多是一字不落的照抄。因此说，研究夏商周的历史现象特别是夏商两代的历史现象，就不能仅仅依靠这些传统的文献资料，还应该更多地关注出土文物，特别是新发掘的文物资料。

近年来，夏商周考古取得了一系列的辉煌成就，史学界和考古学界以"夏商周断代工程"为主要标志的研究成果，基本上为我们厘清了上古三代的历史轮廓。成果表明：夏代自公元前2070年至公元前1600年，大约471年，商代自公元前1600年至公元前1046年，大约555年，西周自公元前1046年至公元前770年，大约376年。研究报告书已经把夏代的起源由过去笼笼统统的公元前23世纪至公元前21世纪左右，明确为公元前2070年左右，时间跨度为471年，14世17王，与史书的记载基本相符。

对于夏王朝的疆域，学术界争论比较大。这14世17王的主要活动范围集中在山西南部和河南西部，地跨黄河两岸，因此晋南和豫西是夏王朝的腹心之地。除此之外的说法，均是后人出于某种动机杜撰的故事，在史学界基本上没有什么学术价值。

对应于上述观点，考古学界在20世纪连续发现了山西夏县西阴遗址、东下冯遗址和河南偃师二里头遗址，出土了大量的反映夏文化的历史遗迹，进一步佐证了夏王朝大本营集中在晋南、豫西的历史事实。

多少年来，有许多人始终对《史记·夏本纪》、《史记·殷本纪》将信将疑。20世纪初甲骨文献的发现，印证了《史记·殷本纪》中关于殷商先公先王承继关系的基本脉络，从而使人们意识到《史记·夏本纪》中关于夏王朝更迭关系线索不会是空穴来风。王国维的"二重证据法"使人们把将信将疑的历史传说变为信史。

史学界对于夏王朝的存在和发展脉络以及基本活动区域已经没有什么争论。

三、夏文化考古主要成果

20世纪以来，夏文化考古取得一系列成果，最具有代表性的是二里头文化。二里头文化晚于仰韶文化和龙山文化，但与仰韶文化、龙山文化关系紧密，因此，仰韶文化和龙山文化的考古学成就同样也从另一个角度佐证了夏文化的发展水平。

仰韶文化是黄河中游地区重要的新石器时代中晚期文化，持续时间大约在公元前5000~公元前3000年，主要分布于黄河中下游一带，以陕西渭河流域、山西南部和河南西部的狭长地带为中心，东至河北中部，南达汉水中上游，西及甘肃洮河流域，北抵内蒙古河套地区。已发掘出近百处文化遗址，出土文物均呈现同一文化特征。生产工具以较发达的磨制石器为主，常见的有刀、斧、锛、凿、箭头、纺织用的石纺轮等。骨器相当精致。有较发达的农业，作物为粟和黍。饲养家畜主要是猪，并有狗。除农业生产外，人们还从事狩猎、捕鱼和采集。各种陶器以细泥红陶和夹砂红褐陶为主，陶器上常有彩绘的几何形图案或动物形花纹，是仰韶文化的最明显特征，故也称彩陶文化。陶器种类有钵、盆、碗、细颈壶、小口尖底瓶、罐与粗陶瓮等。其彩陶器造型优美，表面用红彩或黑彩画出绚丽多彩的几何形图案和动物形花纹，其中人面形纹、鱼纹、鹿纹、蛙纹与鸟纹等形象逼真生动。不少出土的彩陶器为艺术珍品，如水鸟啄鱼纹船形壶、人面纹彩陶盆、鱼蛙纹彩陶盆、鹳衔鱼纹彩陶缸等。陶塑艺术品也很精彩，有附饰在陶器上的各种动物塑像，如隼形饰、羊头器钮、鸟形盖把、人面头像、壁虎及鹰等，皆栩栩如生。在半坡等地的彩陶钵口沿黑宽带纹上，还发现有50多种刻划符号，可能具有原始文字的性质。

龙山文化也属于新时期时代晚期文化，距今约4350~3950年，自龙山遗址发现以来，考古学家分别在山东、河南、陕西、山西等地发现了这一时期的文化遗存。龙山文化处于中国新石器时代晚期，龙山文化遗址出土了石斧、石刀、石铲及蚌锯、蚌刀，特别是城子崖遗址积累了大批的狗骨、猪骨、马骨、牛骨，说明当时的畜牧业成就很大。这个时期陕西地区的农业和畜牧业较仰韶文化有了很大的发展，生产工具的数量及种类均大为增长，快轮制陶技术比较普遍，大大提高了生产效率。同时，占卜等巫术活动也较为盛行。从社会形态看，当时已经进入了父权制社会，私有财产已经出现，开始跨入阶级社会门槛。人们传说中的夏朝历书——《夏小正》，也就是人们普遍认同的夏历也属于这个时期，夏历是基于人们对农业生产认识提高而发明的用于指导农业生产的节气和干支纪日法。

二里头文化证实了夏王朝的存在。考古发现表明：夏文化主要分布在豫中西部地区和晋南。晋南和豫中西部地区的考古活动，提供了宫殿遗址、青铜器、铸铜作坊遗址、酒具、制骨手工业、纺织手工业、制陶手工业、制玉手工业、镶嵌手工业、乐器制作手工业，发现了商业活动的痕迹，也出现了一些疑似文字和数字的符号。这些考古学成果所代表的时间距目前约4000年左右，属于夏文化。

大型宫殿遗址群的发现。二里头遗址一号宫殿建筑，是一座以夯土台基为底座的大型建筑，底座高出当时地表800厘米，平面基本呈正方形，长宽各约100米，布局与结构开创了后世宫殿式建筑的先河，四周有高耸的围墙，围墙内外设回廊。大门开在南墙中部，有三个门道和四个门塾组成，这与后代多门道式宫室建筑颇为相似。进门之后是一个南北长70米，东西宽80米的广阔庭院，可容纳上千人。庭院正北是高大的主体殿堂，建在一个比庭院更高的夯土台基上，东西长36米，南北宽25米，为一四周有回廊的“四阿”式庑殿顶宫殿，整个建筑气势宏伟，巍峨壮观，象征着权力、地位和尊严。一号宫殿北150米处为规模较一号宫殿稍小的主要用于祭祀的二号宗庙式宫殿，另有大型夯土台基40余座，与一号宫殿相类似，组成了一个规模宏大的建筑群，分布在东西广阔的遗址上，外有宫墙环绕，宫室之壮伟，正是王都气魄，如果说安阳小屯的宫殿建筑是殷都之王宫所在，那么，二里头的宫殿建筑为夏代都城之王宫所在也就确凿无疑了。王都的存在充分说明了国家的存在。

青铜器种类丰富，用途多样。青铜器是中华文明早期阶段的重要标志之一，反映早期社会历史阶段的生产力发展水平。二里头文化的青铜器铸造业已经具有一定规模，仅二里头遗址所发现的青铜器种类几乎囊括了中国青铜时代最主要的类别。如具有礼器性质的鼎、爵、斝、盉等，属于战争兵器的戈、钺、戚、镞等，属于生产工具的锛、凿、钻、锥、刀和鱼钩，有属于饰物的圆泡形铜器、圆形铜器和镶嵌绿松石铜器，还有属于乐器的铜铃。礼器和兵器的出现，说明青铜技术已经不是人们一般的生活运用，而是权力和武装的象征，说明社会已经有了等级，社会秩序需要维护。在一定意义上说，二里头文化是三代礼制形成的源头。

独立手工业比较发达，涉及人们生活的多个方面。二里头发现一处铸铜作坊遗存，范围约1万平方米，属于二里头文化2～4期，前后延续300年左右，是我国迄今为止发现的最早的一处铸铜作坊。作坊内发现多座操作间，铸铜器具有各种形式的坩埚片、炉壁和陶范，有大量的铜渣，说明了当时已经有了炼铜和铸铜的固定场所，根据陶范推断其所铸造的器物类型多样，不少青铜制品应该是形体较大、造型奇特、华丽精美；出土的骨制半成品和锯骨，表明已经有了制骨手工业；出土的陶纺轮和器物上所附的布纹，说明已经有了纺织手工业；陶窑说明了制陶手工业的存在，陶制的觚、爵、盉等酒器发达说明了酿酒业的繁荣，玉戈、玉钺、玉圭、玉璋、玉琮等精美玉器说明制玉手工业发达，镶嵌绿松石的饰品说明了镶嵌手工业的成熟。手工业的发达和酿酒业的发达说明粮食生产有了剩余。

文化艺术发展达到一定的水准。二里头文化以及较早期的龙山文化发现了石磬、铜铃、陶埙和陶鼓模型等乐器，说明当时的文化艺术已经有较高的水准。

商人的出现，说明流通活动已具一定规模，至少有一部分人已经开始在进行狩猎、捕鱼、种植、养殖等生产活动的同时也从事一些具有交换性质的流通活动，甚至可能有一部分人完全脱离生产活动专门从事商业活动，二里头出土文物中有海贝、石贝和骨贝等货币，有绿松石、玉琮和玉玦等玉料，这些东西不是中原地区所出产，应该是交换而来的有，有交换必有商人存在。

夏文化考古也发现了一定数量刻划在陶制器物的陶符，疑似文字和数字的痕迹。在二里头出土的大口尊内口沿上，有一些记号，这些记号虽然不一定是文字（或数字），但是它们具备了汉字（或数字）的基本结构，应属于古文字（或数字）原始系统。

四、夏王朝时期会计发展考证

如果没有文字、没有数字，就无法形成会计元素，会计就可能永远停留在思想、观念阶段。考察会计起源和早期发展线索，主要考察一定历史时期是否具备了文字、数字和数学，文字、数字的诞生和数学的发展使会计的产生具有了可能性，经济和生产力发展是否达到足够的水平，使会计的产生具有了必要性。

20世纪初，王懿荣首次发现甲骨文字，中国文字考古进入了一个新的历史阶段。随后，考古工作者在河南省安阳小屯发现了殷墟，出土了大量的青铜器、货币和甲骨。殷墟考古成就表明：商代晚期的武丁时期，生产力水平已经很高，农业、畜牧业、商业和手工业得到了快速的发展，汉字已经产生并有一定的规范，汉字单字符总数约为5 000个左右，足以能够用来反映社会生活的各个层面。数码字从一到百基本齐全，数学已经能够进行十进位的运算，计算工具已经由石子发展到算筹，甲、骨、石、金、兽皮和树皮等多种材料都曾经作为了文字的承载物，特别是龟甲和牛胛骨已经成为商代晚期文字的主要承载物。殷墟还发现了大量的青铜器和数以千计的贝币。这些考古发现充分说明，在当时的生产技术条件下，生产成果的不断增加使得会计有了记录的对象，汉字的丰富完善产生了会计记帐符号并使其相对固定，成熟的数学为会计产生奠定了坚实的计算基础，会计的内外部条件都已经具备，因此，会计的产生是当时社会发展的必然结果。所以，殷商晚期武丁时代的会计是相当成熟的会计已经确凿无疑。

按照社会历史发展规律，商代会计不是一朝一夕一蹴而就的，她是我们的祖先在漫长的历史发展过程中集无数人的智慧点点滴滴积累而成的。但是，比武丁时期早几百年的夏代，会计究竟能够发展到什么水平？可供直接参考的文献资料实在是太少了。没有直接的文献资料，不等于这段会计历史就不存在，即使我们形不成具有充分证据的信史，也可以按照历史唯物主义的方法进行综合的分析和论证，提出具有较强说服力的假说和推断。假说也好，推断也罢，基本的方法是根据已获得的出土文献资料和传统历史文献进行系统梳理，按照历史发展规律，推导出符合逻辑的预测结论，作为假说或推断留给后人进一步论证完善。

二里头文化属于夏文化，理论界基本上形成了共识。考古学界确认二里头发现的都城是王都，这个王都只能是夏都，夏都的存在充分说明我国古代的第一个国家已经产生。国家的产生，意味着国家机构和国家武装的存在。要维持国家政权和国家武装力量，必须要有一定的经济保障，管理经济势必成为社会活动的一个重要组成部分，而会计则是管理经济的一种常规形式。在这个意义上说，会计是国家管理经济的一种重要手段，有国家存在必然要靠财政支撑，有财政必然要有会计。夏王朝是中国历史上第一个以国家形态出现的王朝，维护国家政权必然要依靠国家机器，国家机器的运行就要依靠财政支持，财政收支的管理必然依靠会计手段，这就为会计的存在提供了必要性。

二里头文化精美的青铜器铸造、发达的手工业、繁荣的文化艺术、商人阶层的存在和疑似文字数字符号的发现，说明生产力的发展水平也足以能够为会计的诞生提供各种条件，这就为会计的现实存在提供了可能。

根据上述研判，我们推测，依赖于经济的发展，夏朝既有会计存在的必要性，也有会计存在的可能性，这个阶段应该已经诞生了较为成熟的会计系统。

胡雪岩内部控制思想评析及其现实启示*

——基于COSO内控框架视角的审视

康　均　朱西平　黄劲国**

【摘要】胡雪岩的一生具有浓厚的传奇色彩，其内部控制思想与运用对事业的兴衰成败有着重要的影响。本文从现代内部控制视角出发，结合具体史实，按照COSO内部控制框架五要素重新审视其成败得失。总体来看，胡雪岩的内部控制思想既有其成功之处，也有需要引以为戒的地方。文章最后从正面启示与反面思考两个维度对胡雪岩内部控制思想的经验和教训进行了总结，并阐明其对现代企业建立健全内部控制制度的现实启示意义。

【关键词】内部控制　五要素　胡雪岩　经验教训

一、引言

胡雪岩（1823～1885年），名光墉，字雪岩，是晚清时期的一个传奇人物。其出身贫寒，却迅速发迹成为当时富可敌国的巨商富贾，产业涉及钱庄、典当、丝药、茶米、船业、军火及房地产等行当。事业全盛时期，在全国拥有近10家钱庄银号、26家典当铺及“胡庆余堂”药局。[1]其早年追随王有龄筹办解运漕粮、代理湖州公库，后协助左宗棠主持上海采运局、兼管福州船政局，获得“总办四省公库”的权力。尤其是在1867～1881年间，协助左宗棠平定新疆叛乱，先后借银1 770万两。[2]因功受朝廷破格嘉奖，成就了“红顶商人”的美名。在事业顶峰时，其“垄断金融，操纵江浙商业”，拥有雄厚的经济实力和社会政治地位；但仅隔四五年，其又因资金周转不灵，导致所属产业迅速接连倒闭、货物财产变价备抵，并招致破产清理，直至被朝廷查抄。

从20世纪90年代起，随着民营经济的发展，国内学界掀起了胡雪岩研究热潮。本文从内部控制视角出发，参考COSO发布的内部控制框架①，结合具体事例，从各个要素的正反两个方面重新审视其成败得失，以寻求对建立健全现代企业内部控制制度的有益启示。

---

* 本文受国家社会科学基金项目“金融企业内部控制优化与会计舞弊防范研究——山西票号历史经验剖析与现实借鉴”（项目号：11BGL021，主持人康均）及中南财经政法大学“研究生创新教育计划”项目《胡雪岩的内部控制思想研究》（项目号：2011S0904，主持人朱西平）支持，是上述两个项目的阶段性研究成果。

** 康均、朱西平、黄劲国：中南财经政法大学会计学院。

① COSO发布的内部控制框架是指对内部控制要素的分类，即控制环境、风险评估过程，信息系统与沟通，控制活动及对控制的监督。为兼顾我国颁布的《企业内部控制基本规范》，下文对内部控制五要素名称的表述略有不同，但实质内容是一致的。

二、胡雪岩内部控制思想的COSO框架评析

（一）控制环境

控制环境设定了内部控制的基调，控制环境包括了诚信和道德价值观念、治理结构、人力资源政策等诸多方面。研究胡雪岩的诚信和道德价值观念以及人力资源政策具有普遍的借鉴意义。

1. 诚信为本，夯实内控根基

诚信和道德价值观念既是经济主体的基本行为准则，也是内部控制环境的重要组成部分，胡雪岩在其创业生涯的各个阶段都非常重视诚信建设问题，而这一点也为其事业的兴旺发达注入了强大的推动力。其从小深受儒家传统思想的影响，“信以义行，诚以待人”可看作是其事业成功的起点。不仅谨记“道”靠传承、“德”靠修炼，而且也制定有明确的书面行为规范。胡庆余堂的账房间挂有“耕心草堂”匾额，以求耕“心”以种“德”；正厅前金柱间挂有“真不二价”匾，以示药品货真价实、童叟无欺。[3]胡雪岩还亲笔撰文并用柚木雕琢成“戒欺”匾。匾文“采办务真、修制务精”告诫员工须以职业操守自律，秉承道德，不得“欺予以欺世人”。[4]胡庆余堂正中设有一只香炉鼎，但其并不是为焚烧香火而设。如果顾客认为药味不合，经验证后可投入炉中焚毁，以示店家保真的决心。[5]这些无疑是胡雪岩重视在企业文化中营造诚信和道德价值观念的表现，以及在日常经营活动中贯彻落实。

胡雪岩对诚信和道德价值观念的精辟认识可以概括为“名归实至”，即其认为，做生意要先求名，创出金字招牌，生意自然兴隆通四海。这种诚信和道德价值观念的营造及保持，除了为其赢得了市场的信任和各方的尊重，也为其企业设定了良好的控制环境基调，在相当程度上确定了内部控制的有效性。

2. 人力资源政策

人员是企业经营的核心资源，企业的政策和程序是否有效，与员工是否具备相应能力及责任心密切相关。随着事业的发展，企业的人力资源政策愈发重要。胡雪岩事业的前起后落，与其人力资源政策所折射出来的前期知人善任及后期用人失察有着紧密的联系。

（1）前期知人善任，充分发挥隐性契约效应。

胡雪岩的事业之所以能迅速壮大，与其前期的人力资源政策密不可分。首先，创业初期知人善任，用人不拘一格。如栽培重用混迹于湖州街头的陈世龙，收服驾驭嗜赌如命的刘不才，提拔借重几十年尽忠职守的更夫老周等。其次，以利励人、广纳人才，凝聚了一支尽心尽力的职工队伍。如在胡庆余堂实行“阳俸”和“阴俸”制度，使企业凝聚了大量身怀绝技、熟练掌握中药手工技艺的老药工[6]；钱庄用人则往往是预付一年开支，使员工心悦诚服，倾尽全力经营钱庄生意。再次，注重道德品质的考察。在选定执掌一方大权的档手时，如选用大源钱庄伙计刘庆生来担任阜康钱庄掌柜，便对其进行了严格的考察，以确认其性情坚韧、熟谙业务、记性超群，而又内方外圆且德才兼备；而对普通员工的选择，也需有人引荐或者在职员工任保人，并经过考核，如通过师徒关系来培训员工并进行考察，甚至询问家庭身世，考察是否孝顺、行为是否检点等。此外，还重视员工忠诚度的培养。针对录用的非家族成员，胡雪岩深谙儒家传统思想和佛教伦理观念对人们心理的影响，大量采用结姻亲、认干亲、拜把子等泛家族规则，将更多的档手及伙计予以家人化，纳入到文化规则和家族伦理约束的范围内，通过这些

隐性契约有效地降低了内部的代理成本。

（2）后期用人失察，缺乏有效监督及长期激励机制。

随着胡雪岩生意场面的不断扩张，财富的快速积累以及个人的骄奢淫逸，其人力资源政策也逐渐暴露出严重问题。首先，对下人缺乏有效监督与反馈。随着胡雪岩权势的膨胀，事务不断增多，各种开销与日俱增，导致主事的逐渐胆大妄为、营私舞弊，账房和管家甚至公然收受回扣。[7]其次，合伙人内部出现隔阂。最初创业的合伙人谭则云因为待遇不公，心有不平，在茶叶生意上私自收取了5万两回扣，结果落入对方圈套给胡雪岩的事业带来重大损失。[8]再者，经理人营私思变。由于缺乏有效监控，私心重的档手看到老板"鲜花如锦"的事业，便难抑"雄心壮志"。如上海阜康钱庄总号的"大伙"宓本常便利用职务之便，挪用阜康资金，私下与亲戚做南北货生意。而公济典总管唐子韶，挪用架本、掉包营私、侵吞当货更是无所不用其极。在阜康钱庄倒闭，查封胡家典当以备抵官款之时，其不仅不思共患难，反而乘人之危，趁火打劫。

纵观胡雪岩的人力资源政策，虽然在创业初期，家族内部的亲情信任与利他情结很好地促进了家族成员的合作与无私奉献，非正式的关系治理有效地节约了代理成本；但伴随经济利益的增长以及矛盾的激化，本性的知恩图报观念却愈显苍白，缺少长期激励的家族成员很容易自恃功劳而要挟索取甚至反目成仇，从而陷入家族关系矛盾影响企业经营，企业利益冲突破坏家族亲情的困境。当关系治理机制导致的代理成本显著增加时，企业应当加强契约治理，建立有效的薪酬激励及制衡机制，以实现长期事业目标和价值认同。否则将不仅难于防范成员徇私舞弊，而且即使获悉成员有离心离德之举，却碍于其职务和所掌握的资源，而无法加以纠正或解聘。

（二）风险评估与应对思想

任何经济组织在经营活动中都会面临各种各样的风险，企业应当及时确定可以承担的风险水平，识别这些风险并采取相应的应对措施。对于企业而言，风险的不确定性既是挑战也是商机。胡雪岩适逢生活在兵荒马乱、纷纭复杂的时代，他对风险的不同处理很好地印证了这一点。

1. 运筹帷幄，敢于出奇制胜

在胡雪岩事业蓬勃壮大的过程中，虽然有各种机缘巧合的作用，但与其善于把握宏观时局的动向，精于从风险中捕捉商机，敢于出奇制胜却是密不可分的。下文将从产业布局、经营方略、风险预判三个方面加以阐述。

首先，以钱庄为支点，通过产业多元化来降低集团风险。出身钱庄学徒的胡雪岩认为，兵荒马乱的年代放贷风险非常大，应当与有实物做抵押的典当业结合经营。为此，其又开设当铺，让两者互相挹注、互通有无，构筑了一个覆盖大江南北的庞大金融网。[9]

其次，其立足社会正义，力求名利双收。在清廷与太平军交战的年月，同样是米商借款，他只放款给运粮至不曾失守地方的米商。从社会正义方面来制定企业的经营方略，无形中自然就给企业树立了正面的形象、良好的口碑。相反，如果运粮到被太平军占领的地方一旦发生意外，钱庄将名利双失。

再次，认清政治时局，敢于出奇制胜。钱庄放款向来不救穷，但胡雪岩却认为大可放款给逃难到上海租界，坐吃山空将沦行乞的昔日内地乡绅。因为他判定，太平军败局已定，失地一旦光复，他们回到家乡有田地在，仍旧是大少爷。在太平军成苟延残喘之势时，为躲过即将到来的劫难，不少兵将开始暗地盘算将财产变成现银存到钱庄，不取利息只求保本。虽然按律，隐匿逆产被发现要抄没问罪，且事后如若提款，钱庄还得如数照付。胡雪岩却料定，待太平军垮台，朝廷为稳定局面，必定是只惩首恶，而不问胁从。事后结果证明，胡雪岩的判断完全正确，所吸纳的这一大笔无本万利之“逆财”，不仅增强了钱庄的实力，还使得胡雪岩的事业又上一台阶。

2. 固步自封，不思转型升级

随着生意规模的扩大，以及外部经营环境的改变，尤其是国际竞争加剧后，胡雪岩又未能全面认识到所面临的风险，直接恶果便是导致了“生丝大战”① 的惨败。究其原委，其主要是未能在以下三方面做好风险评估。

首先，疏忽了上海金融市场潜在的高风险。鸦片战争后，经过几十年中外力量的相磨相荡，上海市场存有三股金融势力，即外国金融势力、中国的票号和钱庄。其中钱庄的力量最为薄弱，其依恃解运官款和存款汇兑的“得空期”、向票号和外资银行拆借资金以及利用银票无须与银钱对应的特点，放款金额往往达“数十倍于资本”。[10]平日里，钱庄的这种运作模式不仅让胡雪岩获利颇丰，而且还为他的其他事业提供了灵活的资金保障。但一遇波动，官款即很可能被强制提兑，同时仰承票号鼻息，屈居外国银行的附庸地位，也为钱庄埋下了深刻的危机。

其次，是漠视国际化浪潮，固步自封不思转型升级。鸦片战争后，西方资本主义为了掠夺我国的生丝资源，利用其战争特权，大肆推行“引丝扼绸”政策。[11]加之掌握有海运交通、电报通信的优势，中国出口的丝在国际市场上面临着日本、法国及意大利的激烈竞争，外商得以操纵生丝收购价格的决定权。[12]此外，随着西方工业革命的推进，出现的新式缫丝机器在效率、成本和品质方面，都远胜于土法做丝。其非但不思顺应工业化潮流，改弦易辙从事一体化经营，反而一味地寄希望于凭借金融优势，大量囤丝，以求夺回生丝价格决定权。

再次，是未能充分警惕政治斗争的残酷性。胡雪岩亦商亦官，先有生死之交王有龄的庇护，后又成为左宗棠的左膀右臂，本人也官至二品，顶戴红珊瑚。雄厚的政治资本让其能够堂而皇之地转粮运枪，垄断四省公库，乃至纵横驰骋政商两界。但其在酣饮政治甘泉之时，却未能充分警惕官场背后的狂风骤雨。当时清廷重臣左宗棠与李鸿章素来政见不和，尤其是针对越南危局引起的中法冲突，两派的主张更是大相径庭。李为贯彻主和策略，视左为“遇事掣肘、非拔除不可的眼中钉”，采取的主要手段则是剪除左的羽翼，打击胡雪岩成了首要目标。

胡雪岩早期正是凭借其独到的眼光、精准的判断，驾驭时局，乘势而上，取得了巨大成就。但后期随着各种环境的恶化，种种高风险因素的重重累加，使得胡雪岩的事业面临着极其严重的经营风险。然而，其非但没有积极疏导风险，采取相关防范措施，反而心存侥幸，终致一败涂地。②

（三）控制活动

控制活动是指有助于确保管理层的指令得以执行的政策和程序，是企业内部控制的具体实施方式。企业的正常经营依赖各种控制活动的有效运行，但囿于时代差异、技术发展及资料收

① 所谓生丝大战是指，胡雪岩自1881年起，连续三年调集大量资金，囤积生丝，与洋商争夺生丝价格决断权，但最终却由于资金周转不灵，被迫将生丝贱价出售。

② 胡雪岩在“生丝大战”中，因缺乏国际市场生丝行情的可靠情报，盲目“悬丝以待价”，而消息灵通的洋商则转向贩运意大利丰收的生丝。同时又受中法在越南纠纷的影响，上海有谣言盛传法国军舰不断巡弋在吴淞口外，导致市场银根奇紧。加之政治对手掣肘打压，最终导致了资金周转严重不灵，乃至全盘皆输的惨败。

集等原因，本文仅重点分析所蕴含的职责分离思想、算为管用的基本精神以及串通舞弊的严重后果。

1. 因事设人，确保不相容职务分离

钱庄档手通常被赋予经营大权，代表股东行使对钱庄的管理权，业务繁忙的钱庄还设置协理或襄理（即经理副手）。有些大钱庄为确保股东的利益，还可能在经理之上设一名监理或督理，用以督察经理活动，随时向股东汇报。钱庄设置职员的原则在于因事设人，有明确的权责分工，一般设有清账、跑街、钱行、汇划、钱房、洋房、银行、信房及客堂等岗位。同时，还将会计与出纳两部分明确划分开来，其中又将会计系统分为内账房（也称清账房）与外账房（也称汇划账房），将出纳系统分为“钱房”（管理铜钱、纸钞）和“洋房”（管理金银、银洋）。并且又以会计系统内账房的总清账统驭钱、洋两房的现金收支活动，充分体现了会计管算一体、会计核算为会计管理服务的基本精神。[13]典当业设置有“外缺”（又名外账房）和“内缺”（又名内账房），前者为营业部门，后者为会计、出纳与保管部门，两者在工作过程中既相互配合，又相互牵制。[14]“内缺”下设有“管账”、“管钱”、“管包”及“管饰”，分别掌管账房（会计）、出纳及质押物，而这三者也是经济复杂化所要求实行管理分工的集中体现。[15]与现行内部控制相似，胡雪岩将不相容职务划分成三类独立交易，即认可或发起交易、处理或保管被交易的资产以及记录交易，形成各司其职、各负其责、相互监督、相互制约的内部牵制机制，以降低错误和舞弊风险。这种不相容职务的分离在一定程度上也确保了财产安全。

2. 算为管用，科学设置账簿及业务流程

柜房与质库（典当业）银钱出入频繁，业务处理环节多，对会计系统有着高度依赖，事实上也正是这些行业最先出现了专任会计人员。鉴于账房组织形式在上文已有涉及，现从另两个方面探讨胡雪岩当时的会计系统控制。在账簿设置方面，钱庄既继承了“草流——细流——总清”的基本模式，又结合经营活动的特点，顺应经济发展的需要，创造性地设置了账簿组织体系。其不仅寓意深刻，而且能将钱庄开展的各项生产经营活动予以比较全面、细致地记录。在账务处理方面，为防止记账、过账环节产生差错以及为方便阅读与审查账目，钱庄采用了专用的“过”、“覆”、“对”及“完”字财务戳记。[16]合理的机构设置、规范的业务流程以及专业的从业人员，不仅使得钱庄自身正常运作，还使得总分号之间的酌盈济虚运转方针以及钱庄间银钱划付转账制度得以实现。虽然钱庄业的账簿组织体系未能从根本上摆脱单式簿记账的束缚，还缺乏具有统驭作用的基干账簿设置，但钱庄的会计组织机构设置、账簿设置与布局，能够与其经营管理的分工协调一致，既比较全面地反映了钱庄的业务经营活动过程及其经营成果，也实现了对内、外账务的控制。诚然，在实现会计电算化的今日，信息化技术的运用要远胜于当时钱庄及典当业的账房功能。但钱账分离、专人保管及账实核查的科学内核，以及所体现的算为管用之基本精神，对现代企业仍具有重要的借鉴意义。

3. 百密一疏，缺乏防范串通舞弊机制

良好的内部控制系统需要众多因素的共同作用，然而仅串通舞弊却足以严重影响内部控制目标的实现。不相容职务分离、财产日常管理制度及定期清查制度等内部牵制机制，使得胡雪岩初期能够放心地将事业交给各大掌柜打理，然而后期其控制活动又几近形同虚设，尤其体现在其典当事业里。胡雪岩的典当事业也将不相容职务进行了严格分离，如公济典总管为唐子韶，管包为潘茂承①。在日常经营方面也有相应的财产保护措施，如顾客将质物的赎回，典当

① 也有资料记载，该典当的管总为潘子韶，管包为唐茂承，即两人的姓名记载不一，本文在此不做深究。

要将原票销号并留存于当铺。然而胡雪岩名下的23家当铺，每年有过半盈余却被侵吞。比如公济典特设有“公济衣庄”，以叫卖众多的满当衣物。然而由于唐潘勾结舞弊，缺乏对公济衣庄进货账的核对，发衣庄的衣物有的是原封不动，有的却是调了包。在后期，决意携资潜逃的唐子韶更是唆使其一手提拔的外甥，利用盘库日的间隙，以假作真，以贱为贵，骗取现款，诈欺东家。这种串通舞弊的逐渐滋长，无外乎是缺乏对关键岗位进行轮换，日久放任了内部利益集团的形成。

（四）信息与沟通

为控制风险，企业有必要建立完善的信息与沟通机制，明确相关信息的收集、处理和传递程序，确保信息及时沟通，促进内部控制有效运行。组织内部的沟通，旨在使员工了解各自的角色和职责，彼此间的工作联系，以及就例外事项的报告方式等。当时交通及通信技术落后，而胡氏事业仍能够迅速遍及大江南北，在很大程度上得益于集团内部信息的畅通，以及其个人能言善道，擅长激发干劲。但在后期事业里，随着业务领域的不断扩张、组织机体的日益庞大，以及自身骄奢淫逸、专横跋扈，最终又导致信息沟通不畅，成员离心离德。

1. 主动反馈，逐步启发经营思想

为确保员工了解各自的角色和职责，胡雪岩擅长将员工的被动接受变为主动反馈。顺天阜康钱庄开张之日，掌柜要胡雪岩向大家说几句鼓舞士气的话，胡雪岩不高谈阔论，而是反其道行之要求伙计自己说出钱庄“三回三清”的规定，要司库说出“三不收”的规定。在传达自己的经营策略时，为使员工能充分领悟并有效地履行职责，胡雪岩善于启发引导，以达到组织内部充分沟通的目的。阜康钱庄开张不久，户部军饷紧急遂发行官票。民众担忧官票信用甚至滥发，普遍认定官票将来一定不值钱。针对此事，胡雪岩循循善诱，逐步将“做大生意的眼光，一定要看大局”、“做生意的宗旨，就是要帮官军打胜仗”及“官票信用不好，首先倒霉的便是钱庄”等经营思想灌输给刚上任的档手刘庆生。此外，针对繁杂的钱庄业务以及各地联号沟通的需求，胡雪岩仿照山西票号的信息管理制度，总分号之间依靠及时、定时的信件往来，互通信息。

2. 独断专横，缺乏恰当的沟通渠道

随着组织机体的日益庞大、个人自信心的膨胀，胡氏集团内部逐渐呈现沟通不足、独断专横等问题，即使针对可疑的不恰当事项和行为也缺乏恰当的沟通渠道。首先表现在企业迅速成长，合伙人之间各自忙于事务，自认为熟不拘礼，而导致缺乏感情联络，忽视沟通交流。直至合伙人私收回扣，集团内部出现裂痕之后，胡雪岩才发现“老哥们儿从来没有坐下来好好聊聊”。[17]其次是胡雪岩晚年骄奢淫逸、专横跋扈，未能做到及时采纳合理建议。尤其是在与洋商的生丝大战中，其不听劝阻，偏激地自恃地利优势，盲目争气乃至赌气，非但不试图脱手，反倒不断注资加码。再次是其掌控的23家典当，利润长期被严重侵吞，却由于缺乏有效的沟通渠道，自己竟对积弊一无所知。直到挚友通过简单的估算，指出典当的利润至少被侵吞过半，其才意识到问题的严重性。

（五）内部监督

内部监督主要是指企业评价内部控制在一段时间内运行有效性的过程，该过程包括及时评价控制的设计和运行，以及根据情况的变化采取必要的纠正措施。胡雪岩当年虽然没有持续或专门的监督评价活动，但其在日常经营过程中所蕴含的巧妙监督思想还是相当值得借鉴。比如，为检查阜康钱庄平日是否做到账实相符，其并未要档手刘庆生将库存拿出来看，而是在问清近日可动用现银数目后，开了一张数目与之接近的大额提单。见刘庆生毫不迟疑地打开保险箱，点齐客票送到他手里，胡雪岩也就已经神不知、鬼不觉地考察了刘庆生的操守和才干，而且还避免了显得对其不信任的尴尬。再者，由于庞家恒记丝栈内部控制存在缺陷，其档手朱福年挪用公款5万两，胡雪岩将恒记账簿与朱福年的存折一经比对便将事实弄清楚，并把朱福年一举制服。

能否针对内部控制缺陷及时采取纠正措施，并跟踪内部控制缺陷整改情况，对保障企业内控制度的有效性至关重要。然而，从整改典当业积弊一事来看，胡雪岩虽然意识到了典当业利润被侵吞过半的严重性，但由于布置不周，而且错误地选择了整改方案的实施者，结果不仅未能跟踪整改情况，反而还被迫打消了此计划。客观来讲，胡雪岩在进行内部监督时，虽然有其巧妙的做法，但就整体而言，还是缺乏完整有效的内部监督制度。其不仅表现为内部监督程序的不足、缺乏对内控缺陷的纠正及跟踪程序，而且也未能把焦点放在评估应对重大风险的控制活动上。比如在“生丝大战”中，虽然考虑了收购新式缫丝厂计划，但却由于缺乏对资金等关键控制的监督，最终只得忍痛将囤积的生丝贱价售出。

三、启示与思考

晚清陈代卿在《慎节斋文存》中将胡雪岩传奇的一生概括为，“游刃于官与商之间，逐追于时与势之中；品尝了盛衰荣辱之味，尝尽了生死情义之道。”可以说，胡雪岩的一生是复杂而又不可复制的，不同的人可从其身上得到不同的启示，就内部控制而言，笔者以为现代企业可从以下两个方面获得有益的启示，以加强内部控制建设。

（一）胡雪岩内部控制思想的正面启示

第一，要注重良好控制环境的营造及保持。不仅需要积极灌输诚信和道德价值观念，而且在人才选任上也应强调德才兼备，并通过灵活运用宗族制度、泛家族规则以及人们的知恩图报观念等隐性契约来提高内部凝聚力，降低代理成本。

第二，面对风险与机遇，要敢于出奇制胜。企业在面对瞬息万变的市场时，要立足社会正义，结合宏观时局进行风险评估，力争准确预测事态发展，化风险为机遇，驾驭时局乘势而上。

第三，剖析业务流程，针对潜在风险点设置控制活动。企业应当根据风险评估结果，综合运用不相容职务分离控制、会计系统控制及财产保护控制等控制措施，将风险控制在可承受范围之内。

第四，将内部沟通的被动接受转变为主动反馈。如将员工的被动接受变为主动反馈，传达经营策略的同时逐步启发引导经营思想，都有助于确保企业员工了解各自的角色和职责，达到企业内部充分沟通的目的。

第五，注重内部监督的艺术性。对内控制度的设计及执行情况进行评价时，在不妨碍监督效果的前提下，尽量减少针锋相对的直接检查，以避免显得不信任的尴尬。对于不可或缺的直接检查，则应该事先以制度的形式做好明文规定。

（二）胡雪岩内部控制思想的反面思考

第一，建立长期激励及理性决策机制。财富的快速积累容易激化内部矛盾，个人的巨大成功难免助长了骄奢淫逸及专横跋扈，为避免成员离心离德，及时采纳合理建议，企业应重视长期激励及理性决策机制。

第二，理性评估政治风险，加快产业升级改造。未能充分警惕政治风险，漠视国际化浪潮，固步自封而不思转型升级，是致使胡雪岩晚期迅速败落的几个重要原因。这告诫我们，应当充分重视可能对企业产生重大且普遍影响的经营环境、政治环境及国际环境的变化，积极识别、评估和管理影响企业实现经营目标能力的各种风险，理性对待政商关系，积极推进企业转型升级和国际化进程。

第三，防范串通舞弊，注重内部监督及整改。在控制活动中缺乏防范串通舞弊的机制，未能对关键岗位进行轮换，以及内部监督程序的不足、缺乏对内控缺陷的纠正及跟踪程序也都加速了胡雪岩事业的败落。现代企业应当及时评估内控的运行质量，并采取有效措施纠正内控缺陷。

第四，加强制度建设，保证内部控制制度的持续性。企业的长远发展，需要有规范化的内部控制制度作保障，企业高管不能因自身贡献或权力而随意凌驾于内部控制之上。

主要参考文献

［1］高念华、张倩、段红：《胡雪岩：浙江杭州人》，见于杭州胡雪岩研究会：《胡雪岩论文集》，杭州出版社 2010 年版，第 20 页。

［2］马时雍：《胡雪岩故居》，杭州出版社 2003 年版，第 21 页。

［3］孙群尔：《胡庆余堂中药文化》，浙江摄影出版社 2009 年版，第 41 页。

［4］赵慧生：《略谈胡庆余堂的中医药文化》，见于杭州胡雪岩研究会：《胡雪岩研究文集》，杭州出版社 2010 年版，第 107 页。

［5］孙群尔：《胡庆余堂中药文化》，浙江摄影出版社 2009 年版，第 87 页。

［6］吕洪年、胡剑平：《胡雪岩对“悬壶济世”中医药盒文化的继承与弘扬》，见于杭州胡雪岩研究会：《胡雪岩研究文集》，杭州出版社 2010 年版，第 52 页。

［7］陈蝶仙：《胡雪岩外传》，京华出版社 1903 年版。

［8］曾仕强：《曾仕强说胡雪岩》，中国工人出版社 2008 年版，第 238 页。

［9］马时雍：《胡雪岩故居》，杭州出版社 2003 年版，第 24 页。

［10］张国辉：《晚清钱庄和票号研究》，社会科学文献出版社 2007 年版，第 120 页。

［11］陶木华、邹荣华：《胡雪岩破产与 1883 年上海金融风暴》，见于杭州胡雪岩研究会：《胡雪岩论文集》，杭州出版社 2010 年版，第 20 页。

［12］张国辉：《晚清钱庄和票号研究》，社会科学文献出版社 2007 年版，第 144 页。

［13］康均、张雪芬：《浅谈江浙钱庄会计》，见于中国会计学会：《会计史专题》，中国财政经济出版社 2005 年版。

［14］郭道扬：《会计史研究：历史 · 现时 · 未来》（第一卷），中国财政经济出版社 2004 年版，第 410 页。

［15］郭道扬：《会计史研究：历史 · 现时 · 未来》（第一卷），中国财政经济出版社 2004 年版，第 408 页。

［16］康均：《江浙钱庄的资金管理与账务处理艺术》，载于《财会学习》2006 年第 9 期，第 73 ~ 75 页。

［17］曾仕强：《曾仕强说胡雪岩》，中国工人出版社 2008 年版，第 294 页。

革命根据地会计发展研究
——延安时期中直机关会计工作的经验与启示

王海民*

【摘要】1935～1948年，为了克服敌人造成的财政经济上的困难，坚持革命斗争，当时，党中央直属机关和延安边区的财会工作者不辞辛劳担负起“理财管家”的繁重任务，一方面要做好财政收入、支出的合理分配，另一方面又要搞好生产企业的经营管理，并不断促进生产的发展。当时在延安时期形成了一套比较完整的以战时供给制为特点的财务管理与会计核算方法，今天仍有借鉴意义。

【关键词】革命根据地　延安时期　供给制　会计工作　审计监督

延安是中国共产党和中国人民解放军的革命根据地之一，1935～1948年，勤劳勇敢的延安老区人民用生命和鲜血哺育了中国共产党和中国人民解放军；延安是中国抗日战争的总后方，在极其残酷的条件下，广大军民开展了自己动手、丰衣足食的大生产运动，为夺取革命胜利奠定了物质基础，同时，也谱写了可歌可泣的历史篇章。延安是毛泽东思想从形成、发展到成熟的革命圣地。毛主席关于中国革命的政治路线问题、军事问题、党建问题、哲学问题等一系列具有代表性的理论著作大多是在延安撰写的，党的七大把毛泽东思想确立为党的指导思想。在我们党的历史上，马克思列宁主义同中国实际相结合的第一次历史性飞跃就是在延安实现的。延安精神是我们党、也是中华民族的宝贵精神财富，它对中国历史发展进程产生着巨大和深远的影响。在自己动手、丰衣足食的大生产运动中，当时的会计工作也为此做出了不可磨灭的贡献，积累的丰富的经验，值得我们总结、研究、继承并发扬光大。在大生产运动中发展起来的财会工作，在中国现代会计发展史上也留下了珍贵的一页。当时为了克服敌人造成的财政经济上的严重困难，坚持革命斗争，中央直属机关和延安边区的财会工作者不辞辛劳担负起“理财管家”的繁重任务，一方面要做好财政收入、支出的合理分配，另一方面又要搞好生产企业的经营管理，并且不断促进生产的发展。因而当时在延安时期形成了一套比较完整的以战时供给制为特点的财务管理与会计核算方法体系。

下面我们对该时期供给制会计的有关情况做一些分析，以说明会计职能在一个特殊时期所发挥的巨大作用。供给制一般是在重大自然灾害、战争等非常情况下采用的一种经济制度。当时，在拥有巩固的陕甘宁边区总后方的形势下，党中央主要依靠“自己动手，丰衣足食”，“发展经济，保障供给”来解决财政供给问题。因而，延安时期形成了我党历史上实行供给制的完整形式。当时不仅有一套机构和人员，而且还有一套与当时情况相适应的会计核算办法。

* 王海民：西安交通大学城市学院。

一、关于会计机构的设置

当时，主管党中央、军委直属机关财政和后勤工作的部门是党中央管理局和军委后勤部的供给部，1942 年合并为党中央管理局，1945 年又改称为军委供给部。党中央直属机关在财政供给体制上，向陕甘宁边区政府编制和报送预决算。中直、军直各个机关向军委供给部编制和报送预决算，并在业务方面接受其指导，统属差额预算单位。1942 年前后，随着“大生产运动”的开展，供给制工作也全面展开，财务与会计工作也不断得到加强，核算方法、核算制度也不断地得到建立与完善。毛泽东同志在 1945 年陕甘宁边区一次劳动英雄、模范工作者大会上就总结到，“近几年中，我们开始学会了经济工作，我们在经济工作中虽然取得了很大的成绩，但这还只能说是刚刚开始。任何地方必须十分爱惜人力与物力，绝对不可只顾一时，滥用财物或者浪费财物。任何地方必须从开始工作的那一年起，计算到将来的很多年，计算到长期坚持战争，计算到反攻，计算到赶走敌人之后的建设。因此，我们必须对经济工作提出更高的要求，我们提倡行行出状元。”当时，中直机关还推选了财经战线上的 25 位同志参加了陕甘宁边区此次劳动英雄、模范工作者大会，这实际上就是对包括会计工作在内的财经工作的肯定与支持。其他的中央领导同志也都对财经工作有许多谈话，他们认为，劳动英雄、模范工作者以及各行各业的同志们，必须从最困难的情况出发，人人动手，广开门路，发展经济，生产自给，减轻老百姓的负担，培养先公后私的共产主义精神，纠正不重视公共财务的自私观念，搞好财务管理，精打细算，厉行节约，为维护和扩大革命家务而奋斗。当时，周恩来同志在一次讲话中提出，对待工作必须“专”、“精”、“广”。“专”就是专心本职工作与业务，做什么就钻进去研究。“精”就是在搞好的基础上，不断进步，精益求精。“广”就是发扬共产主义精神，把自己所有的本领传授给别人。此后，中直机关的财务与会计工作者还成立了一个“会计研究小组”，专门来研究供给制体制下的财务与会计工作的规律。在研究的基础上，初步形成了由会计科目、会计凭证、会计账簿、会计报告、审计报告构成的一套能够满足当时需要的比较完整的体系。后来，中直机关的财务与会计工作者还积极响应党中央的号召，努力提高业务水平，紧紧围绕着组织生产，合理分配，出色地完成了保障供给的任务。因此，当时的财务与会计工作者以及他们的工作也受到了党中央的肯定与好评。

二、关于记账方法、会计科目、账簿设置与会计报表

当时，中央直属机关的会计工作者已经掌握了借贷记账法，他们根据借贷记账法的原理首先设置了一份比较科学的会计科目表。这份会计科目表为账簿（户）的设置和会计核算提供了依据。当时中央军委供给部财政科的会计科目表（1946 年）见表 1：

表 1

收方余额科目（相当于现在的资产、费用类科目）	付方余额科目（相当于现在的负债、所有者权益类科目）	以余额方向判断其性质的科目（相当于现在的往来类科目或者损益类科目）
经常费	财政厅（经常费、临时费）	经费盈亏
临时费	补助费	供直（给）费

续表

收方余额科目（相当于现在的资产、费用类科目）	付方余额科目（相当于现在的负债、所有者权益类科目）	以余额方向判断其性质的科目（相当于现在的往来类科目或者损益类科目）
暂欠款	利息	往来款
调剂费	基金	
财政厅报销（经常费报销、临时费报销）		
机关报销（经常费报销、临时费报销）		
按照以上科目设置的账簿（户）相当于现在的经费支出账簿	按照以上科目设置的账簿（户）相当于现在的经费来源账簿（户）	按照以上科目设置的账簿（户）如果为付方余额时，即为经费来源性质的账簿（户），反之即为经费支出性质账簿（户）

为了搞好军队粮食、草料与物资的管理，当时军委供给部还独立设置了实物会计科目表。例如当时粮秣科的会计科目就有：边区粮局、暂收粮秣、机关预支、粮秣收支、粮秣特支、暂付粮秣、库存粮秣、粮秣盈亏等 11 个科目。另外，还有被服、物资等科目的设置。对于按照一般实物类别科目设置的账簿（户），平时只需要登记数量，而不需要登记金额。但是到了月末或者季末就必须以当时的市场价格折算为用货币资金表现的总金额。然后，以报表的方式反映其收入与支出状况。

延安时期中直机关的财务与会计工作已经把原始凭证与记账凭证做了明确的区分。会计人员必须对原始凭证的内容进行认真的审查，然后才能据此编制记账凭证。当时对原始凭证审查的项目包括，采购日期、物品价格、数量、金额，还必须审查是否有销售人、购买人、入库验收人、部门负责人的签字盖章。在审查原始凭证过程中，如果发现问题，能够处理的，按照财务制度及时处理。如果不能处理的，可以提出处理意见，并且报告上级。在对原始凭证审查的前提下，由会计人员据此编制现金收入、现金支出、转账三种记账凭证。

延安时期中直机关设置的会计账簿主要有现金日记账、总账和分户账（明细账）。现金日记账由出纳员根据收款凭证、付款凭证逐笔登记，并且每一日结出余额。数额比较大的资金，必须通过银行收入与付出，同时还必须登记银行存款日记账。当时的现金日记账、银行存款日记账大多采用了西方账簿的格式，从左到右横向登记。总账一般采用订本式与活页式两个品种，年度终了，结账后更换新的账簿。分户账（明细账）根据管理的需要按照物品或者部门设置的。分户账（明细账）与总账登记的依据是相同的，分户账（明细账）登记财产物资收入与支出的详细情况，而总账只登记总括情况，两者有详有略，相得益彰。

延安时期中直机关的会计报表主要有日报表、月报表、年报表三个品种。日报表由出纳员根据前一天库存现金数字和当天现金日记账的结余数字填写。提供给决策者使用。月报表根据总账的本月发生额、余额填写，同时，结合分户账的余额补充填写相关的数字。年度报表一般必须根据全年的总账与分户账发生额、余额填写，以便反映本机关或者本部门全年的情况。年度报表不仅为领导机关总结全年工作提供了准确的财务数据，而且也为制订下年度的生产计划、供给办法和财务预算提供了依据。

三、关于会计人员的职责及相关制度建设

1944 年还颁发了中直机关《模范会计条例》，这一条例明确了会计工作的职责范围，要求会计人员必须精通业务，并有所创造。既要能够很好地完成本职工作，又不妨碍生产与学习任务的完成。在其他财务工作制度中，还要求财会人员与其他管理部门配合，不断总结经验，实行经济民主。例如要求会计部门与审计部门每一个月必须召开一次联席会议，以便沟通情况，改进工作。每一个会计人员，每一个季度必须做出工作小结。为了提高每一个会计人员的业务水平，曾经多次采取相互参观、竞赛、座谈会、举办展览等多种方式，不断总结失败的教训与成功的经验。中直机关还成立过一个会计工作研究小组，在 1945 年的一份研究简报《怎样理财管家》中，对当时会计工作的意义、具体任务以及核算方法等问题进行了比较系统的分析与总结，并且针对个别同志存在轻视会计工作的思想进行了批评。当时，有个别同志认为，会计账是一个流水账、良心账、糊涂账。对此，上述研究简报提出了比较严肃的批评，同时，讲明了会计账簿在会计工作中的重要性以及在编制会计报表中的不可替代作用。

1945 年还修订了中直机关的《会计工作条例》，并把落实《会计工作条例》的好坏作为评选模范会计工作者的条件之一。修订之后的《会计工作条例》包括三个方面的内容。第一个方面是对革命忠诚，廉洁奉公，无私，不怕麻烦，能够倾听别人的意见，并能团结别人；第二个方面是严格制度，精确统计财政数据，了解情况，掌握全盘家务，能够适当调节经费；第三个方面是加强基层会计工作，培养出新的会计人员，工作有显著的成绩。

四、关于延安时期会计工作的经验及给予我们的启示

第一，对于当时的财务与会计工作有一个强有力的领导。1939 ~ 1943 年，党中央、军委和毛泽东、周恩来等老一辈无产阶级革命家对会计工作在内的整个经济工作非常关心，使得当时延安革命根据地的财务与会计工作，从小到大，从不完善到逐步完善。

第二，财务与会计工作能够为当时的中心工作服务。当时处于抗日战争最困难的时期，所以，解决机关与部队的生活供给问题，已经成为能否取得抗日战争胜利的决定因素之一。当时，财务与会计人员不仅要做好会计核算工作，而且还必须按照发展经济，保障供给的大政方针，积极参加“大生产运动”，“组织生产，扩大家务”。事实证明，当时的会计工作者为保障机关与部队的供给做出了应有的贡献，也充分发挥了会计应有的作用。

第三，财务与会计工作者具有全局观念，能够与其他职能部门很好地配合，共同完成当时的中心任务。在当时，财务与会计工作者就很好地树立了全局观念，明确了财务与会计工作是财政、经济工作的重要组成部分之一。财务与会计人员，不仅要做好核算工作，而且还必须参与“统一财政收支”、“调剂经费、配合生产、保障供给”的工作。同时，还要求财务与会计工作者与审计、统计、金库、物资管理、生产企业密切配合，加强协作，相互监督。

第四，财务与会计工作者必须参与民主管理，依靠群众，公开理财。当时军委供给部明确提出，财务与会计工作者必须走群众路线，在财政困难的情况下，更要使财政信息及时公开，使广大军民尽快了解我们的财务状况，发动群众出主意，想办法，团结一心，战胜困难。

第五，积极培养财务与会计人员，重视规章制度建设。当时中直机关的财务与会计工作者，大部分是没有经过专业训练的，只是因为革命工作的需要，就把他们推到了财务与会计工

作的岗位上了。针对这种实际情况，中直机关的领导同志多次明确指示，必须把培养、训练财务与会计人员及普及会计业务知识作为机关的一项重要任务来完成。只有培养出一批新的会计人员，才能把会计工作的水平向前推进一大步。因此，除了经常总结、交流经验外，还必须采取举办培训班与师傅带徒弟的方法来培养会计人员。另外，当时还特别重视各项财务与会计方面的规章制度的建设，通过制度建设，对于各项事务的办理都做出了明确的规定。通过制度建设，也对会计人员提出了严格的要求，克己奉公，赏罚分明。如果有失职、贪污行为，马上给予停职、撤职等严厉处罚。对于工作有显著成绩的会计工作者，也给予表彰和奖励。后来还规定从事会计工作八年以上的同志可以享受高一级的待遇。

第六，重视审计职能（作用）的发挥。延安时期中直机关在军委供给部之下还专门设立了审计科，其主要任务是：向领导机关提供经过审计之后的年度预决算报告，审计临时经费与特殊开支的额度。同时，还要把审计过程中发现的问题及时反馈给会计部门，以便改进后续的会计核算工作。当时，审计科已经有了比较严格的审计制度。

回顾延安时期革命根据地财务与会计工作，可以给予我们如下的启示：

延安精神，就是艰苦奋斗的精神。我们党是靠艰苦奋斗起家的，我们党和人民的事业是靠艰苦奋斗不断发展壮大的。回顾党的历史，从上海成立到井冈山时期，从遵义会议到延安时期，从西柏坡到夺取全国政权，从新中国成立到改革开放新时期，我们的每一个成就、每一次胜利，都离不开艰苦奋斗。艰苦奋斗是工作作风，也是思想作风，是我们党的优良传统和政治本色，是凝聚党心民心、激励全党和全体人民为实现国家富强、民族振兴共同奋斗的强大精神力量。当时的会计工作者在相当艰苦的环境下，建立了一套比较完整的会计工作核算程序，完成了保障供给的任务。这是一条极其宝贵的历史经验。

延安精神，就是全心全意为人民服务的精神。延安时期是我们党在中国局部地区建立人民政权并不断扩大执政区域的重要时期。我们党历来把为中国最广大人民谋利益作为自己的根本宗旨，在延安时期又响亮地提出了“为人民服务”的口号并认真实践。那时的陕甘宁边区政府会计部门，在农业税、人口税与财政收支的分配方面，都很好地体现了为人民服务的思想。

延安精神，就是理论联系实际、不断开拓创新的精神。延安时期的财务与会计工作者，把当时比较先进的借贷记账法与供给制很好地结合起来，使当时非常有限的资金、非常有限的物资发挥了最大限度的作用。今天我们要在新形势下弘扬延安精神，仍然要坚持与时俱进，不断开拓会计理论研究的新局面。

延安精神，就是实事求是的精神。用实事求是来概括我们党的思想路线，也是在延安时期。实践表明，只有解放思想，才能达到实事求是；只有实事求是，才是真正地解放思想。在新阶段，按照党的十八大的要求，我们既要继承传统，又要开拓创新；我们不仅要认真研读经典著作，又要写出会计工作新的篇章。

主要参考文献

［1］陈俊岐：《延安时期中直机关财会工作的回顾》，载于《会计研究》1983 年第 6 期。

［2］陈俊岐：《延安轶事》，人民文学出版社 1990 年版。

［3］陈俊岐：《延安时期中直机关财会工作的回顾》，中国财政经济出版社 1987 年版。

［4］袁勇：《延安时期的供给制会计史话》，载于《北京工商大学学报（社会科学版）》1996 年第 5 期。

［5］葛家澍：《会计史领域内的一次新突破——会计史研究一、二卷读后感》，载于《会计研究》2005 年第 1 期。

［6］樊清玉：《印象与镜子——写在会计史研究第三卷出版时》，载于《财务会计》2009 年第 9 期。

中国企业会计准则思想发展原因的历史考证

——会计准则思想的供给

刘常青*

【摘要】中国企业会计准则思想经过30年的发展，依次经过准备阶段，基本准则的建立、颁布和实施阶段，具体准则的建立、颁布和实施阶段，新会计准则体系的全面建立、颁布和实施阶段以及新会计准则体系的进一步完善和发展阶段。它的发展有着丰富的社会和经济原因，会计准则思想的供给就是一个主要原因。本文主要在构建模型的基础上根据历史资料对此进行了验证。

【关键词】中国　企业会计准则思想　发展原因　会计准则思想供给　验证

一、引言

中国企业会计准则思想经过30年的发展，依次经过准备阶段，基本准则的建立、颁布和实施阶段，具体准则的建立、颁布和实施阶段，新会计准则体系的全面建立、颁布和实施阶段以及新会计准则体系的进一步完善和发展阶段（刘常青，2009；2010；2005，第230～238页）。

中国企业会计准则思想的发展有着丰富的经济和社会原因，归纳起来主要有以下几个方面：经济发展水平、会计准则思想的供求关系、社会环境等（刘常青，2005，第239～241页）。会计准则思想的供求关系又分为会计准则思想的需求、会计准则思想的供给以及会计准则思想供求之间的交流等三方面因素。本文拟构建一个模型来解释中国企业会计准则思想发展与会计准则思想供给之间的关系。

（一）简要模型

1. 被解释变量

中国企业会计准则思想的发展是我们要解释的对象，标识码为TA。

2. 解释变量

会计准则思想的供给在中国企业会计准则思想的发展中起直接影响作用，标识码为SA。

会计准则思想供给方的素质、态度等都直接影响会计准则思想的发展。对于会计准则思想来说，供给者主要包括：财政部研究人员、会计学会研究人员、高校研究人员以及个体研究人员等。

经济不太发展时，人们零星、间断地从事会计准则思想研究，不会产生专门的、高水平的会计准则思想研究者和供给者，因而这一时期会计准则思想比较粗糙。随着经济不断发展，逐

* 刘常青：郑州航空工业管理学院会计学系。

渐产生了会计准则思想的业余提供者进而发展为专门提供者，从而通过促进会计准则思想供给的有效，进一步促进会计准则思想的发展。

3. 模型的表达式及其作用机理

$$TA = F(SA)$$

当会计准则思想供给的正向增量作用达到一定程度，就会通过促进会计准则思想供给的量、质提高，也就是通过促进会计准则思想供给的有效性来满足日益增长的会计准则需求，进一步在促进供求间沟通有效性的基础上，通过交易费用的减少来促进会计准则思想的发展。

（二）研究方法

在纵向历史考证的基础上，通过揭示会计准则思想供给与中国企业会计准则思想发展的关系，以证明前者对于后者的促进作用。

二、模型中各个变量的历史考察

（一）中国企业会计准则思想的发展（刘常青，2009；2010；2005，第 230 ~ 238 页）

（1）1980 年，新创刊的《会计研究》第一期发表了第一篇有关会计原则的论文《论社会主义会计的原则》（李宝震，1980），认为社会主义会计应该遵循科学性原则、阶级性原则、经济核算原则三个方面的原则，标志着中国企业会计准则思想的发展进入了准备阶段。

（2）中国会计学会在 1987 年年会上宣布成立了 7 个专题研究组，其中一个就是“会计原则及会计基本理论研究组”，该组负责的课题中有两个分别是“社会主义会计原则的含义、内容、层次及其地位和作用”和“制定社会主义会计原则的方法、程序及其相应机构”。可见，1987 年中国会计学会“会计基本理论和会计准则专题研究组”的成立，标志着中国企业会计准则思想的发展进入了基本准则的建立、颁布和实施阶段。

（3）1992 年 2 月 26 ~ 28 日，财政部在深圳市召开了第一次会计准则国际研讨会。在这次会议上，财政部首次正式公布了制定具体会计准则的意向和安排，即在未来 3 年左右的时间里，按照需要和可能，制定 30 多个具体会计准则。这标志着中国企业会计准则思想的发展进入了具体准则的建立、颁布和实施阶段。

（4）2002 年年底在中国香港召开的第 16 届世界会计师大会上，时任财政部部长助理冯淑萍明确表示，我国将用三年左右的时间建立和完善中国会计准则体系，在会计准则制定过程中，我们将继续借鉴国际会计准则（冯淑萍，2003）。这标志着中国企业会计准则思想的发展进入了新会计准则体系的全面建立、颁布和实施阶段。

（5）2009 年 9 月财政部发布了《中国企业会计准则与国际财务报告准则持续全面趋同路线图（征求意见稿）》，宣布“中国企业会计准则与国际财务报告准则实现持续全面趋同的完成时间也确定为 2011 年。2010 ~ 2011 年将是中国企业会计准则与国际财务报告准则持续全面趋同的关键时期，财政部计划 2010 年启动准则体系的修订工作，力争 2011 年完成，2012 年起在所有大中型企业实施……2011 年之后，中国企业会计准则和国际财务报告准则都将进入相对稳定时期，实务中如果出现新的交易或事项，将通过持续全面趋同机制加以解决”（财政部，2009）。2010 年 4 月财政部发布了《中国企业会计准则与国际财务报告准则持续全面趋同路线图（财会［2010］10号）》，宣布“中国企业会计准则将保持与国际财务报告准则的持续趋同，持续趋同的时间安排与IASB的进度保持同步，争取在2011年年底前完成对中国企业会计准则相关项目的修订工作，同时开展必要的宣传培训，确保所有上市公司和非上市大中型企业掌握相关会计准则的变化，并得到有效应用”（财政部，2010）。这标志着中国企业会计准则思想的发展进入了新会计准则体系的进一步完善和发展阶段。

（二）会计准则思想供给的变化

对于会计准则思想发展来说，会计准则思想供给变化构成了内在源动力。

（1）准备阶段（1980～1986年）。①会计界在党中央和全国人民的支持下，着手进行了整理和恢复工作，被下放的会计专家、教授和财会人员陆续回到了自己的工作岗位。②党中央将经济工作放在首位的决策使许多会计专家和教授欢欣鼓舞，他们开始重新积极地开展会计理论研究，探讨会计准则，从而促进了会计准则思想的重新被人认识。③20世纪80年代初以李宝震教授为发起人的会计人员首先开始了对会计准则的个体性、自发性研究。这时期的会计研究人员主要是作为个体进行自发研究。

（2）基本准则的建立、颁布和实施阶段（1987～1992年）。①1992年邓小平同志“南方讲话”以及党的十四大报告为我国会计准则的制定和实施提供了重要的定心丸和催化剂作用。在这种情况下，我们感到有必要同时也下定决心要学习和借鉴国际通行的会计处理方法来改革和规范我国的会计工作，建立我国的会计准则。②中国会计学会在成立之初，并没有重视会计准则问题。直到1983年，中国会计学会年会上通过的1983～1985年工作要点中，才提出要研究“社会主义会计原则、会计准则及其与西方会计准则的联系和区别……”然而学会的呼吁似乎并没有获得应有的响应，为了改变这种状况，中国会计学会在1987年年会上宣布成立了7个专题研究组，其中一个就是“会计原则及会计基本理论研究组”，该组负责的课题中有两个分别是“社会主义会计原则的含义、内容、层次及其地位和作用”和“制定社会主义会计原则的方法、程序及其相应机构”。从此开始了以组织形式推动会计准则研究的开始，1988年9月该研究组更名为“会计基本理论和会计准则研究组”，从此开始了重点研究会计准则的阶段。③在上述形势下，财政部会计司（当时为会计事务管理司）于1988年10月31日专门成立了会计准则课题组，并立即投入工作，从此主导和组织了中国会计准则的调查、研究、设计、草拟、制定和实施工作。

（3）具体准则的建立、颁布和实施阶段（1992～2002年）。①财政部积极主动地承担起制定具体会计准则的任务。1992年2月26～28日，财政部在深圳市召开了第一次会计准则国际研讨会。在这次会议上，首次正式公布了制定具体会计准则的意向和安排，即在未来3年左右的时间里，按照需要和可能，制定30多个具体会计准则。为此财政部采取了以下措施：第一，强化准则制定工作组，具体负责具体会计准则的研究与起草工作。第二，制定有明确的准则制定程序，与国内外会计人才建立了相对明确而固定的合作关系，以便有利于及时收集民意和调动各方积极性。第三，成立国内外专家咨询组，以便充分利用国内外人才资源，广泛借鉴国际会计惯例，保证会计准则的质量。第四，多次召开国内具体准则研讨会。为了广泛听取国内外专家对具体准则的意见，1995年10月7～8日，北京商学院、中国人民大学、北京轻工业学院受财政部和中国会计学会委托，由北京商学院会计系在北京具体承办了面向华北和东北地区召开的具体会计准则研讨会；1996年3月11～22日财政部在北京连续召开了两次会计准则国际研讨会等。②中国会计学会主动配合财政部工作，并首先推动关于具体准则的国内研讨。在

1992 年 2 月财政部会计准则国际研讨会“具体准则制定计划”的导引下，在 1992 年财政部颁布基本准则并于 1993 年 7 月实施后“加紧制定具体准则”的精神感召下，中国会计学会“会计准则、会计改革专题研讨会”经过近一年的筹备，于 1993 年 10 月 20 ~ 23 日在河北省涿州市召开，此次研讨会的主要议题之一就是关于制定具体会计准则的有关问题（包括企业集团会计准则等问题），从此拉开了会计学术界研究具体会计准则的序幕。在财政部具体准则征求意见稿发布以后，又于 1994 年年底召开了关于具体准则征求意见稿的研讨会；1995 年 10 月又与财政部联合召开了关于具体准则征求意见稿的研讨会等。③为了加强会计准则的咨询工作，听取社会对会计准则制定工作的意见和建议，财政部于 1998 年 10 月 12 日成立会计准则委员会，其委员来自政府部门、学术界、注册会计师行业、证券监管部门和企业界。从而不仅使我国会计准则建设的咨询工作不断走向规范化和制度化，而且增加了咨询专家代表及其代表民意的广泛性。

（4）新会计准则体系的全面建立、颁布和实施阶段（2002 ~ 2009 年）。①2002 年年底在中国香港召开的第 16 届世界会计师大会上，财政部部长助理冯淑萍明确表示，我国将用三年左右的时间建立和完善中国会计准则体系，在会计准则制定过程中，我们将继续借鉴国际会计准则（冯淑萍，2003）。②财政部于 2003 年完成了会计准则委员会的重大改组，改组后的会计准则委员会由财政部副部长楼继伟担任主席，部长助理冯淑萍担任秘书长。委员共 20 名，由财政部聘任，聘期两年。会计准则委员会下设会计理论专业委员会、企业会计专业委员会、政府及非营利组织会计专业委员会、会计准则委员会办公室以及由 160 名会计专业人员组成的会计准则咨询专家组。③2003 年 5 月 13 日，财政部印发了《财政部会计准则委员会工作大纲》，规定了委员的权利和义务，明确了会计准则委员会的工作机制和要求；研究组在会计准则委员会及其办公室的领导下开展日常咨询工作。④2003 年 9 月，财政部会计准则委员会为完善我国会计准则体系，加强会计准则的研究工作，结合当前我国制定会计准则的需要，为制定我国会计准则建立必要的理论准备，及时地组织了 40 多项会计准则重点研究课题。⑤根据多年准则研究和制定的经验，财政部认为全面建立和完善我国会计准则体系的时机已经成熟，于是在被国务院确定为改革攻坚年的 2005 年加快了全面构建和推行新会计准则体系的步伐，从此会计准则建设进入实质性的突破阶段，除修订基本准则外，财政部还陆续印发了 22 项具体准则的征求意见稿，同时对于已发布的 16 项具体准则也进行了全面的梳理、调整和修订。⑥为了给会计准则体系的很好实施提供准备，财政部 2006 年 8 月 1 日发布了《企业会计准则应用指南》（征求意见稿）；2006 年 10 月 30 日发布了《企业会计准则应用指南》。⑦2007 年 1 月 1 日新准则体系开始实施以后，2007 年 2 月 1 日财政部在网站上公布了《企业会计准则实施问题专家工作组意见》；2007 年 9 月举办了“新会计准则培训班”等。在这一阶段，形成了“财政部主导并主动吸纳学会精英、会计界全国上下共同参与、协力研究、制定和实施会计准则体系”的大好局面。

（5）新会计准则体系的进一步完善和发展阶段（2009 年至目前）。①为响应 G20 峰会和 FASB 倡议，需要结合本国实际，跟踪参与国际财务报告准则的重大修改，2009 年 9 月财政部发布了《中国企业会计准则与国际财务报告准则持续全面趋同路线图（征求意见稿）》，为建立全球统一的高质量会计准则而努力。②2009 年 9 月 12 日，中国会计学会会计准则专业委员会在厦门国家会计学院召开会议，专业委员会的各位委员和来自中国石油、中国工商银行、中国银行、中国移动等 11 家境内外同时上市企业的财务负责人参加了会议，就财政部于 9 月 2 日发布的《企业会计准则与国际财务报告准则持续全面趋同路线图（征求意见稿）》（以下简称《路线图》）进行了研讨。大家对《路线图》提出的我国企业会计准则持续全面趋同基本原则、内容和时间安排等给予了充分肯定，并提出了完善路线图的具体建议。③2010 年 4 月 2

日，财政部发布《中国企业会计准则与国际财务报告准则持续趋同路线图》（财会〔2010〕10号）以后，引起了我国会计理论研究和实务工作者的强烈反响。④为响应财政部发布的《中国企业会计准则与国际财务报告准则持续全面趋同路线图》（财会〔2010〕10号）正式稿，中国会计学会于2011年4月11日在北京工商大学举办了资深会员论坛“国际财务报告准则变革及中国对策”，财政部会计司刘玉廷司长在论坛上做了《趋同路线图是动员令》的演讲。⑤中国作为全球最大的发展中国家和新兴市场经济国家，在会计准则已实现国际趋同的基础上，密切跟踪IASB相关会计准则的重大修改和制定工作，组织了会计理论和实务界专家等组成若干项目组，结合中国的实际开展了深入研究。

三、模型中各变量的取值及验证

（一）各变量的取值

表1　因变量和自变量的取值

	准备阶段	基本准则的建立，颁布和实施阶段	基本准则的建立，颁布和实施阶段	新会计准则的全面建立、颁布和实施阶段	新会计准则体系的进一步完善和发展阶段
中国企业会计准则思想的发展	1980年第一篇会计原则论文发表	1987年中国会计学会“会计基本理论和会计准则专题研究组”成立	1992年财政部首次正式公布了制定具体会计准则的意向和安排	2002年年底财政部部长助理冯淑萍明确表示，我国将用三年左右的时间建立和完善中国会计准则体系	2009年9月财政部发布了《中国企业会计准则与国际财务报告准则持续全面趋同路线图（征求意见稿）》
	①被下放的会计专家、教授和财会人员陆续回到工作岗位。②党中央将经济工作放在首位的决策使许多会计专家和教授欢欣鼓舞。③20世纪80代初会计人员开始个体性、自发性研究。	①1992年邓小平同志“南方讲话”以及党的十四大报告的鼓舞。②中国会计学会1987年宣布成立“会计原则及会计基本理论研究组”。③财政部会计事务管理司1988年成立会计准则课题组，并立即投入工作。	①1992年财政部在深圳首次正式公布了制定具体会计准则的意向和安排，并着手工作。②中国会计学会主动配合财政部工作，并首先推动关于具体准则的国内研讨。③财政部于1998年成立会计准则委员会。	①2002年年底财政部部长助理冯淑萍明确表示，我国将用三年左右的时间建立和完善中国会计准则体系。②财政部于2003年完成了会计准则委员会的重大改组。③2003年9月，财政部会计准则委员会为完善我国会计准则体系，结合当前我国制定会计准则的需要及时地组织了40多项会计准则重点研究课题。④除修订基本准则外，财政部还陆续印发了22项具体准则的征求意见稿，同时对于已发布的16项具体准则也进行了全面的梳理、调整和修订等。⑤2006年8月1日财政部发布了《企业会计准则应用指南》（征求意见稿）2006年10月30日发布了《企业会计准则应用指南》。	①2009年财政部发布《中国企业会计准则与国际财务报告准则持续全面趋同路线图（征求意见稿）》。②2009年9月12日，中国会计学会会计准则专业委员会就上述《路线图》进行了研讨。

注：①将第一阶段“准备阶段”作为基期。

②假设所有未考虑的因素在本期与在相比较的对象期相同。

③将本期的前一个比较对象期与本期（包括本期）之间所发生的变化视为本期的变化。

④各因素变化为正的为正向作用，记为“+”；各因素变化为负的为反向作用，记为“-”；各因素没有变化的为无作用，记为“0”。

⑤对第五阶段因素作用的评价需要谨慎对待，因为截止到目前，本期经历的时间还较短暂，随着时间的推移，本期中各因素的作用或许还会发生新的变化。表1表明，会计准则思想供给的增量发展表现为：

第一阶段到第二阶段，包括：由民间自发研究到官方主导研究。

第二阶段到第三阶段，包括：由"研究组"或者"专题组"主导研究到财政部于1998年专门成立会计准则委员会来主导研究。

第三阶段到第四阶段，包括：由财政部于1998年专门成立会计准则委员会来主导研究到财政部对会计准则委员会进行完善来主导研究。

第四阶段到第五阶段，包括：由仅仅依靠会计准则委员会来主导研究到依靠会计准则委员会并通过发布《中国企业会计准则与国际财务报告准则持续全面趋同路线图（征求意见稿）》来主导研究。

上述历史考察告诉我们，会计准则思想供给在正向增量发展的基础上，通过促进会计准则思想供给的量、质提高，对于中国企业会计准则思想发展，起到了必不可少的促进作用。

四、结论

经过验证，我们发现，当会计准则思想供给的正向增量作用达到一定程度，就会通过促进会计准则思想供给的量、质提高，也就是通过促进会计准则思想供给的有效性来满足日益增长的会计准则需求，进一步在促进供求间沟通有效性的基础上，通过交易费用的减少来促进会计准则思想的发展。这就证明了我们的观点。当然鉴于历史资料的搜寻与研究实非易事，我们需要进一步挖掘有关资料，以充实我们的研究成果。

主要参考文献

[1] 刘常青：《中国会计准则思想发展路径的考证之一（背景）》，载于《郑州航空工业管理学院学报》2009年第5期，第113~119页。

[2] 刘常青：《中国会计准则思想发展路径的考证之二（特点）》，载于《郑州航空工业管理学院学报》2009年第6期，第105~110页。

[3] 刘常青：《中国会计准则思想发展路径的考证之三（创新）》，载于《郑州航空工业管理学院学报》2010年第1期，第63~71页。

[4] 刘常青：《中国会计准则思想发展路径的考证之四（积累和挑战）》，载于《郑州航空工业管理学院学报》2010年第2期，第81~87页。

[5] 刘常青：《中国会计准则思想发展路径的考证之五（总结与思考）》，载于《郑州航空工业管理学院学报》2010年第3期，第64~69页。

[6] 刘常青：《中国会计思想发展史》，西南财经大学出版社2005年版。

[7] 李宝震：《论社会主义会计的原则》，载于《会计研究》1980年第1期，第11~19页。

[8] 冯淑萍：《中国的会计改革与发展——在第十六届世界会计师大会"中国论坛"上的演讲》，载于《上海会计》2003年第1期，第1~3页。

[9] 财政部：《中国企业会计准则与国际财务报告准则持续全面趋同路线图（征求意见稿）》，载于《会计研究》2009年第9期，第3~5页。

[10] 财政部：《中国企业会计准则与国际财务报告准则持续全面趋同路线图》，载于《会计研究》2010年第4期，第89~90页。

[11] 财政部：《制定具体会计准则的目标、内容、组织和程序》，载于《会计研究》1994年第4期，第1~3页。

[12] 财政部：《财政部成立会计准则咨询专家组》，载于《会计研究》1993年第6期，第49期。

[13] 陆兵：《加快建立中国会计准则体系促进社会主义市场经济发展》，载于《会计研究》1995年第1期，第4~9页。

[14] 财政部全国会计人员继续教育教材编审委员会：《全国会计人员继续教育系列教材（之一）——企

业会计准则及股份有限公司会计制度讲解（1998）》，中国财政经济出版社 1999 年版。

［15］刘玉廷：《中国会计改革理论与实践》，民主与建设出版社 2003 年版。

［16］冯淑萍：《中国的会计改革与发展（在第十六届世界会计师大会中国论坛上的演讲）》，载于《上海会计》2003 年第 1 期，第 1 ~ 3 页。

［17］任明川、大卫·亚历山大：《中国会计准则的发展问题：背景分析》，陈莹等译，载于《中国会计与财务研究》2000 年第 3 期，第 93 ~ 107 页。

［18］王进、肖菁华：《国际会计准则发展的最新动态及对我国的启示》，载于《交通财会》2000 年第 1 期，第 46 ~ 49 页。

［19］白莉：《我国会计准则的现状及发展趋势》，载于《山西经济管理干部学院学报》2004 年第 3 期，第 40 ~ 41 页。

［20］王建新：《我国会计准则的建设成就与发展趋势》，载于《中国总会计师》2006 年第 2 期，第 24 ~ 26 页。

［21］何和平：《我国企业会计基本准则的发展与变化》，载于《北方经贸》2006 年第 9 期，第 70 ~ 72 页。

［22］付磊：《我国企业会计改革的回顾与思考》，载于《会计研究》2007 年第 12 期，第 23 ~ 28 页。

［23］喻灵、冷冰：《积极行动稳步推进企业会计准则持续全面趋同》，载于《会计研究》2009 年第 9 期，第 10 ~ 14 页。

论注册会计师行业诚信建设

杨智杰*

【摘要】诚信是中华民族的传统美德，是社会主义核心价值体系的重要内容，同时也是市场经济的基石，是注册会计师行业的核心价值。注册会计师行业作为市场经济和社会秩序的维护者，其本身必须首先是诚信的持守者，本文考察了中外注册会计师行业发展中诚信文化建设的历史，提出了注册会计师行业加强诚信建设的若干建议。

【关键词】注册会计师　行业　诚信建设

诚实守信是中华民族的传统美德，是社会主义核心价值体系的重要内容。市场经济是法治经济，更是道德经济和诚信经济。注册会计师行业作为市场经济和社会诚信的维护者，其本身必须首先是诚信的持守者，维护诚信是行业的宗旨和任务，持守诚信是注册会计师行业的核心价值，是注册会计师行业最基本的道德品质，诚信文化建设体现了注册会计师行业对真善美的追求。

一、诚信是中华民族的传统美德和经济社会和谐稳定的基础

中国是世界文明古国，礼仪之邦。五千年的悠久历史孕育了灿烂的文化。诚信在我国古代被认为是立身处世之本，治国为政之道。是中华民族几千年来所推崇的传统美德，也是中国传统文化的精髓。在《论语·颜渊》中，有孔子答子贡问政一节，子曰："足食，足兵，民信之矣。"子贡曰："必不得已而去，于斯三者何先?"曰："去兵。"子贡曰："必不得已而去。于斯二者何先?"曰："去食。自古皆有死，民无信不立。"这里孔子把诚信看做立国行政的根本，看得比吃饭和国防还重要。西汉时期，董仲舒则把孟子提出的"仁、义、礼、智"亦即"四德"，扩充为"仁、义、礼、智、信"，后称"五常"，"五常"中的"信"，即是"诚信"，它贯穿于中华伦理道德的发展中，成为中国古代社会核心价值体系最重要的内容，"五常"的定位更使其上升为社会人群必须恒常遵守的最高道德准则，堪比洪范大法。诚信亦即诚实守信，是指诚实不欺，讲求信用，强调人与人之间应该真诚相待。其基本内涵包括"诚"和"信"两个方面，"诚"主要是指诚实、诚恳，真实无伪；"信"主要是指信用、信任，诚实不欺。

改革开放30多年来，我国在物质文明建设方面取得了举世瞩目的成就。但在精神文明建设方面，确实还存在诸多问题，诚信建设还远远不能适应社会主义市场经济的要求。党中央提出科学发展观和建设和谐社会的伟大构想，可谓顺天应民。加强精神文明建设特别是诚信建

* 杨智杰：石家庄经济学院会计学院。

设，无疑是贯彻落实科学发展观，构建和谐社会的重要内涵。因为，仅有物质文明建设，我们的经济社会发展是绝对不可持续的。

纵观人类社会经济发展的历史，商品交换经历了三大历史阶段：物物交换阶段、货币交换阶段、信用交换阶段。事实证明，无论哪个阶段，那种交换方式，交易的顺利完成都不能离开诚信。历史地看，市场经济是商品经济发展到社会化大生产阶段的产物，在本质上，它从来都是遵循着等价交换这一商品经济的最基本原则的。正如列宁所说："商品生产是一种社会关系体系，在这种社会关系体系中，各个生产者制造各种不同的产品，而所有这些产品在交换中彼此相等。"这就要求，交换双方都必须以诚信作为契约，如有一方违约，等价交换关系就会变成不等价的交换关系，不等价交换最终会因破坏市场经济秩序而无法维系。因此，自由交换必须在平等、自愿和诚信的前提下才能正常进行。如果交换不平等、不自愿、不诚信，市场就会发出错误的信号，资源优化配置也就无法实现。如果不能实现资源的优化配置，市场经济的目的就不能达到，市场经济的优越性也就无从实现。由此可见，诚信是建立市场经济的根本前提。

事实上，在社会再生产过程的各个环节，也都少不了以诚信为基础的信用的支撑，无论是商品生产和分配环节，还是交换和消费环节，都存在各种各样的委托代理关系和契约关系，都需要公平和公正地进行，这其中任何一个环节如果不讲信用，都会使社会再生产的链条中断，从而导致社会经济生活无以为继。对一般企业而言，诚信不仅意味着较好的信誉，更意味着更高的竞争优势。通过严格履行合同，企业不仅能够赢得客户，而且能够树立良好的品牌。对供应商的诚信能够使企业赢得供应商的信任，从而获得较好的供货条件。对债权人和投资者的诚信意味着能够以较低的价格获得更多融资的能力。同时良好的信用也是现代企业制度赖以正常运作的基础。如果董事们不能很好履行其对股东的诚信义务，如果管理人员不能诚信敬业，如果内部人总是以虚假的信息欺骗投资者，现代企业制度即使形式上建立了，也不能真正发挥作用。而对银行金融业而言，信用更是其发展的基础和纽带，离开信用，股票、债券以及各种金融衍生工具都无法发展。

历史地看，市场经济从一开始就离不开诚信。西方经济学鼻祖亚当·斯密说："如果人类没有基本接受的道德规则的话，社会将会崩溃。"他深刻认识到信用的客观性要求，看到了在契约的信用得不到法律保障以及不能正当行使国家权力来强迫有支付能力的人偿还债务的国家里，商业和制造业几乎不可能长期繁荣地发展。他非常注重诚实守信的道德操守，不仅从伦理学的角度论说诚信，还从经济学和商业的角度论说诚信。在《道德情操论》中明确指出："诚实、守信、公平以及公共道德等，所有这些都是人们在前往市场之前必须拥有的"，"我们不应该选择十分直率而又轻易地做出允诺和随便违背诺言的人作为自己的朋友和伙伴"，"正确的合宜性（美德）需要遵守一切诺言，只要这不违反某些更为神圣的责任。"斯密从经济交换的角度逻辑地推演出经济行为得以发展的一个基本前提就是交换双方的诚实守信，《道德情操论》中阐述的应该交由牧师制裁的三类行为中就包含了"对诚实准则的违反"的行为。马克思也说：竞争和信用是资本集中的两个最强有力的杠杆。显然，无论处在何种历史阶段，也无论在什么国家和体制下，只要是市场经济，就必须讲道德，讲诚信，如果一方不讲诚信，不仅会损害对方的经济利益，同时也在损害自身存在和发展的基础。总之，一种欺诈成风、失去信用的经济，最终必然陷入混乱。

当前经济全球化和信息化导致市场规模空前扩大，交易方式和交易手段不断创新，经济关系日益复杂，信用的作用更加突出。与传统市场经济的交易方式不同，现代市场经济的交易方式越来越多地依靠信用交易。信用交易的出现和发展克服了时间及空间的分离对交易的限制，从而大大扩展了市场交易的范围。但信用交易的基础是交易双方必须诚实守信，否则不仅交易的成本会大大上升，而且交易的广度和深度也会受到很大影响。尤其值得重视的是，随着现代信息技术和网络技术的发展，电子商务将会得到越来越广泛的应用，但如果没有良好的信用作基础，电子商务的发展将会是不可想象的。

与市场主体的诚实守信相比，政府的诚信更为重要。因为市场经济的健康发展，离不开政府主导下建立的制度环境，同时政府确保其政策透明度和可预见性，并严格履行其对社会的承诺，不仅直接影响社会信用的状况，而且能够增强其他市场主体的信心，为良好社会信用的形成起到积极的示范和引领作用。

总之，诚信不但是建立和谐稳定的社会秩序的道德基础，也是市场经济良性运转和发展的基本准则。在市场经济中，信用实现的程度越高，市场经济的发展就越规范，社会再生产就可以在正常、高效的基础上进行；反之，市场经济的发展就会扭曲，效率就会低下。信用作为人类文明的优秀成果，它体现了最根本的法律关系和社会关系，体现了市场经济必备的道德理念与法律意识。没有信用就没有交换，没有信用就没有秩序，没有信用，市场经济就不能正常运行。诚实守信对于古今中外任何国家、任何民族、任何体制都具有普遍的价值，不诚实守信，任何一种规则体系都难以正常运转。而对于现代市场经济而言，诚实守信无疑是其基石。

二、注册会计师行业发展及其诚信文化建设历程

一个国家，如果没有国民素质和道德的力量，绝不可能成为一个真正强大的国家、一个受人尊敬的国家。对于一个行业、一个组织或个人来说，诚实守信无疑是其生存和发展的根本。市场经济条件下，使诚信道德成为市场主体内在需要，不仅依赖教育来普遍提高国民素质，还需要通过制度来打造一个庞大的诚信链条，注册会计师作为维护市场经济诚信的制度安排，一种以市场化、专业化方式推进诚信建设的机制，其职业本身要求其必须首先从自身做起坚定不移地持守诚信，才能履行好其维护诚信的社会责任，促进经济社会健康发展。从这个意义上讲，注册会计师行业发展的历史必然同时也是一部诚信建设的历史。

注册会计师审计起源于企业所有权和经营权的分离，是市场经济发展到一定阶段的产物。从注册会计师审计发展的历程看，注册会计师审计最早萌生于意大利合伙企业，在英国股份公司出现后得以形成，伴随着美国资本市场的发展而逐步完善。

注册会计师审计起源最早可以追溯到16世纪的意大利。当时地中海沿岸的商业城市已经比较繁荣，商业经营规模不断扩大对于巨额资金的需要，使得单个业主无以为继。为适应筹集资金的需要，合伙制企业应运而生。合伙经营方式不仅提供了会计主体的概念，促进了复式簿记在意大利的产生和发展，也催生了对注册会计师审计的最初需求。尽管当时合伙制企业的合伙人都是出资者，但是有的合伙人参与企业的经营管理，有的合伙人则不参与，所有权与经营权开始分离。为保障全体合伙人的权益，客观上需要独立的熟悉会计专业的第三方对合伙企业的经济活动进行鉴证。这样，在16世纪意大利的商业城市中出现了一批具有良好的会计知识、专门从事查账和公证工作的专业人员，他们从事的工作，可以说是注册会计师审计的起源。

注册会计师审计虽然起源于意大利，但对后来注册会计师职业的发展影响不大，英国在注册会计师职业的形成和发展过程中发挥了重要作用。18世纪，英国的资本主义经济得到迅速发展，生产的社会化程度大大提高，企业的所有权与经营权进一步分离。企业主希望有外部的

会计师检查企业管理人员是否存在贪污、盗窃和其他舞弊行为，于是英国出现了第一批以查账为职业的独立会计师。他们受企业主委托，对企业会计账目进行逐笔检查，重点在查错防弊，检查结果向企业主报告。1720 年，英国发生著名的“南海公司”破产事件，该事件被史家认为是注册会计师审计走上世界舞台的重要标志。当时为调查“南海公司”破产事件，英国议会专门组织了一个由 13 人组成的特别委员会，并决定聘请一位精通会计实务的查尔斯·斯内尔先生对南海公司的会计账目进行检查。斯内尔接受议会委托以后，首先对事件背景和原因进行了调查，并应议会特别委员会的要求，于 1721 年编制了一份审计报告书，它开宗明义地表明这是“伦敦市彻斯特莱恩学校的习字教师兼会计师查尔斯·斯内尔对索布里奇商社的会计账簿进行检查的意见”，并指出了企业存在欺诈舞弊行为。南海公司的破产事件，揭开了民间审计走向现代的序幕。查尔斯·斯内尔也被称为世界注册会计师行业史上第一位受聘对股份公司的会计记录进行审查的会计师，他编制的报告是世界最早的由会计师呈送的审计报告。

对此，美国著名的会计学家利特尔顿在 1933 年出版的《20 世纪之前的会计发展》一书，一定程度上印证了注册会计师审计产生的历史过程，他认为信用是复式簿记产生的必要条件之一，英国审计制度萌芽于 16 世纪英国庄园和城市财政中对掌管会计事项者“诚实性”的检查。进入 19 世纪以后，又经英国社会急速工业化和当时议会的一再立法的培育而得到显著发展，最终作为会计师制度开花结果。

回顾注册会计师行业发展的历史，注册会计师审计行业从一开始就是为了维护社会诚信和公众的利益而产生的。意大利合伙企业需要合伙人之间的真诚合作才能生存下去，英国的股份公司，股东必须得到真实可信的财务报告，才能据以决策公司各项事务，反过来如果得到虚假信息，股东就会受到不应该受到的损失甚至血本无归，南海公司欺诈案就是突出的典型。而注册会计师对此欺诈案的审计鉴证就是维护社会诚信的生动体现。

1918 年，注册会计师制度引入我国，当时老一辈会计学家非常注重行业诚信建设，中国现代会计之父潘序伦先生曾经说过：“学识经验及才能，在会计师执行事务之时，故无一项可缺，然根本上究不若道德之重要……会计师之职业，实为商界保障信用而设，苟有不道德行为，而自丧信用，则此项职业，即失其根本存在之理由。”又言：“会计师应具美德，断难缕述，而诚信二字，最为重要。成功失败之机，实可谓全在于此。”“立信，乃会计之本。没有信用，也就没有会计。”由此可见，诚信之于会计行业的重要意义，事实上，诚信不仅是一种责任，更与重大利益相关。后来立信会计事业的蓬勃发展正说明诚信之于行业发展的重要作用。潘序伦先生于 1927 年辞去教职，在上海创办潘序伦教授会计师事务所，之后，取《论语》中“民无信不立”之句，将事务所改名为立信会计师事务所。在“立信”精神感召下，事务所业务迅猛发展，1939 年在桂林、1941 年在重庆、1936 年在南京和广州，以及 1948 年在天津等地设立了分所，服务范围迅速扩大到国内的一些大城市。原有的常年查账、常年顾问、设计会计制度、公司登记和商标注册等业务不断增加，并增添法律服务。服务对象不仅有新兴的民族工商业和中外合办企业，如南洋兄弟烟草公司、申新纱厂、永安纱厂等，还有不少公营工商企业和人民慈善团体，如邮政储金汇业总局、中国红十字会等，数以千计的企业、机关，委托办理数以万计的案件，最终形成“信以立志，信以守身，信以处事，信以待人，毋忘立信，当必有成”的“立信”精神，正是在“立信”精神的指引下，使“立信”的综合实力很快位居民国四大会计师事务所之首。

新中国成立后，注册会计师行业因失去其存在的社会基础而一度消失，改革开放后，行业恢复重建，朱镕基总理非常注重行业诚信建设，2001 年他在上海国家会计学院视察时挥毫题词："不做假账"，又在考察北京国家会计学院时，进一步强调，"不做假账"是会计从业人员的基本职业道德和行为准则，所有会计人员必须以诚信为本，操守为重，遵循准则，不做假账，保证会计信息的真实、可靠。他要求，国家会计学院要把诚信教育放在首位，培养出来的人才不仅要有一流的专业知识水平，更要有一流的职业道德水平，绝对不做假账。

市场经济是法治经济、信用经济。诚信是市场经济的基石，是注册会计师的立业之本，关系到社会公众的切身利益，关系到市场经济的正常运行，关系到国民经济的健康发展。注册会计师行业自恢复重建以来就高度重视行业的诚信建设，并在行业的发展进步中不断丰富和充实行业诚信建设的内涵。中注协作为行业管理组织，始终把推进行业诚信建设列为协会的中心工作和保障行业健康发展的基础工程，从成立初期提出"以质量求信誉，以信誉求发展"的理念，到提出始终坚持"以诚信建设为主线"的行业建设思路，将行业的人才建设、标准建设、继续教育、执业质量监管等各项工作纳入诚信建设的框架，形成了以职业道德准则为核心、以诚信信息监控系统为技术支持、以相关制度机制为保障的行业诚信体系。

在行业发展的不同时期，根据市场经济和行业发展对诚信和职业道德的内在要求，中注协制定实施了一系列职业道德制度规范，规范会员执业行为。1992 年 9 月，中注协发布实施《中国注册会计师职业道德守则（试行）》，对注册会计师的职业道德作出规范。《守则》提出的独立、客观、公正的原则，已为今日注册会计师们所津津乐道，而其关于注册会计师的业务能力、对同业和委托单位的责任，以及业务承接等方面的规定，时至今日仍具有重要的借鉴价值和指导意义。1996 年 12 月，中注协发布《中国注册会计师职业道德基本准则》，逐步构建中国注册会计师职业规范体系框架。与《试行守则》相比，《基本准则》将《注册会计师法》明确为制定依据，强化了职业道德准则的法律约束力。2002 年 6 月，中注协发布实施《中国注册会计师职业道德规范指导意见》，对于强化职业道德约束，解决行业当时面临的突出问题发挥了重要作用。同年 9 月 18 日，中国注册会计师行业确立了以诚信建设为主线的行业工作思路，11 月 26 日制定发布了《行业诚信建设纲要》，系统提出行业诚信建设的指导思想、目标、主要任务和实施措施。2009 年，注册会计师行业依托协会组织系统，自上而下成立中国注册会计师行业党委和省级行业党委，建立 3 352 个注册会计师行业基层党组织。充分发挥行业党组织作用，将党的活动与诚信教育有机结合起来，收到良好效果。2009 年 10 月，中注协全面总结以往职业道德规范建设的实践经验，充分研究借鉴国际会计师职业道德准则建设成果，发布《中国注册会计师职业道德守则》和《中国注册会计师协会非执业会员职业道德守则》，全面规范注册会计师的职业道德行为，《职业道德守则》的发布，标志着我国注册会计师行业诚信建设取得又一重大成果。2010 年建立起与国际会计师职业道德守则趋同的中国注册会计师职业道德守则，为规范我国注册会计师的执业行为，加强执业质量监管和诚信建设，提供了有力的专业技术支撑。

三、注册会计师行业诚信建设的目标、基本内容与途径

（一）注册会计师行业诚信建设的目标

全面提升注册会计师的职业道德水平和专业胜任能力，提高注册会计师的独立性，塑造独立、客观、公正的职业形象，把行业建设成为社会公众信得过的专业服务行业，为我国社会主义市场经济有序发展提供优质服务。

（二）注册会计师行业诚信建设的基本内容

1. 诚信是注册会计师行业的职业内涵

注册会计师行业产生于所有权与经营权两权分离，注册会计师行业之所以产生和发展，是因为注册会计师能够站在独立的立场对企业管理层编制的财务报表进行审计，并提出客观、公正的审计意见，作为财务报表使用人进行决策的依据。由此可见，注册会计师行业的职责是维护诚信，而维护诚信的前提必须是首先持守诚信。无疑，诚信是注册会计师行业的行业之规、立业之本和执业之基，从会计师事务所和注册会计师角度考虑，首先，会计师事务所和注册会计师的工作产品是为客户出具客观公正的具有法律效力的审计报告，审计报告就其本质而言就是“诚信”两字，不真实、不可信、不合法的审计报告，实质上是假冒伪劣产品，会给决策者造成失误，带来损失，因此一旦被发现，不但会使事务所和注册会计师信誉扫地，还可能受到法律制裁，甚至导致事务所破产倒闭。其次，诚信是会计师事务所的财富之源。注册会计师是一个知识密集型行业，会计师事务所的财富之源是以诚信为本武装起来的全体执业人员，是执业人员以诚信为本创建的社会信誉，有了这样的信誉，才能立足于社会，才能把知识转化为生产力，才能创造更多财富。否则无信不立，行业也将最终消亡。总之，注册会计师专业技能、精神品质和社会责任的体现和发挥，最基本、最重要的要求就是诚信。没有诚信，注册会计师行业维护社会公众利益的根本宗旨就无从谈起，诚信是注册会计师行业赖以生存和发展的前提条件，诚信是注册会计师行业的灵魂。注册会计师的社会责任，决定了他必须超然独立，客观公正，必须坚持诚信立业，诚信办所，诚信执业的行业理念，这样才能履行其所肩负的社会职责，社会才会需要注册会计师，注册会计师事业也才能够健康发展。

2. 注册会计师行业诚信建设的基本内容

近年，会计信息失真问题成了全社会关注的焦点，注册会计师的公信力遭到众多利益相关者和社会各界的普遍质疑，影响了正常的社会经济秩序和社会经济发展。中注协提出以诚信建设为主线，加强行业建设，狠抓事务所和注册会计师执业质量，抓住了行业发展的关键。我们认为，为了在理解基础上更好地进行行业诚信建设，事务所和注册会计师需要在下述五个方面不断努力：诚信敬业、独立客观、专业胜任、持守准则、守正创新。

“诚信”原则的落实，要求注册会计师在执业过程中，首先必须具备超然独立的地位和勤勉敬业的精神，这是客观公允地出具高质量审计报告的首要前提和道德保障。注册会计师的独立性，是注册会计师审计的灵魂，包括外部形象上的独立性和内在实质上的独立性。其中实质上的独立性是落实诚信原则的保证，也是注册会计师职业道德的核心。独立性要求注册会计师在执业中排除各种干扰和影响，按照审计准则的要求和多年来所积累的执业经验，作出客观、公正的专业判断。独立性是注册会计师行业的生命所在，一旦失去独立性，注册会计师为客户财务会计报告发表审计意见的真实性、公允性必然大打折扣。独立性的丧失是中天勤、安达信审计失败的重要原因。同时，注册会计师必须具备勤勉敬业的精神，勤勉敬业是做好任何工作所必须的基本态度，也是注册会计师坚持诚信原则在审计工作实践中的具体体现。其次，做好审计工作，过硬的专业胜任能力必不可少，工欲善其事，必先利其器。良好专业胜任能力要求注册会计师不但熟练掌握会计审计专业知识和相关法规准则，还要有良好的职业判断能力。在审计实践中注册会计师接受公司所有者的委托，对经理层编制的会计报表的可靠性作出专业判断。但现实情况是，由于当前我国公司的治理结构不够完善，公司所有者对经理层的约束较弱，会计报告的真与假，并不像买一件商品那样容易鉴别。在整个会计数据的产生过程中，要经过许多主观判断。存货流动的假设、折旧方法的选择、坏账准备的估计、资产减值的判断、贴现率的确定、会计政策的取舍、成本分摊基础的选择等，无不带有主观的成分。欲做假账者大可施展他的腾挪之术，或假账真算，或真账假算，注册会计师要在如此纷繁复杂、扑朔迷离的数据堆中理出头绪，识别真假，没有过硬的专业胜任能力是绝对做不到的。最后，实施行业诚信建设需要守正出新，所谓守正就是要始终牢记注册会计师行业维护社会诚信，服务公众利益的职业使命。坚守职业道德和执业准则，因应社会经济环境的变化和对行业提出的新任务新要求，与时俱进，想方设法，通过加强行业管理，完善审计程序，改进审计方法，借助技术手段，提高审计效率，改善审计效果。开拓创新，把审计工作做得更好。提高行业社会公信力，促进行业健康持续发展。

（三）注册会计师行业诚信建设的基本途径

历史经验证明，诚信是整个经济社会发展的基础，更是行业赖以生存和发展的核心价值。在社会主义市场经济条件下，会计信息质量非常重要，它直接影响着国家宏观经济决策的正确性和资源配置的有效性。会计信息失真，会破坏市场经济秩序，损害市场资源配置的效率，从而动摇市场经济和证券市场的基础。对此，朱镕基总理多次指出，发展注册会计师事业是在为社会主义市场经济奠基。当前，我们认为应该更加大力推进行业诚信建设，把诚信建设作为当前和今后长时期行业工作的主线，行业的各项工作都应当充分体现诚信建设的目标和要求。为此，要努力做好以下几个方面工作：

1. 教育为先

建国君民，教学为先。无论国家治理，还是行业管理，都应以教育为本，诚信建设的基础是诚信教育，为使注册会计师能够诚信自律，必须营造诚实守信的社会氛围。首先，加大宣传教育力度，把诚信作为建设现代文明的重要基石，培育以诚信为核心内容的与社会主义市场经济体制相适应的道德规范，在全社会逐步形成诚信为本、操守为重的良好风尚，用诚信将人们的道德行为、经济行为、政治行为有机地统一起来，使诚信真正成为大多数人所认同与遵守的行为准则。其次，诚信教育需要正本清源，从儿童抓起，从学校教育抓起，才能逐渐从根本上形成一种社会风尚，为行业诚信建设塑造良好的社会环境。同时还要将诚信教育始终不渝地贯穿在整个注册会计师职业生涯中，不但要把好资格考试入门关，还要落实到后续教育和日常教育中，在后续教育、资格考试和大学会计教育等各环节，增加诚信道德教育的内容，在全行业开展以诚信自律为核心内容的职业道德教育，通过诚信执业承诺，诚信自律公约等形式，塑造“诚信为本，操守为重，坚持准则，不做假账”的行为理念和“独立、客观、公正”的职业形象。

2. 规范为基

法者，社会之规范，国家之经纬。具体到注册会计师行业，建立起与国家法律体系相协调的注册会计师行业法律体系，特别是科学严密的独立审计准则体系和监管制度为行业治理提供制度保证和刚性标准，使注册会计师在执业中有法可依，有法必依，严格按照相关法规和独立审计准则执业，切实保障审计报告的质量。同时，通过立法和制度建设，完善行业诚信体系建设和失信约束惩戒机制，从而有效地防范行业失信行为的发生，提高行业社会公信力。

3. 治理为要

会计师事务所是支撑行业发展的微观基础，对其加强治理之于行业诚信建设至关重要，事务所治理包括外部治理和内部治理两个方面：外部治理来自事务所之外，主要指行业协会自律管理和政府部门对会计市场的监管，内部治理则要求事务所本身要练好内功，通过加强诚信文化建设，建立健全事务所内部决策和管理机制，提高事务所风险管理和质量控制能力，大力弘扬诚信为本、操守为重的职业理念，牢固树立独立、客观、公正的职业形象，不断提高会计师事务所和注册会计师的诚信水平。

4. **监管为纲**

围绕主题主线推进行业发展，必须树立全局意识，坚持协调发展，一手抓发展，一手抓监管。而且要做到“两手抓，两手都要硬”。发展是行业的使命所在，发展的前提是诚信，监管则是诚信建设和质量建设的保障。中注协在全面总结诚信档案制度实施经验的基础上，建立了以“注册”为枢纽的行业诚信信息监控体系，为注册会计师和会计师事务所信息的记录、监控和披露，提供强大的支持平台。诚信信息监控体系具有“全面记录、实时监控、有效披露”三大功能。一方面为加强行业监管创造条件，敦促注册会计师保持应有的专业能力和诚信品质；另一方面，将注册会计师执业的相关信息展示在阳光下，为社会公众监督提供便利。

5. **协会为枢**

推进行业诚信建设需要各种条件，发挥注协中枢引领作用是其中的重要方面。财政部领导多次要求注协当好带领行业前进的“火车头”，指导行业发展的“司令部”。注册会计师行业自恢复重建以来就高度重视行业的诚信建设，并在行业的发展进步中不断丰富和充实行业诚信建设的内涵。中注协作为行业管理组织，始终把推进行业诚信建设列为协会的中心工作和保障行业健康发展的基础工程，从成立初期提出“以质量求信誉，以信誉求发展”的理念，到提出始终坚持“以诚信建设为主线”的行业建设思路，将行业的人才建设、标准建设、继续教育、执业质量监管等各项工作纳入诚信建设的框架，形成了以职业道德准则为核心、以诚信信息监控系统为技术支持、以相关制度机制为保障的行业诚信体系。

2009 年，国办 56 号文强调指出，“诚信是注册会计师行业的安身立命之本和长远发展之基”，“要始终把诚信建设作为行业发展的生命线，以维护社会公众利益为宗旨，以职业道德建设为核心，坚守独立、客观、公正的职业立场，全面提升行业的诚信度和公信力，使注册会计师行业成为受社会尊重和信赖的专业服务行业。”上述关于行业诚信的要求和表述，是对注册会计师行业本质特征的精辟概括。注册会计师行业应根据新的形势和任务，充分认识和挖掘注册会计师诚信的内涵和具体要求，继承传统，与时俱进，勇于创新，全面促进行业健康规范发展，为我国社会主义市场经济体系建设作出更大的贡献。

主要参考文献

[1] 李晓慧：《注册会计师发展中若干问题分析》，载于《会计研究》2005 年第 6 期。

[2] 陈毓圭：《诚信之路》，立信会计出版社 2013 年版。

[3] 葛家澍：《会计 · 信息 · 文化》，载于《会计研究》2012 年第 8 期。

[4] 冯卫东：《试论构建会计诚信体系若干问题》，载于《会计研究》2009 年第 2 期。

会计文化传承与中国会计软实力的提升路径

——从传统文化中探寻影响中国会计发展进程的基因图谱

李连华*

【摘要】会计文化传承和中国会计软实力的提升，是目前我国在国家层面上亟须研究和解决的重大问题。本文另辟蹊径，从中国传统社会文化中提炼、总结和绘制了传统会计文化的基因图谱，认为中国传统会计文化主要由诚实文化、技巧文化、节俭文化、谦和文化、稳健文化、仁义文化等文化元素组成。文章同时分析了中国传统会计文化存在的竞争意识较弱、冒险精神不强、科学性探索不足、缺乏对规则的尊重等潜在的文化缺陷，以及应该采用的提升中国会计软实力的政策建议。

【关键词】会计文化　传统基因　继承　软实力　提升路径

一、弁言

与西方相比，我国会计学科的发展现状和会计工作的管理水平无疑是相对落后的。这不仅表现在我国会计学术界在国际会计论坛上缺乏足够的影响力，在会计学科发展中没有形成具有标志性的、原创意义的学术成就；而且还反映在我国会计管理工作的理念与思想既落后于国际发展趋势，也滞后于企业经营管理的实践要求。对于这种现状，从解释主义哲学的角度讲，我们可以将它归因于历史趋势的一种延续，从经济、科技和文化等多个角度做出相应的解读和分析。不同角度的原因解释自然会产生不同的研究结论，同时也意味着不同的政策主张。比如，喻梅（2009）认为，中国近代会计落后的根本原因是工商业不发达；刘永泽、王觉（1994）认为，会计的发展，是以经济发展为前提的，落后的经济环境，孕育不出发达的会计学。而余秉坚（1994）则把中国计划经济体制及僵化的会计管理模式视为中国会计落后的重要原因。

然而，必须指出的是，我国会计界对于会计发展历史进程的研究大多是在经济学的框架下进行的，人们通常会把中国会计学科的落后和中国会计管理水平的低下归咎于中国商品经济的落后和现代工业经济出现的时间晚于英国等西方国家。从历史逻辑上看，这一思路及其结论是符合某些特定历史事实的。因为中国的现代工业确实落后于英国、美国等西方发达国家，并由此导致了成本会计学、管理会计学的落后。但是，这一分析思路也存在着显著的缺陷，无法在历史逻辑上实现完全的自洽。因为中国的现代工业经济虽然落后于西方国家，但是中国的商品经济、价值计量工具等这些与会计的产生具有直接内在联系的经济业态却曾经远远地领先于西方国家。比如，在中国的宋朝已经出现了纸币“交子”，白银完全货币化，同时宋朝的城市商

* 李连华：浙江财经大学金融学院。

品经济已经超过农村经济的比重，其重商主义文化和意大利文艺复兴时期非常相似，而且文化繁荣，科技发达。正如查尔斯所说，当时的中国是世界上最文明的国家①。可是，为什么在中国却没有孕育出复式簿记的记账技术和标志着现代会计学诞生的会计准则体系呢？而这两项会计学科的基本知识事实上和现代制造工业并没有必然性的内在联系。

因此，我们认为，在影响中国会计学科发展进程中一定还存在着经济因素之外的另一种力量。而且这一力量不仅影响着会计的发展进程，甚至可能直接左右着经济发展的方向和速度。这一力量应该就是中国的文化。关于文化与会计发展之间的演进关系，美国会计学家普利维茨（G. J. Previts）在其著作《美国会计史：会计的文化意义》、斯科特在其著作《账目的文化意义》，以及莫里诺（B. D. Merino）、利特尔顿、Hufstede（1980）、Gray（1988）等在其相关论著中都有所涉及。我国著名会计史学家，也是中国会计文化的重要传播者之一郭道扬教授在其《会计史研究》（第三卷）中更是极富远见和精辟性地指出："就复式簿记演进过程而言，从研究中可以看出，文艺复兴运动发生、发展所经历的路线，也基本上是复式簿记传播与演进所经历的路线，在两者之间，前者对后者的促进、推动作用是十分明显的。"② 这即表明，与其说会计是经济发展的结果，毋宁说其是文化复兴与发展的后果更为贴切和准确一些。因为社会文化越是专门化，越是需要会计（William Baxter，1961）。帕乔利的簿记著作正是在这样的背景下出现的（葛家澍，2012）。

但是，一直以来，我国学术界与思想界却忽视了对于文化与会计之间相互关系的理论研究，也疏于对会计文化的凝练和总结，以至于对于文化以何种机理影响会计的发展，至今都缺乏深度的分析和系统的学理性总结。基于此，本文拟就如下问题进行历史逻辑分析和理论上的演绎提炼。这些分析或许是大局性的、粗线条的勾勒，但是它却代表着对中国会计发展进程分析的另一个维度，是理解中国的会计与中国的文化之间的演进关系，解释中国这片东方土地上所发生的会计故事，寻找提升会计软实力的路径所必需的：

- 按照什么路径描绘中国传统会计文化的基因图谱；
- 中国传统会计文化的构成是什么；
- 中国传统会计文化有哪些基因缺陷；
- 如何提升中国会计在国际上的软实力。

二、中国传统会计文化的基因图谱

人们对于"文化"的理解与认识，边界非常宽泛。历史上，哲学家、社会学家、历史学家、人类学家等都曾经基于自身学科立场而对"文化"做出过不同的定义，并由此衍生出了各种各样的文化内容，如体育文化、酒文化、茶文化、婚嫁文化、居住文化、园林文化、建筑文化、服饰文化、节事文化、武术文化等。按照通常意义上对于"文化"的理解，所谓的文化是指人类所创造的精神财富③，主要包括"制度文化"和"精神文化"两个部分，但是不包括"物质文化"。本文所讲的文化及其和会计相互之间的理论分析，正是基于这种认识论上进行的。

---

① ［英］韦尔斯：《世界史纲》，人民出版社 1982 年版，第 629 页。

② 郭道扬：《会计史研究——历史 · 现在 · 未来》（第三卷），中国财政经济出版社 2008 年版，第 236 页。

③ 与狭义的文化概念相对应，还存在着一种广义的文化概念。比如英国人类学家泰勒（Edward Burnett Tylor）就认为，"文化或者文明，就是由作为社会成员的人所获得的，包括知识、信念、艺术、道德法则、法律、风俗以及其他能力和习惯的复杂整体。"在这里，文化等同于文明，是人类社会物质财富和精神财富的总和。

中国具有灿烂的传统文化并绵延五千年至今，这一点是没有疑问的。但是，这些传统文化并非都和会计有关。因此，我们在讨论如何继承和创新中国传统会计文化这一命题时，首先需要澄清的是中国历史上是否存在着会计文化？如果存在的话，它又是如何从延绵几千年的历史中传承和延续下来的。

我们理解，会计文化是社会文化的组成部分，是相对于国家文化而言的一种亚文化。理论上讲，它应该具有职业性、普遍性和时序稳定性的特点。所谓职业性是指会计文化是在会计职业中体现出的一种文化形态，主要用于规范和引导会计行为，履行会计职业责任。也因此它和律师文化所强调的"公正"精神、教师文化所强调的"教化"、"爱心"等其他职业文化有着显著的区别。如果从人格化上来分析，会计文化是通过会计从业人员的职业行为表达出来并融合于会计管理过程之中的。所谓的普遍性是指会计文化是由多数会计人员的行为特征、理念思想表现出来的一种文化形态。也就是说，是众多会计人员有意或者无意之中所表现出的一些共性的文化性格和职业形象。比如，我们通常见到的会计师都讷于言而敏于行，善于思辨和精算，做事严谨等，都是会计人员代表性的职业形象。这些体现会计职业要求的文化特质在会计人员行为中经过不断地强化、重复，最后被固化和稳定下来，最终形成了会计职业的文化特征。至于会计队伍中少数人的"怪异举止"、"不合群"的行为，不可能成为会计职业的文化符号。所谓稳定性是指会计文化具有时序上的连续性，在相当长的时间内它会保持相对的稳定状态，通常不会随着朝代的更替而发生显著的变化，更不会像流行歌曲、娱乐文化那样风靡一时，昙花一现。

依照上述对于会计文化内涵的理解，我们认为，在中国历史上其实并没有严格意义上的会计文化。因为中国一直到20世纪初期之前的三千年有文字记述的历史中都没有独立的会计师职业。自然也就不可能存在完全独立的会计职业文化。但是，没有独立的会计文化并不意味着在文化层面上中国就没有与会计相联系的文化成分或者具有某些会计职业特征的文化基因。事实上，中国的传统文化中存在着广泛的以账房文化、管家文化、师爷文化、幕府文化、晋商文化、徽商文化、商号文化等为标示，而且与会计职业紧密相关的文化形态。在整个中国历史上，账房先生、管家、师爷、幕僚基本上就是中国传统社会中会计形象的代表者①。因此，我们认为，中国会计文化散见于社会文化之中，根植于中国的古典文化。在绘制中国传统会计文化的图谱时，不能单纯依靠中国历史上曾经出现过的某些账册事实的稽考来完成。因为账册的形式和记述的内容，只是表明某些会计事实的物具，并不代表独立的会计文化观念和会计职业形象。而对于中国传统会计文化的凝练和总结，我们主张，应该从《论语》、《孟子》、《荀子》这些古典文献，《水浒传》、《三国演义》、《红楼梦》等这些文学作品，以及诸如"结绳记事"、"齐王听计"等历史典故中去搜寻、筛检出具有会计职业特质的文化碎片，然后由此来拼凑出相对完整的中国传统会计文化的基因图谱。因为，文化模式深刻地蕴含在一个社会的核心道德观念之中（约翰·R·霍尔，1993）。而且中国人的文化基因的传续主要是通过经典文献、文学作品而不是通过专业教育或者口头传授来完成的。因此，传统的经典及文学作品中理应包含着最丰富的文化元素和最基本的文化基因。比如，《三国演义》引申出的"关公文化"②、《水浒传》所反映的"反叛"精神就已经包含了当时中国社会的道德观和解决问题的价值取向与手段。

---

① 在晋商的传统中，对于账务管理非常重视。他们通常把管理账务者称为"账房先生"，在商号中其地位仅次于总经理、副总经理。见张正明著：《晋商与经营文化》，世界图书出版社1998年版，第67页。

② 至今很多华人饭店、商铺中还挂着关公的塑像，成为民间商业文化的符号之一。

按照上述分析思路，通过对有关文学作品、历史典籍的研读，我们从中检索出了如下广泛存在于中国社会并且又具有会计职业特性的文化基因。这些文化价值观在中国历史上一直传承至今，现在还影响着中国人的行为倾向。可以说，它们是中国传统会计文化基因图谱中最具有代表性的构成因素。

1. 诚实文化

国有国法，行有行规。在军事领域，推崇“诡道”，所谓“兵不厌诈”。而对于会计行业来说，“诚信”则是其职业之基、信念之本（葛家澍，2012）。朱镕基总理曾经手书“诚信为本，操守为重”寄语会计人员。但是，在传统中国社会中，所谓的“诚”，其实并非指会计职业中的诚信，而更是君臣之间、亲朋之间的忠诚和诚实。换而言之，就是要对上级、雇主、朋友忠诚，不能背叛。这也是中国传统宗法社会中最普遍的价值观。如孟子说，“诚者，天之道也；思诚者，人之道也”。这里的“诚”显然不是针对经济领域而讲的。当然，如果我们将这种观念延伸到会计领域，也可以把它近似地理解为今天的“诚信”。不做假账。不过，这并不是它的本来面目。因为在古代的中国，店铺、作坊的信息是不需要公开的，也没有现代的纳税制度，账簿信息在更大程度上是一种私人信息，所以，无所谓信息加工和信息披露中的真实性问题。现代会计的“诚信”职业理念，更大意义上还是资本市场发展和信息公开化制度下的一种产物。

2. 技巧文化

整个中国传统都非常重视技巧、技艺。普通民众阶层强调艺不压身，都希望掌握一些技艺。所谓“家有资产万贯，不如一技在身”，成为从古到今中国人的普遍信条。这种意识和价值取向反映在会计行业中，就使得古代中国的店铺、商帮中都非常强调专业技能的学习和训练。比如，在晋商中，要求学徒要善珠算，精楷书。平时管理账务者，回答钱柜收进、支出银钱的数目，要一清二楚。所谓“买卖常算，庄家常看”。中国古代民间这种对于技巧的崇拜直接影响到了会计的职业观念。所以，在中国会计行业中，一直存在着“铁算盘”的精神追求，而且即使是现在，各种诸如点钞比赛、心算比赛等技能性的竞赛也是非常普遍的。这应该是中国独有的一道文化风景线。我们可以说，中国的会计学科虽然落后于美英等发达国家，但是中国会计人员的职业技能却丝毫不逊色于他们，而且甚至可能有所超越。

3. 节俭文化

“克勤于帮，克俭于家”。节俭是中国又一个影响深远而普遍的理财思想。有些人甚至是“千金之家，冬无长衣；万金之家，食无兼味”。可以说，古代的中国把节俭持家的思想发挥到了极致。目前，这一习惯是否能够定义为优良的文化传统，站在经济学的角度讲，大家可能存有争议，但是，从会计职业上讲，它促使会计人员更加重视成本控制，从而有利于从内涵上寻求利润增长的积极意义却是值得肯定的。时至今日，这种思想对于中国会计职业的影响仍然是巨大的。在中国，会计人员通常把成本控制列为自己职业的第一要义，而且中国会计职业界把成本控制的经验形象地总结为对“跑、冒、滴、漏”的控制。可谓在世界会计职业界都是非常经典而且又具有中国特色的。

4. 谦和文化

在经济世界中，利益冲突与竞争是不可避免的。对于竞争对手的态度反映出东西方文化的巨大差异。西方文化以进攻性的姿态主张压制直至消灭对手，而中国以儒家文化为特征的商道则是主张包容和融化对手，强调“和为贵”、“和气生财”、“家和万事兴”等。在这种思想的长期浸润和影响下，中国会计职业中也具有明显的“和合”文化的色彩。比如，在日常工作中，会计人员面对违反制度的行为往往出于“和谐”、“不愿得罪人”等考虑而不敢拒绝，从而使得一些内部控制制度流于形式。日常生活中会计人员常常以平和甚至是拘谨的姿态出现，很少张扬和外露。同样，对于国际会计准则，我们主张走中间路线，强调“和而不同”，体现了中国传统文化的典型风格。

5. **稳健文化**

稳健主义（Conservatism）目前是国际会计界公认的会计职业信条之一。中国古代没有独立的会计职业，自然也就不可能有从会计职业中生长出来的专业性的稳健主义思想。但是，在社会文化层面上，稳健却是中国文人社会的传统习惯和价值取向。其思想渊源主要来自于哲学上的中庸之道。如《周易·系辞下》称：“惧以终始，其要无咎”，意即办事要有始有终，凡事小心谨慎，才能不犯错误。所以，中国社会从古至今，都普遍反对极端主义、冒险主义，而哪怕这种极端行为的背后可能蕴含着重要的创新与进步。当这种社会思想折射到经济领域之后，就使得中国古代的店铺理财、财务管理等也同样具有了非常明显的稳健主义的色彩。其中尤为典型的就是“量入以为出”、“细水长流”的思想。这和现今国际会计准则中稳健主义原则的价值取向具有高度的切合性。

6. **仁义文化**

仁义是中国传统社会对于读书人的最高道德要求。比如，在中国古代社会中，文化人和商人都普遍供奉“关公”。由于古代的会计职业者无论是以账房先生，还是以管家等身份出现，其都是文化人，自然他们也就要受到这种道德规范的约束。所以，仁义成为中国传统社会中会计职业道德的重要组成部分之一。而且“仁义”除了社会伦理层面的“杀身成仁，舍生取义”等教化作用外，事实上也确实具有和会计职业相关联的内在含义，或者可以从会计职业的角度做出相应的诠释。按照《礼记曲礼上》的解释，“道德仁义，非礼不成”，其基本含义是指仁爱、正直与无私。在这种观念下，强调人的道德修为和情操历练，宣扬“银钱如粪土，仁义值千金”的人生信条。从今天会计职业的角度来理解，它要求会计人员要秉持客观公正、无私仁爱的职业理念。这些价值观念事实上不仅包含了我们今天所倡导的“廉洁自律、客观公正”的会计职业道德的全部内容，而且还要高于它的道德水平要求。可以说，如果会计人员在职业行为中能够做到“仁义”的道德要求，那么是绝不会出现目前诸如做假账、舞弊、贪污等行为的。因为这些行为均属于不仁、不义之举。

不过，这里需要说明的是，中国传统文化中的“仁义”道德观并不排斥对于利益的要求。相反，“仁义”的本质就是为了追求利益。《左传》讲“义，利之本也；利，义之和也”。犹如孟轲之师孔伋所言：“仁义原本就是利益，上不仁，则下无法安分；上不义，则下也尔虞我诈。”另外，《易经》中也说：“利，就是义的完美体现”。只不过这里的“利益”是指集体利益而不是个人利益。因此，作为会计人员，为集体利益而努力属于“仁义”的范围，但是如果为了个人利益而有损集体利益，则就有悖于“仁义”的道义精神。

三、中国传统会计文化的基因缺陷

世界上没有哪种文化是完美无缺的。尺有所短，寸有所长。中国传统文化包括会计文化在内自有其优点。这是中华文明绵延五千年而不绝的主要原因。但是，中华文明也几次几乎近于灭绝。自然也有其缺点。这方面，我们没有必要把中华文化塑造成“高、大、全”的形象。言及古代文化，必称优良传统。相反，我们应该以“刮骨疗毒”的心态，对中国传统文化进行哲学层面的反思，找出传统文化中显性或者隐性的文化基因缺陷，并加以克服和缓解。我们认为，这才是对待中国传统文化的正确史观。因为21世纪的竞争，就宏观层面上讲，将主要是不同的文化和不同文明体系之间的竞争。在新的发展和竞争格局下，从与西方基督教文化、中亚穆斯林文化等相比，中国传统会计文化无疑在如下方面是相对较弱的，或者是没有竞争优势的。这也是中国会计软实力至今在与西方主要发达国家的竞争中落于下风的重要原因之一。

1. 竞争意识较弱

在文化与权力并由此而延伸出的竞争力关系问题上，文化主义学者与社会学家其实早有关注。比如，西格蒙德·弗洛伊德就认为，文化具有强制性的力量，是获取权威和权力的一种手段，而且通过文化所获得的控制力通常具有更加的深刻而长远的效果。马克思·韦伯在其论著中也曾谈到，加尔文教的救赎预定论、伊斯兰教的前定论、佛教的遁入空门以及印度教的轮回信念等文化思想都在经济发展和分化中起着重要作用。目前，在国际会计界，美英国家具有主导权。但是，他们的主导权并非全部都来自于他们的经济实力。因为，如果按照经济实力来分配权力，中国以世界第二大经济体、日本以世界第三大经济体的地位理应得到与之相应的国际话语权。然而，事实上并非如此。比如，在目前世界会计职业组织如国际会计准则委员会（IASC）中，除1993～1995年的主席由日本人Eiichi Shiraton担任外，其余皆是英美等西方国家的人士，即使是该组织委员的成员也是这些英语系文化背景的国家占有绝对的优势，而非英语系文化背景的国家明显居于劣势。从文化角度理解，这实际上是英语系文化这种霸权文化、强势文化的结果。换而言之，国际会计界的权力秩序与文化竞争力的秩序是相互一致的，但是和经济实力的秩序并不完全一致。

竞争，一定意味着利益之间的冲突和争夺。因为从根本上讲，竞争主要源于资源的相对稀缺性。在中国传统社会中，由于受“和合”、“谦和”思想的影响，社会的主流价值观是主张戒急用忍，韬光养晦，和气生财，以避免相互之间的冲撞。现代看来，这种文化观念在同一文化系统内是有利于相互之间的和平共处的，而且在某种程度上也可以实现相互之间的妥协。但是，当遇到不同文化体系之间尤其是面对攻击性和强势文化时，它容易导致竞争意识减弱，在竞争中主动避让，以至于放弃自身的利益诉求来换得息事宁人的结果。这就很容易使得在竞争中处于不利的地位。

2. 冒险精神不强

在文化价值取向上，冒险与创新具有相同的方向，而与中庸、稳健则反向。在现实社会里，单纯绝对的冒险或者中庸都是比较少见的。更多人会试图在冒险与稳健之间求得最佳的平衡，但实际上这是不可能的。所以，文化结构主义者一直认为，在最后形成的文化类型中，往往要么是稳健大于冒险，要么是冒险大于稳健。而中国的古典文化和传统的会计价值观大体上就归属于前一类。这主要源于中国传统价值观中对于个体主义的抑制和对于集体主义的张扬。因为个人主义意味着与众不同，暗含着冒尖与突破，而集体主义则意味着与群体多数水平保持一致，避免与现状拉开大的距离。这种思想在中国目前仍然属于主流价值标准。比如，在我国社会中，“走一步看一步”、“摸着石头过河”、举办各种试验区等等，都是这种思维方式下的选择结果。在会计领域，我国会计制度改革所走的也基本上属于这种路子。但是，这种价值取向容易在竞争中陷入跟踪战略的陷阱，很难实现大的跨越性发展。这对于像中国这种处于竞争相对劣势的国家来说，是致命的文化弱点。

3. 科学性探索不足

中国古代文化非常强调技艺和实用主义，但是缺乏进行理论探讨的热情和进行严密的逻辑分析的习惯，结果使得在古代中国的很多领域中都只有技术而没有科学。对此，李约瑟（Joseph Needham）曾经从科学的角度考察过中国传统的儒学文化传统。其在《中国科学史》中认为，在古代的中国，只有天文历法由于农业种植的需要而受到重视，属于正统科学，而其他的科学探索是不存在的。形成这种现象的主要原因则是在于，与中国儒家文化相适应的官僚集权不可能产生精准性和标准化的管理要求。应该说，这种论断虽然可能因为对于中国古代文化的判断谬误而存在一定的偏颇，但是，却是和古代中国的基本事实是相互吻合的。比如，在古代，中国产生了"四大发明"，却没有人系统性地从学理上探讨其科学的原理；又比如，中国古代的文人可以为写好一句诗、填好一个词而夜不能眠，苦苦思索，留下了很多优美词章，却很少有人对于科学研究报之以热情。这在一定程度上是数学、物理学、化学之所以不能在中国首先出现的重要原因。时至今日，在我国会计研究领域，我们对于问题表象的观察和总结仍然很多，但是这些总结并没有上升到理论高度，没有形成基于中国情境和中国文化的理论成果，说明在学理性的研究上也依然是比较欠缺的。再比如，我国在20世纪50年代就有了"大庆精神"，但是我们却没有提炼出中国自己的企业文化理论；我们有"鞍钢宪法"，却没有形成中国自己的成本控制理论与方法体系。这些现象背后所折射出的绝不仅仅是制度与体制的问题，而是在更大程度上说明了中国传统文化形成的思维方式继续在禁锢着中国人对于解决问题的思考习惯，以及对于原始性、探源性的科学研究精神的严重不足。

4. 缺乏对规则的充分尊重

会计是维护产权制度的一个工具。进一步讲，它是社会经济系统中的交易制度、分配制度、权力配置制度等发挥作用的保障条件。现代会计中对于资产、负债、权益、收入、费用及利润的确认、计量与陈报，于企业内部而言，这些信息是管理的需要；而站在整个社会经济系统上讲，它是各种制度得以贯彻和运行的基本保障。大家的利益和权益都是依靠会计系统来计量和配置的。因此，会计既是广泛意义上的产权制度的一部分，也是产权意识逐步加深和产权制度渐次演化的必然结果。对此，美国著名会计学家利特尔顿曾指出，对于私人产权的保护是系统化的复式簿记出现的前提条件之一。因此，对于一个社会来说，规则意识越强，会计就越发显得不可或缺。然而，令人遗憾的是，在整个中国古代社会中，规则意识和对于规则的尊重都是比较欠缺的。所以，古代的中国人都把公平寄托于像包公这样的清官上。同时，对于穿着公平外衣而内含打、砸、抢、掠的《水浒传》中的英雄人物却充满了崇敬。既然不需要规则和制度，社会财富的分配与再分配可以依靠权力、拳头来实现，那么会计所提供的信息就真的不那么重要了。这也是现代会计学科之所以不能在中国出现的重要社会原因之一。在今天的社会中，虽然司法层次上的法律制度已经建立并得到了有效实施，但是，低于司法层次的广泛分布于社会经济各个领域的控制制度、交易契约、企业章程等仍然存在着大量不被遵守的现象。尤其是"变则通，通则生财"、"上有政策，下有对策"、"见到红灯绕着走"等显然有悖于规则契约精神的行为信条，仍然充斥着社会的各个层面。

四、会计文化创新与会计软实力提升路径

从历史发展的宏观大局来看，文化的传播和经济实力的扩散在方向上是完全一致的。在中国历史上，10世纪的中国经济实力位居全球之巅，中国传统文化也随着经济实力的扩散而影响到日本、韩国、越南等东南亚国家，形成了今天的儒家文化圈。与此同时，文化传播又会反过来助推经济实力的增长。所以，经济与文化永远是一对相伴而且又相互提携的孪生兄弟。

今天，中国会计面临着企业内部如何提升管理水平、对外如何提升国际竞争力的双重使命。其提升的基本途径，无怪乎软、硬两手。硬的一手自然依赖于中国经济的高度发展和足够的经济总量，而软的一手则需要中国会计文化的传播与创新。对此，我们认为，在路径上需要沿着四个方向努力。

第一，加强对会计战略文化的研究。战略文化研究在西方国家兴起于20世纪70年代。其主要的关注点在于战略文化对国家行为选择的导向作用。通过研究他们发现，战略文化可以通过群体认知、偏好和政治程序而影响一个国家战略计划的制定。换而言之，文化具有政治效果。战略文化是国家竞争战略的重要影响变量，是服务于国家竞争战略的。战略与文化之间的内化程度越高，文化越带有战略倾向和意图。就此理解，目前在国际会计领域，美英等国家的主导权在一定程度上其实是来自于文化霸权的利益攫取。在文化与战略的配合方面，西方国家的经验做法非常值得我国借鉴和学习。在我国未来的会计国际化发展战略中，应该把会计战略文化的研究放在重要地位，从文化角度提出帮助中国会计师行业、会计学术界走向国际舞台的有效政策。

第二，做好会计文化的融合创新。在文化创新中，融合创新是最重要的一种创新形式。从历史上看，一种文化的蜕变主要是通过和其他文化的融合、碰撞实现的。在这个过程中，常见的方式是单向的文化流动，即强势文化向弱势文化进行输出，弱势的主体文化通过吸收其他文化的优秀成分，同时淘汰落后的部分，以此实现自身文化的革故鼎新。这里，文化融合的前提是文化的开放。目前，在会计领域，我国需要进一步的对外开放。不仅是会计准则体系、会计管理技术、会计研究方法等技术层面上需要吸收引进，而且还要勇于接受诸如“用户利益至上”、“实用主义”、“创新求变”、“公允性”、“社会责任”、“社会正义”等代表着未来会计发展方向的先进会计理念、会计思想。当前会计领域国际之间的交流，技术与方法层面的障碍已经逐渐减弱。不同国家对于国际会计准则的接纳或拒绝的态度，主要来自于相互之间的文化认同，明显地具有文化的群体性和差异性。比如，有研究结果表明，隶属于英美文化背景的国家就更容易接受国际会计准则（潘爱玲等，2012）。在目前跨文化的国际竞争中，我们应逐渐减少对于“特色”的过分强调，避免采用中西方文化“二元对立”的态度，积极融入国际会计文化体系。因为只有积极融入国际，才能影响和改变世界。对于中国来说，国际会计准则的等效与趋同过程，应该是国际会计准则同中国传统文化相互结合，创生某种新型会计文化的过程（王开田、胡晓明，2006）。

第三，做好会计文化的继承创新。继承创新是文化实现蜕变的另一种形式。这种文化进步的动力不是源自于外来文化的竞争挤压，而是形成于内部发展的文化需求。中国会计文化在继承创新方面，前述所讲的优秀传统文化自然需要继承。但是，仅有这些还不够，还必须进行会计文化创新。而会计文化继承创新的关键是在上述前提下进一步加强会计文化中的发展意识、竞争意识、规则意识和对于科学精神的培养。在具体做法上，可以把这些文化元素植入到会计职业道德规范之内进行反复地教育与强化，最后固化到会计人员的行为当中，转变成会计人员的自觉行为，使会计人员的职业形象由原来的讷于言语、谨慎保守而转变成为积极进取、科学严谨、阳光活跃的职业形象。

第四，做好中国会计文化的推介。植根于历史传统之中的中国会计文化具有典型的东方文化的特质，其与以基督教为核心的西方会计文化形成互补性，且同样有着迷人的文化魅力。但是，目前我们所缺乏的，一是对于中国会计文化的系统提炼和总结；二是对于中国会计文化的国际推介。由于前一个缺乏，使得中国会计文化只有含糊的概念而没有明确的内容；由于后一个缺乏使得国际会计界没有认识到，甚至怀疑中国是否具有自己独立的会计文化。针对这两个问题，我们认为，我国一方面需要加强对于会计文化的理论研究，提炼出具有中国本土特质的高雅的会计文化，使会计成为具有高雅、精致、积极文化的职业。这方面，我国目前做得还远远不够。因此，在大家眼里，会计只有算账的技巧而没有文化，而且更多时候我们自己也没有意识到对于会计文化的形象塑造。比如，在一些学术殿堂、理论研讨会上经常有一些学者以“某某教授牛×”来调侃和捧场，显得低俗而有失风雅。另外，即便是我国学者在 AR、JFE、JAE 等国际顶尖刊物上发表的论文，也多以中国财务会计的不好或者露丑来取悦于这些刊物的编辑（杨雄胜，2012）。在这种近乎于自残的文化氛围下，会计很难成为令人向往的高尚职业，会计人员也难以聚起自己的“精、气、神”，树立起自己的文化自信。而在西方国家，他们的会计文化之所以彰显、明确而充满魅力，就在于他们对于会计文化的研究、凝练与维护。在这些国家的文学作品和媒体形象中，会计人员是喝着鸡尾酒、穿着燕尾服的风度翩翩的高雅的职场成功人士。对于会计理论与会计文化的研究，他们更是不遗余力，对此哈里·克拉克·本特利曾赞美说，19 世纪上半叶会计作家的贡献要超过下半叶的作家们的贡献。另一方面，我们需要借助于孔子学院、国际会计会议、国际学术期刊等平台积极推介中国的会计文化。文化的交流与融合，虽然常见的形式是强势文化向弱势文化的输出，但是，它有时又是双向的，是可以相互转化、互为体用的。目前，随着中国经济硬实力的增强，再加之于中国五千年的文化底蕴，中国会计文化也具有自己的潜在优势和竞争力。只是之前我们疏于向外推介罢了。现在，在经济全球化、理论研究国际化的推动下，中国会计与国际会计界的联系不断加强，国际话语权、影响力不断提升（王军，2012）。国际会计界已经感受到来自于东方古国的力量和声音。我们有理由相信，随着中国经济实力的增强和中国文化影响力的进一步扩大，中国会计文化的繁荣和复兴是可以期待的。

主要参考文献

［1］喻梅：《中国近代两种会计制度长期并存的经济社会原因分析》，载于《甘肃社会科学》2009 年第 5 期，第 36 ~ 40 页。

［2］刘永泽、王觉：《复式簿记在中国发展的回顾——纪念帕乔利的复式簿记著作出版 500 周年》，载于《会计研究》1994 年第 3 期，第 43 ~ 45 页。

［3］余秉坚：《论会计改革》，载于《会计研究》1994 年第 3 期，第 12 ~ 22 页。

［4］葛金芳：《两宋社会经济研究》，天津古籍出版社 2010 年版，第 12 页。

［5］郭道扬：《会计史研究》（第三卷），中国财政经济出版社 2008 年版，第 36 ~ 37 页。

［6］葛家澍：《会计·信息·文化》，载于《会计研究》2012 年第 8 期，第 3 ~ 7 页。

［7］潘爱玲等：《文化对会计的影响：文献书评及未来研究展望》，载于《会计研究》2012 年第 4 期，第 20 ~ 25 页。

［8］王开田、胡晓明：《中国会计国际化与国际会计中国化的文化思想》，载于《会计研究》2006 年第 7 期，第 72 ~ 77 页。

［9］杨雄胜：《中国会计理论研究应有历史使命感》，载于《会计研究》2012 年第 2 期，第 18 ~ 23 页。

［10］王军：《继续解放思想，坚持科学发展，实现从会计大国向会计强国的迈进》，载于《会计研究》2012 年第 3 期，第 3 ~ 14 页。

［11］马小红：《输出与反应：中国传统法律文化的域外影响》，中国人民大学出版社 2012 年版，第 33 ~ 36 页。

［12］张正明：《晋商与经营文化》，世界图书出版社 1998 年版，第 55 ~ 60 页。

［13］李晓燕：《中国主流文化的战略导向》，世界知识出版社 2011 年版，第 70 ~ 81 页。

[14] [美] 约翰·R·霍尔著，周宪等译：《文化：社会学的视野》，商务出版社 2004 年版，第 20～27 页。

[15] [美] 加里·约翰·普雷维茨等著，杜兴强译：《美国会计史：会计的文化意义》，中国人民大学出版社 2006 年版，第 105～122 页。

超然主计制度与卫挺生

李宏健

【关键词】混一组织　会计独立　联综组织　主计　超然主计　主计处　行政三联制　卫挺生

一、超然主计制度及联综组织之缘起

中国自古以来，公务机关一向采用“混一组织”，又称为一条鞭组织，即各机关行政长官，不但主持机关内部之一切事务，且全权任免进退内部之一切人员。除上级机关有权监督外，机关内全由一人独裁。而上级机关监督之权，又鞭长莫及，形同具文。因而弊端丛生，不仅无以综核名实，且财务方面造成不廉洁及贪污之局面。任用私人串通朦蔽，成为普遍现象。清朝之亡，胥由于此。

国民革命军北伐之初，鉴于公家机关“混一组织”之流弊，理财人士，乃有“会计独立”之主张。

1927 年，国民政府在南京成立，财政部即厉行“会计独立”制度。凡财政部所属机关之会计人员，皆由财政部直接招考派充，并直接掌管其任免迁调，对其机关首长为地位超然之事务官，此为打破“混一组织”之第一步。

当时颇期望各机关之会计主计，利用其“超然地位”，减少该机关财务上之弊端。但是实施之结果，远不如预期，查其原因，不外下列几种：

各财政机关之首长与会计主任均隶属于财政部，机关首长为部长之亲信，而会计主任仅有财政部之会计司长为其奥援。双方若发生争执，所牺牲者十之八九为会计主任。故其地位名为超然，实际上并不能超然。

审计机关未采用就地审计，而仍采用北洋政府之送请审计。会计主任既处于孤立无援之地位，又无人从旁监视。若抗争，则难达目的。若放任，亦无人督责。为避难趋易，自不得不放任。

因贪污成为风气，而舞弊者本人又利多害少，会计主任若主持正义，则对其本人不利，大不如串通舞弊之有利。

由于上述原因，故国民政府成立之初，立法院财政委员会同人，即主张进一步之改革。要点如次：

一切机关须打破“混一组织”，改用“联综组织”，才能减少弊端，防止贪污。

不但各机关之会计人员要超然，其估计“预算”者亦须超然。

为达到上述目的，主张各机关办理预算、决算、会计、统计之人员，应隶属于“超然”之专门事务机关，名之曰“主计机关”。其机关不能隶属于财政部。

为防止“超然主计人员”之玩忽职掌，及串通机关首长及部属，共同舞弊，应采用就地审计。

上述主张经立法院财政委员会议定后，国民政府即适聘美国专家多人，组织财政设计委员会，即所谓甘末尔顾问团（Kemmer commission）者，经交换意见后，认为财政委员会之主张十分妥当，而所主张之“联综组织”，尤合于时宜。此外，该团并主张设置超然审计机关及出纳机关。此两点亦为财政委员同人采纳。此案全部经中央接受，故1929年设置主计总监部及审计部案。以后主计总监部缩小为“主计处”。

二、超然主计制度之特质

（一）联综性

1. 机关内部四类人员之联立综合

联综组织系为救济传统行政机关“混一组织”之弊端，而创立的一种公务机关组织方式。就横的方面观察即在发挥同一机关内人员分工合作之精神，使各机关之行政、主计、出纳、审计四种职务，各成一个系统，独立行使其职权，使能互相制衡又互相合作。一方面在防止财务上之弊端，另一方面又须互相辅助收动作敏捷之效，将各机关属于财务之事项，划归会计、出纳、审计人员办理，俾各机关长官得专心处理行政事务，其行政效率自然增高：（1）在各项收支程序开始以前，由会计人员依据主管长官之行政计划编制预算；（2）收支事项发生时，由会计人员记账，并整理收支凭证，送交驻在各机关之事前审计人员查核；（3）由代理公库之银行或金融机关，执行出纳事项；（4）收支终结后由会计人员编造及决算，分别送审计机关审核，或送驻在该机关之审计人员查核。每一财务事项之处理，须经多数人员之手，自可减少舞弊机会。盖在此组织之下，四系人员之利益处于相反地位，利用其各人自保心理，而达成互相制衡，监督财务之目的。

2. 机关外部四个系统之联综组织

如就纵的方面观察，则整个财政制度亦分为联立综合之四大系统：（1）行政系统——即命令系统：在中央为财政部，其职掌在拟定财政计划，执行预算，发布收支命令。（2）主计系统：在中央为主计处（下分岁计会计统计三局）；在各机关主计人员依法受驻在机关长官之指挥，办理各该机关之岁计会计统计事项。（3）公库系统——即出纳系统：在中央为财政部，以银行或金融机关为代理机关；其职掌则为办理各机关现金证券票据之出纳保管移转及财产契据之保管等事项。（4）审计系统：审计机关在中央为审计部，各机关则设审计人员；其职掌为监督预算之执行，核定收支命令，审核计算决算，稽查财政上之不法或不忠于职务之行为。行政系统所执行者乃财务之具体活动，主计系统所执行者乃财务活动之规范与记载，公库系统所执行者乃财务活动之越权与违法之防止，审计系统所执者则为对于财务活动之稽核与纠正。综合纵横两方面之观察，在联综组织下的公务组织：“行政、主计、审计、出纳人员之组织分成四个系统，各有其主脑组织。因而各机关人员，分之则成纵的系统，合之则各成一个横的办事机关。”这种组织既能互相制衡，又能互相辅助，联立并存而又合作无间，成为一个完整而有效率的组织。

（二）连环性

1. 岁计、会计、统计的连环运用

主计三联制内部之连环性：超然主计制度综管岁计、会计、统计三者，岁计、会计为整饬

财务管理之机构，统计为拟订施政方针之依据，三者相互关联，不可或分，其因果关系有如连环（即统计产生岁计；岁计产生会计；会计又复产生统计），必须根据统计资料拟订施政计划，根据施政计划，编制预算；根据预算，办理会计；根据会计记录，制成决算报告，因以产生统计报告，再根据报告察知政事之进展，又再据以编造未来之施政计划及预算，此种周而复始之关系，吾人称之为主计三联制，亦可称之为岁会统三计之连环性。卫挺生先生曾说："凡由政府机关办理之统计，均于政府所管之政务或事务有直接间接之关系。政事之设计，均有赖于统计为参考之资料，故统计为一切政事计划之根据，而政事计划又为各政事预算之根据，各政事之预算又为各机关执行预算之根据，各机关预算之执行又为会计之根据，会计之报告与政事实施之报告又为一部分统计之根据。故统计产生岁计，岁计产生会计，会计又产生统计。执统计可以观岁计、会计之虚实，执岁计会计亦可证统计之当否。三者相为因果，互为体用，正如连环之不可破割。"

2. 主计三联制与行政三联制的密切配合

抗日战争期间，为提升政治经济建设效率，曾大力推行行政三联制，即一切政治经济设施，必须经过设计、执行、考核三个程序；换言之，无论举办何项政事，在事先必须有周密之设计；计划设定后必继以严格之执行；执行后并施以公平之考核。无精密之设计，则无进行之方针；无公平之考核，则不知执行之进度；而如无严格之执行，则设计与考核均无意义；故此三者必须互相发生密切联系，并须具有日新月异之改革精神，方能迈入政治革新与经济发展大路。亦可谓计政与行政相辅而行的。行政设计，需用计政之统计。因行政之计划而编成计政之预算。在行政执行计划时，计政方面就有执行预算之会计记录。而结束会计之决算报告及公务与工作之统计，又成为行政考成之根据。所以行政三联制是始于计政而终于计政。主计三联制与行政三联制既有如此密切关系，所以当时有人主张二者应当贯通起来互为表里配合运用。以发挥最大效能。尤其在行政三联制之实施中供给设计之材料，表现执行之进度，确立考核之根据，盖其目的即在"使以后的设计有数字，执行有数字，考成有数字"。

（三）超然性

1. 主计组织的超然

主计制度设计之初，即有鉴于1927年财政部为杜绝贪渎整饬政风试办会计独立之失败，最主要原因在会计机构属于财政部之下，对业务之推展及人员之调派，均窒碍难行，咸认为预算制定，系属最高行政机关之权责，为符合此种精神，必须提升主计机关层级改隶于最高行政机关之下，始能发挥预期之功能，故原计划于国民政府内设主计总监部，后虽为缩小规模改称国民政府主计处，仍是超越各院部而为国民政府之重要幕僚机构之一，三十七年行宪后，于最高行政机关之行政院设主计部，隶属虽有变更，但主计机关依法所办理预算、决算、会计、统计等业务之职掌并无更张，不仅行政院属各级机关的主计组织受中央主计机关的指挥监督，主计人员的任免迁调受中央主计机关直接或逐级授权原则办理，抑且其他机关之主计组织、主计人员及主计业务，亦受中央主计机关之指导管理，充分保持主计组织超然之功能。

2. 主计人事的超然

主计人事超然，是落实超然主计制度的基本条件，因为办理会计人员必须超然，否则无以防止贪污浮报情事；办理岁计人员必须超然，否则难以避免预算估计的浮滥；办理统计人员必须超然，否则容易形成统计资料之浮夸不实，影响统计质量及岁计、会计之正确性。因之主计人员的任免迁调，训练考绩必须均由主计主管机关负责主持，使其能安心服务，不致受到所在机关长官之好恶及政局变动的影响，以发挥制度的功能。

3. 主计人员职责的超然

即主计人员办理主计事务时，可以超然克尽独立之职责。此点在历次修订会计法及统计法中均有明确之规定。主要精神在规范各机关主办岁计、会计或统计事务之人员，能固守其法定职责达成任务。主办会计或统计人员，如与所在机关长官因会计或统计事务，有不同意见时，由该管上级机关主管长官及其主办会计或统计人员处理之；其意义在使各机关办理主计事务的人员得以超然的立场，执行其法定的任务。主计人员依法虽然仍受驻在机关长官之指挥，但仍得保持一种客观的关系；因为主计人员虽然是在替驻在机关办理主计事务，可是他们同时也向主计机关直接负其责任。

三、卫挺生其人其事

中国之超然主计制度及联综组织，系由卫挺生所建立的。

卫先生，湖北省枣阳县人。字申甫（亦作深甫或琛甫），光绪十六年（庚寅年，1890 年）九月十六日生。十三岁时入童子试，获得冠军，十五岁时赴日本东京学习。次年返武昌学英文。1908 年以第一名成绩录取入两湖高等矿业学堂。1910 年入清华学校第一班。1911 年被派遣留美，入密歇根大学进修，两年后转入哈佛大学，主修政治经济。在美求学共九年。1920 年秋返国，历任南京高等师范、燕京、交通、中央政治学校财政系等教授，战时出长复旦大学经济系。因前任财政部部长古应芬之推举，以“财政专家”资格任立法委员，参加财政委员会，主持财政立法，在以后二十年之财政立法中，参与改造中国财政制度，创建中国计政制度，并任中央政治学校财政系教授。

在任财政委员会委员时，主持政府财务行政之两位大员为宋子文及孔祥熙。两人之性格不同，前者，亦为哈佛大学毕业，不能合作；而后者能与合作。前者不求稳定币值与物价，导致法币无限增发，物价飞腾；后者，统一纸币之发行，定名为“法币”，将全国各银行组成系统，但为消灭预算赤字，而发行美金短期债券，导致物价狂涨，而被免职。

1947 年，他放弃立法委员竞选。

1949 年，他居于中国香港，以教书糊口，并赴菲律宾讲学，任国立菲律宾大学之交换教授。在菲三年中遍游南北各岛，再游亚、非、欧三洲。1956 年赴美国麻省波士顿康桥市定居。

卫先生著作等身，诸如：

(1)《南美 A、B、C 三国利用外资兴国事例》

(2)《英法美三国（第一次世界大战）战时金融状况及战后复元各办法考》

(3)《财政改造》

(4)《中国今日之财政》

(5)《战时财政》

(6)《中国计政论》

(7)《主计文献》

(8)《中国现行主计制度》

(9)《徐福入日本建国考》

(10)《徐福与日本》

（11）《燕昭王之“大帝国”巨燕考》

（12）The Birth of Japan

（13）《周自穆王都洛考》

（14）《穆天子传今考》

（15）《卫挺生文存》

（16）《经野山房韻文唱和集》

（17）《驺衍子今考》

（18）《科学的山海经考》

（19）《英文美国世界政策建议案》

1930 年冬季，国民政府主计处将成立，为要造成主计之超然地位，规定国民政府主计长为特任官，蒋介石即召立法院财政委员（委员共五人）之委员邓召荫（棠，以字行，美国哈佛大学毕业），至总司令部便餐谈话，并告知欲以他出任创立之首位主计处而征求其同意。邓卻力辞之，并推荐卫挺生自代，其理由为他自己长年追随立法院长胡汉民，又为立法院财政委员会委员长，若由他出任主计长，变成立法院积极干涉行政院之财政，且为变相之胡汉民干涉蒋介石之财政计划，为避嫌而不担任。而卫挺生以往与胡汉民无关系，不至发生嫌疑，且“超然主计制度”是他之理想，也是他一手创立之制度，所以是最适当人选。返立法院后，即将此事告知卫挺生。

卫挺生闻讯，即往国民政府拜见文官长古湘芹（字应芬），说：“召荫为避嫌，也怕蒋、胡二人间之误会与不快，而力辞。并推荐挺生任其职，惟挺生亦为立法委员，与召荫对立法院与胡先生之关系，只有程度之不同。召荫避嫌，我亦应避嫌。”并推荐陈英士之胞弟陈其采（字蔼士，昔为革命军人，日本士官学校第一期步科第一名毕业，后任中国银行总文书，出为浙江中国银行副行长，北伐时，任国民政府浙江省财政厅长）。古先生回答说：“好极了，我立即向蒋主席推荐。”数日后，政府明令公布：

陈其采为国民政府第一任主计长，兼主计处岁计局长。

刘大钧（字季陶，江苏丹徒人，《老残游记》作者刘鹗之胞兄，自费留美，密歇根大学毕业，曾任立法院统计处长）、潘序伦（浙江吴兴人，哈佛大学商学硕士、哥伦比亚大学政治经济学博士）、秦汾（江苏嘉定人，北京大学数学系教授）、杨汝梅（字众先，河北滋县人，留美获得会计博士学位）、吴大钧（字秉常，福建闽侯人，曾任国民党中央党部统计处长）五人为主计官。

主计处下设岁计、会计及统计三局，各局设正副局长一人。陈主计长推荐潘序伦为会计局长，而宋子文嗣后又推荐秦汾一人。陈主计长将两人资料并呈，蒋介石因不谙会计，加以宋子文之力挺，蒋氏红笔一勾，将两人易位，以致秦汾成为首任会计局长；而潘序伦为副局长，由于会计局长不懂会计，外行领道内行，道致潘序伦任职不满半年即辞职。

主要参考文献

［1］郭道扬：《中国会计史稿》，中国财政经济出版社 1988 年第 1 版。

［2］卫挺生：《卫挺生自传》，中外图书出版社 1977 年 2 月版。

［3］卫挺生：《卫挺生文存》，远东图书公司印行 1973 年 6 月版。

新郑出土部分战国牛肋骨墨书账簿考

蔡全法*

新郑郑韩故城是郑韩两国之故都，1963 年被国务院公布为第一批全国重点文物保护单位，其位于新郑市区及其周围。北距郑州市 42 公里。1998 年 7 月，河南省文物考古研究所新郑工作站，在新郑郑韩故城东城中部偏西侧的仓城东北小高庄村西，郑国祭祀遗址东南部，配合基本建设考古发掘中，在 T642 东隔梁下发现一座圆形灰坑，编号 H2164。该坑口大底小，坑壁规整，坑底平坦。坑口直径 2. 88 米，深 1. 96 ~2. 17 米。因有隔梁，发掘暂留下东半部，先清理西边隔梁未压部分，在清理第二层时，发现十余根零散的牛肋骨，在清洗中发现肋骨上有墨书文字，打隔梁后又清理了坑的东半部。当清理至灰坑第二层时，在坑东北部又发现有二十余根牛肋骨，其中有九片散落在一旁，有十余片靠近东北壁堆放。为工作方便用木箱套取回工作站。至 2000 年，将起取的牛肋骨绘图、照相、编号后分层起取。该坑填土共分七层，牛肋骨位于第二层，距坑口 90 厘米左右。上部为近代路土所压，第二层土质较松，土色浅灰。在该坑中同出的还有陶片 17 袋，从器类看，陶片多为生活用器和建筑材料，还有少量的生产工具、兵器、石器和废骨料等。生活用器占比例较大，器形有壶、罐、盆、甑、釜、瓮、器座、盂、碗、钵、豆等。建筑材料有板瓦、筒瓦、瓦丁和井圈等。生产工具有砥石、陶拍、铁器残块，陶范等。兵器有铜镞，石器有玉圭、小石柱等。还出土有少量兽骨和曾选用加工骨遗弃的废骨料。出土各种器物和器物残片总量达 1 351 件块。[1]

据初步统计，灰坑 H2164 共出土牛肋骨 48 根，粘对连接后，成为 45 根。肋骨形状均较为弯曲，一端宽，另一端窄，宽差在 1 ~2 厘米之间。长度也都不相等。或长或短相差较大，最长的达到 29. 4 厘米，最短的残长 6. 4 厘米。有的肋骨两端留有刀具劈砍痕迹，也有不见刀痕的，似直接折断。用刀具劈砍和用手折断的肋骨是毛茬，无一例经修正。估计这些账册的选料不十分讲究，只是随便捡些食用后遗弃的牛肋骨废料，代作记账的载体。从出土的堆放情况看，这些肋骨是当时的处理者，丢弃于垃圾坑中，有的散落于一旁，有的横七竖八堆放在一起。这些肋骨较完整的有 23 根，缺损的 22 根。肋骨上或多或少有文字的 39 根，无文字的 7 根。整体骨质尚好，朽粉现象较轻。

墨书文字均为小篆体，多书写于肋骨的正背两面。书写方法，从文字较多的肋骨排列布局看，字体均为竖写，由左及右排列。文字较多的上下分 3 ~4 排。第一排在顶端，大概是账簿内容不同位置的编码，一行或两行一个编码。第二排在下是人名，物品名，数量和借贷记录。第三排又是人名，物品名及数量，领取数量或用项。第四排，多记用项，还有些肋骨账目上无编号的（或可能是文字脱落所致）。

---

* 蔡全法：河南省文物考古研究院。

一、出土部分牛肋骨账簿例举

H2164：43，牛肋骨略残破。是肋骨靠近脊椎端那一段，质地较硬，前端窄，后端宽，通体呈弧形，两端微上翘。细端由左向右下有一道破裂缝，通长 23.7 厘米，上端宽 4.4 厘米，下端宽 3.5 厘米，厚 0.01 厘米至 1 厘米。在肋骨正背面（内侧和外侧），用墨书有账簿记录内容。正面最上部大概是物品位置的编号。如“七十九”、“八十四”、“五十九”、“六十九”。另外多不是一条记录一编号，此一版共四个号，记录的内容却为七条。除八十四是单独照应一条记录外，其余三个编号都是一个编号下有两条记录。编号下是账簿所记人的姓名，还有物品名和数量，多数账目下还记有借贷记录。由右至左读，第一行“七十九，盲舒卤（纑）三束，方（别）束三貣（贷）分（肦），已（讫）”。第二行，“盲□卤（纑）二十八束，卤（纑）十九貣（贷），六束貣（贷）分（肦）。第三行，“八十四，蜀虎卤（纑）十六束，四貣（贷）分（肦）。六貣（贷）三十四束，已（讫）”。第四行：“五十九”下是两行，同姓同名，为“全”姓下人名合用一字。“全肰卤（纑）卄圑，已（讫）”。第五行“全肰卤（纑）二十九束，三貣（贷）分（肦），已（讫）。”第六行“六十九，□□卤（纑）三十圑，卤（纑）六束，束二貣（贷），已（讫）”第七行，“□建卤（纑）十束□□”。

该版下部由右至左，第一行：“成一壹取四十六束，取七束□□，取六束，已（讫）。”第二行：“事池比（庇）取十四束分（肦），已（讫）。”第三行：“桪人取十一束，已（讫）”。第四行：“集戊取卄束，已（讫）。”第五行：“赤（叔）□取十七束，已（讫）。”第六行：“屭予取□十一束。”

H2164：43 背面，上部宽端肋骨残断截面呈山字形，微露少量骨松质。左侧有一裂缝，呈弯曲状。下部断下来一近似三角形残块，分为上下两节，经粘合，整块裂缝仍较明显。所记账目分三部分，上部三行居右侧，中部二行居左侧，下部三行又居右侧。上部从右向左读，第一行：“□□卤（纑）□□□”，第二行：“全忻卤（纑）十二束，卤（纑）三十束，已（讫）。”第三行：“耶扬卤（纑）卤三十束，已（讫）。”中部（右读）第一行：“或十一束，已（讫）。”第二行：“余貣（贷）分（肦）四束，已（讫）。”下部（右读）第一行“逨赠取十一束，貣（贷）。”不同的是该行记录用粗笔由上而下拉一竖道，示意此记录取消。第二行：“陈缓取六束，已（讫）。”第三行，“运北取十束，已（讫）。”

H2164：42，该肋骨也是靠近脊椎的一段。略有破碎，经修复基本完整。下部中间偏右侧由上至下有一道粘合缝，背面中部碎成数小块，粘合后仍有较多的粘合缝，整体呈弧形微弯曲状。正面两端微上翘，上端宽，下端窄。左侧边沿较簿，右侧边沿略厚。上端的断开面，正面有刀砍痕，似砍后用手折断。背部半个骨壁断痕处露出有骨松质。下端似直接折断，在背面露出不多的骨松质毛茬。通长 20.3 厘米，上端宽 4.5 厘米，下端宽 3.9 厘米，骨壁厚 0.2～1.1 厘米。该骨版正面墨书账簿记录，横排竖书，多数尚清晰，中部因肋骨表面有朽粉现象，字脱落较多，最下部由于骨质较硬，吸墨性较差，也易造成脱落。所以下部文字更少。上端有四行编号，其下有八行账目记录。说明也是两行账目记录用一个编号。内容也是姓名、物名、数量单位，个别记有借贷事项，最下部为完讫文字。

右读，第一、二行编号：“八六七”号下第一行：“孙事卤（纑）十束，卤（纑）二、一十一、三十八束，已（讫）。”第二行：“宗敢卤（纑）九束，二二□□三□□□已（讫）。”第二行编号，“九十二”。号下第三行：“孙建卤（纑）九□三束，□□貣（贷）分（朌）已（讫）”，第四行：“慶虎卤（纑）三十六束□□□□一已（讫）。”第三行编号：“六十三”。号下第五行：“鄱舒卤（纑）十二貣（贷）□□□卤（纑）□□□已（讫）。”第六行：“全賊卤（纑）七一八□□□五十已（讫）。”第四行编号：“六□”，第七行：“□□□卤（纑）二十□□□□三束貣（贷）□。”第二行：“全□卤（纑）□三二□□余□□□。”下部文字多已无存，仅存右边半行：“□□□三十、三十四、一十五、二十二已（讫）。”

肋骨背面部账目所保留文字已不多，都在右侧，分上下两部分。循右读，上部编号已失。第一行：“鄱杙卤（纑）十二束，三□□”，第二行，文字脱落较严重，仅残存“□□卤（纑）二□，已（讫）”。下部右第一行字多脱落，“□□□三十二，已（讫）。”第二行，“韩□反取五十束，已（讫）”。第三行“□□取二十二、五十三，已（讫）”。

H2164：46，肋骨亦为弯曲状，土黄色。上下两端左侧略残缺，中部偏下曾断开，粘合后留下一斜向粘合缝。骨质尚较坚硬，正面的中部偏上和偏下侧均有虫触痕，背面满是由上而下，由右向左倾斜的细微砺磨痕。此肋骨亦是近脊椎部的一段，故下端窄，上端宽。正面面近平，左侧边略厚，右侧边较薄。肋骨是先用刀砍然后将其折断。正面下端留一三角形断茬，微露骨松质。上端也是经二次用刀砍，后将其折断。肋骨背面中部微隆起，上端折断时带下一三角形的骨壁，使骨内壁骨松质外露。肋骨通长20.5厘米，上宽0.4厘米，下宽0.34厘米。

该账簿记录正面所存文字已不多，主要在上部。字脱落后仅留较多的墨点。最上面的编号已脱落不见字迹。记录方法与以上数版记录方法相同，共残留6行。排列整齐划一。竖行横排。右读，第一行：“全□卤（纑）十□□□，”第二行：“全□□□□”，第三行：“全□（纑）二十□□□”，第四行：“□□□九□□□”，第五行：“亲（莘）徒□□束□□□”，第六行：“公尗（叔）货卤（纑）十四束，六貣（贷）□□”。在第六行外侧边缘处，有两个字，上部一字作“仒”，笔画不全，疑是“仓”字，下部一字已不清。肋骨背面无文。

H2164：40，肋骨基本完整。土白色，为肋骨近脊椎部的一段，上宽下窄，骨质尚好。正面有较多的弯曲细如发丝的干裂纹，上下两端均有刀砍痕迹。背面折断部位均留有不甚整齐的毛茬。部分在折断时留有毛茬。下端也是用刀砍两次，另一刀偏右且略偏前刀上部0.4厘米，刀口长2.4厘米，深0.1厘米。一刀偏左，刀口长2.4厘米，刀口深0.1厘米。左下残失一角。骨下端内壁微露骨松质。骨版左厚右薄，上宽下窄。在中部偏右侧自上而下有一道干裂缝，几乎与肋骨同长，细如毫发的干裂纹也比较普遍。肋骨通长8.4厘米，上宽5.4厘米，下残宽0.4厘米，左厚0.3~1厘米，右厚0.1厘米。肋骨正面仅存数字，布局与以上数版类似。书写方式是竖行横排，右读：编号“六（六）十四”。记录第一行“全安（安）□□□”。第二行“虒郘圢卤（纑）□□□□”。其余文字皆已无存。

背面文字排列方法与正面同。右第一行编号“□七”。记录内容已失，“□□□□……”第二行编号：“十九”。记录内容：“鲁□□□七束”。第三行编号已失，文字亦无存。第四行仅留一“卤（纑）”字。第五行存“十二”，第六行仅存“八”字。第七行存“二”字。第八行存“助□□□□二□□□”。

二、牛肋骨账簿释文

（1）H2164：43，肋骨正面上部账簿译文：

▲ □□七十九（一）旨舒（纳入）纑三束。（另纳入）别束三（为借贷赋（税），讫。（二）旨□（纳入）纑二十束。（又纳）纑十九束，还。（借）贷，六束（为）贷赋（税）。

▲ 八十四：蜀虎（纳入）纑十六束，（为）四（次）贷赋（税）。（又还）六（次借）贷三十四束，讫。

▲ 五十九：（一）全肰（纳入）纑二十束，讫。

（二）全肰（纳入）纑二十九束，（为）三（次借）贷赋（税），讫。

▲ 六十九：（一）□□（纳入）纑三十束，纑六束，（还）二（次借）贷讫。

（二）□建（纳入）纑十束……

（2）H2164：43，肋骨正面下部账簿译文：

▲ 成壹（支）取纑四十六束，（支）纑七束□□，（支）取纑六束，讫。

▲ 事池庀（支）取纑十四束，（应纳）赋（税），讫。

▲ 杮人（支）取纑十一束，讫。

▲ 集戊（支）取纑二十束，讫。

▲ 叔□（支）取纑十七束，讫。

▲ 夃予（支）取纑十一束。

（3）H2164：43，肋骨背面上部账簿译文：

▲ □□（纳入）纑□□□。

▲ 全忻（纳入）纑十二束，讫。

▲ 耶昜（纳入）纑三十束，讫。

H2164：43，肋骨背面中部账簿译文：

▲ 戓（纳入）纑十一束，讫。

▲ 余（纳入）贷赋（税）纑四束，讫。

H2164：43，肋骨背面下部账簿译文：

▲ 逨缯（支）取纑十一束，（借）貸。

▲ 陳缓（支）取纑六束，讫。

▲ 迖北（支）取纑十束，讫。

三、H2164：42，肋骨正面上部账簿译文：

▲ 八六七：（一）孫事（纳入）纑十束，纑二、一十一、三十八束，讫。

（二）宗敢（纳入）纑九束，二二□□三□□□，讫。

▲ 九十二：（一）孫建（纳入）纑九□束，纑□□□还贷赋（税）纑，讫。

（二）慶虎（纳入）纑三十六束，□□□□一，讫。

▲ 六十三：（一）鄱舒（纳入）纑十二束，还贷□，□□纑□□□，讫。

（二）全[illegible]（纳入）纑七十一，八□□□五十，讫。

▲ 六□□：（一）□□□（纳入）纑二十□□，□□三束，（还）贷□。

（二）全□（纳入）纑□三，二十一□，□□□余□□□。

（二）H2164：42，肋骨正面下部账簿译文：

▲ □□□三十、三十四、一十五、二十二，讫。

（三）H2164：42，肋骨背面上部账簿译文：

▲ 鄱杙（纳入）纑十二束，三□□□。

▲ □□（纳入）纑二□□，讫。

（四）H2164：42，肋骨背面下部账簿译文：

▲ □□□（支）取纑三十二（束），讫。

▲ 韩友（支）取纑五十束，讫。

▲ □□（支）取纑二十二、五十三（束），讫。

三（一）H2164：46，肋骨正面上部账簿译文：

▲ 全□（纳入）纑十□□□……

▲ 全□□□□……

▲ 全□（纳入）纑二十□□□……

▲ □□□九□□□……

▲ 莘徒（纳入）□□□□束，□□□……

▲ 公叔贷（纳入）纑十四束，六束（还借）贷□□……

▲ 仓□……

四（一）H2164：40，肋骨正面账簿译文：

▲ □□□，全安□□□……

▲ 六十四，邬玎（纳入）纑□□□□……

（二）H2164：40，肋骨背面账簿译文：

▲ □七，□□□□……

▲ 十九，鲁□（纳入）□□七束……

▲ □□，□□（纳入）纑□□□□……

▲ □□，□□（纳入）□□□□十二□□……

▲ □□，□□□□□八□□……

▲ □□，□□□二□□……

▲ □□，□助□□□□二□□□……

四、牛肋骨账簿相关文字考释

H2164：43，肋骨正面上部编号，右一作“[illegible]”，厘定为“七十九”。战国文字承袭商周文字，横道长，竖笔短为“七”。九字在新郑陶文中已出现过，字形类同。[2]第二行编号作“[illegible]”厘定为“八十四”。“八”之字形作为数码在周金文、钱币、陶文中屡见。八下之“[illegible]”，在商周文字中一竖笔，或在竖笔中间加小圆圈，或加点，具作“十”。“四”字在战国文字中有[illegible]、[illegible]、[illegible]、[illegible]、[illegible]、[illegible]、[illegible]、[illegible]、[illegible]等各种。第三行编号作“[illegible]”厘定为“五十九”。五在战国文字中有[illegible]、[illegible]、[illegible]、[illegible]等形。第四行编号作“[illegible]”，战国文字六，有[illegible]、[illegible]、介、穴等，[3]六下夹一棱点应为十。故厘定为“六十九”。

H2164：43，肋骨正面上部右读，第一行作“旨舍”，厘定为盲舒。盲为姓。新郑出土战国兵器窖藏中，有“八年盲令戈”。盲从口或从曰，盲声。此人与八年戈作者，同姓。魏兵盲，读芒，地名。《史记·高祖本纪·功臣侯者年表》索引：“盲，县名，属沛。”在今永成北。舒，甲骨文无，金文作“舍”或“舍”。新郑“十一年咎筈戈，作“舍”，[4]“工帀舒憙”。《说文》：“舒，伸也，从舍，从予，予声。一曰，舒，缓也。”（四下二）新郑戈铭，舒，为姓氏。《通志·氏族略·以国为氏》：“舒氏，亦曰舒鸠氏，子爵，偃姓，皋陶之后也。舒子平僖三年为徐所灭，子孙以国为氏。”这里用于人名。

H2164：43，肋骨正面第二行与第一行同为盲姓，名字不清。厘定为“盲□”。第三行作“蜀虎”，前一字缺笔画，疑是蜀字。蜀，甲骨文作“蜀”（明二三三）。金文作“蜀”（班簋）。甲骨文象爬虫目、身之形，为象形字。金文在虫身上加饰笔似人形。左下又加虫旁表示虫类。牛肋骨文字如果不缺笔，当与金文字形近似，也与甲骨、金文一脉相承。《说文》：“蜀，葵中蠶也。从虫，上目象蜀头型，中象其身蜎蜎。《诗》曰：蜎蜎者蜀。（市玉切）。”（十三上十八）晋玺蜀，姓氏。据《路史》：“帝喾封子支于蜀为蜀侯，自宜昌西南至蜀皆其地，张仪灭之。其后以国为氏。”天星观简蜀，古国名，今四川成都附近。后一字厘定为虎，甲骨文作虎（甲一四三）为象形字。全文作虎（番生簋），下部省作爪形。战国文字省简为人形，虎头变异甚短。列国文字变化都不甚一致，均带有地域特点。肋骨文字仍保留金文的特征。《说文》：“虎，山兽之君。从虍，虎足象人足，象形。（呼古切）虝，古文虎𧆞，亦古文虎。”（五上十八）肋骨文字蜀虎疑蜀姓名虎之人。

H2164：43，肋骨正面上部第四、五行。记录同一人，故书两个全姓用一名字。作“全𢻹”厘定为“全䏗”。全字古代所用较为复杂，金文作全亦作百。燕侯载簋有“全壴”。重金罍作百：“百卌八”。战国文字承袭金文，字转换构形不明。作全或百，全又与仝通。常见用法，数量词，兆域图全作百，“王后堂方二百尺”。楚玺百，姓氏。据《万姓通谱》为“春秋大夫百里奚之后”。《说文》：“百，十十也，从一百。数十百为一贯，相章也。（博陌切）百，古文百从自。”（四上九）。《康熙字典》：“全，古文全。”《玉篇》：“具也。”《周礼·冬官·考工记》：“玉人之事，天子用全。注：纯用玉也。”包山简全，读全。《谷梁·哀元年》：“全，伤曰牛。”又姓，侯马盟书、中山杂器，晋玺全，读全。为姓氏。全氏，据《鲒埼亭集·全氏世谱》：“出自周宫泉府之后，以官为氏，其后以同音通于全。”《韵会》：“吴有大司马全琮。”仝，《集韵》：“从缘切，同全。”《说文》：“全本作仝。”徐曰：“工所为也，会意。”《正字通》云：“字汇作古文全，不知全字古文作全。仝系全本字，非古文全字也。”由此可知，全字作姓氏，可读为百，亦可读全，又可读仝。这里用为全，为姓氏。后一字是人名，肋骨文字作“𢻹”，与楚简“𢻹”字相同（信阳一〇一）。“䏗肰𦫳色”。厘定为䏗，从月，弋声。月旁表示时间概念。䏗为曀之异文。《说文》：“曀，阴而风也。从日壹声。”简文“䏗肰”读“慨然”[5]。《礼记·檀弓》上：“练而慨然。”注：“尤悼在心之貌也。”《荀子·宥坐》：“孔子慨然叹曰。”“䏗”在这里显然是用于人名，为“全䏗”。

H2164：43，肋骨正面下部所见的姓名，右第一行姓名作“[古文字]一”，厘定为“成一”。成，甲骨文作[古文字]（甲三〇四八）。从戌（象斧形），从丁（象城邑形）会城邑与军械之意，城之初文。丁、成、城一字三分化。《说文》：“[古文字]，古文成，从午（十四下十）。”虽然战国文字承袭两周金文，但多见去繁就简之体。尤其是晋系货币文字多有省变，作[古文字]（货系一〇九四）、[古文字]（货系一一〇二）等。玺印文字作[古文字]（玺汇二六一四），肋骨文字亦属省变之例，亦与齐、燕、秦、楚各系文字都有异同。

成，又姓氏。见《通志·氏族略·以字为氏》：“楚若敖之后，以字为氏，僖二十六年，成得臣、斗宜申帅师灭夔。”肋骨帐簿“成一”，一即壹。《声类疏证》云：“壹为一。《士见礼》：‘主人答壹拜’，注：‘古文壹为一’。壹一古韵皆在壹部，本同音。”亦同义成一，因以下有取物的记录，当为人之姓名。

H2614：43，肋骨正面下部第二行作“[古文字]池[古文字]”，厘定为“事池比”。事甲骨文作[古文字]（甲四〇）。从史，上分叉分化为事。西周金文作[古文字]（盂鼎），春秋金文作[古文字]（秦公簋），战国文字承袭商周文字，但地域国属不同，文字多异形。韩属三晋，但在文字上并不完全同于晋系。字中旁从曰而不从口，韩国陶文亦如此。[6]《说文》：“[古文字]，职也。从史，之省声。（鉏史切）[古文字]，古文事。”（三下十）事从史，史亦声。史、吏、事一家孳乳，往往互用。这里用为姓氏，据《路史》、《姓苑》：“微子后有事父氏。”《潜夫论·志氏篇》：“宋事父氏，子姓也。”今人彭铎《潜夫论校注》：“事父即皇父，即皇甫。”《元和姓纂》：“皇甫，子姓。宋戴公之子充石，字皇父，子孙以王父字为氏。汉兴，改父为甫。”

池，水旁，考古所见多为竖划曲笔，旁点四点或三点作“[古文字]”，此字直接简化为“氵”，较罕见，夺水旁省变之先声。字左旁为“也”。故厘定为池。池《说文》无。《韵会》：“除音切，从音驰。孔安国曰：‘停水曰池’。”《礼·礼运》：“城郭沟池以固。”这里用于人名。

比，甲骨文作“[古文字]”（乙五〇七五）。从二匕，会相并之意。匕亦声。金文作“[古文字]”（班簋）。此肋骨文字为反书。《说文》：“[古文字]，密也。二人为从，反从比。（毗至切）[古文字]，古文比。”（八上十六）。楚有，“旆比当釿”，（货系四一七六）。新郑郑韩故城的大吴楼东周铸铜遗址，曾出土旆比当釿钱范。[7]比，读币。《史记·吴王濞传》：“乱天下币”集解：“币，钱也。”故亦读“旆钱当釿”。包山简比，读匕，亦作“[古文字]”。又比与俾通。《诗》：“克顺克比”，《乐记》引作俾，郑云：“俾当为比，声之误也。”比又通庀。《周礼·遂师》“庀其委积”，注：“故书庀为比”，郑司农读为“庀”。疏证：“遂师属地官”。今按《说文》无庀，有庇。《声类疏证》：“按庀即庇也。”《说文》：“庇，荫也。”匕庇比同声，本古韵衣部同音字。故比厘定为庇，为人名。此事为姓，池比（庇），为人名。

H2164：43，肋骨正面下部第三行“[古文字]”，厘定为“杒人”。杒，从木，特声，木名。《唐韵》：“徒得切。杒同樴。”樴，《集韵》、《类篇》：“从陟革切，音摘。”《说文段注》：“[古文字]，槌也。从木，寺声。各本作特省声。前人所改也，特又何声耶？樴即方言之植。”《礼·月令》：“具曲植。郑曰：植，槌也。”《吕览》：“作具挟曲，挟，读曰朕。三辅谓之挟，关东为之得。按高注，持即樴之误，得即樴之假字也。”《篇》、《韵》皆云：“樴作杒，一作植，朕本谓横者，高注：盖统言之耳。陟革切，古音在一部。”

盟书“植父”，（侯马三四七），作“櫃”或“櫃”，《说文》：“植户植也。从木，植声。櫃，或从置。”（六上十三）。即古代门外键门持锁之直木曰植。侯马盟书植或作置。櫝，姓氏。据《路史》：“越王后有植氏。”櫝从木，悳声，疑櫝之繁文。櫝亦作直，亦为姓氏。《说文》：“直，正见也。从乚，从十。（除力切）㯮，古文直”（十二下十九）。晋玺，直姓氏。据《姓苑》：“楚人直躬之后。”以上可知为梼持之本字，得之假借字。梼作梼，又可作植或直，可互用。梼即植之假借，为姓氏。人，甲骨、金文、货币、简文中多见，字形均无大差异，人在这里亦用于人名，称梼（植）人。

H2164：43，肋骨正面下部第四行，作“集戊”，厘定为“集戊”。甲骨文作集（前五·三七·七），金文作集（母乙觯），会群鸟在木之意。雥亦声。西周金文作集（毛公鼎），战国文字承袭商周文字，并渐趣简化。包山简“集戠”（二二六）作“集”，中山“集玉”（六一）作“集”。《说文》：“雧，群鸟在木上也。从雥，从木（秦入切），集，雧或省。”（四上十八）楚简“集戠”，读今戠，包山简“集易”为地名，肋骨文字集为姓，《姓考》云：“古有集国，即苻阳郡。”《千家姓》：“外黄族。”《汉书》：“外黄令集壹。”

戊，战国文字承袭商周文字。列国各系文字，变化不大，各系文字加亍为饰作戊（陈纯釜）。燕系文字斧刃作戊。横笔穿过曲笔作戊（鹰节）。楚系文字加丿作戊。战国时期戊多用于天干字和人名。这里集戊连用，当为人名。

H2164：43，肋骨正面下部第五行“尗□”，疑上为止，下为小之省。厘定为“尗（叔）□”。尗，金文（叔卣叔之偏旁），或作尗（克鼎叔之偏旁）。从小。（尗，豆颗粒微小），透纽、幽部，戈，透、定均属舌音，尗为戈之准声音。战国文字上伪似止形，下脱一点称小、小、尗等形。《说文》：“尗，豆也。”象尗豆生之形（七下一）。玺印作尗（玺汇一三九三），“宋尗”。赵玺“尗，少也”；少小一字分化。尗，少，都在透纽，幽部。幽，宵旁转。何况尗初文从小。《路史》：“颛帝后有叔氏，又曰，大岳后。”《姓纂》：“八凯叔连后。”《姓氏考略》云：“颛项之后名叔蜀，后以为氏。”又《韵会》：“鲁公子叔弓之后。”鲁文公少子叔肸，汉光武破虏将军叔寿，可证。这里所用尗，即叔，亦为姓氏，其人名因有缺笔，待定。

H2164：43，肋骨下部第六行“𢑏予”，厘定为“𢑏予”。𢑏、玺、印作𢑏（玺汇二五四八），“𢑏子”。新郑兵器作“𢑏”或“𢑏”。从尸，易声。𢑏，《广韵》羊益切，音亦。晋玺，𢑏读荡，姓氏。《姓考》：“出子姓，宋桓公御说生公子荡，其孙以王父字为氏。”这里所用以为姓氏，疑其读荡。与偒具为荡之异文。偒，从人易声，《玉篇》：“偒，直也。”《法言·渊骞》：“鲁仲连偒而不剬，蔺相如剬而不偒。”注：“古荡字。”《类篇》：“偒，侍郎切。”《说文》：“放也，又坦朗切，𡚶也。”𢑏、偒、荡，可互通。𢑏故当为姓氏。

予，春秋战国文字大同小异。有“予”（襄安君鈚）予，（䤈鼎、新郑陶文）。或作“予”，（𨑨予右官鼎），八为分化符号，从吕，吕亦声。为与吕区别，加饰笔“丨”作予、予。予为吕之准声首。《说文》：“予，推予也。象相推予之形（余吕切）。”（四下二）。《通训定声》“乃以物相授受之意”。亦作我，代第一人称。《诗·豳风》：“予未有家室。”又作给予、赋予讲。赐予，《诗·小雅》：“君子来朝，何赐予之。”这里的𢑏为姓，予用为人名。

H2164：43，背面上部右第二行，“全忻”，厘定为“全忻”。全为姓氏见上释。忻，韩国陶文屡见，亦作[illegible]，玺印作[illegible]（玺汇〇二七五）“[illegible]忻厶鉨”。楚简作“[illegible]”（包山简三四），“[illegible]忻。”《说文》：“[illegible]，闓也。从心，斤声。《司马法》曰：‘善者忻民之善，闭民之恶（许斤切）’。”（十下十）《韵会》：“从许斤切，音欣。”《史记·周本纪》：“姜嫄见巨人迹，心忻然说欲，践之。”又姓，五代有进士忻彪。韩陶文忻，人名，此亦然。

H2164：43：背面上部第三行“[illegible]”，邑旁有缺笔，厘定为“耶[illegible]。”耶，从邑，牙声。耶，地名，本指“琅琊”郡。《说文》乃指秦时琅琊郡，故琊从邑。后世变琊为耶。徐灏氏以为：“琊变耶者，俗书牙旁画从横相连便成也。”《玉篇》：“俗琊字。”《正韵》：“语助又疑辞。”又《增韵》：“父曰耶。”《古木兰诗》：“卷卷有耶名。”耶，疑其为姓氏，见《姓苑》。人名，厘定为“[illegible]”。

H2164：43，肋骨背面中部右第一行“[illegible]”，厘定为“[illegible]”，甲骨文作“[illegible]”（铁一一七·三），金文作“[illegible]”（哀成侯鼎），“勿[illegible]能[illegible]”。陶文作“[illegible]”（陶汇三·二八〇）“[illegible]者[illegible]”。《说文》无。从口，戈声。旧释或，何琳仪先生认为非是，可从。[8]货币武字所从戈，为“[illegible]”或“[illegible]”（货系五九五和五九六），可为旁证。《佩觿集》“[illegible]，各何切，音歌，地名”。齐陶[illegible]，人名。此处[illegible]疑为人名。“[illegible]十一束，已（讫）”疑即“[illegible]某人（纳入纑）十一束，讫”。

H2163：43，肋骨背面中部第二行，“[illegible]”，左有缺笔，厘定为“余”。余，最早见于甲骨文，无余字下二斜笔，金文出现加饰二斜笔，战国文字承袭商周文字，多加饰笔，作“[illegible]”（中山王方壶）“余智其忠[illegible]施”。为余。货币仍少见加饰笔，少虚剑则加圆点以饰，作“[illegible]”，“朕余名之”。《说文》：“[illegible]，语之舒也。从八，舍省声（以诸切）[illegible]，二余也。读与余同。”（二上二）郭沫若先生指余字：“其在金文，器属于西周作[illegible]，属于东周者，始从八作‘余’。”[9]王引之《经义述闻》云：“古声余予相近，施舍之音赐予也。”此借舍为予。予余古通，下八部重出，注文为余。余常作代词。陈肪簋盖铭“余”，为第一人称代词。《左传·襄公卄一年》：“余何爱焉？”余同馀，意为多出来的，剩下来的。如“余音绕梁”。亦用于姓氏。据《元和姓纂》：“余，《风俗通》云：‘由余之后，以国为姓，代居陕州’。”

此条余，疑为第一人称。“余[illegible]（贷）分（肦），已（讫）”可能是记账人自立的账目。若为姓，有姓无名，作为账目，似不能确指何人，多有不妥。以剩余讲，不知何所剩余？亦不妥。当然也不排除是人名的可能性。似当“我交贷赋四束，讫”，或“名余者交贷赋四束，讫”。解。

H2164：43，肋骨背面右读第一行，“[illegible]”，厘定为“[illegible]”。[illegible]，原字下有缺笔，当从止，来声，为逨之省文，“来去”之来的繁文。三体石经《文公》来作“[illegible]”。又《玉篇》：“逨，来也。”可知来、徕、郲、逨为一字分化。韩陶“[illegible]来”，读“以来”。《礼计·檀弓》下：“自上世以来，来之有舍也。”天星观简“来[illegible]”，读“来[illegible]”。《礼记·月令》：“论时令以待来[illegible]之宜。”这里用于姓氏。来，本作郲，子姓。商之子孙，食采邑于郲，因以为氏，其后避难去邑，成来。

矰，《正韵》：“咨登切，从音增。”《说文》：“矰，[illegible]也。从矢，曾声。”《玉篇》：“结缴于矢也。”《周礼·夏官》：“矰矢用诸弋射。”注：“矰高也，可以弋飞鸟。”《史记·老子传》：“飞者可以为矰。”班固《西都赋》：“矰缴相缠。”《吴越春秋》注：“矰短矢。韦昭曰矢名。”又《韵会》：“通做缯。”《三辅皇图》：“[illegible]飞具缯缴以射凫”注：“箭有纶曰缯缴，即纶也”。战国时期，列国文字有异同。楚系文字矰所从矢作羊（倒矢），与矢同意。包山简矰作“[illegible]”，（包山一六五）“登矰”。相公子矰戈作“[illegible]”，“相公子矰。”战国文字矰都是用于人名，此肋骨文字亦然。该行[illegible]矰人名及下有“取十一[illegible]（贷）。”可能是记录有误或不予立账，用笔从上至下划一竖道，表示此记录作废。

H2164：43，背面下部第二行：“[illegible]”，厘定为“陈缓”。陈，古文字多见，列国略有差异。从阜，东声。（东形变[illegible]）陈，東具在定纽，陈为東之准声首。陈旁东，由東演变而来，为一字之分化。姓氏，据《史记·陈世家》陈，先为国名，后为姓。又据《通志·氏族略·以国为氏》陈，妫姓，初封虞城，后封与陈，今周口市淮阳县，古称宛丘县，本太昊伏羲氏之墟，周武王克商，十求舜后，以备三恪，得胡公满，封于陈，以奉舜祀，子孙以国为氏。《战国策·秦策》：“荆王君臣亡走，东伏于陈。”即今河南淮阳县。肋骨所见陈亦当为姓氏。

缓，简文作“[illegible]”，（湖南一五）“阳缓”，或作“[illegible]”，（湖南一八九）“[illegible]缓”。又作“[illegible]”，（包山七六）“周缓”。从糸，爰声。缓为[illegible]之故。《说文》：“[illegible]，[illegible]也。从糸，爰声。（胡元切）缓，[illegible]或省。”（十三上十五）。缓，《玉篇》：“迟缓也。”《广韵》：“舒也”，《释名》：“缓浣也。断也，持之急，则动摇浣断，自放纵也。”《孟子》：“民事不可缓也”，疏“惟民事当急而不可缓也”。考古资料所见缓字，多为人名，这里亦如是，为陈缓。

H2164：43，背面下部第三行“[illegible]，厘定为“迒化”。迒，从[illegible]，亡声。亡旁，上加一点为饰笔，下从人。中山王圆壶“竹周亡疆”，亡作“[illegible]”，饰笔于人下。饰笔在亡字中十分常见。这里所见之亡旁为韩独有之特征。[illegible]旁亦较中山王器铭文字简化，作止省，中山王器铭作“[illegible]”，（中山王鼎）“而迒其邦”。迒，抚之异文。《说文》：“抚，安也。从手，无声。一日，循也。迒，古文从[illegible]，亡。”（十二上十四）。中山王器迒，读亡。《广韵》：“亡，灭也。”《古奇字》：“抚，古作[illegible]，安抚其众也。”厘作迒。又《字汇》：“逃去也。”亡、迒、芒同音为明纽，阳韵，可互用。无盬戈“亡[illegible]”，读“无盬”。地名。《史记·项羽本纪》：“身送三至无盬。”今山东东平东南。亡，无相通，典籍习见。无、亡阴阳对转。包山简“亡，姓氏，疑读芒。”《世本》：“伏羲臣有芒氏，初作罗，芒氏宜始此。”《潜夫论》：“芒氏齐敬仲后。”《姓氏辩证》：“商王帝芒之后。”又包山简“亡愄”，读“无畏”，人名。迒为无之假借。今疑其为姓氏，即芒之假借字。

化，甲骨文作“[illegible]”（佚存二二一五），为双人一正一倒组合体。何琳仪先生认为：“会生死变化之意。”[10]春秋金文作“[illegible]”（中子化盘），陶文作“[illegible]”（陶汇三·八七）“[illegible]匋里化。”货币文作“[illegible]”（货系四五六布空），《说文》：“化，教行也。从匕，从人。匕亦声（呼跨切），变也，从倒人（呼跨切）。”（八上十五）《增韵》：“凡以道业诲人谓之教，躬身以于上，风动于下谓之化。”《老子·道德经》：“我无为，而民自化。”又货贿贸易曰化，《书·益稷》：“懋迁有无化居。”《释明》：“火化也，消化万物也。”这里用于人名，迒化，疑即芒化。

H2164：43，肋骨正面下部，共八见，作“[illegible]”，厘定为“取”。取在甲骨文、金文、玺文、帛书、简牍、陶文中习见。从又、从耳，会意割取人耳之意。字偏旁多为左右结构，个别为上下结构。肋骨墨书文字为左右结构。《说文》“[illegible]”，捕取也。从又，从耳。《周礼》获者取左耳。《司马法》说：“载献聝。聝者耳也。（七庚切）。”（三下九）晋玺取（玺汇三三三八）“取女”帛书取，读娶。《易·需》：“勿用取女。”楚简、取（包山简八九）读緅，姓氏。緅訾，辰名。据《路史》，为古之天官，因以为氏，这里用于取卤束之取。

H2164：42，正面第二行：“[古文字][古文字]”，厘定为“宗敢”。宗，甲骨文、两周金文、战国陶文字形无大变化，从宀，从示，会宫室内设祭坛之意。

新郑在20世纪80年代出土陶文已有发现。[11]《说文》：“[篆文]，尊祖庙也。从宀，从示。（作冬切）。”（七下六）庙堂祭器，楚金文“宗彝”，当指宗祭器。《书·益稷》：“宗彝藻火粉米。”《传》：“宗庙彝樽。”又职官，侯马盟书“宗人”，《礼记·文王世之》：“宗人授世以官。”楚文“宗祝”，为掌祭祀之官。《礼记·乐记》：“宗祝辩乎宗庙之礼。”赵玺“宗正”，掌亲属之官。“天子传宗正以符节治。”[12]诸侯朝见天子之礼曰宗，《周礼·春官》：“诸侯朝于天子，春见曰朝，夏见曰宗。”古国宗者称宗，如宗人、宗伯、宗叔、宗兄、宗弟，或用作量词等。又姓氏，《通志·氏族略·以官为氏》：“周大夫宗伯之后。”《左传》有“宗鲁”，又称宗伯氏。肋骨文字宗，亦当为姓氏。

敢，西周金文作[古文字]（井侯簋），或[古文字]（中山王壶）“不敢宁处”。玺作[古文字]（玺，记三四〇〇四），“少曲敢”。具从争，甘声。也有作[古文字]（颂鼎），省甘为口形，韩国文字属简化形之一种。《说文》：“[篆文]，进取也，从[篆文]，古声。（古览切）[篆文]，籀文[篆文]，[篆文]，古文[篆文]。”（四下三）战国文字敢，多用于助词。肋骨文字宗与敢联用，宗为姓，敢当为人名。

H2164：42，正面第三行“[古文字][古文字]”，厘定为“孙建”。孙，从甲骨文、金文、陶文字形常见偏旁左右置换，别无大异，从系，从子，会子续孙之意，子亦声。孙为子之準声首。《说文》：“[篆文]，子之子曰孙。从子、从系，续也。思魂切”（十二下二十五）。孙，古代常见用于铜器铭，“子子孙孙”（中山王鼎），盟书“子孙”（侯马三二五），又用于复姓，“公孙”。“黄帝有熊氏，姓公孙，后改为姬姓”。[13]玺印“公孙生易”（玺汇三八九七）。新郑陶文孙，为姓氏。据《通志·氏族略·以字为氏》：“卫武公之后也，武公之孙曰武仲，以王父字为氏。”又“楚孙叔敖之后也”。又有妫姓孙氏，“齐敬仲四世孙，孙桓子之后也。”这里所用，亦当为姓氏。

建，甲骨文、金文、陶文一脉相承。从聿，从[古文字]（曲之初文）。会人双手持木立角落意。《广雅·释诂》四：“建立也。”建，见纽，曲亦声。（曲），均属牙音。建为曲之准声首。惟秦系文字[古文字]旁作为[古文字]、[古文字]等形。故许慎将[古文字]旁立为文旁。《说文》：“[篆文]，立朝律也。从聿，从文。（具万切）”（二十二）。建。地名。建阳弋“建阳”，读“建阳”。《汉书·地理志》：“东海郡。”在今枣庄西南。又建立意，中山王钺铭：“天子建邦。”《书·武成》：“惟先王建邦启土。赵兵“建郱君”，读“建信君”，为赵国相。[14]肋骨文字用于人名。为纳卤（纑）人之一。

H2164：42，正面第四行，“[古文字][古文字]”厘定为“慶虎”。慶从廌，从心（[古文字]之倒文），会意字，会廌心正直善美喜悦之意。《说文》：“廌，解廌兽也。似山牛，一角。古者诀讼令觸不直，象形。从豸省。”（十上七）或说慶本从廌，从角（令觸不直），后来角[古文字]变为心。小篆慶：从心，文从鹿省（省鹿下比庞）文音绥，乃行之意，古代吉礼，多奉鹿皮为敬，心有所喜，而奉鹿皮敬即慶，其本意作“行贺人”解。[15]《广雅·释诂》一：“慶，善也。”元年郑令戈作“[古文字]”，“司寇芋慶”。晋玺，韩兵、赵兵“慶”多见，或人名，或姓氏。六年郑令矛“左庫工币慶，”为人名。廿七年安阳戈“[古文字]”，“慶章”。姓氏。心多伪作口形。廌或省尾部个。楚系文字鹰讷作鹿形，并为小篆所宗。秦系文字鹰之尾个讷作文形。亦为小篆所本。[16]《潜夫论》：慶出妫姓，陈桓公五世孙，为庆姓。又说出姜姓，齐公子无亏生庆克，其后为庆氏。肋骨文字所用“庆”在“虎”字，当为姓氏。

H2164：42，正面第五行，“鄱舍”厘定为“鄱舒”。鄱，玺印、温县盟书、包山楚简中习见，除邑旁有左右移位外，别无大异。《说文》：“鄱，鄱阳豫章县。从邑，番声（六下十六）。”古鄱通潘、番。齐玺，鄱，读番。据《古今姓氏书辩证》：番，姓氏，出自姬姓，汉河东守有番系欲。楚简鄱（包山一五三），“鄱君𢐗疆”。或作番，地名，楚相孙叔敖碑：“必于潘国。”此潘即今河南固始县。又番，即楚昭王十二年时，“吴复伐楚，取番之番地。”[17]《史记》正义引《括地志》：“饶州鄱阳县，春秋时为楚东境。”即今江西鄱阳，包括赣东北和昌江、乐安江流域。潘、番非一地一国，但均属楚灭国之一。故鄱亦属国灭，以国为姓氏。

H2164：42，背面右第一行：“鄱杙”，厘定为“鄱杙”。前释。杙，肋骨文字木旁有虫触而缺笔。杙，简文作“杙”（随县164），“杙人”或作“杙”（随县169），官名。《说文》：“杙，劉，劉杙。从木，弋声。（与职切）”（六上四）。杙，劉树，又叫劉杙树。《尔雅·释木》：“劉，劉杙。”郭璞注：“劉子生山中，实如梨，酢甜，核坚，出交趾。”肋骨文字用于人名。

H2164：42，肋骨下部第二行：“倝反”，厘定为“倝反”。倝，人早，㫃声。𪄳羌钟作倝，“䢅辟倝宗。”四年郑令戈作“倝”。《说文》：“倝，日始出光倝倝也。从旦，㫃声。（古案切）”“倝，阙。”（七上六）倝、倝一字之变，许慎误分二篆。兹合二篆为一。倝，又读韩，姓氏。“䢅辟倝宗”，当读“䢅辟韩宗。”王三年郑令戈，“倝熙”，读“韩熙”。据《风俗通》，韩之先与周同姓，武子事献公，封于韩原，因以为氏。肋骨文字为韩帐簿，故当读韩。反，战国文字承袭商周文字，字形无变化。《说文》：“反，覆也。从又。厂，反形。（府远切），反，古文。”（三下九），《战国策·秦策》四：“韩魏反之。”这里用于人名。

H2164：46，肋骨正面，右至左第五行“亲徒”厘定为“亲徒”。读莘徒。亲，在战国货币、玺印、兵器、陶文、文字中屡见。多作“亲”，或加饰作“亲”。《说文》：“亲，果木似梓，实如小栗。从木，辛声（侧诜切）。”（六上一）亲，隶古定作亲。韩陶“辛”，厘定为“莘”，属物勒工名，为姓氏。据《元和姓摹》：“姒姓，夏后启别封于莘，子孙去草旁为辛氏。”陶文“亲”（陶汇六五二），“亲市亩匋”，亲，读莘，地名。《左传·庄十二年》：“有神降于莘”，在今河南三门峡南。八年新城戈“亲城”读“新城”，在河南洛阳南。辛、亲同为真韵，前者心纽，后者清纽，音近而古文混用。这里的亲当借为莘，为姓氏。

徒，下部有缺笔，据新郑韩陶文字形，“徒”。另据楚简戈铭、盟书、玺印等同类字，[18]复原厘定为徒。《说文》：“徒”，步行也。从辵，土声。《易·贲卦》：“舍车而徒。”又步卒，《诗·鲁颂·閟宫》：“公徒三万。”又官名，《周礼·地官·司徒疏》：“司徒主众徒也。”又申徒、登徒、司徒为复姓。《风俗通》：“申屠氏随音改为申徒氏，夏有申徒狄。”宋玉《色赋序》：“大夫登徒子待于楚王”，注“登徒姓也。”《姓谱》：“舜书尧司徒支孙氏焉。”晋玺：“徒，亦为姓氏。”据《姓氏寻源》：“当系司徒、徒人、徒河所改。”又人名，盟书“郢徒”（侯马三二三）。这里亦当用于人名，为辛（莘）徒。

H2164：46，肋骨正面上第六行："[古文字]"，前二字为合文，厘定为"公尗（叔），货。"公叔，公，新郑陶器已见数百例之多。常出现在陶量上。作为官府的代称。[19]《说文》："[古文字]，平分也。从八、从厶，八犹背也。"《韩非》："曰，'背厶为公。'（古红切）"（二上二）。即公正，无私。《玉篇》："方平也，正也，通也。"《尔雅·释言》："无私也。"《书·周官》："以公灭私其允怀。"又爵名，五等爵之首曰公。《书·微子之命》："庸建尔于上公。"又三公，官名，《韵会》："周太师、太傅、太保为三公。"齐玺公，姓氏，姬姓。《通志·氏族略·以爵为氏》："鲁昭公衍，公为之后，以爵为氏。""公石"，复姓。据《通志·氏族略·以字为氏》："鲁悼公子坚，字公石之后。"公是诸侯之通称。"诸侯之弟称叔，王之弟亦称叔。"管叔鲜、蔡叔度者，周文王子，而周武王弟也。"[20]尗，即叔，见前释。又古代兄弟排序称谓"孟、仲、叔、季"，或"伯、仲、叔、季"。其称谓"孟子"，其排行即老大。郑所灭虢国之国君称虢叔，即虢仲之弟，即老三。[21]公叔，这里当以排行为氏，为复姓。战国魏有公叔痤，事惠王为相。[22]可佐证。

货，据《汉字》钱币文字作"[古文字]"，"即墨之[古文字]化"，或作"[古文字]"，"安阳之法化"。十货布作"[古文字]"，明刀背文作"[古文字]"。肋骨文字化旁作"[古文字]"，明刀背文化旁亦作北，望山简北作"[古文字]"，（望山一·二一）"[古文字]北子"。又"[古文字]"作北，（望山一·四四）"北方又[古文字]"。可证北、化互用。货，肋骨目当为贝省。《说文》："[古文字]，财也。从贝，化声（呼队切）。"（六下六）《广韵》："货者，化也。变化反易之物，故字有化也。"《易·系辞》："日中为市，致天下之民，聚天下之货，交易而退。"这里以货为人名，公叔为复姓。

H2164：40，肋骨正面上部右读第一行"全[古文字]"，厘定为"全安"，全为姓，见前释。后一字下部漫漶，但左旁笔画尚清。疑为从宀、从女。《说文》："[古文字]，静也。从女在宀下（乌寒切）。"（七下四）或厘宀声首。安，为古代常见地名。如安阳、安邑等。又封号，"[古文字]安"读"信安"（信安君鼎）。又指物，"安"读"鞍"（随县简）。又车名，"安车，彫面[古文字]"，注："安车，坐乘车，凡妇人皆坐乘。"又安邦，《周礼·天官·大宰》："教典，以安邦国。"又人名，"长安"（秦圜钱）即"长安君"，秦始皇之弟。[23]这里的全安也用于人的姓名。

H2164：40，肋骨正面上部第二行："[古文字]"，厘定为"㤪圢"，㤪，从心，虎声。玺印㤪作"[古文字]"（玺汇三四四七）"虎生酉㤪"。将虎旁上部用一横笔，据代替双角形。两字形近，音同。《五音篇海》："㤪，音乌。"燕玺，㤪，人名。这里所用字疑为同音假借之通邬，《左传·隐公十一年》："王取邬、劉、蔿、邘之田於郑。"注："河南缑氏县西南邬聚。"今河南偃师市。属以地为氏。姓氏。圢，从土，丁声，为墹之异文。《集韵》："从他顶切，音珽，平也。一曰田践处。又他典切，音腆，坦也。"这里用于人名。

H2164：40，肋骨背面上部右第二行"[古文字]"，厘定为"鲁"。该字形常见于甲骨文、金文，形无大别，从口，鱼声。《说文》："[古文字]，钝词也。"从白，[古文字]省声。《论语》曰："参鲁也。（郎古切）。"（四上九）玺印"鲁"，（玺汇一五九二），"鲁[古文字]"，姓氏。《元和姓纂》："周公子伯禽封鲁，顷王三十四代九百余年，为楚所灭，子孙以国为氏。望出扶风，新蔡。"此肋骨之鲁字排在该行之第一位，当为姓，人名已漫漶不清。

H2164：40，肋骨背面约第七行，上部"[古文字]"，厘定为"[古文字]"。从力，旦声。肋骨文字力旁作"[古文字]"，与玺印力字同（玺汇九六六），"肖蒿力"。[古文字]，盟书屡见，旦旁从日，从旦或昷诸种。[24]说明有繁简通用。肋骨文为上下结构，亦为𠡍。何琳仪先生疑其为勯之省文，可从。[25]《集韵》“勯，力竭也”。侯马盟书，𠡍，人名。或读擅。《说文》：“擅，专也。从手，亶声。”《史记·范睢传》：“擅国之谓也。”《增韵》：“据也。”《战国策》：“赵攻中山，取扶柳，五年以擅呼沱。”注“擅，言固有之”。这里所用𠡍，疑为人名。

“[illegible]”，在所举例4根肋骨中反复出现20余次，都在数量词的前面，故认为是肋骨账簿中的物名。厘定为“㐭”，其当为“鹵”之古文或别体。“鹵”（免盘），何琳仪先生认为“象盛鹽鹵器之形”。[26]楚简作“[illegible]”，（望山简二·三二五），“卤之纯组绥”。省去鹽粒。战国文字繁简变化随意，尚不定形。如胃之田旁，吉日剑作“[illegible]”，胃之少虚，楚简作“[illegible]”（信阳一·〇二六），“是胃”，或作“[illegible]”（信阳八〇），“言胃剔其弟”，又作“[illegible]”（信阳九〇），“言胃”，又作“[illegible]”（包山一五），“反司败告胃。”可知田从米、十、八、\ \ 具可通。鹵之[illegible]旁，从※、乂、入，亦当可通。故“㐭”当为卤省。《广韵·昔》：“㐭，姓。音尺。”《姓解·一二一·口部》：“㐭氏，见《姓苑》。”㐭，《姓氏辨证》作“卤”，可佐证。说明鹵、卤、㐭当为一字之分化。姓氏音尺，物名音纑，一字双音。《说文》：“鹵，西方鹹也。从西省，象鹽形。安定有鹵县，东方谓之㡿，西方谓之鹵。（郎古切）。”（十二上二）鹹地曰鹵，不生五谷之地。上古卤与纑形异而音同。鹵与纑同为来纽、鱼韵。望山简“卤”，读“纑”。为形声字，从纟，盧声。本音作布纑解。乃绩之可以为布缕，当今之棉线、麻线，故从纟。《说文》：“[illegible]，西或从棲，卤古文西，卤籀文西（十二上二）。”按《说文》卤又读西。《左传·昭十九年》注云：“因纺纑”释文“纑麻缕也”。《尉缭子·治本》：“非五谷无以充腹，非丝麻无以盖形，古充腹有粒，盖形有纑。”又麻属曰纑。《史记·货值列传》：“山西饶材穀纑”，集解：“纑紵属于为布。”这里所用之纑，或有可能是用丝或麻做成的布帛。《孟子·滕文公》：“彼身织罔妻辟纑。”注：“辑绩其麻曰壁，練其麻曰纑。”《说文》：“纑，布缕也。从纟，盧声。”从上可知，肋骨账簿之㐭，当是鹵与卤之省文。其下均以朿配用，当释为纑。

肋骨文字“[illegible]”，厘定为“朿”。朿，甲骨文、金文、战国陶文及玺印文字略同。《说文》：“朿，缚也。从口、木。（书王切）。”（六下四）其本意作“缚”解。结曰朿，即横带扎成之结。《论·公治长》：“朿带立于朝。”约制曰朿，朿制、申朿、拘朿、约朿等，又量词，札曰一朿，其物数无定，矢五十曰朿者，也有四矢、十二矢、百矢曰朿，并无定数。《诗·鲁颂》：“五十矢为朿。”《易·贲》：“朿帛戋戋”；傳：“五疋曰朿。”《吕览·报更》：“乃复赐脯二朿，与钱百”，注：“十脡曰朿。”《礼记·杂记》下：“纳币一朿”，注：“十个为朿。”牛肋骨文字之朿，似指线朿。以上文献可知，朿可作缚解。多少物品为朿？不同的物品成朿的数量都不一样，如果按《传》所载“五疋为朿”，肋骨所记之纑也可能是布帛之属。

“[illegible]”和“[illegible]”，在肋骨账簿文字中屡见。厘定为“蚤”（贷）和“蚤分（肦）”。望山简作“[illegible]”，厘定为“蚤”，读早。马王堆帛书作“[illegible]”，亦厘定为蚤，读早，“古之辰[illegible]占之”。《说文》“[illegible]，啮人跳虫”。（十三下·一），即俗称之跳骚。乃啮人肌肤以吸血能跳之小虫。故从虫，又以叉手足甲，俗谓之爪。何琳仪先生认为，许慎误为形声。叉应归爪声目。蚤应为独立声首，甚确。[27]本人认为，这里所用之[illegible]当通貣、蟘和螣，读为貸。玺印“貣”作“[illegible]”（玺汇〇七三五），“长貣。”包山简作“[illegible]”（包山一〇三），“[illegible]貣[illegible]。”楚器貣，读贷。《玉篇》：“以物与人更还主也。”《类篇》：“敌德切。”《说文》：“虫食苗叶者，吏乞贷则生引诗去其螟螣，或作蟘、蚤。”螣，《说文段注》：“吏乞则生蟘。貣各本作贷，今正。乞貣皆求也。冥螟貣、贷皆叠韵。”又《说文》:“貸,施也,从贝,代声。(他得切)。”(六下七)。

《史记·郦生、陆贾列传》:“方假贷服具。”《汉书·朱建傳》:“贷作貣。”《隶释》三,“《楚相孙叔敖碑》野无螟贷。洪适释:以贷为蟘”,可佐证。晋玺“貣寳”读“贷府”,疑“泉府”,类似借贷机构。《周礼·泉府》:“凡民之贷者,与其有司辨而授之,以国服为之息。”貣,《广韵》:“假貣谓从官借本贡也。”《汉书·韩王信传》:“旦莫乞貣蛮夷。”《后汉书·桓帝纪》:“若王侯吏民和积谷者,一切貣得十分之三。”肋骨墨书账簿记录中的蛍通貣为贷。说明战国时期,韩国的借贷经济活动也是十分频繁的。这些账目的性质与归属似与韩国的相关纳入、发放、借贷机构有关。

分,古文字中常见,各时期字形无大变化。肋骨所见分字,都在句之尾,并与蛍字连用,读“蛍(贷)分(朌)”。《说文》:“分,别也,从八刀,以刀分别物也。”分,即分开,与合相对。分,《广韵》:“赋也,施也。”《增韵》:“与也。”《玉篇》:“隔也。”《易·系辞》:“物以群分。”这里分与蛍连用,应是“赋、施、与之意”。

古朌、纷皆从分声,所以文异而互通。分与纷通,《荀子·儒效篇》:“分分乎,其有始终。”《淮南子·缪称训》:“祸之生也,分分。”纷与朌通,《聘礼记》:“朌肉及瘦车”,注“故朌作纷”。《疏证》释文:“朌,音班。”按《说文》无朌,即僟之借字,“僟,赋事也。”通从班为之。朌纷本古韵昷部同音字。朌如班,《玉制》:“名山大泽不一朌。”注:“朌读为班”,《礼记》释文亦云:“朌音班,赋也。”按《说文》无朌,“班,分瑞玉也”,即分赐之本字,班朌古韵同在昷部,本同音字。然字从分,应有分声,则入非母古读帮,双声正转也。[28]可知,这里所有分字,可读为朌,赋、施意。蛍与分连用,指借贷产生的赋税。蛍分读贷朌,即贷赋。

H2164:43,正面第一行,“方束三蛍(贷)分(朌)”之方,作“才”。其字形承袭商周文字,无大变化,从刀,施一横于刀身,表示以刀分物,指事。《说文》:“方,併船也,相两舟首,从头形。”(府良切)汸,方或从水。(八下三)方,姓氏,同房。《说文》:“房,堂在旁者也,从户,方声。(符方切)”(十二上三)。《康熙字典》:“舜封尧子为房邑侯,子陵以父封为氏。”“房氏,周大夫方叔之后,以字为氏。《风俗通》云:“方雷氏之后,汉有方贺。”[29]《国语·楚语》:“不可方物。”注:“方,犹别也。”帛书方,读旁。甘氏《岁星法》:“日又乱民,将有并作于其旁。”廿八宿漆书方,《吕览·有始》:“为二十八宿之一。”石鼓方,读旁。从《诗·秦风·蒹葭》:“所谓伊人,在水一方。”肋骨文字之方,根据文句作别解,即“另外”之意。

已,H2164:43,肋骨文字作“乙”,该字均为句尾以下,厘定为“已”。《汉字古今文字音表》,为邪纽,之韵,已声。商周文字多作爬虫形,作“乙”或“9”。公朱右官鼎作“乙”,“乙已”,与肋骨文字同。有的战国文字已载加八”,符号为饰。《说文》:“巳,巳也。”“四月阳气已生,阴气已藏,万物皆成文章。故巳为蛇,象形(详里切)。”(十四下十四)。巳作为象形字,燕刀“巳”,为序号。晋器巳,为地支用字。楚简“巳”(包山一九五)读已。《韵补》“古巳午之巳亦读如已矣之已”。可见古代巳、已两字形近而互用。《广雅·释诂》四:“已,讫也”。《战国策·齐策》“言未已”。注“已,毕也”。《玉篇》“止也,毕也,讫也”。《广韵》“成也”。《集韵》“卒事之辞”。秦玺“已”读祀。又姓氏。该肋骨文字巳当读已,即所标账目已毕讫之意。

H2164：42，肋骨正面下部右侧，残留半行数字竖排作“廿三Ⅲ|一X‖二乙”，读“三十、三十四、一十五、二十二，已（讫）”，这些数字在战国文字中屡见不鲜，形无大异。所居位置，在肋骨下半部，属于领取物品的不同批次与数量。此数字以上的人名及被领取物名已无存，但说明，当时领取物品是分多次，一次一记，而后积累起这些数字。最后一字是“已”，即讫，为完结或完毕此条账目之意。

结　语

新郑郑韩故城东城东周时期的仓廪区发现的牛肋骨墨书账簿，就目前初步整理结果，由于墨书文字及其编号的多数脱落，其版页的连接已十分困难。从现存个别肋骨簿记条目的编号并不统一的情况，说明这些账目可能是按人们缴纳或借贷的不同批次，或者是按存放物品的不同位置编号的，所以出现人名相邻而编号大小数目不统一的情况。从各版肋骨所记内容及顺序，在上部除登记编号外，为人名、物名与数量，这些条目记录个别句尾出现的㒸（贷）或㒸分，则是借贷人的借贷活动记录。其后是表示账目的终结文字已（讫）。肋骨下半部所记也是以人名开头，再下是领取数量和账目终结文字已（讫）。

从账簿所记物名卤（纑），是这批牛肋骨账簿的主要物名。数十根肋骨文字无一例外。说明这些肋骨是韩国仓廪中的专项账簿。即记录纳入、支出和借贷的账目，肋骨上部记录文字简约，没有文字明确说是纳入或支出的物品，仅从每个人登记的数量，和从中借贷、还贷的内容判断，每个人名下的物品及数量当是纳入或借贷相关的登记。下半部人名下有明确支“取”的记录，也是对上部记录为纳入或借贷相关活动的佐证。所有物名卤（纑），从考释看，古代丝、麻、棉具可称纑，用麻织成的布缕亦可称卤（纑）。我们倾向这里所记的物名当是丝或麻之线束。

账簿中的㒸（贷）与㒸（贷）分（朌），区别在于㒸是“求人取物”，即借贷。（贷）分（朌），朌为赋，即借贷所产生的赋税。

从H2164：43肋骨账簿记录情况看，由于个别字迹脱落，账目已不全。但基本还能看出纳入与支出的多寡。肋骨正面记录约142束，取出118束。贷55束，贷赋16束。背面纳入约83束，取出16束，贷赋3束。从这些并非完全准确的数字可以看出，收入多于支出，贷赋少于贷出。从正面右读第二行有这样似为完整的记录，言□（入）卤（纑）二十八束，卤（纑）十九束㒸（贷），六束㒸（贷）分（朌）。如果推断不误，言某入账二十八束，借贷十九束，应付贷赋（息）为六束。也就是说，言某人的借贷息税占贷出的三分之一弱。本版第三行中部有“六㒸（贷）三十四束，已（讫）”。可理解为借贷六次共三十四束，已（讫）。这是目前所见，借贷最多的数目。借贷是经济活动之一，东周以来可谓不绝于史。从《左·文公十四年》“尽出其家贷于公”。《左·昭公三年》“以家量贷而以公量收之”。《汉书·和帝纪》：“账贷并州四郡之民。”诸如此类记载不胜枚举。

所介绍的4版牛骨肋骨账目所涉已知人名近四十个，从可以借贷，还贷，缴纳赋税的情况看，这些人应是相对自由的手工业生产者，不可能是奴隶身份。这些纺织手工业生产可能是由国家管理机构统一管理，或可能这些人员就是国家手工业作坊，在“工师”领导、组织下，专门从事织纺技术的生产劳动者。记录纳入卤（纑）的数量应是日常应完成的生产任务。借贷是国家对个体劳动者解不时之困的重要措施，贷和缴纳贷赋已成为韩国经济收入的组成部分，这种经济活动和措施，无疑是社会经济发展的进步。

这批肋骨墨书账簿的时代，从文字风格观察与比较，与郑韩故城出土的兵器铭文、陶文的数字与文字字形，都非常相似。有些姓氏在陶文或兵器铭文中屡见。所以其上限当不会超过战国中期。而郑韩故城为春秋、战国时期郑、韩两国之故都。西周末年，郑国始祖桓公，在西周王朝日渐衰弱的情况下，图谋东迁。先用武力震慑虢、郐两国，使之屈从于郑。《汉书·地理志》云："幽王既败，桓公死，卒定虢郐之地。"臣瓒曰："幽王既败，二年灭郐，四年灭虢。"周幽王与桓公死于公元前771年，二年灭郐，即公元前769年，四年灭虢，即公元前767年。此后，郑武公在溱、洧交汇处的郑父之丘重建新邑，仍因袭旧封，以郑为国号。韩哀侯二年，即公元前375年，韩灭郑。郑在新郑立国395年。韩灭郑后由阳翟（今禹州市）迁都新郑，并因郑名未改，时从战国中期初年始。这一时期为战国中期，韩先后更替哀侯、懿侯、昭侯、宣惠王、襄王、厘王、桓惠王、韩王安等三侯五王。时间从公元前375年至公元前230年，历时145年，距战国结束之年的公元前222年还有8年，这一时期相当于战国的中、晚两期，亦即郑韩故城的第六期、第七期。若将期分为前后两段，前段当在韩宣惠王与襄王之间。[30]

从H2164出土的部分盆、罐、豆、壶等陶器特征研究，根据考古类型学之比较研究，可定于郑韩故城第七期前段。此时间段应是H2164最终的废弃时间。这些肋骨账簿也正是在此时丢弃在灰坑中，那么肋骨账簿的使用时间应该早于该坑应是合理的，最少也不会晚于该坑废圮的时间，推测其使用时间当在战国中期后段。约当于韩襄王与厘王时期，下限最迟不会到桓惠王在位时期。

该期肋骨账簿的性质，由于灰坑H2164的位置在郑韩两国的仓廪区仓城附近。当于韩国的国家仓廪管理账簿有关。从账簿入出数量和借贷性质，也只有国家管理结构莫属。在此区域内，我们发现有一批大小不一的粮窖，其中最大的粮窖口径已达8米之多，并发现韩国陶量器80余件，多数量器上都有代表官府标志的陶文"公"字印记。还有明确的计量文字斗和升等，非国家仓廪所在不会有如此大的规模和如此众多的量器，[31]这可作为肋骨账簿属国家性质的旁证。

韩国以牛肋骨作为账目簿记的载体，这是商周以来传统的竹、木简、帛作书写载体之外另一种材质，其具有选材方便而经济。骨质坚硬，经久耐用等特点。如果是用其他传统材料，在新郑多为透气性较好的沙质黄土中，保存到2300多年后的今天肯定是不可能的。他们不仅给我们留下一批珍贵的韩国账簿记录实物资料，也得以使我们直观地看到2300年前，人们对经济事项所进行的计量记录活动。通过这些实物，也是我们窥窃到战国时代，账簿设置演进的过程与思想基础。韩国的这些账簿只是众多分类账簿的一部分。这些账簿形成的思想在于他是国家控制财务入出事项，以避免财务入出过程中的混乱与流失，从而保证国家经济活动的正常运转。所以在当时国家仓廪成为控制财物的中心，账簿又成为这个中心的财物入出的文字记录，也是主管官吏以及当事人履行财物职责的一种重要书面凭证，寻求财物信息记录固定可靠的原则，这一认识成为战国时代确定账簿记录方法体系中重要的思想基础。

韩国肋骨墨书账簿记录的基本特点，这些肋骨文字作为账簿的一部分，似已不完全，但仍能看出是一单一的有关线束入出和借贷的专账。在战国时代将账称谓"籍或簿、簿书"。固也可称为"籍书"或"簿书"之类。因战国时代是"籍（书）与簿（书）在应用中的并立阶段"。[32]李悝《法经·杂法》云："官物亡失簿书"。"诸主守官物亡失簿书，致数有乖错者，计所错数，以主守不觉盗论。"这段所讲亡失的簿书，便是指会计账簿。即是秦统一中国后，秦朝官府所设置的各类账簿，在《睡虎地秦墓竹简》中仍统一称“籍”或“籍书”。但这时“簿书”之称却十分少见。而到汉代则又多了起来。《汉书·黄霸传》“簿书正，以廉称。”又如《汉书·食货志》“与郡县通奸，多张空簿”，都是指簿记账册。新郑肋骨账簿应属于簿记的性质。所以，今天以账簿之名冠之。

新郑肋骨账簿具有账首编号存放位置，财物发生人，物名，数量，借贷，账目终结文字等，另外还有支取人、物名、数量与账目终结文字，遗憾的是在这些账簿中还没发现有关时间的记录。从内容看其具有单一流水账的特点，属于简单的设置形式，其形式仍处于“草流”阶段。记录规则，账首编号很可能与存放方位有关，书写随意而不拘一格，账面上账目记录的表现方式虽因人而异，作为账目入出条目位置却是固定的，或许是约定成俗的惯例。账目缺乏序时记录，由于是非完整的账簿，其原因还有待发现与研究。其存放方位便成为据支配地位的一个表现要素，在此基础上进一步才是当事人、物品数量的入出记录，由此，构成单一流水账登记中表现的每一账目的基本要素。

这些账簿是以文字叙述式记录方式为特点，这是承袭商周以来逐渐摆脱原始计量记录法的根本性进步。采用这一记录方式，各要素的排列顺序已具有一致性，虽然在序时记录方面存在有缺环，但仍为后世账目记录的改进奠定了一定的基础。

这些账簿也具有备忘性记录的特点，该账簿作为单一流水账所显示出来的记账规则仍具有不确定性，如肋骨上部没有明确的纳入记录，下部多记为支出账目。显然这些记录主要用于一定时空对出入实物的核对盘查。其用不甚固定的方法来表示簿记事项的记账方法；完全属于事项发生的现场记录，记录者首先考虑的是留下准确的账目入出证据，这种簿记既能起原始凭据或凭证的作用，又能起簿记报告的作用。在人类进入文明社会阶段之后，单一流水账的设置较之原始计量记录法是一历史性进步，它是后来单式簿记设置的历史根基。单一流水账是一种最简便的账簿设置形式，其既缺乏对账目进行科学分制的明细与总结的认识，又在簿记事项纳入规则方面缺乏科学性，故我们称其为“草流”。它是出于现场赶急暂记备忘的需要，以原始单一流水账的设置形式保留下来。为方便现场的随时记录，它所用数码是一种便于速记的草码，所以出现了同一数码就有数种不同的书写形式，而且不拘于形式上的工整，只要达到可以分辨清楚数目准确为目的。正因为“草流”所具有的原始凭据效力，其在维护与保障财产权益方面和仓廪管理方面都是其他账簿不可替代的，其并成为单式簿记账簿的主体。故而，在古代社会相当长的时期内，统治者及其民众一直把它当作可靠、可信与可以依赖的经济活动原始凭证。

新郑战国肋骨墨书账簿的发现，不仅填补了我国战国时代缺少账簿实物的空白，对于账簿书写载体的演进，了解中式簿记的发展特色，以及战国古文字，韩国书法艺术，记事叙述风格及其语法等研究提供了弥足珍贵的实物。也为我们充分展现了丰富的中国古代文化特色，反映了战国时代科学技术的发展和语言文字所取得的进步及其重要成就，进而对这些账簿文字的全面考释与研究，也必将为我国会计史以及度量衡史增添新的一页。

主要参考文献

［1］［6］［19］［30］河南省文物考古研究所：《新郑郑国祭祀遗址》，大象出版社 2006 年版。

［2］［11］蔡全法：《新郑郑韩故城出土陶文简释》，载于《中原文物》1986 年第 1 期。

［3］［8］［10］［16］［18］［24］［25］［26］［27］何琳仪：《战国古文字典》，中华书局 1998 年版。

［4］郝本性：《新郑出土战国铜兵器部分铭文考释》（油印本）。

［5］河南省文物考古研究所：《信阳楚墓》，文物出版社 1986 年版。

［7］蔡全法、马俊才：《新郑郑韩故城出土的战国钱范、有关遗址反映的铸钱工艺》，见于《中国钱币论文集》，中国金融出版社 1998 年版。

［9］郭沫若：《金文丛考 · 释非余》，人民出版社 1954 年版。

［12］（汉）司马迁：《史记 · 淮南王安传》，中华书局 1998 年版。

［13］（宋）罗泌：《路史 · 黄帝纪上》。

［14］（汉）刘向集录：《战国策 · 赵策》，四，上海古籍出版社 1985 年版。

［15］（汉）许慎的《说文解字》："慶，行贺人也，从心，从文，吉礼以鹿皮为贽，古从鹿省（丘竟切）。"

［17］（32）（汉）司马迁：《史记 · 楚世家》，中华书局 1998 年版。

［20］（汉）司马迁：《史记 · 管蔡世家》，中华书局 1998 年版。

［21］杨伯峻：《春秋左传注 · 隐公元年》，中华书局 1981 年版。

［22］（汉）刘向集录：《战国策 · 魏策 · 魏公叔痤病》，上海古籍出版社 1985 年版。

［23］（汉）司马迁：《史记 · 秦始皇本纪》，中华书局 1998 年版。

［28］郭晋稀：《声类疏证》，上海古籍出版社 1993 年版。

［29］（南宋）郑樵：《通志 · 氏族略 · 以字为氏》，中华书局 1995 年版。

［30］［31］蔡全法：《郑国祭祀遗址出土韩国陶量及其文字研究》，见于《蔡全法考古文集》，科学出版社 2013 年版，第 145 页。

［32］郭道杨：《会计史研究》（第三卷），中国财政经济出版社 2008 年版，第 31 页。

郑韩故城战国牛肋骨会计账考论*

陈　敏　程水金　周　斌**

【摘要】河南新郑郑韩故城出土的战国牛肋骨墨书账簿是迄今为止发现的战国时期唯一的韩国民间会计账簿。记账载体为牛肋骨，所书文字经识别为战国时期牛肉店铺所记“卤”和“蚤”，即卤牛肉和新鲜牛肉收入和支取分类流水账，并分别采用“束”与“分”为量词记录“卤”和“蚤”的数量。牛肋骨会计账使用“取”为支付记账符号，以“上收下取”为记账规则，除收取记录外，偶见有中间结余记录。账目内容包括原始凭证编号、收入和支取的人名、物品及数量，是春秋战国时期民间会计账簿的珍贵遗存。

【关键词】郑韩故城　牛肋骨账　民间账簿

河南省考古所于1998年在新郑市郑韩故城东城中部偏西侧的仓城东北小高庄村西，郑国祭祀遗址东南部，出土一批疑似有墨书账簿的牛肋骨。考古工作者对这批出土牛肋骨进行了整理，收集牛肋骨总数45根，其中较为完整的有23根，缺损的22根，肋骨上有文字的39根。与牛肋骨同时出土的还有陶器、生产工具、兵器、石器以及壶、罐、盆、碗、钵、瓮等大量生活用品。郑韩故城出土牛肋骨之所以受到关注，因其上有墨书疑似账簿的记录，根据考古工作者提供的考古发掘报告，我们对这批牛肋骨所书账簿进行识读和研究，以期解读和辨识账中的记录及账簿性质并与会计界、文字学及考古学诸方家共榷。

一、郑韩故城牛肋骨账原文示例

从墨书的记录来看，这批牛肋骨账主要记录的是一种物品“卤”的收入和领取情况。以编号为H2164：43的牛肋骨账为例。记录如下：

（一）H2164：43，肋骨正面上部账簿（注：原件竖排，从右至左，见图1）

▲十五。旨䜭卤三朿。才朿三余分。乙。

▲旨䜭。卤二十八朿。卤十九。余六朿余分。

▲八十四。子豸卤十六朿。四余分。六余三十四朿。乙。

▲五十七。衤肰卤廿朿。乙。

▲衤肰卤二十九朿。三余分。乙。

---

* 本文是2011年度国家社科基金重大项目（11&ZD145）和2010年度国家社科基金青年项目（10CJY011）阶段性研究成果。

** 陈敏：湖南大学工商管理学院；程水金、周斌：南昌大学国学院。

▲[?]土。□□[?]三十米。[?]六米。二[?]。乙。

▲□逨[?]十米。

（二）H2164：43，肋骨正面下部账簿

▲[?]一[?]四十六米。[?]七米。[?]六米。乙。

▲[?]池[?][?]十四米[?]。分。乙。

▲[?]人[?]十一米。乙。

▲[?][?]廿米。乙。

▲[?]□[?]十七米。乙。

▲[?]予[?]十一米。

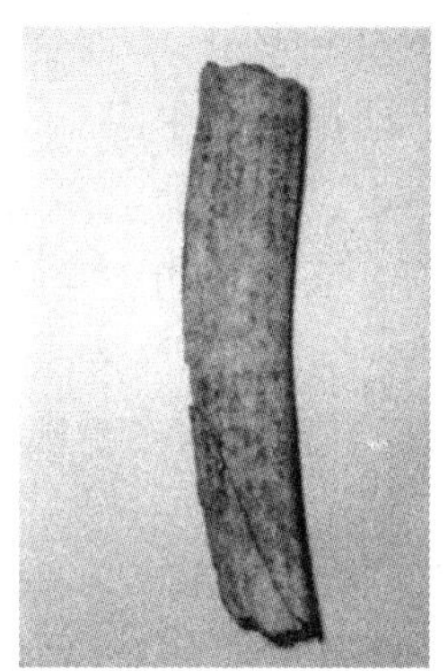

图1　H2164：43（正面）牛肋骨账

从这块保存较为完整的H2164：43（正面）牛肋骨账来看，牛肋骨账的记录大致分为上下两部分：上部分为收入账，下部分为支取账。在其他个别牛肋骨上，还出现了第三部分，除上下分别记录收支以外，中间是结余记录。其中，收入账记录要素顺序依次为编号，人名，收入物品名，数量。支取账无编号记录，记账顺序依次为人名、支取物品名、数量。

二、郑韩故城牛肋骨账部分文字考释及释文

这批牛肋骨账簿墨书的时代，从文字风格、字形来看，记账的时间大约在战国中期。中国古代文字的发展，至春秋战国时期，由于诸侯国各自为政，互不统属，东周王朝的中央集权差不多丧失殆尽，因而各国文字未能统一，各书各写，给后人辩识这一时期的文字带来极大困难。从文字发展阶段来看，战国时期的文字是从西周甲骨文、金文向秦汉小篆、隶书转化的阶段。基于上述原因，相对甲骨文、金文，战国文字的识读和释义，难度更大。

这批牛肋骨账主要记录的是某种物品“[?]”和“[?]”的收入和支取情况，此外，还涉及与该物品记账相关的量词“米”和“分”及结账符号“乙”。本文对牛肋骨账中涉及分析记账内容及账簿性质的几个主要文字进行辨识。

（1）“[?]”字。“[?]”字在此次发现的牛肋骨账中出现次数最多，在可辨识的牛肋骨中反

复出现40余次。如“吕舒（入）□三束”、“蜀虎（入）□十六束”。“□”字，楚简作“□”，历定为“卤”，战国时期汉字繁简变化随意，字无定形，“□”应当为“鹵”字的古文或别体。《说文解字》：“鹵，西方鹹地也，從西省。安定有鹵县，东方谓之㡿，西方謂之鹵。”典籍中所谓“斥卤”，即此字也，其义为“鹹淡”之“鹹”（今简化字写作“咸”）。又，《尔雅·释草》“杜，土鹵”，郭璞注：“杜衡也，似葵而香。”则“鹵”亦为香草名，或即今作卤制品所用之配料俗名八角之葵香（或今所谓“卤菜”以此而得名亦未可知）。从字形来看，此字实即从“肉”形之变体，其本义为“鹹肉”，或与称为杜蘅的八角葵香浸渍烹煮相关，带有香味之鹹水肉，中间交叉象“入”字的笔画，乃为肉类被盐腌制烹煮之后的绉缩象形。因此，今语所谓“鹵肉”，就是此字的本义。肋骨账簿之物品名为“卤”，应该就是“以香料加盐腌制的鹹牛肉”，不过其具体制作方法和制作程序，或者古今有所不同而已。“□”字即为“卤”，又刻在牛骨账中，应与牛市或经营牛制品相关，结合下文“□”字及大批牛肋骨记事背景，可以推断，“□”字即为“卤”，就是指的“卤牛肉”。

（2）“□”字。“□”字在牛肋骨账中出现频率亦较高，且跟在“卤”字之后，前有数字，厘定为量词“束”。如“□二十八□”即指“卤牛肉二十八束”。“束”做量词，春秋时即有，如《诗经·小雅·白驹》中：“生刍一束，其人如玉。”再如《东周列国志》第三回中：“当时宣王大祭之夜……将七庙神主，捆著一束，冉冉望东而去。”因此，“束”做量词，在春秋战国时已平常使用。《说文解字》：“脯，干肉也。”又，《周礼·天官·腊人》“掌干肉凡田兽之脯腊膴胖之事”，郑玄注：“大物解肆干之，谓之干肉。若今凉州乌翅矣。薄析曰脯，棰之而施薑桂曰锻脩。”则所谓“脯”与“脩”皆为经过加工制作的“干肉”。《公羊传》昭公二十五年“与四脡脯”，何休解诂：“屈曰朐，申曰脡。”据郑玄与何休的说法，则“脯”之称为“脡”，取其“直挺而干与薄”之义。因为“脯”乃经过加工制作，故“脯”又称“脩”。刘熙《释名·释饮食》：“脯，又曰脩。脩，缩也，干燥而缩也。”《礼记·曲礼下》“椇榛脯脩枣栗”，郑玄注：“脩，取肉锻治而加薑桂干之如脯者。”肉熟而“缩”，此正为“□”字中间笔画之象形。据此，则“脯”也，“脡”也，“脩”也，其义一也，且皆以“束”为数量单位，故典籍中不乏“束脩”或“束修”一词。《穀梁传》隐公元年“束脩之肉”，《礼记·檀弓上》“束脩之问不出竟”，《论语·述而》“自行束修以上，吾未尝无诲焉”，《吕览》“赐脯二束”，高诱注：“十脡曰束。”皆是其例。由上述可知，牛肋骨账文字之“□”以“束”为单位，则“□”必为“脯”“脡”“脩”之类加薑桂盐滷以腌制或锻治之肉类无疑。而“束”字正是“十脡为束”的数量单位，与“□”相配为用。

（3）“□”字。“□”即“□”，隶定为“蚤”字，典籍中常将此“蚤”字借用为“早”字，其例繁夥，不胜枚举。从摩写的字形来看，“□”字上面是“叉”字的省文，正面是“虫”字，应当是“蚤”字，“蚤”又为“骚”字之省。从近年来出土的战国文字可见，抄写者为图省力省事，大量使用省笔之俗字，如郭店楚简中“物”作“勿”，“如”作“女”，皆是其例。即使是传世的先秦文献，由于历代研治者希少，也会保留若干省笔字。如今传《墨子》一书，因墨家自汉代后多流为游侠，而汉代对游侠施以严酷之打击，墨学随之衰落，因而历代学者少人问津，故《墨子》书中保留了一些省笔之古字，如“天志”写作“天之”，“无他故”写作“无也故”，“大聚”、“小聚”或“大叢”、“小叢”写作“大取”、“小取”之类，皆可为证。《墨子·经说上》：“是犹食脯也，骚之利害，未知也。欲而（得）骚，是不以所疑止所欲也。”毕沅曰：“骚，臊字假音。读如《山海经》云‘食之已骚’。”孙诒让曰：“‘骚之利害'，疑言臭之善恶。张（惠言）云：'味之美否也。'”墨子所谓“犹食脯”之“脯”，乃泛指食肉而非专指干肉，故云“骚之利害未知也”。又云“欲而（得）骚”，“得”字原夺，兹据孙诒让说补。则“骚”亦为肉类之物，乃无所可疑也。毕沅谓“骚”通“臊”，实即有“臭”即气味之肉，是以“骚”乃有腥气或腥味之新鲜肉类，与腌制之干肉有所不同。毕沅所引《山海经》“食之已骚”，今本《山海经·北山经》作“食之不骄”，郭璞注曰：“或作骚，骚，臭也。”毕沅谓“骚”乃“臊”字之假音，其说是也。《说文解字》：“臊，豕膏臭也。”典籍中常以“腥臊”连言，如《周礼·内饔》“辨腥臊羶香之不可食者”，《史记·晋世家》“重耳曰：'事不成，我食舅氏之肉！'咎犯曰：'事不成，犯肉腥臊，何足食'”，皆是其例。则“骚”之为言“臊”，乃动物肉类之腥臊气味，故可用以指代肉类，墨子《经说上》“骚之利害”以及“欲而（得）骚”，实以指肉类而言，故与“脯”字相关为用，只是此“脯”不指干肉而是泛指肉类而已。

由此，肋骨账簿文字之“[illegible]”，正为“骚”字之省笔。“骚”与“卤”相对，应当是“卤牛肉”与“骚牛肉（即新鲜牛肉）”的区别。

（4）“才”与“分”字。《说文解字》：“分，别也，从八刀，以刀分别物也。”肋骨中的'分'字，大都在句尾，多与'[illegible]'字连用，在编号为H2164：43号的肋骨中有大量出现，为分析方便，现将该肋骨账簿文字全部抄录：

H2164：43号肋骨正面上部账簿释文（条目编号为本文作者所加，下同）：

①▲七十九：旨舒卤三束，方束三蚤，讫。

②▲旨□卤二十束，卤十九束，蚤六束，蚤分。

③▲八十四：蜀虎卤十六束，四蚤分，六蚤三十四束，讫。

④▲五十九：全□卤二十束，讫。

⑤▲全□卤二十九束，三蚤分，讫。

⑥▲六十九：□□卤三十束，卤六束，二蚤，讫。

⑦▲□建卤十束……

H2164：43号肋骨正面下部账簿释文：

①▲成壹卤四十六束，卤七束□□，取卤六束，讫。

②▲事池庇取卤十四束，分。讫。

③▲椁人取卤十一束，讫。

④▲集戊取卤二十束，讫。

⑤▲叔□取卤十七束，讫。

⑥▲□予取卤十一束，讫。

H2164：43号肋骨背面上部账簿释文：

①▲□□卤□□□

②▲全忻卤十二束，讫。

③▲□耶卤三十束，讫。

H2164：43号肋骨背面中部账簿释文：

①▲或卤十一束，讫。

②▲余蚤分，卤四束，讫。

H2164：43号肋骨背面下部账簿释文：

①▲迷赠取卤十一束，蚤（此条记后又被取消）

②▲陈缓取卤六束，讫。

③▲□北取卤十束，讫。

由上述 H2164：43 号肋骨账簿的记录情况，可以归纳出以下几点：

第一，与“卤”相关的数量词一律用“若干束”，无一例外。

第二，与“蚤”相关的数词与量词比较复杂，有与“束”相配为用，作“蚤若干束”者，有与“分”相配为用，也有不与“分”相配为用。且“分”字用法尚不太明朗。例如正面上部②和③条，文例比较集中：

②▲言□卤二十束，卤十九束，蚤六束，蚤分。

③▲八十四：蜀虎卤十六束，四蚤分，六蚤三十四束，讫。

在此二条中，有“蚤六束”、“蚤分”、“四蚤分”、“六蚤三十四束”四种不同的记录文例。此外，尚有正面上部⑤“三蚤分”及⑥“二蚤”之文例，只是这二种文例已隐含在上述四种文例之中，可以不必单独述及。

“蚤六束”与“六蚤三十四束”，可以看作如“卤十九束”之文例，说明“蚤”也可以用“若干束”来计量。那么，“蚤”字之前的数词如“四蚤”、“三蚤分”、“二蚤”以及“六蚤三十四束”之“四”、“三”、“二”、“六”诸数目，应作何种解释呢？

按古人肢解动物牲体，有几种不同方法。一是全烝，即整头猪、或羊、或牛，杀死去其毛血之后，经过烹炰，载于烝俎，此乃最为隆重的祭祀仪式如天子祭天才使用。二是房烝，半解其体，分为左右胖。其礼较全烝为衰杀。三是豚解，即剔其前两腿（肩）与后两腿（髀）为四块（去其蹄，蹄践地污秽，不用于祭祀），两肋一脊，共为七块，称之为“七体”。且无论牛、羊、豕，分为七体，皆称“豚解”。四是体解，即是骨折，故又称为折俎，折俎最多可分为二十一体。即：肱（前腿）三，曰肩、臂、臑；股（后腿）三，曰髀、膊、骼；脊三，曰正脊、脡脊、横脊；肋三，曰短肋、正肋、代肋。而肱也、股也、肋也皆有左、有右，共十八体；加上脊之三体，总为二十一体。又，《礼记·礼运》云：“腥其俎，孰其殽。”郑玄注：“腥其俎，谓豚解而腥之；孰其殽，谓体解而爓之。”意即，豚解七体乃为生肉，体解乃二十一体之熟肉。由此可见，古人分割动物之肢体，生肉分解为七体，熟肉则进而分解为二十一体，称之为折节或骨折，因升置于俎（即今所谓砧板或托盘），故又称之为折俎。

牛肋骨账中所谓“蚤”，与“卤”相对，乃指未经加工的生鲜肉，当以所谓腥俎“豚解”七体之法分解之（脡脯干肉之制作，亦先以七体为分解法），而非熟殽“体解”二十一体之法可知（脡脯干肉烹煮熟爓之后，再作体解）。则此处所谓“四蚤”、“三蚤”、“二蚤”、“六蚤”之诸数目字，或者与古人肢解牛、羊、豕之“豚解”有关，即四、三、二、六诸种不同部位之生鲜肉，但其具体所指，尚不得而知。

因古人认为动物牲体之部位有贵贱之别，祭祀用牲体，乃用右胖而不用左胖，以左胖作他用。《乡饮酒记》、《少牢礼》郑注皆曰：“右胖，周所贵也。”《特牲礼》“牲北首东足”，郑注：“东足，尚右也。”又，股分解为三段，即髀、膊、骼，祭祀时则不用髀，髀近于动物之肛门，以其污秽，故不升于俎。而用脊与肋，则用正脊与正肋。这些观念，虽为祭祀时对动物牲体的基本看法和要求，但无疑也会影响到世俗的社会生活，因为“礼”与“俗”往往是互相通用的。这些观念如果体现在商业行为中，也可能会在价格上有所区分。

由于古人对动物牲体部位有贵贱之别，其区分必然比较严苛与琐细，这应该就是肋骨账簿中“方”字与“分”字的解释依据。

43 号肋骨正面上部账簿记录中，①、②、③条记录正可作为对照：

①▲□□七十九㐭舒卤三柬，方柬三蚤，讫。

②▲㐭□卤二十柬，卤十九柬，蚤六柬，蚤分。

③▲八十四：蜀虎卤十六柬，四蚤分，六蚤三十四柬，讫。

《说文解字》："方，并船也。"是"方"有"并"义无疑。所谓"方柬三蚤"，即"并柬三蚤"，意即三种部位的生鲜肉，一起捆束无需按其不同部位分别捆束。而例②中"蚤六柬"，而要求"蚤分"，即不同部位之"蚤"当"分别"捆束，不容相混。至于例③则是"四蚤分"，即四种部位之"蚤"须分别捆束，而"六蚤三十四柬"无"分"字，则可能不须"分"。由此可见，肋骨中的"方"与"分"是一对相反的概念，即"合并"与"分离"。如果条件允许，材料丰富，当可从中判断这所谓"四"、"三"、"二"、"六"究竟与"分"有什么样的对应关系。

要之，"蚤"是指生鲜肉类，是与"卤"相对的概念。而"分"即"分开"或"分别"之义，是与"方"字之为"并合"、"混并"恰成相反的概念。

因此，牛肋骨账中的"[illegible]"、"[illegible]"、"[illegible]"、"[illegible]"分别为"卤"、"骚"、"柬"、"分"字。账簿所记，是店铺收入及支取卤牛肉和新鲜牛肉的记录。后面的"[illegible]"字，即为"已"字，读为"讫"，置于每条账务记录末尾，为结账符号，即偿还或结清的意思。

（5）牛肋骨账中人名之前数目字之意。如肋骨 43 号、42 号正面记录开始部分有"七十九"、"八十四"、"五十九"等数字，数字之后，才是人名、收入物品名及数量。现举几例：

H2164：43 正面上部：

▲七十九：㐭舒卤三柬，方柬三蚤，讫。

▲㐭□卤二十柬，卤十九柬，蚤六柬，蚤分。

▲八十四：蜀虎卤十六柬，四蚤分，六蚤三十四柬，讫。

▲五十九：全□卤二十柬，讫。

▲全□卤二十九柬，三蚤分，讫。

▲六十九：□□卤三十柬，卤六柬，二蚤，讫。

▲□建卤十柬……

H2164：42 正面上部：

▲八六七：孙事卤十柬，方柬三蚤，讫。

▲九十二：孙建卤九□三柬，□□蚤分，讫。

▲六十三：鄱舒卤十二（柬），蚤□□□卤□□□，讫。

H2164：42 正面下部：

▲□□□三十、三十四、一十五、二十二讫。

按照记账的一般规则，账簿记录开始部分通常为日期，但是中国古代的账簿，其记账日期的格式通常以当朝年号为年，以数字为月，以天干地支顺序为日，如西周简册账记："隹十又三月辛卯"，居延汉简谷出入簿记："甲渠候官阳朔二年正月尽三月钱出入簿"，唐代敦煌寺院沙州净土寺账记："右愿达从庚寅年正月一日已后，至辛卯年正月一日已前"，宋代官厅账中："元丰元年九月乙酉"等。而且，如果真是某种特殊的不见于典籍记载的日期记录方式，必定每条记载都应当有相应的日期。据此分析，则牛肋骨账首的数字，不太可能是日期。中国古代的账簿，从西周时起，逐渐形成了"中式三账"的账簿体系，即"草流"、"细流"、"总清"三账结合，这一账簿体系，一直持续到清末，至西方复式簿记传入中国，才逐渐被复式簿记体系所代替。"草流"即原始凭证，是记账的基础和依据；"草流"经过归类整理，转记入"细流”，即分类账；“细流”经过汇总归纳，转记入“总清”，相当于总账。牛肋骨账中，只记录了一种物品牛肉的收入和领取情况，是原始凭证经过分类后的登账记录，相当于“细流”。因此，牛肋骨账中位于记录首位的数字，应该是原始凭证编号，部分记录没有编号，是与上一条记录来自同一张原始凭证登记转账而来。如：

▲七十九：盲舒卤三束，方束三蚤，讫。

▲盲□卤二十束，卤十九束，蚤六束，蚤分。

第一条记录编号是“七十九”，即登账记录来自第七十九号原始凭证，第二条记录没有编号，意味着这条记录同样来自第七十九号凭证。H2164：43 号肋骨正面下部有一条记录：

▲□□□三十、三十四、一十五、二十二讫。

这条记录更加验证了这些数字是原始凭证编号，记录说明编号为“□三十”、“三十四”、“一十五”、“二十二”的原始凭证均已过账核对完毕。此外，取用记录之前均无编号，古人量入为出，取用以收入为限，且记录在同一牛肋骨上的收取应属同批次牛肉制品，故无专门的凭证记录。

三、郑韩故城牛肋骨会计账性质考论

从上述释文可读，这批牛肋骨账均为店家牛肉收入和支出账。记账时收入和支出分开记录，牛骨上部为收入记录，下部为支出记录，个别牛肋骨上出现中部结余记录，表现出非常明晰的分类记账思想。可将上述 H2164：43 牛肋骨账记录整理如下（见表 1）：

表 1　　H2164：43 牛肋骨账牛肉收入支取明细表

原始凭证编号	人名	记账方向	物品及数量
七十九	盲舒	收入	卤牛肉三束 新鲜牛肉三分
缺	盲□	收入	卤牛肉二十束 卤牛肉十九束 新鲜牛肉六分
八十四	蜀虎	收入	卤牛肉十六束 新鲜牛肉四分 卤牛肉三十四束
五十九	全[illegible]	收入	卤牛肉二十束
缺	全[illegible]	收入	卤牛肉二十九束 新鲜牛肉三分
六十九	□□	收入	卤牛肉三十束 卤牛肉六束 新鲜牛肉二分
缺	□建	收入	卤牛肉十束

续表

原始凭证编号	人名	记账方向	物品及数量
无	成壹	领取	卤牛肉四十六束 卤牛肉七束 卤牛肉六束
无	事池庇	领取	卤牛肉十四束
无	㝵人	领取	卤牛肉十一束
无	集戊	领取	卤牛肉二十束
无	叔□	领取	卤牛肉十七束

中国古代账簿发展，有官厅会计与民间会计之分。官厅会计与国家财政、政府审计等业务相关，史料存留比较丰富，如里耶秦简、云梦睡虎地秦简、居延汉简中的钱账、粮账、兵器账等。民间账簿则散落于不同时期民间商业社会团体，如敦煌文书中的酒账、山西票号银账等。

牛骨账以牛肋骨作为记账书写工具，记录牛肉制品收支情况，从目前已有的考古所见先秦账簿来看，尚属首现。西周至春秋战国时期，书契、校券在官厅记账应用已经非常普遍，如《周礼》记“六曰听取予以书契”、“凡有秩酒者，以书契授之。”民间簿记，则自由分散，可以取之于材用之于材，不拘于某种特定的材料工具书写账簿。因而《管子》中有“皮革、筋骨、羽毛、竹箭、器械、财物，苟合于国器用者，皆有矩郑于上”的记载。官厅簿记常以竹木等便于取得也有利于书写的材料，且在记账时，这些竹木，都经过仔细的加工处理，平整削切。根据考古发掘报告描述，这批牛肋骨账记账所用牛骨并没有经过特别选材，主要截取牛肋骨中部较宽一段，但截骨长短不一，且截面未经磨平处理，应是随意用刀砍截，以至多数牛肋骨中间都有大小不一的裂纹。可见这些账册的选料不十分讲究，记账者就地取材，以遗弃的牛肋骨废料，代作记账的材料。自商代起，官厅会计记录财政收支已开始将竹木连结成册，称为“简册”。这批牛肋骨账，散放于垃圾堆中，不仅没有很好的保存和清理，而且未能成“册”（见图2）。

图2　牛肋骨账发掘现场实物图

此外，存放牛肋骨账的灰坑遗址，位于郑韩故城东城中部偏西侧的仓城东北小高庄村西。根据历史学家的考证，把国都分为东、西两城，是春秋时期郑人的作法。郑国的西城，是郑国王宫所在地，相当于政治中心。东城，则是工商手工业分布区，在郑韩故城遗址考古发掘中，东城发现大量手工业作坊遗址，其中有铸铜、制陶、制玉作坊以及专门进行羊肉交易的"羊肆"。东城集中了大量手工业生产者、集市贸易市场，商贾遍布，市井繁华，成为以逵市为中心的繁荣的工商业经济区，战国时韩国迁都新郑以后，仍然沿用了郑国的城市布局。牛肋骨账的灰坑遗址，在东城的仓城区，牛肋骨账的主人，便是居住在东城的工商业者，所记账目，为其日常经营之事项，是典型的民间账簿。

四、郑韩故城牛肋骨会计账的记账特点

牛肋骨会计账的发现不仅填补了我国春秋战国时期郑韩两国会计账簿实例上的空白，而且连接了西周至秦汉会计发展的中间阶段，使得先秦会计发展脉络变得更加清晰，对了解战国时期会计账簿发展情况和记账水平都有十分重要的意义。牛肋骨会计账表现出以下记账特点：

（一）以固定动词为记账符号

记账符号是会计账簿中最为主要的记录要素，中国古代夏商时期已采用不固定行为动词作为记账符号，如甲骨文中记"获鹿二百""获狐二十五"等。牛肋骨账中收入方向记账符号缺省，支取均以"取"为符号记录，反映出此时的民间账簿记账符号已由夏商时期的不确定动词向固定动词过渡。"取"与"支"、"用"、"付"、"出"均存在一致性关系，至春秋战国晚期，民间会计以"收"、"付"为记账符号开始稳定下来，到秦汉时基本固定并规范使用。

（二）上收下取，上入下出的记账规则

"上收下取（付）"或"上入下出"是典型的中式簿记记账规则，在唐宋及明清账簿中广泛使用。今郑韩故城牛肋骨账的发现，可将这一记账规则的形成时间上推至春秋战国或其以前。牛肋骨账上收下取，泾渭分明，排列整齐，不越界线，与后期唐宋及明清账格式完全相同，且同样存在若有结余，居中书写的方法。由此可见，早在春秋战国时期，流水账"上收下付"的记账规则已经存在，采用中部记录结余，一是为了突出结余项目，二是结余数量不多，偶然发生。这种记账的方法，与中国古代"量入为出"的思想也是相吻合的。牛肋骨账记账规则如此清晰明确，可以想见其初始形成阶段应该更早于春秋战国时期。

（三）定式简明的簿记记录方法

中国古代账簿，经历了由文字叙事式不规则簿记向定式简明的有规则簿记发展的过程，牛肋骨账的发现，证明早在春秋战国时期，定式简明簿记记录已经形成。第一，牛肋骨账中账目要素处理有规则地排列，严格采用上收下取，中部记录结余的格式，记账要素清晰整齐。第二，记账符号的地位突出，不仅有表示支出的记账符号"取"，同时每条记录的末尾，均有表示结账或转账的符号"讫"，是很成熟的结账思想表现。第三，账簿中经济责任关系明确，经济事项的来龙去脉清楚明了，"卤（牛肉）"的收入人、领取人、数量、单位的记录非常完整。

（四）对中式三账体系发展的贡献

中式三账体系最早只有"草流"和"总清"两账设置，作为对"草流"整理转记的"细

流”在何时出现，学界尚存疑问。牛肋骨账分类记录了“卤”和“蚤”的收发情况，且记录工整有序，与出于现场赶急备查需要记录的“草流”有明显不同。而且在每条收入记录前有原始凭证即“草流”编号，登账程序十分清楚，所以应该属于中式三账体系中的“细流”，即分类账。

五、结语

通过对郑韩故城出土战国牛肋骨会计账中的关键字词进行释读，并结合牛肋骨账发现的地点及记账内容和材料分析，这批牛肋骨账是牛肉店主人记录店中牛肉制品收入和领取的账簿，为战国时期的民间会计账簿。西周至秦汉是中国古代会计发展的重要时期，会计记账符号的概念及运用的形成稳定、记账规则的确立、简明的规则会计簿记记录方法的形成、中式三账体系的建立，以及四柱结算法的产生，均在这一时期完成。目前所见这一时期的考古史料多为官厅会计资料，而罕见民间会计账簿原件，牛肋骨账的发现，不仅填补了战国时期会计史料方面的不足，且为研究中国古代簿记，尤其是先秦会计发展情况提供了难得的研究材料。牛肋骨账的解读，也为这一研究提供了科学依据和史料支持，使我们能够对春秋战国时期的民间会计发展水平以及当时的社会经济状况进行更加科学的分析考察。

主要参考文献

［1］郭道扬：《会计史研究》（三），中国财政经济出版社 2008 年版，第 61、67、110、134 页。

［2］蔡全法：《新郑郑韩故城出土战国牛肋骨墨书账簿考》，载于《华夏考古》2014 年第 4 期，第 72 ~ 124 页。

［3］李裕民：《战国文字研究（一）》，载于《文物季刊》1986 年第 6 期，第 61 ~ 72 页。

［4］郑杰祥：《郑韩故城在中国都城发展史上的地位》，载于《黄河科技大学学报》2008 年第 3 期，第 23 ~ 25 页。

［5］许慎：《说文解字》，中华书局 1963 年版，第 35 ~ 162 页。

［6］郭璞：《尔雅注疏》，上海古籍出版社 2010 年版，第 67 页。

［7］《诗经·小雅·白驹》，北京出版社 2006 年版，第 53 页。

［8］冯梦龙、蔡元放：《东周列国志》，人民文学出版社 1978 年版，第 29 页。

［9］郑玄注：《仪礼注疏·特牲口礼》，上海古籍出版社 2008 年版，第 117 页。

［10］钱玄、钱兴奇、王华宝、谢秉洪：《周礼·长沙》，岳麓书社 2001 年版，第 79 页。

［11］徐明：《春秋公羊传》，辽宁教育出版社 1997 年版，第 48 页。

［12］刘熙：《释名疏证补》，中华书局 2008 年版，第 227 页。

［13］郑玄注：《仪礼注疏·少劳礼》，上海古籍出版社 2008 年版，第 34 页。

［14］崔高维：《礼记》，辽宁教育出版社 1997 年版，第 91 页。

［15］范宁注：《春秋穀梁传注疏》，吉林出版集团 2005 年版，第 115 ~ 116 页。

［16］《论语》，中华书局 2006 年版，第 78 页。

［17］高诱注：《吕氏春秋》，上海古籍出版社 2014 年版，第 83 页。

［18］墨翟：《墨子》，中州古籍出版社 2008 年版，第 66 页。

［19］司马迁：《史记·晋世家》，中华书局 2006 年版，第 121 页。

［20］郑玄注：《仪礼注疏·乡饮酒礼》，上海古籍出版社 2008 年版，第 157 页。

（本文转载自《会计研究》2015 年第 10 期）

附录：

一、牛肋骨账原文

（一）H2164：43，肋骨正面上部账簿（原件竖排，从右至左，部分数字已释）：

▲十土。旨詹 △三米。才米三乔分。乙。
▲旨詹。△二十米。△十九。乔六米乔分。
▲八丨四。[illegible] △十六米。四乔分。六乔三十四米。乙。
▲[illegible]。[illegible] △[illegible]廿米。乙。
▲[illegible] △二十九米。三乔分。乙。
▲[illegible]。□□△三十米。△六米。二乔。乙。
▲□逮 △十米。

（二）H2164：43，肋骨正面下部账簿

▲[illegible]一[illegible]四十六米。[illegible]七米。[illegible]六米。乙。
▲[illegible]池[illegible]十四米乔。分。乙。
▲[illegible]人[illegible]十一米。乙。
▲[illegible][illegible]廿米。乙。
▲[illegible]□[illegible]十七米。乙。
▲[illegible]予[illegible]十一米。

（三）H2164：43 背面上部

▲□□△□□□
▲全[illegible] △十二米。乙
▲[illegible] △十三米。乙

（四）H2164：43 背面中部

▲[illegible] △十一米。乙。
▲[illegible] 乔分△四米。乙。

（五）H2164：43 背面下部

▲[illegible] [illegible]△十一米。乔

▲[illegible][illegible][illegible][illegible]六米。乙。

▲[illegible][illegible][illegible][illegible]十米。乙。

（六）H2164：42 正面上部

▲八六七[illegible][illegible][illegible]十米。[illegible]二、一十一、三十八米。乙。

▲[illegible][illegible][illegible]九米。二二□□三□□□乙。

▲九十二[illegible][illegible][illegible]九米。[illegible]□□□。余分[illegible]。乙。

▲[illegible][illegible][illegible]三十六米。□□□□一，乙。

▲六十三[illegible][illegible][illegible]十二米。余□，□□[illegible]□□，乙。

▲全[illegible][illegible]七十一，八□□□五十，乙

▲六□□□□[illegible]二十□□，□□三米，余□

▲全□[illegible]□三，二十一□，□□□□□

（七）H2164：42 正面下部

▲□□□三十、三十四、一十五、二十二。乙。

（八）H2164：42 背面上部

▲[illegible][illegible][illegible]十二米，三□□□。

▲□□[illegible]二□□乙。

（九）H2164：42 背面下部

▲□□□[illegible][illegible]三十二米。乙。

▲[illegible]□[illegible][illegible][illegible]五十米。乙。

▲□□[illegible][illegible]二十二、五十三米。乙。

（十）H2164：46 正面上部

▲全□[illegible]十□□□……

▲全□□□□……

▲全□[illegible]二十□□□……

▲□□□九□□□……

▲[illegible][illegible]□□□□…米，□□□……

▲[illegible][illegible][illegible]十四米，六米。余□□

▲仓□

（十一）H2164：40 正面

▲□□□全[illegible]□□

▲六十四[illegible]□□□

（十二）H2164：40 背面

▲七□□□

▲十九[illegible]□□□七[illegible]……

二、牛肋骨账释文

H2164：43 号肋骨正面上部账簿释文（条目编号为本文作者所加，下同）：
（1）▲七十九：㐰舒卤三束，方束三蚤，讫。
（2）▲㐰□卤二十束，卤十九束，蚤六束，蚤分。
（3）▲八十四：蜀虎卤十六束，四蚤分，六蚤三十四束，讫。
（4）▲五十九：全□卤二十束，讫。
（5）▲全□卤二十九束，三蚤分，讫。
（6）▲六十九：□□卤三十束，卤六束，二蚤，讫。
（7）▲□建卤十束……
H2164：43 号肋骨正面下部账簿释文：
（1）▲成壹取卤四十六束，卤七束□□，取卤六束，讫。
（2）▲事池庛取卤十四束，分。讫。
（3）▲梮人取卤十一束，讫。
（4）▲集戊取卤二十束，讫。
（5）▲叔□取卤十七束，讫。
（6）▲□予取卤十一束，讫。
H2164：43 号肋骨背面上部账簿释文：
（1）▲□□卤□□□
（2）▲全忻卤十二束，讫。
（3）▲□耶卤三十束，讫。
H2164：43 号肋骨背面中部账簿释文：
（1）▲戓卤十一束，讫。
（2）▲余蚤分，卤四束，讫。
H2164：43 号肋骨背面下部账簿释文：
（1）▲逨蹭取卤十一束，蚤（此条记后又被取消）
（2）▲陈缓取卤六束，讫。
（3）▲□北取卤十束，讫。
H2164：42 号肋骨正面上部账簿释文：
（1）▲八六七：孙事卤十束，卤二、一十一、三十八束，讫。
（2）▲宗敢卤九束，二二□□三三□□，讫。
（3）▲九十二：孙建卤九□束，卤□□□，蚤分，讫。
（4）▲庆虎卤三十六束，□□□□一，讫。

（5）▲六十三：鄙舒卤十二束，蚤□，□□□卤，讫。
（6）▲全□卤七十一，八□□□五十，讫。
（7）▲六□□：□□□卤二十□□，□□三束，蚤□。
（8）▲全□卤三，二十一□，□□□余□□□
H2164：42 号肋骨正面下部账簿释文：
（1）▲□□□三十、三十四、一十五、二十二，讫。
H2164：42 号肋骨背面上部账簿释文：
（1）▲鄙杙卤十二束，三□□□。
（2）▲□□卤二□□，讫。
H2164：42 号肋骨背面下部账簿释文：
（1）▲□□□取卤三十二（束），讫。
（2）▲韩□反取卤五十束，讫。
（3）▲□□取卤二十二、五十三（束），讫。
H2164：46 号肋骨正面上部账簿释文：
（1）▲全□卤十□□□……
（2）▲全□□□□……
（3）▲全□卤二十□□□……
（4）▲□□□九□□□……
（5）▲莘徒□□□束，□□□……
（6）▲公叔货卤十四束，六束，蚤□。□……
（7）▲仓□……
H2164：40 号肋骨正面账簿释文：
（1）▲□□□：全安□□□……
（2）▲六十四：邬玎卤□□□□……
H2164：40 号肋骨背面账簿释文：
（1）▲□七：□□□……
（2）▲十九：鲁□□□七束……
（3）▲□□：□□卤□□□……
（4）▲□□：□□□□□□□□□□十二□□……
（5）▲□□：□□□□□□□□□八□□……
（6）▲□□：□□□二□□……
（7）▲□□：□助□□□□二□□□……

三、肋骨账簿中人名之前数目字之意涵拟测

43 号肋骨正面上部有“七十九”、“八十四”、“五十九”、“六十九”四个数目，蔡文称之为“编号”，但记载的内容却有七条。“除‘八十四’是单独照应一条记录外，其余三个编号都是一个编号下有二条记录。编号下是账簿所记人的姓名，还有物品名和数量”，蔡文认为，这些位于人名和物品数量之前的数目字，“从现存个别肋骨薄记条目的编号并不统一的情况，说明这些账目可能是按人们缴纳或借贷的不同批次，或者是按存放物品的不同位置编号的，所

以出现人名相邻而编号大小数目不统一的情况。从各版肋骨所记内容及顺序，在上部除登记编号外，为人名、物名与数量，这些条目记录个别句尾出现的𠂤（贷）或𠂤分，则是借贷人的借贷活动记录。其后是表示账目的终结文字已（讫）”。

由于蔡文认为，“这些肋骨是韩国仓廪中的专项账簿”，他便很自然地猜测这些数目是“物品的不同位置编号”，或者是“按人们缴纳或借贷的不同批次”的“登记编号”。如果是按“批次”的“登记编号”，或者是“物品的不同位置编号”，则决不可能出现如此凌乱不统一的“编号”形式。果真如此，则这些“编号”就完全失去了“编号”的意义，因为它们没有次序，不便查找，不便复核，显然这是违背常理的做法。

我们认为，这些数目字有几种可能，要么是记录日期，要么是记录商品明细账目之价值总和或者是原始凭证编号。但古人记日期，是用干支，而不是用数目。而且，如果真是某种特殊的不见于典籍记载的日期记录方式，必定每条记载都应当有相应的日期。但是很显然，肋骨账簿的记录方式没有这样的通例。因此，记录日期的推测完全可以排除。那么，这些编号代表的含义只有两种可能：一是“明细账目之价值总和”；二是汇总记账时所用“原始凭证编号”。

先来看明细账目价值之总和，不妨对几处记录比较完整而且比较容易理解的账目进行大致估算。43 号肋骨账簿正面上部的数目记录有如下几条：

（1）▲□□七十九旨舒卤三束，方束三蚤，讫。

（2）旨□卤二十束，卤十九束，蚤六束，蚤分。

（3）▲八十四：蜀虎卤十六束，四蚤分，六蚤三十四束，讫。

（4）▲五十九：全□卤二十束，讫。

（5）全□卤二十九束，三蚤分，讫。

（6）▲六十九：□□卤三十束，卤六束，二蚤，讫。

（7）□建卤十束……

例（1）与例（2）共用一个总数；例（3）单独一个总数；例（4）和例（5）共用一个总数；而例（6）与例（7）共用一个总数，但例（7）不完整，蔡文使用了省略号，大概是文字漫漶过甚，无法辨识，只好省略。因而此条总数“六十九”不具有研究之条件与价值。

虽然我们不知道当时“卤”与“蚤”的价格体系，但可以清楚地看到，前面的总数与后面的明细在数值上有比较明确的对应关系。

例（1）和例（2）两条记录，很明显是共用“七十九”这个数目的。且也可以看出，这两条所记的人名应该就是同一个人“旨舒”，虽然例（2）中的“舒”字漫漶不清，但应该就是“舒”字无疑。例（1）卤三束，方束三蚤；例（2）卤二十束，卤十九束，蚤六束。二者分别相加：

$$卤 3+20+19=42 束$$

$$蚤 3+6=9 束$$

$$42（卤）+9（蚤）=51 束$$

“卤”与“蚤”的平均值为：

$$79\div 51=1.549$$

又，（4）和（5）两条记录，所记亦为同一人“全□（此字左为肉，右为弌字）”，其用“五十九”这个数目。计算如下：

$$卤 20+29=49 束$$

$$蚤 3=59-49=10$$

由于我们不能确知“蚤”的价格，也不能知道“三蚤分”的确切意涵，但如果假定“三蚤”

就是“三束蚤”，则“卤”与“蚤”的平均值为：

$$59 \div (49+3) = 1.1346$$

这个计算结果与上面“旨舒”的计算结果虽然有所差别，但应该说还是比较接近，不太离谱。

此外，例（3）是专为购买人蜀虎所作的记录：其总额为84，而其明细则是卤16束，4蚤分，6蚤34束。其中“4蚤分”以及“6蚤”之确切意义不得而知，但仅据字面数值计算：

16束+34束=50

4蚤=84-50=34

仍依上述算式，求“卤”与“蚤”的平均值，则为：

$$84 \div (50+4) = 1.68$$

这个计算结果，则与例（1）与例（2）“旨舒”的计算结果1.549相当接近。由此可知，人名之前的这个数值与下面的商品明细有着明显的正比例对应关系。

准此，我们可以这样来推测这些数目字的意义：其一，人名前面的数目可能是明细物品的价值总额。其二，这些数目之所以记录在肋骨正面的上部显著位置，可能是大宗买卖。而且记录在下部和背面的一般没有总数，仅为小宗零售，因而物品相对单一，仅有“卤”而无“蚤”。个别“卤”、“蚤”兼有者，数量也不大。也就是说，明细物品的价值总数是比较直观的，亦即在当事人看来是一望而知的，无须计算的辅助过程就能知道得数的。如43号肋骨背面中部（2）“余蚤分，卤四束，讫”（依文例，“余”当为人名，非“结余”、“多余”之意）以及43号肋骨背面下部（1）“逑辪取卤十一束，蚤”，但据蔡文云，这条账目记录之后又被取消了。也就是说，这笔交易可能事先准备赊欠，但当时买主或者是改变主意而付了现，或者是交易没有最终完成，因而记录之后又被取消了。由于缺少更多的可用资料，且这些价值总数的体现形式亦即货币形式及其货币单位也难以确知；因而当时“卤”与“蚤”的价格体系，也无从确考。要之，人名与物品前面的这些比较大的数目字，乃是下属明细账目的商品总价值，这也是这些大小数目之间之所以没有“统一次序”的原因。

此为一种推测，另一种推测是这些编号为原始凭证的编号。中国古代的账簿，从西周时起，逐渐形成了“中式三账”的账簿体系，即“草流”、“细流”、“总清”三账结合，这一账簿体系，一直持续到清末，至西方复式簿记传入中国，才逐渐被复式簿记体系所代替。“草流”即原始凭证，是记账的基础和依据；“草流”经过归类整理，转记入“细流”，即分类账；“细流”经过汇总归纳，转记入“总清”，相当于总账。牛肋骨账簿中，只记录了一种物品牛肉的收入和领取情况，是原始凭证经过分类后的登账记录，相当于“细流”或“总清”。每条记录前的数字，应该是登记的原始凭证的编号，部分记录没有编号，是与上一条记录来自同一张原始凭证登记转账而来。如：

▲七十九：旨舒卤三束，方束三蚤，讫。

▲旨□卤二十束，卤十九束，蚤六束，蚤分。

第一条记录编号是“七十九”，即登账记录来自第七十九号原始凭证，第二条记录没有编号，意味着这条记录同样来自第七十九号凭证。H2164：43号肋骨正面下部有一条记录：

▲□□□三十、三十四、一十五、二十二讫。

这条记录更加验证了这些数字是原始凭证编号，记录说明编号为“□三十”、“三十四”、“一十五”、“二十二”的原始凭证均已过账核对完毕。由于账簿记录漫漶严重，可用资料比较希少，对上述数目字的含义，且有待更深入的研究确定。

原始计量与记录行为的演进分析

余根亚　刘　力*

【摘要】在原始社会，社会生产的发展，私有制经济的出现激发了对经济活动实施管理的必要性。人类在逐渐形成了数量观念后，尝试着采取确认所涉数量、反映经济和活动过程与结果的各种技术方法，再现社会经济活动及交往方面的数量关系。于是，便萌发和产生了原始计量记录行为。文章从人类早期的计量记录行为入手，并按考古学上划分的几个时期，对国内外，尤其是我国少数民族地区原始计量记录行为的演进进行一定范围的浅析。

【关键词】少数民族　原始计量记录　云南　演进

在社会分工和私有制的条件下，开始了直接以交换为目的的商品生产，投入交换的商品数量和品种也就不断增加，经济计量行为随之愈益频繁。因此，当生产、分配、交换出现的时候，人类祖先必然要寻求对其具体对象进行记数，进行确定计量单位。这种认识现象总体数量方面的活动，至少经历了四五千年漫长的艰苦探索和发展过程。虽然从旧石器时代中晚期到原始社会末期，人类原始计量记录行为也带有数学、统计等综合萌芽性质，但其始终是密切联系具体事物的质来认识现象“量”，用“数”来描述具体事物，带有为管理社会经济生活提供信息的动机，因而与会计的产生有不可分割的历史渊源。

一、原始计量记录行为的主要方式

原始计量记录法应用于同一地域，可因时、因人而异；应用于同一时期可因人、因地而异，表现了原始文化的多元化发展性质。原始计量记录行为的主要形式有简单刻记（计数）、绘画记事（计数）、刻符记事（计数）、结绳记事（计数）、书契记事（计数）等。

1. 简单刻记方法

简单刻记或曰简单刻划是原始人最初所采用的一种计量、记录方法。他们通常以坚硬的石器为刻具，在石片、石子、骨片，以及树木枝干之上，或刻划出一排排单线条的浅纹道，或在数目或在木板上刻出若干重复的缺口，形成通常只有刻划者自己可以体会出来的或是代表着一定数量的标记，或是记载某项事物的标记。从考古发现中可见，大多数的刻划线条与所刻缺口都是平行排列的，并含有一种具体数的概念。从数的认识及对记数的认识规律方面讲，无论原始人最初所作刻记符号简单到什么样的程度，然而，它都标志着人类已发现并应用了“数”。那一条一条的刻记符号总是在人的最初认识上表现为一个单元，更确切地讲表现为单一个体，

* 余根亚：云南财经大学中华职业学院、云南少数民族财会博物馆；刘力：云南财经大学会计学院、云南少数民族财会博物馆。

而许多个体的平行排列便代表他们最初要认定下来的一种“数”，甚至这个“数”已是在个体基础上的组合。正如英国史前考古学家科登·柴尔德（Cordon Childe）教授所说：“在一切情形之下，人类都在数计实际的东西——例如捉到的鲑鱼、羊栏里的羊、织品中的线等等，一个旧石器时代的猎人或一个新石器时代的牧人所必须记住的那些简单的总数，可以在一根杆子上刻写缺口来记载。”在个体基础上组合而成的这个“数”，正是人们在生产、分配、储备上要得出的一个结论，有了它方能对经济事项作出具体处理，达到管理的目的。

2. 绘画记事（计数）法

绘画记事（计数）是原始社会创始的以绘制图画或雕刻图形的形式反映客观经济活动及其数量关系的记录方式。即人们以绘画形式表达实物、交流思想的一种记事方式。由于时间的不同，有直观绘图记事与抽象绘图记事之分。

绘画记事（计数）是原始先民广泛使用的记录方式之一。先民利用矿石粉等材料在山洞、岩壁等地方将所进行的重大活动以形象的图形绘制或雕刻出来，从而达到记录客观活动的目的。现存原始社会的绘画，分布地域广泛，所绘活动内容丰富，其中以表现生产活动的狩猎、驯养，表现原始崇拜、宗教祭祀，表现人们日常生活、文化娱乐等场面的绘画居多。如狩猎中捕获了5头鹿或4只羊，便重复刻划或描绘出5头鹿或4只羊的图画符号来表现。在绘画记事遗存中还出现了部分抽象符号，绘画中运用抽象符号，显示了原始先民由绘画记事的形象记录方式向文字符号的抽象记录方式的转化。

3. 刻符记事（计数）法

刻符计量、记录法，又称之为刻记记事法或符号记事法，顾名思义这种方法是采用一套刻划符号来表现所记经济事项的数量，它们既帮助头脑记事，为备忘之需，最终又可据以合理处理生产、分配、交换事项，以及妥当安排剩余物品之储备。

刻符记事（计数）法是被原始先民广泛使用的记录方式之一。按照刻符结果所留痕迹的不同，其记事（计数）方法有三种形式：第一种是以骨木等材料为载体，通过在载体边缘上刻契缺口的形式，以载体边缘上缺口的数目反映客观经济活动的数量关系。此刻符记事形式的考古学例证典型者有属于马家窑文化距今5000多年前原始人（今青海柳湾出土）使用的刻缺口动物骨片，此记事方式以刻符材料的差异而分别称作刻骨记事、刻木记事、刻竹记事等，后两种记事材料的原始社会遗存因材料质地不经年月而未能找到实物，但近现代许多少数民族的刻木、刻竹记事方式可以提供间接的证据。第二种是以骨木等材料为载体，通过在载体表面上刻契凹槽痕迹的形式，以载体表面上凹槽的数目反映客观经济活动的数量关系。此刻符记事形式的考古学例证典型者有处于旧石器晚期的山西峙峪人使用的刻画骨片。民族学研究表明，我国的一些少数民族也采用这种方法。第三种是以骨木等材料为载体，通过在载体上钻凿空洞的形式，以载体上孔洞的数目反映客观经济活动的数量关系。此刻符记事形式的考古学例证典型者有处于旧石器晚期距今1.8万多年前山顶洞人使用的钻孔禽腿骨。

4. 结绳记事（计数）法

结绳记事是原始社会创始的以编织结绳的形式反映客观经济活动及其数量关系记录方式。结绳记事（计数）是被原始先民广泛使用的记录方式之一。

据《易·系辞下》记载“上古结绳而治，后世圣人易之以书契，百官以治，万民以察”；《庄子·胠箧》“昔者……祝融氏、伏羲氏、神农氏，当是时也，民结绳而用之”；《老子》则称“使民复结绳而用之”。结绳记事的方法是由居住在临水地区的人们在结网劳作中逐渐发明的一种计量方法。虽然目前未发现原始先民遗留下的结绳实物，但原始社会时期的半坡彩陶绘画中遗存的网纹图、陶器上的绳纹和陶制网坠等实物均揭示出先民结网是当时渔猎的主要条件，因此，结绳记事（计数）作为当时的记录方式是有客观基础的。其结绳方法，据唐代李鼎祚《周易集解》引虞郑《九家易》称“古者无文字，其有誓约之事，事大，大结其绳；事小，小结其绳。结之多少，随物众寡，各执以相考，亦足以相治也”，即根据事件的性质、规模或所涉数量的不同结系出不同的结绳。民族学资料表示，近现代的一些少数民族仍采用结绳的方法来记录客观活动。

5. 书契记事（计数）法

书契是原始社会创始的以契刻或书写某种物体表面而通过物体遗留抽象符号的形式反映客观经济活动及其数量关系的记录方式。书符是被原始先民使用的记录方式之一。其与刻符记事第二种形式旧石器晚期峙峪人的动物骨片刻划痕迹约有渊源关系，属于仰韶文化距今7000年左右的半坡人利用陶器刻制的符号为其典型。在陕西临潼姜寨、甘肃临洮马家窑、青海乐都柳湾、河北永年、山东青岛、浙江余杭良渚、山东章丘城子崖、上海马桥和崧泽等遗址多有发现。其地域分布广泛，符号也日趋统一和规范。

书契与后世的文字相比，约有源流传承的关系。经观察研究，在书符中既有反映数量含义的数字，也有揭示实物含义的文字。在《世本·作篇》中记载“皇帝使……隶首作算数”；汉墓壁画中有伏羲、女娲持规、矩图，反映了人们对数量概念的认识及其使用情况。而《吕氏春秋·君守篇》所称“仓颉作书”；《尚书序》中所称“古者伏羲氏之王天下也，始画八卦，造书契，以代结绳之政”和《说文叙》中所称“皇帝之史仓颉初造书契”等记载则揭示了人们对文字的创设及其使用情况。

书契的产生和在实践中的运用，是人类计量记录技术发展过程中具有里程碑意义的事件。

二、原始计量记录行为的发展历程

伴随着物质资料生产及与之相适应的物质资料分配、交换、消费等经济活动的不断发展，社会经济关系的日益复杂，人类的原始计量记录行为经历了由简单到复杂、由直观到抽象的演变过程，大致分为三个阶段：

1. 原始计量记录行为的产生阶段

这个阶段，人类对物质资料生产及与之相应的物质资料分配等经济活动产生了朦胧的管理要求，由不自觉到比较自觉地使用一些较为随意的方式，试图借以确认经济活动的数量关系，反映经济活动的过程和结果。考古资料表明，处于旧石器中晚期的中国山顶洞人、峙峪人、广西瑶族即利用动物骨骼作为材料，对其进行钻孔或刻契，使之记录客观发生的经济活动。

2. 原始计量记录行为的发展阶段

这一阶段，随着社会生产的发展，出现原始的交换关系，人类生活水平也逐渐提高，由此人类对物质资料生产及与之相应的物质资料分配、交换、消费等经济活动产生了明确的管理要求，较为自觉地使用因地制宜、因时制宜的方式，如通过各种实物、绘画、结绳、刻契形式，借以确认经济活动的数量关系、反映经济活动的过程和结果。如西南的独龙族借钱于人要刻木记账，借出多少钱，就刻多少缺口；还了多少，再削去多少缺口。文献、考古和民族学的资料均表明，这一阶段的计量记录方式呈现出地域性、多样化繁荣发展的状态，贯穿于新时期时代的始终。

3. 原始计量记录行为的完善阶段（趋于规范阶段）

这一阶段，在社会经济变革的影响下，出现原始计量记录行为趋于规范化的态势。人类对物质资料生产及与之相应的物质资料分配、交换、消费等各种经济活动产生了更为明确的管理要求，自觉地将因地制宜、因时制宜的计量记录方式，逐渐向较为统一的、规范的、能超越时间和空间限制的刻契或书绘抽象符号的形式过渡，即由各种实物、绘画、结绳、刻契形式向文字和数字记录方式转化。大量考古资料表明，原始社会末期，人类刻契或书绘的抽象符号不断增加，从不同地域和不同时间的抽象符号的比较中可以发现，随着时间的推移，这些抽象符号之间所具有的递嬗关系和规范统一的趋势愈益明显。

三、不同时期中（主要为少数民族）外的计量记录行为分析

1. 旧石器时代中晚期（简单刻记与直观绘图记事阶段）

在距今约十至二、三万年的旧石器时代的中晚期，由于生产剩余物品的出现，原始部落里的经济关系随之复杂化起来。为了组织生产活动与合理地分配物品，以及有目的的进行食品与其他物品的储备，这时单凭头脑计数记事及其默算已无法进行下去，仅仅依靠语言和手势的配合也无法达到正确传递信息的目的。复杂的经济关系又相应增加了人类管理生产、安排生活的难度，迫使先民们不得不在头脑之外的自然界去寻找帮助进行记事的载体，不断创造出一些原始状态的计量记录的方法。

（1）简单刻记方法

在中国山西峙峪人遗址，“发现几百件有刻纹的骨片，有的刻着直道，数目多寡不一，可能是表示数目的”（《马克思恩格斯选集》第一卷）。对此郭沫若也曾讲：“这些骨片上所刻划痕迹，如果确属人工刻划的符号，那就使我们联想到传说文字发明以前‘结绳记事’、‘契木为文’都不会是无稽之谈，而是人们实际生活需要的产物。”同一时期，在甘肃刘家岔遗址发现了“刻纹的鹿角”，而且无独有偶在山顶洞人遗址处也发现了具有同样情形的鹿角刻记，在鹿角棒上刻下那些弯曲或平行的浅纹道并非装饰性质。就这些已进入母系氏族社会初期阶段的部落里的生产发展与生活改善情况来分析，鹿角棒刻记之用途也很可能在计量记录方面。

在云南省，有哈尼族的羊角刻。哈尼族地区每年在庄稼成熟季节，为了防止偷盗行为，由总村寨头人召集开会，各个村寨头人都要参加，宣布不得相互偷盗，如有哪一个村寨的人违反，即有该村寨头人负责查究。羊角上刻画到会人数，用以记录数量和原始行为（见图1）。

图1

拉祜族在刻木之上缠绕相应的鸡毛、猪毛、牛毛、苞谷、谷穗等物，以被记录对象的部分实物作为记事原材料，是以记录者认为适宜的实物材料记录特定的活动及其数量。拉祜族刻木记事实物一组5件（见图2）。

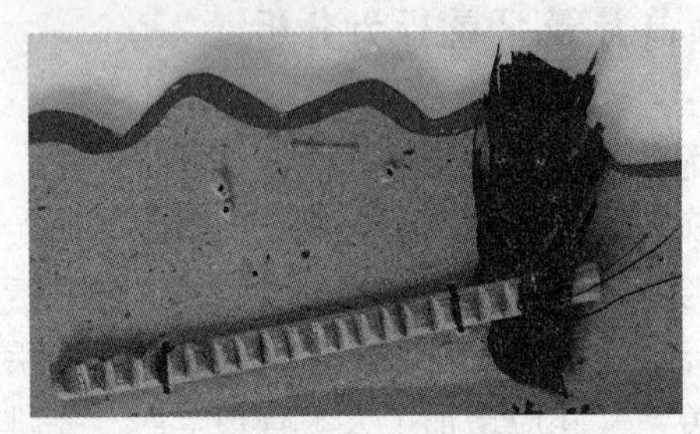
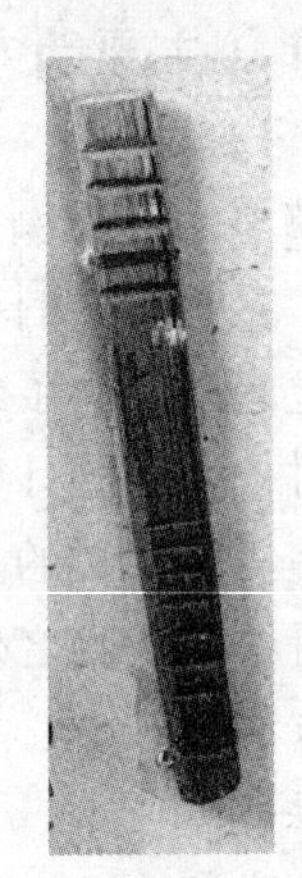

图2

在国外，在物体上刻痕记数，最迟在旧石器时代晚期已经出现。处于旧石器时代中期的法国的尼安德塔人已在一块小板上横划着一些相当宽的红色带形纹，当然，这种带形纹是否已是一种计量记录符号，还有待今后作进一步研究。在法国考古中可以作出初步判断的是发现于南部奥瑞纳村（Aurignac）的在一根幼年狼的胫骨上的刻痕。狼骨上的刻痕累计五十五道，前一组刻痕为二十五道，后一组刻痕是接着刻下的，为三十道，中间有一定距离。考古学家断定这块狼骨上的刻痕距今大约已二至三万年，正是旧石器时代晚期的作品，考古学上称其为“奥瑞纳文化”（Aurignacian Culture）（《世本·作篇》）。据狼骨刻痕研究判断，这些刻记“也许是记录猎物的数目”（斯·普·托尔斯托夫：《马克思与摩尔根——论马克思论〈古代社会〉一书摘要》）。

（2）直观绘图记数、记事法

以绘图的表现方式反映经济事物的数量是旧石器时代中晚期与简单刻记并存的一种计量记录方法。由于原始绘画者抽象思维活动能力的局限性，他们在绘图表现方式上反映出一种顽固忠于自然原型的写实性。通常他们面对所要表现的事物，绘形绘色，不厌其烦，一丝不苟、力尽其详，故我们称之为“直观绘图记数、记事方法”。大自然是千姿百态、丰富多彩的，当时生活在地球上各个地方的原始人所处的环境与经历不同，使他们在选择计量记录方式与方法方面也不尽一样。不少部落以狩猎为生，故他们一般采用绘图的方法反映狩猎收获物。如狩猎中捕获了5头鹿或4只野羊，便重复刻划或描绘出5头鹿或4只野羊的图画符号来表现。

我国北魏时的地理学家郦道元在《水经注》一书中具体描述了内蒙古阴山地区创作的岩画。新中国成立后，在内蒙古阴山磴口县默里赫提沟等地先后发现岩画一百多处，这些岩画都具有写实性，其中有一部分与绘图记数、记事有关，从不同侧面反映了经济数量的内容。

在云南晋宁县石寨山出土的一批文物中有一块青铜片，由上到下尚存四层，第五层一下残缺。据考证，这是由远古时期发展而来的一种记数和记事的牌子。第一层最上画的是一个大鸟（可能是凤），尾下有一个大圆圈，里面还有两个同心小圆，可能是一种记年方法。下面画着被枷和被锁的人、人头、牛头、马头、山羊头、绵羊头和虎头等（见图3）（云南石寨出土的记数）：

图3

在这些形象的下面有三种记数符号："一"、"0"和"♬"，分别代表"1"、"10"和"100"，是一种10进制系统。铜片上层的下半部分一个带枷人像下边有一个"0"和3个"一"，代表13个；牛头下边有7个"0"，代表70头牛；绵羊下边有两个"♬"，代表200只绵羊，等等。这种绘图记数法是当时当地少数民族所创造，它的形成也经历了漫长的过程。我国少数民族在没有文字或是虽有文字但没有掌握文字的情况下，都普遍使用这种记数方法。

在国外，如法国的罗尔特人在他们居住的山洞内所绘制的"鹿群泅水过河图"便是以捕获驯鹿为背景的。罗尔特人所处山洞靠近河边，每当驯鹿越冬迁徙泅水过河之时，他们便乘机进行捕杀，以储备大量的过冬肉食品。法国的康巴尔人在考古学家称之为"康巴尔洞"中所绘"山羊和马图"，以及西班牙阿尔塔米拉人在居住的洞内所绘"洞顶动物图"，也反映了同样的事实。尤其是阿尔塔米拉人所绘制出来的单个的，并带有色彩的牛、猪、鹿等动物形体，一个个栩栩如生，惟妙惟肖，完全忠实于自然，充分显示了创作者的写实能力。正如柴尔德教授根据对史前时期大量绘图记事现象的分析研究所得出的结论："旧石器时代的雕刻与绘画，并不是一种神秘的'艺术冲动'的表现……却不是专门为的寻求那种乐趣，而实是为的一个严肃的经济目的。"同时，他还更为明确地指出："艺术家在黑洞中画一只野牛的事，既然如此确凿，则在外边的草原上，有一只供他的同人宰食的活野牛之事，也必会同样确凿。"这确实是完全合乎当时人们逻辑思维的一种动机。

2. 中石器时代至新石器时代（刻符记事与抽象绘图记事阶段）

在蒙昧时代的高级阶段，即考古学上所讲的中石器时代，是由打制石器的旧石器时代向磨制石器的新石器时代的过渡性阶段，与这一时期生产发展水平、生活水平提高相适应，原始计量记录方法也处于一种过渡性转变阶段。进入新石器时代（野蛮时代的低级至中级阶段），则是原始计量记录方法演进应用的关键性阶段，在此阶段集中体现了人类在史前时期所创造的文化成果，它把原始计量记录方法推进到成熟阶段，并为原始社会末期计量记录方法发生变革奠定了基础。

（1）刻符计量记录法

根据中国的考古成果加以分析，与旧石器时代中、晚期所采用的简单刻记方法相比，在新石器时代早、中期所采用的刻符记数法之基本特征与进步主要体现在以下四个方面：

①一整套计量、记录符号的创造。

②刻划符号在一定区域内使用的一致性及其规范化趋向。

③刻符记数、记事法的创造、应用对人类语言、原始文字、原始数学所产生的促进作用。

④数码符号的创造与计量、记录经济事项目标的明确。

在新石器时代早期已发现相当一部分刻划符号，如河南舞阳贾湖遗址（距今约8000年），陕西西乡李家村遗址（距今约7000～8000年），陕西华县老官台遗址（公元前5800～5000年），以及甘肃泰安大地湾遗址（距今约7355年）等处都已发现各式不同的刻划符号，在大地湾与陕西临潼白家村等地发现了一些彩绘符号。这些符号笔画多，形体各异，并在这一地带出土具有普遍性，其中的一部分作为计量记录符号较以往进步明显，作用也很大。

在中国考古发现中最早的刻木记事类型文物是青海乐都柳湾马厂类型墓葬中的骨片，见图4。

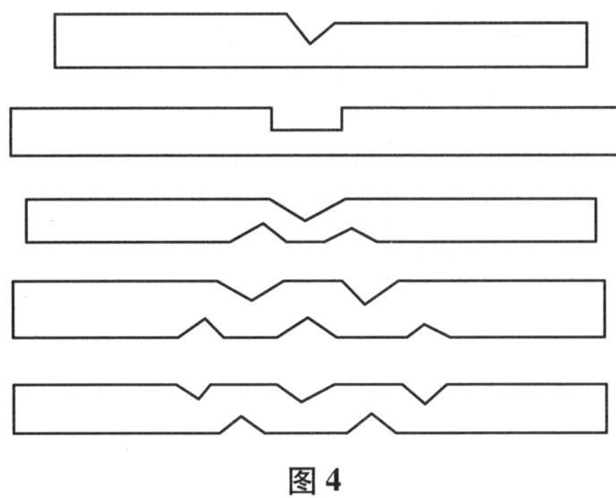

图 4

这些相对而言易于保存的骨片是新石器时代中期的产物，距今约 5000 ~ 4000 年的历史。这些骨片上的刻记大体上有一定规格，缺口大都刻在骨片中部的两边，在 40 片骨片上所刻下的缺口数量都在 1 ~ 3 之间。这些发现都证实了中国历史上的“刻木为契”传说。

关于我国少数民族地区刻符计量记录的记载有的史书也有提及，如《随书 · 突厥传》记载了北方突厥人刻木记事的情况。藏文古史《亚桑的故事》记载：约在公元前 100 年，布德公杰（幼名恰赤）时代，在西藏山南雅砻地区产生了“纺织老女人之月算”。此种月算最初的记数方法，就是用一种白石在黑色方石上画上 30 个条痕。当人们画第一个条痕时看不到月亮，画第二个条痕时看到月亮，就说明前半个月差一天（只有 14 天）。这半个月也称为“快月”。画第三个条痕的那天可以见到月亮，民间有句谚语：“三日月亮众见到，八月十五有差余。”另据有关天文历法著述记载，早期藏族社会开始了农牧业生产以后，常常需要互助性的集体劳动，因而也就需要记录互助劳动的天数，而记录天数首先便是用白石在黑石上画痕，画一条痕计一天，条痕多则天数多，条痕少则天数少。

四川木里县的摩梭人进行刻木记数、记事所采用的刻划符号看起来同我国新石器时代的仰韶人、柳湾人的数字符号及刻写方法如出一辙（见图 5）：

O1	>1	π1	×1
O11	>11	π11	×11
O111	>111	π111	×111
O1111	>1111	π1111	×1111
O11111	>11111	π11111	×11111
O111111	>111111	π111111	×111111
O1111111	>1111111	π1111111	×1111111
O11111111	>11111111	π11111111	×11111111
O111111111	>111111111	π111111111	×111111111
O1111111111	>1111111111	π1111111111	×1111111111

图 5

图中 O、>、π 都是记事方位，其他便是从 1 到 10 的数码符号。数字依次排列，一律用单线条表示个数，在记数法则与规律性方面显示出数学方法应用方面的进步。这既体现了与原始时代的很大不同，但与考古所发现的数码符号又确实存在类似之处。

《旧唐书·西南夷传》记载了我国南方边远地带一些少数民族采用刻木记事的事实。同时，从我国近代某些少数民族地区残存着的氏族公社经济制度进行推断，也可以得出可靠结论。如云南省的独龙族、怒族、基诺族、布朗族、佤族和景颇族，当世界历史已经跨入近代时，由于与外界隔绝而尚处于氏族社会，还在继续沿袭着刻木或刻竹计量记录方法。1958 年，我国人大民委办公室编印的《云南西盟大马散佤族社会经济调查报告》就列举了佤族用以记数的木刻（见图 6）。

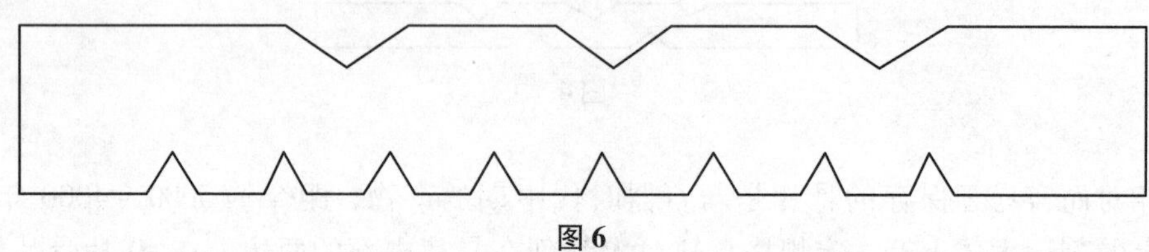

图 6

这块木刻，上方刻着 3 个刀口，第一个表示借债人，第二个表示中间人，第三个表示债主；下方 8 个刀口表示借贷数目，以元为单位表示 8 元，也有以 5 元、10 元为单位的，双方根据需要来决定。一式劈为两片，双方各执一片，作为依据。云南省博物馆收藏有佤族刻木记数实物。这枚木刻有 5 个刻口，一侧 3 个，一侧 2 个，用于记天数：表示借贷双方调节后，用来记日期的。刻数每刻算一日，每过去一天削去一个刻口，削完后双方即到会面地点结算（见图 7）。

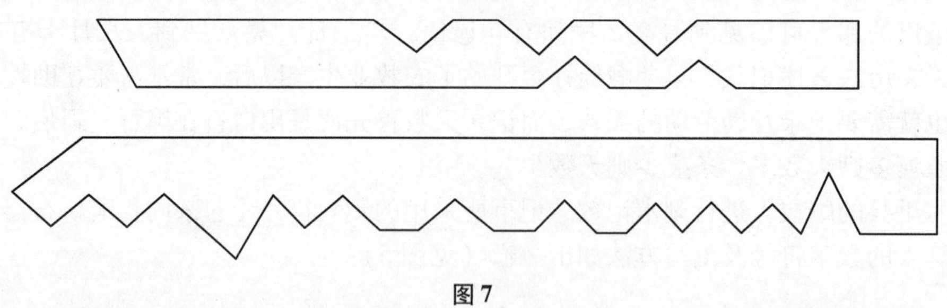

图 7

独龙族用刻木方法记载借贷数目与佤族基本相同。凡借钱于人，按所借钱数多少，在木板上刻上相应的缺口，归还多少，便削去多少缺口。

在这一历史时期，除了以上少数民族的一些记载外，在陕西关中地带的仰韶文化区内，也发现了 113 件黑陶刻划制品，共计 32 种刻划符号（见图 8、图 9）。

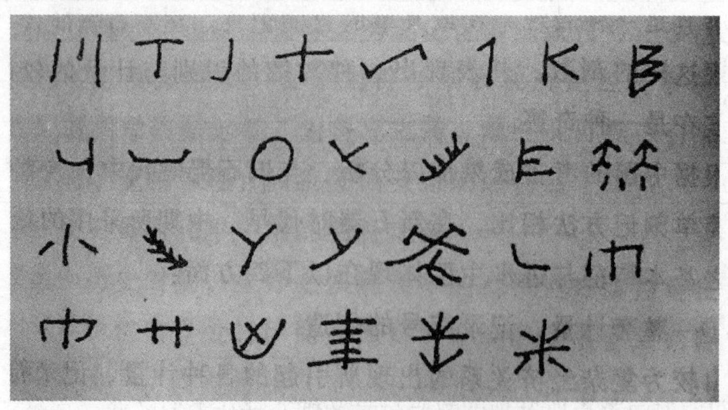

图 8　西安半坡村人所作刻划符号

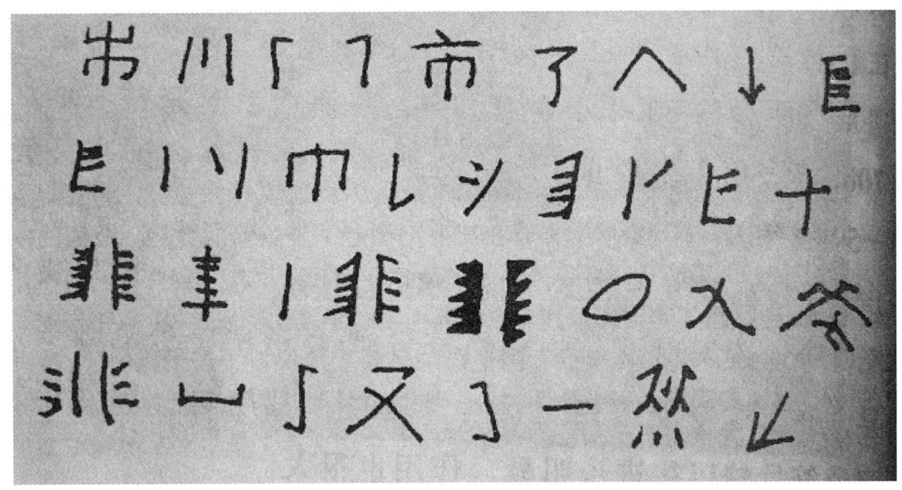

图9 临潼姜寨村人所作刻划符号

在国外，在非洲乌干达与扎伊尔交界处的伊尚戈渔村所发掘的一根记数刻骨，考古学家称其为“伊尚戈骨头”（Ishango bone）（见图10）。据鉴定，这根记数刻骨为公元前8500年伊尚戈人的作品，按考古学划期属于新石器时代早期。因此，它被称为是这一历史时期世界上发现最早的刻符记数实物。

图10

这根骨头的一端镶嵌着一小块石英，为手柄部位。手柄上刻着三排浅纹，其中第一排所刻浅纹为11、13、17、19，第二排所刻数为11、21、19、9，第三排所刻数则为3、6、4、8、10、5、5、7。这些数究竟表示什么，学者们在分析研究中说法不一，但有一点都可以确认，这就是说“伊尚戈骨头”一定与记数相关，并且是一种表现某物或某事的数的记录。在新石器时代早期便出现这样的刻数，并表现出一种对数的识别与计量的较高水平，实在是一种奇迹。

在世界近代史上所存在的刻木记账现象，也并非一概的都有一个固定的规律，也还存在着一种习惯上的原因，或者说受着一种顽固的保守思想支配而产生的一种反常现象。而这种刻木记账的怪现象竟然出现在已进行资产阶级革命将近200年与产业革命后已将近百年的英国，这种历史上反常现象便显得更为奇特（见图11）。

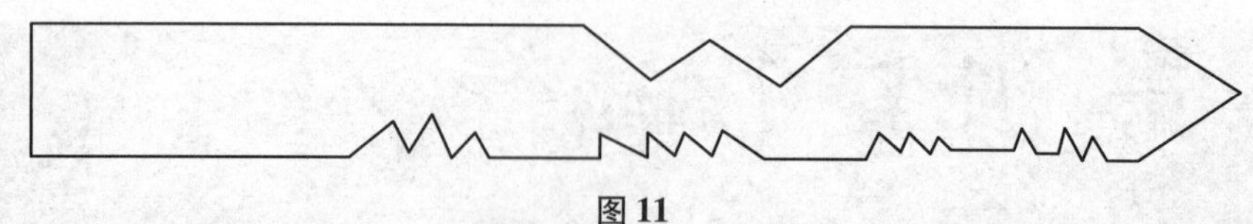

图 11

美国学者托比亚斯·丹齐克（Tobias Dantzick）认为：这块“帐板”（tally-stick）的“谱系也许非常古老”，它同一本现金账一样，在其上刻记着一定英镑的数目。上面的每一小齿代表一英镑，大齿代表十个英镑及一百英镑等等，最终合计起来反映一定总数。面对这种帐板竟在 19 世纪初还为英国财政部所用，丹其克在研究中不得不发出惊叹：“令人奇怪的是，在现代命数法引进之后，这种变得陈旧可笑的英国记账法仍顽强地保持了若干世纪。”英国财政部的刻木记账被废止，是在英国国会把它作为一桩“帐板事件”进行强烈批评之后。

在国外，还有古代芬兰人刻木记事的实物，这件实物现存于赫尔辛基博物馆。见图 12。

图 12

（2）抽象绘图计量记录法

抽象绘图计量记录法是在旧石器时代中晚期人们所应用的直观绘图记事法的基础上产生的，这种方法的历史性进步在于，为了计量记录的简便易行与易懂便认，将复杂具体事物的形象抽象为简明扼要的图画符号，并最终以图画符号表现经济事项的数量关系，显示计量记录之结果。

在抽象的图画符号使用之初，新石器时代的人们采用重复刻划或描绘的方法来表现经济事项的数量，如狩猎中捕获了五头鹿，便重复刻划或描绘出五头鹿的图画符号来表现，如果是四只野羊，便重复刻划或描绘出四只野羊的图画符号来表现，如此等等，不一而足。

人类所创造的萌芽形态的文字，相当大一部分起始于绘画，在经历了直观绘图记事阶段后，便因陆续采用抽象的图画符号，从而形成要进一步的象形符号，而这种象形符号便为其后象形文字的产生奠定了基础。这一演进过程体现了人类思维活动在征服自然中所取得的进步。事实上“文字意识的萌发本身就表明人类思维力图摆脱实物而符号化的倾向，但在初期它却无法摆脱具体形象的特点”。在进展到象形文字阶段之后，依旧未能脱离具体事物，譬如埃及的象形文字就像达荷美的象形文字一样，是尽可能形象化的东西。再如史前美索不达米亚的詹姆德娜萨算板上的那些符号，也“主要的是些图画”。从中国的甲骨文、金文中所夹杂的一些象形字考察，它们中许多便是以某一事物的局部来取代某一事物的全部的物象图画，这种情形也表明了文字最初是从绘画记事演变而来的。此外，类似苏美尔人的楔形文字、中美洲的玛雅文字也都经历过由图画抽象而形成文字的演进阶段。然而，应当注意，原始的图画却并非是后世文字形成的唯一源泉，尤其是与后世会计相关的一些数码字，以及与数码字相结合所表现出来的经济事项的记录形态，都在很大程度上与单线条的纵横刻划排列而成的符号相似或相关，而且有相当数量的图画原来是由各种线条组合而成的。

古埃及的象形文字约在公元前 3000 年便已产生，在已发现的出土文物中大都与数的记录有关，数码大体都是抽象的图画演进而来，其形成过程发生在史前时期。

正如柴尔德教授在论及“时间的尺度”这个问题时所讲，“旧石器时代在中部澳洲和北极美洲一直延续到了今日……新石器时代在丹麦，在到 1500 年方始终结。……当英格兰即将产生产业革命时，新西兰的毛利人还在使用光滑的石质工具，还在进行新石器时代的经济。”同样，在中国已进入现代社会之后，而一些少数民族还在采用图画文字进行记数或记事方法，其对经济管理还停留在那荒远的年代。如我国四川大凉山的耳苏人便曾经历了图画文字的应用阶段。见图 13：

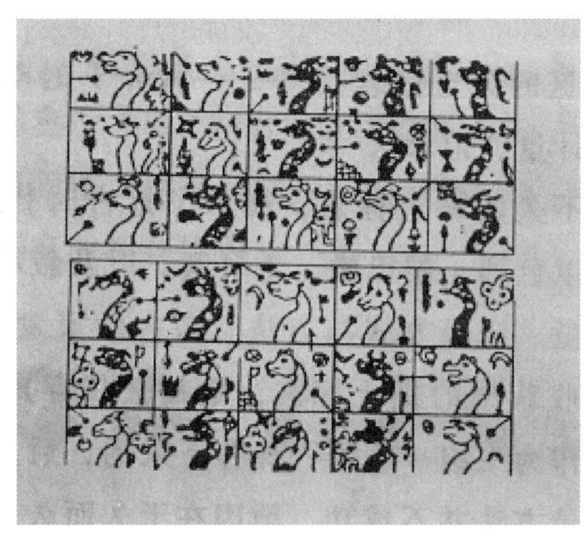

图 13

在新石器时代，一件直接与绘图记数、记事相关的发明产生了。起初，人们在石子或宝石上刻好的图形压到柔软的黏土之上，又认为是魔法的施行。往后，人们渐自学会在一个陶器罐口部放上一团湿润的黏土，然后再在黏土上加上符“箓”的印记，便认为这个印记已成为储存于陶器罐里所装某种物品的守护神，谁若破坏了这个印记便会受到魔法的惩处。事实上到后来这种所谓的魔法便起到“印章”的作用，如加盖上这种“印章”就便成为取得财产和确定所有权的手段。“文字发明以后，它又代替了签字。”进入文明时代以后，作为符“箓”意义的刻图石子的概念渐渐淡漠了，而作为会计意义的印章的概念则被确定下来，它一直用于至今，而且还将用于今后的若干年代。考古证实这种印章的使用“起源于亚述那些最早的新石器时代居留地”，后来在中东地区广为流行，成为整整一个时代的特色。应当讲，印章的发明与应用既体现为一种明确财务保管责任与发放责任的方法，又同时体现为一种与“受托责任”密切相关的会计思想演进。

3. 人类进入文明时代的前夜原始计量记录行为的变革（结绳计量记录和书契计量记录阶段）

人类进入文明时代的前夜，已进入人类野蛮时代的高级阶段。人类由石器时代步入金属时代，考古学上称为金石并用时期。当人们发现了“熔炼铜矿所需的化学方法和各种金属的性质”，随即使用红铜制造生产工具，使生产力得到很大提高。同时，随着交换关系的发展，推动了母系氏族社会向父系氏族社会的转变。随着家庭组织形式演进至一夫一妻制，财产私人占有现象便出现了。因此，原始社会的社会、经济组织形式，生产关系都发生了急剧的变化，一切都表明人类已进入文明时代的前夜了。

财产私有化的出现，对人类社会各方面的影响是深刻的。为了处理好生产、分配、交换及储备关系，私有者双方都有改进计量记录法的迫切要求，都有了解实物数量变化的愿望，这是会计产生、发展的一个重要条件。这一时期，计量记录法的创新和变革主要体现在以下两个方面。

（1）结绳计量记录法

世界上许多国家、民族应用过结绳计量记录法，而且这种方法延续应用时间相当持久，可以讲从原始社会末期（或者要早）一直延续应用到20世纪。不仅突出地表现在中国、南美洲，而且它在日本的琉球群岛的应用有过相当长的历史，在希腊、波斯、罗马、巴勒斯坦，以及不少伊斯兰国家都有过结绳记事的记载或珍藏有实物标本。

中国史书上对结绳记事的记载可谓屡见不鲜，其研究结论也基本上一致。在东汉武梁祠浮雕上有“伏羲仓精，初造王业，画卦结绳，以理海内”的记载，并具体描绘了结绳的情形。在《真源赋》一书中讲得更为具体，书称：“结绳刻木，四万五千六百年。”这说明我国结绳记事法应用的历史十分悠久。

在云南省，一些少数民族依旧采用结绳计量记录法。“苗民不知文字……惧有忘，则结于绳”。除苗族之外，还有怒族、佤族、独龙族、高山族、傈僳族，以及基诺族人都采用过结绳计量记录法。以下列举几例：

A. 佤族应用结绳处理债权债务

佤族人把一根绳索高挂于墙上，用于记载与清算债权、债务账目。如在绳的上部结出三个大结，便表示已借出三元滇币，在中部结出一大结及一小结，表示每半年应收一元半滇币的利息，而在绳的下部所结出的三个大结及一个小结则表明上述债款已经借出去三年半了。如清算这笔账目是否偿还，则又有一套解结之法则。

B. 傈僳族结绳考核生活费用

傈僳族人一般以麻绳为工具，并于结绳前在麻上涂上一层墨，以此标明是某种事项的记录。如一个名叫黑麦燕的人使用这种绳来考核侄儿在他家居住时的生活费用，凡供应一月便打上一个结，在总算时可按结数求得供应生活费用的时间，并可按一月所需生活费，计算出总的花销。见图14。

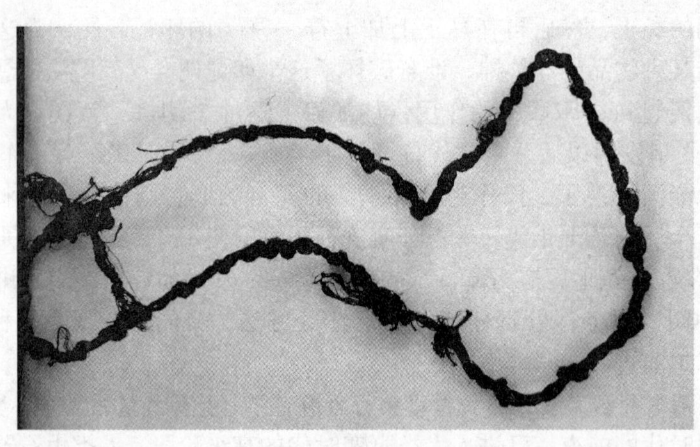

图14

C. 基诺族人以结绳记录征收物品

基诺族人举行公共祭祀活动，便以类似“贡赋”的方式向部落各户征收一定数量的实物，并由负责公共收支的酋长“纳俄罗”监督执行。征收之时“纳俄罗”先向每户户主取一根绳，并当面将交纳的实物如数打结处理，如按照60年代以前的规定，凡祭祀要向各户征收两只鸡、三筒米，“纳俄罗”所打之结便是一双重结（表示两只鸡）与三单结（表示三筒米）。如某户先交一只鸡，“纳俄罗”便把原来的双重结解开变为单结，表示尚欠一只鸡。如两只鸡与三筒米全部交完，“纳俄罗”便会把结全解开，把绳子烧毁，以此表示此户已全部交清。

上述可见，不同的民族结绳规则便不相同，他们各自按照所处环境的变化去改进结绳计量记录表现方法，以使此法更为完善。当然，无论他们怎样去改进这种方法，并形成结绳计量记录规范，达到本民族结绳记数以来的先进水平，然而，与他们所处时代的会计发展水平相比，却无疑是极其落后的。与远古时代一脉相承的结绳计量记录法，在近代、现代社会边远地带少数民族中坚持实行这种情况表明，落后的计量记录方法总是伴随着落后的社会制度，落后的经济，以及落后的文化。

在国外，远古时代所采用的结绳计量记录法如同中国一样，有其史实却无法考究其具体的操作应用方法，故拟查其历史演进状况，探寻结绳历史发端之际与后世会计的联系，亦须由古今加以考察。约自公元 12 世纪起，南美洲建立了一个“印加帝国”，至 15 世纪中叶形成为一个强大的奴隶制国家。

印加人的结绳范围十分广泛，凡会计、统计之事项，土地的方位及界线，战争投入之兵力，乃至刑法典章与制度等均以结绳来表示。结绳通常在固定的住所中进行，先用一根粗绳横于室内两柱之间，用于悬挂各类绳索，称之为主绳。用于打结的细绳依颜色的不同确定所记事物之种类，如通常以黄色表示黄金，白色表示白银，绿色表示谷物，褐色表示马铃薯，红色表示投入兵力之数量，以及黑色表示时间等。这些带色细绳垂直系于主绳之上，依次排列，具有一定章法。在结绳所反映的数量关系方面，系以单结表示十，双结表示二十，重结表示一百，二重结表示二百等。在数位区分方面，凡距离主绳最远的结为个位，其次为十位，再次为百位等。当然，印加人在结绳分类方面是不受局限的，如反映各类家畜饲养数量便部分颜色，而采用普通之绳索，以绳的次序加以分别。“记载家畜之法，第一绳为牡牛，第二绳为牝牛，三为犊，四为羊，其头数及年龄，悉以绳数表。”

上述结绳法在秘鲁高原一直盛行于 19 世纪，印加时代的“基普”有一些还一直保留到今天，见图 15。记数总结果为“658”的“基普”便藏于美国自然博物馆内。

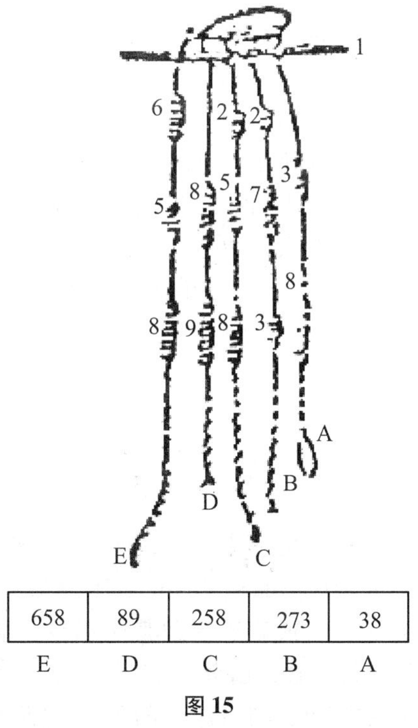

图 15

这一“基普”由5根细绳组合而成，为便于识别从右至左依次标出英文字母，A、B、C、D四绳为所记零星之数，而E则为四绳合计总数，反映所记某物之结果。

日本是一个现代化水平很高的经济大国，然而在它的一些小岛上至今依旧采用结绳记数这种古老方法。如首里（Shuri）与八重山列岛（Yaeyama）便是用芦杆来代替绳索，在一捆芦杆上编出若干辫子反映所记事物数量。见图16：用一捆芦杆编出的各式辫子便反映了“356元85钱5厘”这个金额。

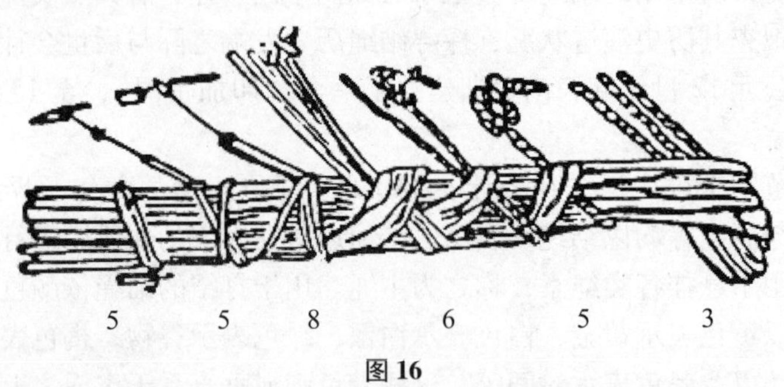

图16

（2）书契计量记录法

根据柴尔德教授在《远古文化史》一书中第八章所作出的考证结论，在史前的金属时代所普遍发现的不少“账单”都充分显示出“书契”的特征与这种“书契”在计量记录方面所体现出来的历史性进步。

书契包括原始数码、实物计量单位和货币计量单位三部分。在此主要分析原始数码中的三种计量记录法。

①手指计数法

人都长手，“手指”是人类最早的计算器。用手指记数，即把被数物（例如猎取的野兽）用手指这种标记来代替。据《西藏古代科技简史》介绍，藏民手指计算有约定俗成的方法：伸出食指为1；伸出食指和中指为2；伸出食指、中指和无名指为3；伸出食指、中指、无名指和小指为4；一只手指全伸出来为5；只伸出拇指和小指为6；握拳为7；伸出拇指和食指为8；伸出弯曲的食指为9。手指计算一般采用两次伸指飞：第一次伸指为十位数；第二次伸指为个位数。例如，第一次伸出4个手指（食指、中指、无名指和小指），第二次伸出2个手指（食指和中指）合起来便是42；又如，第一次伸出拇指和小指，第二次伸出拇指和食指，合起来表示68。远古时代的“以手为度”之法至近代社会亦有发现，如我国有不少民族对于“猪、马等家畜以拳计”。清代，“苗民入市与民交易……牛、马以拳数多寡定价值”，至乾嘉年间，湖南凤凰、乾州一带的苗民在水牛交易中以16拳确定为大牛，黄牛交易则以13拳为大牛。手指计算至今仍在青藏高原藏区某些场合沿用。少数民族的先民们在寻求实物计量上首先看到的是自己的手，这种自我发现自然来自劳动生产过程中。

美国数学家丹齐克认为，人和动物大多具有一种原始的数觉，人们的计数能力便是依赖这种数觉逐步提高起来的。然而，人们最早的视觉和触觉范围却极其有限，很少能够超过“4”。因此，人们最初便只能根据手与手指，或者还借助其他相当的事物把“少”之中起码的单位确定为“一”，然后再用“一”进行组合，由此才有了“二”、“三”的形象及其概念。国外的一些少数民族指称“二”这个数字码，与指称“两手”、“两足”的字样相同，而中国人学会识别“二”字则与两耳与两目有关。也还有一些民族把“二”这个数目仅仅看作是一件东西的两半，如拉丁语中的“二”（duo）就是由动词“divido”演化而来的。“divido”译成中文便是“我分”之意，即分为两半的意思。在数码创造之初，由于在人们所见现实事物中“三”的数目极为少见，在概念上它又需要在一、二的基础上继续进行组合，而且在一的基础上组合产生二，而在二的基础上组合产生四，三依然无法出现，故数码三的出现人们曾经历了一个相当长的认识与探索过程。如英文中的 thrice 和拉丁文中的 ter 都具有双重之意义，即三倍和许多；拉丁文中的三（ters）与 trans（超过）之间亦存在着密切的关系。这样，当三与多、许多区分开来之时，在基本数码的创造中便发生了一个关键性的转折或说是关键性的突破，这使三以后的数字依次形成才成为可能。

②石子记数法

石子计数法是与结绳记数并存的又一种帮助人们头脑记忆的单调的简单重复的符号计数方法。由于石子随处可取，使用方便，所以世界上不少原始民族都采用过石子计数法，有的民族一直延续应用到近代。生活在青藏高原的藏族先民，为生存和繁衍计，用简陋的石器打猎，以获取野兽之肉食之。当打猎所获野兽较多时，为了分配和储存，要清点数目，便开始用物计数，数两只被猎获的野兽，放两个石子计数……这样，就建立起被猎获野兽数量与石子累积之间的对应关系。如此循环往复，经过长期摸索总结，进而产生了石子计算器。在北京民族文化宫藏有两架藏族石子计算器，算具为小方黑石、果核、蚕豆、瓦片和小方木棍等。石子计算器的用途有二：其一，进位用；其二，进行简单加、减、乘、除运算。以进位用法为例：算具小方黑石、果核、蚕豆、瓦片、小方木棍分别表示个、十、百、千、万位数。其具体表示法是：若集 10 个小方黑石，就要进一个十位数，用一个果核表示；当集有 10 个果核就要进一个百位数，用一个蚕豆表示；当集有 10 个蚕豆就要进一个千位数，用一片瓦表示；当集有 10 片瓦便进一个万位数，用 1 根小方木棍表示等。

云南省纳西族用石子计数时，把石子区分为大、中、小三种，以小石子代表个位，中石子代表十位，大石子代表百位，体现了原始时代“数”的进位方法。而独龙族、佤族、拉祜族则以类似于石子的豆粒作为计数工具。新中国成立后，在西南少数民族地区仍有以豆粒记工分的情形。在那里有家庭害怕生产队的记工员弄错工分，干一天活，在自己的一个专门记工分的竹筒或瓦罐里放一粒豆子或玉米，月终以竹筒或瓦罐中的豆粒或玉米数计算每月所挣工分，并与记工员的登记册相核对。

在怒江傈僳族地区，傈僳族人互相冲突械斗，互有伤害和劫掠，其时，双方各自把自己方面被对方杀害的人数、抢去的牲口数、损失的粮食、家具数目等用卵石记录下来。等到冲突得到缓解调节阶段，双方就会同调解人一起，把“帐本”拿出来，对比清算。计数的鹅卵石最大的一颗代表一个人；次小的一个代表一个牲口；依次代表家具、铁锅、铁三角、粮食。见图 17：

石子计数在使用中便于分割，而且数的含量大，既可以用它来表示小的数目，又可以用它表示大的数目；既可以用它进行计算，又便于通过它与任何一种交换之物进行一比一的比较，使原始民族的人们在权衡轻重、多寡之中感到踏实放心，所以十分乐意用它，使用也相当频繁。同时，石子计数也被视为经济“书契”中原始数码及其运算方法的创新。显示出我国原始民族人们认识、改造世界以及力求控制被他们已经创造出来的那个经济世界的决心，并为消除野蛮而创造文明和向文明时代前进所付出的艰辛与努力。

图 17

③以其他实物作为数码及计数工具

根据众多考古学家把埃及的象形文字产生时期确定在史前的原始社会末期这一定论，结合埃及在进入文明社会之初，那迈尔权仗之上有关埃及象形数码及表明进位制的符号加以考察，可以断定早在金属时代古埃及人便用各种实物来表现数码、数位及十进位制。见图 18：

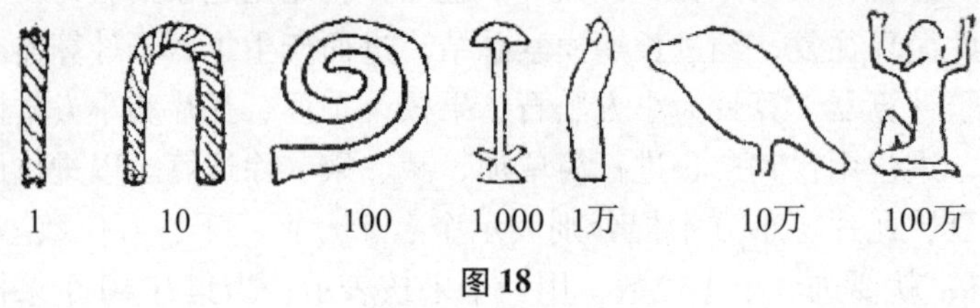

图 18

在以上数字中，1、10 及 100 所模仿的表现物都是当时人们常用之绳索，1 为绳头、10 为半圈绳环，而 100 为一绳圈。据考证，表示 1 000 的符号依然是一种用于测量绳的起端。往后便是用手指表示 1 万，以蝌蚪之象形表示 10 万，形容水中蝌蚪之众多。最后表现 100 万的这个符号为一个人举起自己的双手，以此显示数目之巨大。在这几天基本数字确定下来的情况下，对于其他数目的表现便采用组合的方式。可见，古埃及之象形数码及计数法，既采用了文字的会意法，又具有数学的科学性。

一个丰富多彩的世界，一个被划分为五大洲的广阔地域，有着许多个伟大原始民族在数的创造方面导演出自己的光辉灿烂的历史经历。那形形色色的数码，千姿百态的数的行列。

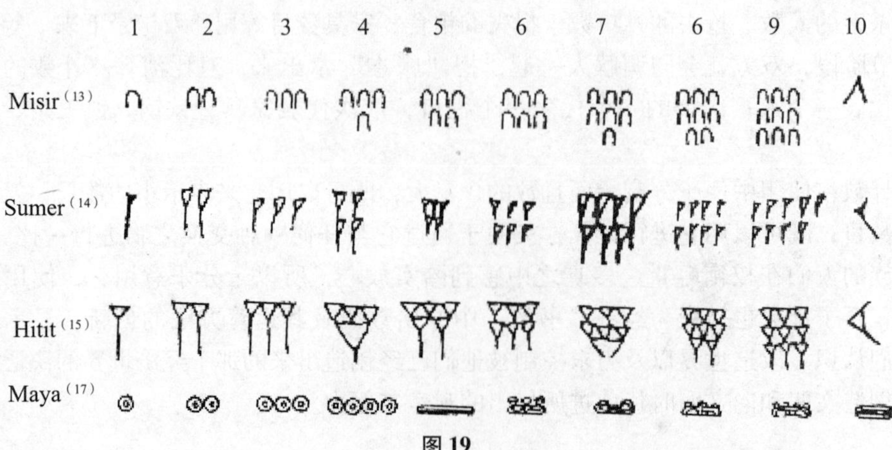

图 19

除埃及的象形数码与苏美尔人的楔形数码外，后来居上的又有印度、中国、希腊及罗马数码。

四、从纵横两方面对原始计量记录行为的具体分析

1. 从纵向分析，即人类原始计量记录行为所说明的问题

（1）人类的原始计量记录行为发生发展的历史表明，社会生产越发展，所反映出来的经济关系越复杂，人类的计量记录行为便越进步。从旧石器时代中、后期简单计量记录符号的使用，到新石器时代绘图记事、刻记记事等较为进步方法的出现；从新石器时代晚期刻记记事方法的进展和文明时代前夜结绳记事方法的运用，到原始社会末期经济“书契”（或称为原始算板、原始账单）方法的萌芽，这一历史过程正好说明了这一问题。

（2）人类最初的计量记录（会计行为）先于文字产生（如各种简单刻划符号），但是，作为独立意义的会计的特征，只有在文字产生以后才能够表现出来；人类最初的计量记录（会计行为）则与人类的原始数学行为同时发生。从某种意义上讲，人类最初的计量记录行为，其本身就既表现为会计行为，又表现为一种原始的数学行为；而人类最初的数学行为与原始的统计行为也有着密切的关系。上述事实不仅说明人类的原始会计行为与原始文字、数学、统计有着密切关系，而且表明会计是人类物质文化发展史上历史极为悠久的一门科学。

（3）人类原始的计量记录行为，还属于一种综合性质的行为。如上所述，它不仅与会计有关，而且与数学、统计学，以及其他学科有关。无论是简单刻记、结绳记事和绘图记事，以及较为进步的刻记记事，还是原始社会末期出现的经济“书契”记录方法的萌芽，这些不仅表现了会计萌芽阶段的形态和发展趋势，而且表现了数学、统计学，以及其他有关科学的萌芽形态和发展趋势。严格讲，作为独立意义会计的特征，到父系氏族社会制度末期，或文明时代前夜才能够表现出来。

（4）在原始计量记录时代，在私人占有财产的现象未出现以前，人们计量记录生产收支的目的，一是为了维持现有生产状况；二是为了达到合理分配，以求得共同的生存。当私人占有财产的现象出现之后，从公有部分讲，人们计量记录生产、交换过程和收支的目的，是为了较好地处理生产、分配、交换和财物储备的关系，以求父系氏族部落经济的发展。而从家族私有部分讲，主要是计量记录私有财产占有数量，以求保护这些财产的所有权和不断扩大其私有财产。

2. 从横向分析，即各时期中外原始计量记录行为的对比分析

（1）从时间上分析

从原始计量记录行为出现的最初的时间上讲，我国与国外一些国家基本上是一致的，都是距今约 2 ~ 3 万年的旧石器时代中晚期开始的，都是一些简单的刻记方法和直观绘图的方法。但到了新石器时代早期时，世界上发现最早的计量记录法是非洲乌干达与扎伊尔交界处的伊尚戈渔村所发掘的一根记数刻骨，称为“伊尚戈骨头（Ishango bone）”，为公元前 8500 年的作品。这一时期，我国发现的最早的有河南舞阳贾湖遗址和陕西西乡李家村遗址，距今约 8000 年。在新石器时代的中晚期，距今约 4000 ~ 3000 年，古埃及便已产生了象形文字。到人类进入文明时代前夜，公元前 4000 ~ 3000 年，原始计量记录行为也发生了变革，无论是我国还是国外一些已经进入金属时代的国家都产生了结绳计量记录法。在后来的“书契”计量记录时期，古埃及的象形数码和苏美尔人的楔形数码出现较早，但随后又数印度数码、中国、希腊及

罗马数码居上。综上可见，各中计量记录法产生的具体时间在我国和国外有一定的区别，究其主要原因应该是由于在同一时期各国的社会发展程度不一样，因为不同的社会发展程度，经济发展程度和文化发展程度总是伴随着不同的计量记录法。

（2）从计量记录法的种类分析

从以上的讲述中不难看出，不论是在哪个历史时期，虽然国外也有同我国类似的计量记录法，但是我国的计量记录法的种类都比其他任何一个国家都要丰富多彩。同一种方法，却有很多种不同的含义。究其主要原因，是因为我国是一个地域辽阔，民族众多的文明古国，尤其是云南省。由于受到地域的影响，某一地区的人离开其他地区的人解释便不能全部理解和掌握另一地区采用实物、绘画、结绳、刻契等计量记录方法留下的会计信息。又由于多样化的气候和地理条件，造就了不同的民族，他们有不同的经济、历史文化、生活习俗及宗教信仰等，所以导致各民族虽然使用的是相同的计量记录法，但其意义却有很大的区别。

五、结论

1. 原始计量记录行为的历史地位

在史前时期，文明古国的光辉灿烂文化，在许多方面体现在那些“账单”上，“账单”显示了那些向文明迈进人们的管理才能，它们并通过“账单”这样的文献，最早便确定了“会计”在人们心目中的地位。

“管理”是人类计量记录行为与计量记录行为产生之初的动机，无论人类在一个漫长的历史时期内对“管理”概念与内在含义的认识，一直是处在一种蒙昧的状态，然而，他们又确实是为了安排生产与生活，为使人种得以繁衍下去，而通过采用一定的计量记录方法达到对生产剩余物品的管理目的。这正如美国著名学者克劳德·小乔治所指出的：在五千年以前，在苏美尔那些庙宇里所发现的祭司们所记保管财务的账目，从实质上讲，它是一种管理控制实践。他还指出，在寺庙里的财务的聚集越来越多的时候，事实上苏美尔人已认识到进行管理控制的必要。由此可见，即使对于原始公社制时代出现的那些极其简单的“账单”，究其产生之动机，管理学家、经济学家们也是从管理活动的角度加以评价的，他们客观地、公正地确定了原始时代处于会计萌芽状态的原始计量记录行为的历史地位。

历史表明，事实上会计自它诞生之日起便不是一种处于被动状态的工具，它从始至终都是经济管理工作中的一个组成部分，社会越是朝着更高级的阶段发展，它在经济管理工作中的地位便越来越重要，它的管理能量便越来越强，它在经济管理工作中所发挥的作用也便越来越大，社会、国家、企业交付于它的管理任务也必然会越来越重。

2. 原始计量记录行为的发展趋势——会计

随着社会生产力的发展，逐渐出现了农业、畜牧业和手工业。出现了生产、交换等社会分工，还普遍运用细石器作为生产工具，并能制造金属工具，其生产水平达到了为会计产生造就物质基础的程序。同时，在长期的社会实践中，人们逐渐形成数量概念，并以实物、绘画、结绳、刻契等方式再现客观经济社会生活及其所反映的数量关系，这都为会计的产生准备了技术手段与方法。由实物记事（计数）、绘画记事（计数）、结绳记事（计数）、书契记事（计数）等方式所体现的原始计量记录行为基本代表着同时期的会计行为，或者说，原始计量记录行为是会计的萌芽状态，成为会计的直接渊源。

人类最初的计量记录行为是会计产生的条件。一方面，人类最初的计量记录行为提供了同期人类会计行为的方法、手段和工具，通过运用具体的工具，经一系列具体操作使会计得到外在表现；另一方面，通过计量记录行为，培养造就了具有并运用计量记录专门技术的人员，将会计行为较为固定地由一部分掌握计量记录专门技术的人员来完成，从而使得会计与直接的物质资料生产活动相区别，逐步发展为独立于生产以外的一种专门行为。

会计产生可归纳为需要与可能两大方面。一方面，当剩余产品极少时，只要用头脑记忆就行了，不需要会计。然而，当剩余产品越来越多，经济活动初具规模，单凭头脑记忆，显然不能满足经济管理的需要，于是财产盘存，账簿设置，需要会计应运而生。另一方面，大规模的建筑，贸易的发展，小城镇的发展，特别是一些少数民族地区地方政权的建立，一些原始的记事方式已越来越不能适应计量记录的需要，要求计量记录方式不断改进。但是，一些民族地区普遍采用的结绳记数、刻木记债等计量记录方式说明民族地区已经有了相应的计算技术，而计算技术中包括的数字和加减法又为会计的产生提供了可能，准备了条件。

马克思说："在一切社会状态下，人们对生产生活资料所耗费的劳动时间必然是关心的，虽然在不同的阶段上关心的程度不同。"他还明确指出："一切经济最后都归结为时间的经济。"节约劳动时间规律是各社会的"首要经济规律"。只有节约劳动时间，才能促进社会的发展。要节约劳动时间，就必须计算劳动时间（包括物化劳动）的消耗量和劳动产品的产出量，还要千方百计强化经济管理，以便促进劳动时间的节约。所以，节约劳动时间规律要求并推进以核算和控制为基本职能的会计工作的产生，促进会计工作的发展。而随着社会生产力的不断发展，其原始计量记录行为发展的必然趋势便是会计。

主要参考文献

[1] 郭道扬:《会计史教程历史·现在·未来》(第一卷)，中国财政经济出版社1999年版。

[2] 郭道扬:《会计发展史纲》，中央广播电视大学出版社1984年版。

[3] 葛家澍、余绪缨等:《会计大典》(第二卷)，中国财政经济出版社1999年版。

[4] 刘长青:《中国会计思想发展史》，西南财经大学出版社2004年版。

[5] 王建中:《会计发展史》(第二版)，东北财经大学出版社2007年版。

[6] 李孝林、罗勇等:《比较会计史学》，中国财政经济出版社2007年版。

[7] [苏] 索科洛夫:《会计发展史》，中国商业出版社1990年版。

[8] [荷兰] 海渥:《会计史》，中国商业出版社1991年版。

[9] 李孝林:《会计产生探索》，载于《四川会计》1998年第6期。

[10] 陈强胜:《我国民族地区原始计量记录行为探析》[J]，载于《贵州民族研究》2003年第4期。

[11] 杨全照:《我国民族地区原始统计计量记录行为散论》[J]，载于《统计与信息论坛》2003年第18(2)期。

[12] 于国山:《原始社会会计的产生及其记账方法》，载于《四川会计》1997年。

[13] 魏艳晓:《论簿记的演进及扩展，湖南经济管理干部学院学报》，载于2003年第14(2)期。

云南省土司的内部控制初探

——以德宏州土司为例

陈 红 陈 林 曹细钟*

【摘要】土司作为古代少数民族聚集地区特有的政权组织形式，在云南少数民族地区有近700年历史。本文在分析云南土司生存的政治环境、经济环境、社会环境、文化环境、宗教环境、地理环境等环境条件的基础上，对德宏州土司的内部控制内容、载体及方法做了详细阐述，进而总结出土司内部控制的目标是在确保财务完整性、合理性的基础上维持家族血统的延续性。

【关键词】云南土司 内部控制 德宏州

"土司制度"溯源于"羁縻政策"，是我国封建王朝对西、南部[①]少数民族的一种治理形式，是少数民族聚集地区独有的政权组织形式。土司制度是滥觞于元代，完备于明代，衰落于清代，至公元1956年中国政府宣布废除土司制度，共计703年。土司武官官职主要有宣慰、宣抚、招讨、长官诸司，文官官职主要有总管、土府、土州、土县等，其中除"总管"仅元代设置外，其他职官名称明、清两代一直沿用。

云南地处中国西南边疆的多民族的省份，除汉族外，有51个少数民族，尚有一些未定族体的民族成分[②]。自元朝世祖忽必烈灭大理国伊始，云南行省实施土司制度，且是实行土司制度行省中土司数量最多的一个行省。元代云南土司设置情况："云南诸路行中书省，为路三十七、府二、属府三、属州五十四、属县四十七，其余甸、寨、军民等府不在此数。"[③] 清代，清王朝在云南的统治稳固以后，即开始对云南的土司进行"改土归流"[④]。至清末云南境内的土司仅剩下25家，其中10家在现在的德宏州[⑤]。

一、云南土司的生存环境

（一）政治

元代至清王朝，云南省政治上实行土司制度。虽然清代进行了"改土归流"，国民政府期

* 陈红、陈林、曹细钟：云南财经大学会计学院。

① 主要指云南、广西、四川、贵州、湖广（今湖南、湖北地区及广东、广西部分地区）、广东六行省。

② 《民族问题五种丛书》云南省编辑委员会：《德宏傣族社会历史调查（一）》，载于《出版说明》2009年第1期。

③ 《元史·地理志》。

④ 所谓"改土归流"，是指改土司制为流官制。其中的"流官"，就是指中央派出直接进行统治的官吏，有一定的任职期限；所谓"土官"，就是指中央任命当地的"土酋"或有威信的人（包括少数汉人）为官吏，经过中央王朝批准，可以世袭，通过他们或者在他们的协助下进行统治。

⑤ 龚荫：《中国土司制度》第463页中记载清"改土归流"后云南有22家土司（不包括户撒长官司、腊撒长官司和勐板土千总），其中7家在德宏州，而《新纂云南通志·土司考》及《云南少数民族社会历史调查资料汇编》（2009）说明户撒、腊撒长官司以及勐板土千总在民国时期都继续存在，因此本文认为清末云南有25家土司，其中10家在德宏州。

间也要求继续废裁土司，但云南边境地区还是保留了土司制度①。主要原因有：

（1）云南省地处中国西南门户，与缅甸、越南和老挝三国接壤，并与泰国、印度等国相邻，具有重要的国防战略意义。在云南沿边漫长国境线的国防设备较薄弱，一方面，不仅不能改土归流，因为一旦大规模改土归流，“土”“流”矛盾激化，必然导致边疆动荡，给帝国主义以可乘之机；另一方面，为巩固国防，还需“赖其号召团结共御外侮，似难遽为废除”②。

（2）为保持社会稳定，需要继续实施土司制度。一方面，云南土司大都能够效忠国家，率领边疆民族尽守土之责；另一方面，土司力量较大，要归流难度较大；最后，虽然土司存在着一些不好的行为，但当面对外来入侵者时，土司往往会充当保护本地居民的角色，所以当地居民对土司也有一定的认同感。

（3）为保留边境少数民族，需要一个较为安定的环境，包括政治环境。近代东南亚的许多国家相继建立，形成了一些像傣族这样的跨境民族。由于地理和民族相同，因此社会生活、经济生产和习俗等也差不多完全一样。如果强制改土归流，必然会引起社会的动荡、生活的艰辛，这些少数民族就可能举族逃离边境，进入邻国，造成我国少数民族的流失。

（二）经济

云南地处低纬度高原，地形地貌复杂，交通较为落后，与中原经济往来较少，但由于地理位置特殊，是中国与东南亚经济交流的主要阵地，历史由来已久。著名的南方丝绸之路③公元前 4 世纪已存在，比北方丝绸之路还早两世纪④。德宏州三面与缅甸接壤，是永昌道的最后一站，是南方丝绸之路的必经之路，农业、商业和手工业比云南其他地区都较为发达，矿冶业也比其他地区的发展起步早。但封建农奴制甚至奴隶制等较为落后的社会制度严重阻碍了经济的全面发展，固相对中原地区云南经济还是较为不发达。

（三）社会

纵观历史，云南省在元、明、清三代战争不断，社会较为混乱、动荡，人民生活艰苦。由土司间的权益之争、王朝与土司的权力之争和外国与本国的民族之争，不断引发局部的战争，再加上土司对当地居民的剥削，导致了人民生活的艰苦和社会的不稳定。

（四）文化

明清两代，特别是随着“改土归流”的实施，封建王朝的行政权力在广大地区深入基层，云南在学术文化、书法绘画、医药、戏曲方面有较大的发展⑤。但在土司的辖区内，为了保护自己的利益，土司采取了愚民政策，教育较为落后，文化水平较低，在如德宏州等的边境土司地区，解放时甚至还不存在教育。

（五）宗教

云南省当地的宗教主要有佛教、伊斯兰教、道教、本主崇拜、基督教和天主教等，其中佛教分大乘佛教和小乘佛教，是影响最大的宗教。德宏州的傣族和德昂族都信仰小乘佛教，山区

① 马玉华、齐愈：《国民政府对云南土司的调查》，载于《贵州民族研究》2004 年第 4 期，第 176 ~ 181 页。

② 《边务——土司制度》，载于《云南行政纪实》1943 年第 1 期。

③ 南方丝绸之路，在中国境内它是由灵关道、五尺道和永昌道组成，跨越四川、云南两省，延伸到缅甸和印度。

④ 徐冶、王清华、段鼎周：《南方陆上丝绸之路》，序，第 1 页。

⑤ 马曜：《云南简史》第 125 ~ 129 页。

景颇族和傈僳族除原始宗教（即佛教）外还信仰基督教和天主教。此外，在盈江、梁河的傣族和汉族中尚有部分信仰大乘佛教①。

傣话说："刹甚那，因混勐，混勐因甚刹甚那。"这句话的意思是说佛教与土司互相依靠。佛教替土司宣扬："浪召领混，害罕浪发。"意思是水和土都是官家的，土司是天之子。这显然是要农牧民驯服地为土司服役，说农民只有各地服役的主务，没有土地所有权，另一方面，土司又宣传，大家都要信佛行好事，不信佛的人不得昌盛②。

（六）地理

云南地处中国西南边陲，与缅甸、越南和老挝三国接壤，与泰国、印度等国相邻，是中国连接东南亚国家的桥梁，具有重要的国防战略意义。

二、德宏州土司的内部控制

德宏州是云南省西部，西、北、南三面被缅甸包围，边境线长达503.8公里，人口主要有傣、景颇、汉、傈僳、阿昌、德昂等民族构成，在元、明、清一直实行土司制度，在清朝期间，出于国防需要还增加了几个土司。因此，以德宏州作为地理范围来研究云南省土司的内控系统。

（一）德宏州土司简介

在清朝末期，德宏州存在10个土司府，均隶属永昌府下腾越厅，具体的属地如表1所示：

表1

地点	名称（设立时间）
潞西市	芒市安抚司（1438）、遮放副宣抚司（1436）、勐板土千总（1899）
瑞丽市	勐卯安抚司（1393）
梁河县	南甸宣抚司（1444）
盈江县	干崖宣抚司（1403）、盏达副宣抚司（明正统中）
陇川县	陇川宣抚司（1444）、户撒长官司（1770）、腊撒长官司（1770）

在这几个土司府中，南甸宣抚司和芒市安抚司资料保存得较为完备，因此，也主要以这两个土司府的情况来介绍云南土司的内部控制。

（二）内部控制的内容——财物管理

由于德宏州一直采用土司制度，政治上表现为是封建农奴制甚至是奴隶制，因此经济规模较小且结构较为简单，经济发展一直较为落后。所以当地不存在复杂的财务管理，只存在较简单的财物管理，即对已有的财物进行管理，保证其存在且为其所用。

德宏州土司的财物出入主要有以下几方面（见表2）：

① 《民族问题五种丛书》云南省编辑委员会：《云南少数民族社会历史调查资料汇编（五）》，2009年，第333页。
② 《民族问题五种丛书》云南省编辑委员会：《云南少数民族社会历史调查资料汇编（五）》，2009年，第336页。

表 2

<table>
<tr><td rowspan="5">入</td><td>睈</td><td>原来土司家及其家属的生活费用，除去杂派外，则以睈的形式摊派。全年三百六十睈计算，每睈派一天，按村寨人户多寡分睈。</td></tr>
<tr><td>三大款</td><td>是地租、谷租和山租的简称，是后期对“睈”的替代。1. 地租，按地区收入情况上、中、下三等，每年每户交地租折价银子四钱、六钱、一两二钱；2. 谷租，每产谷一百箩则交租谷十箩；3. 山租，不种田的山区，征收所产粮食、麦类、豆类、大烟等产量的百分之十。</td></tr>
<tr><td>杂派</td><td>除去三大款外的还有杂派，如霜降银、祭寨银、少爷满月银、迎新银、丧事银、腌腊银、小招银（执行亲友）、修房银、坐等岗（土杂过境税）、落地捐（打街）、土岗税（名为保路，南甸土司在土匪出没抢劫杀人之地设土岗征税）。</td></tr>
<tr><td>交贡纳赋</td><td>代收王朝的贡、赋，土司地区的赋较少，每年都要交，但贡一般是三年制，一般是当地的土特产，到后期也可以兑换成等价的银两。</td></tr>
<tr><td>其他劳役、实物摊派</td><td>其他劳役、实物摊派一般是按村寨分担，根据不同土司辖地不同村的特点来分。</td></tr>
<tr><td></td><td>田租</td><td>土司封建领地和份地种类，按照所负责的税用途来分，分为门户田（官署十里内的田，不交官租，但要服兵役），兵练田（不交官租，要服兵役），坐马枪田（军事行动或操练时骑马负责找司旗），霜降田（秋操或霜降节操练），扩印田（土司次弟的封田），城子公众田（名为公众，实为土司个人享受），祭寨勐田（祭山川用），守坟田（守坟寨用），香火田（供佛用），抬夫田（抬轿或杂役用），脂粉田（供土司家妇女用），吹手田（供吹唢呐用），号手田（供吹号人生活用），炮手田（鸣炮用），茶房田（茶、柴费用），司薪田（土司零用），火把田（火把节祭祀用）。</td></tr>
<tr><td></td><td>杂税</td><td>土司的收入还包括一些杂税，如商业税、盐税等。</td></tr>
<tr><td rowspan="4">出</td><td>日常生活</td><td>土司家族的日常生活费用主要来源于睈或三大款及杂役杂税。</td></tr>
<tr><td>精神消费</td><td>有些土司有特别的爱好，如对文学、戏剧感兴趣，每年都会定期地举行一些活动。</td></tr>
<tr><td>交贡纳赋</td><td>每年都要上贡、每隔三年上赋。</td></tr>
<tr><td>升官的代价</td><td>土司长官共有军功、军费支持、超额交贡纳赋、贿赂等几种途径，且均需要花费大量的财物。</td></tr>
</table>

土司家的财物管理就是对以上财物及劳务的入与出进行管理，确保财产的存在与完整、合理使用等。财产保管与记录一般由账房负责。

（三）内部控制的基础——会计记录

1. 会计组织

一般土司府里有特定的机构——账房主管会计工作。账房除了会计工作外，还要做其他工作，如仓储、经收各项杂税等。

2. 会计制度

户籍登记制度：

每年都要对人口进行普查，上交户部备案。“清之民数，惟外藩扎萨克所属妨番丁档掌于理藩院。其各省诸色人户，由其地长官以十月造册，限次年八月咨送户部”①。户籍登记一方面是统计人口，另一方面也是为各项税赋的摊派作基础。

① 赵乐巽：《清史稿·卷一百二十》，第 3480 页。

3. 会计方法

（1）“四柱结算法”的应用

所谓四柱结算法，是指用旧管、新收、开除、见在四个称为来表示期初余额、本期发生额的入项、本期发生额的出项和期末余额。并且已经明确得到等式：

见在 = 旧管 +（新收 - 开除），即现代会计第一等式。

（2）单式记账法

单式记账法主要有以下内容：

①对会计事项内容记录的处理，一般前列时间和会计记录符号；次列会计事项内容的简明摘要，说明经济事项发生的原因；最后依次摆列数量、单价和金额。在会计记录中注意突出会计事项的主体部分，基本上达到了性质明确，责任分明的要求。

②对账面会计记录收受、支付、转记和结清处理方法的基本化，一般采用加盖朱色戳记的办法明确其结果。凡属于需要保管的账目，不仅单独设置会计文簿记录，而且还编有一种特殊的号码，以便账房内部掌握。

③对每一账目的来龙去脉交代比较清楚，基本上达到了前后照应，协调一致的要求。凡收入事项，突出说明该笔收入之来源；凡支出事项，首先突出说明其动向，然后附带说明该笔支出之来源。

（3）货币计量单位

清代的货币制度，基本上是银钱平行本位。在市场流通中一般“大数用银，小数用钱”，在兑换中有较固定的折算比例。

“国用之出纳，皆权以银”，这是清政府对财政收支所确定的一项基本原则，因此作为基层的土司会计，必然也实行银钱本位制，乾隆三十年，“户部议定，各省征收钱粮，及一切奏销支放等事。凡银悉以厘为断，破厘者，折衷归减。粮以勺为断，奇零在五秒以上者，作为一勺，不及五秒者，删除。搭放俸饷制钱，以文为止，而册内有丝、毫、忽、微虚数，一并删除。”清官厅会计对各种量度的位数做出明确的规定。

（4）入出记账法

入出记账法主要包括以下几方面内容：

①统一以“入、出”作为会计符号。凡一切收入，统一称为“入”，而一切支出则统称为“出”。以“入、出”为符号直接明确会计记录的性质。

②运用入出记账法所作的单式会计记录，直观感强，每笔目的含义与其在账簿中所处地位相一致，不会出现类似“反收付”那样的相反结果。入、出账目的表现形式是“上入下出”。

③入出记账法对于账目的组合一律采用“四柱”的格式，对财政收支活动过程及其结果的反映则统一运用四柱法。

（四）内部控制的方法——家族式管理

土司府从某种意义上讲可以算作是一个独立的企业，而且是一个家族企业。主要人员还是家庭成员，内部控制比较弱。

1. 机构设置

土司统治机构一般较庞大，内有司官和属官。司官是指在土司府里的那些官员，分为三班六房及团总。属官管爷及其所管的有关人员。

（1）司署

司署里有三班长六房及团总（军事机构），具体结构如图 1 所示。

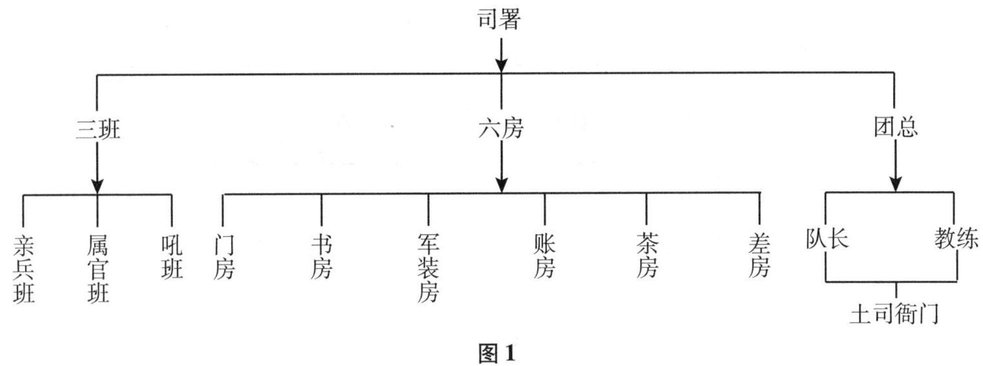

图 1

三班是指亲兵班（站班）、属官班（三堂班）和吼班，三班的人员构成和职责分别为：

亲兵班：由抽到司署的亲兵组成，主要职责是护卫土司。

属官班：由十二个波朗（管爷的别称）以及被土司提为土司司署职员的办事人员所组成。早晚陪同土司开饭，遇有民事诉讼以及其他事务，由值班属官处理，然后上报土司审查批准。若土司坐堂审案，值班人员则陪坐审讯。

吼班：由堂官、巡长和差役若干人组成。土司升堂审案，吼班人员要在场，站立大堂两旁听候土司使唤，对犯人施加刑具。

六房指的是门房、书房、军装房、账房、茶房和差房，当然各个土司里的称谓可能不一样。他们职责主要有：

门房：由十二家波朗的青壮年组成，主要职责为收发信件、文件、收租费、传达通报和迎接宾客。

书房：由秘书、师爷、誊录员组成，一般负责文件处理工作，有时也要出谋献策、随师爷外出、代土司处理代办业务等。

军装房：由一个有军事常识的人独管，主要负责采购、保管武器弹药及装备，并代修理枪支。

账房：由主管一人和副员若干组成。主要负责土司司署的财政和财粮收支。按期经收大烟、谷租折价款、地租银息以及岗款、官肉等杂项，并负责买办司署所需的日用品。粮仓为账房的附设机构，设专人管理。

茶房，由二至四人担任，负责烧开水、巡更兼放土炮、打扫卫生。

差房：主要负责逮捕、拘押和看管犯人。

武装组织团总，设团总一人、正副队长一人、教练若干。下设常住土司衙门土兵数十人。团总负责保卫衙门、维持“治安”、镇压人民反抗、防御外来侵犯。

（2）属官

属官是指不在司署里有职务的官员，相当于现在的外派员工，是管理者的身份。属官官职的结构如图 2 所示。

从图 2 中可以看到属官有领主召朗、布坑、布幸 3 个层次。土司一般把自己的领地分成若干块（一般以乡的形式）给几个管爷打点。管爷下设布坑、抚夷（当地居民主要是非傣族，如景颇族、汉族等）及各散寨寨头人。

每坑口设有布坑口一人，下有头人二到四人，管辖成片村寨，各寨子设有小头人。头人由土司委任，其具体任务大致是：向人民传达土司的命令，分摊供应土司司署用的各项物品；管理本坑所辖土地的分配和更动；为土司司署调派夫役使；为土司司署征调钱粮课税票、调解和裁判人民的纠纷事件。

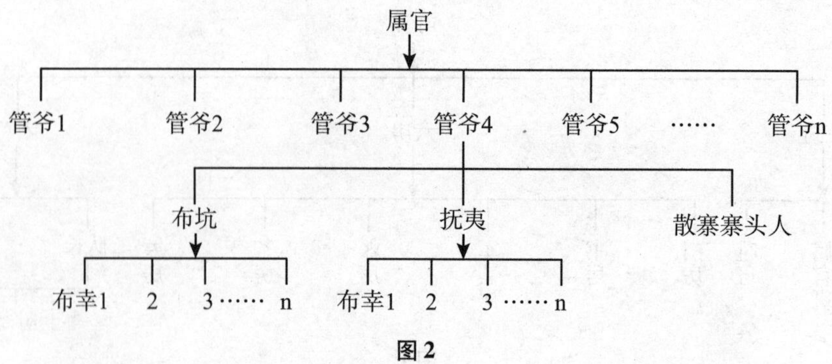

图2

土司一般在隘地设抚夷，隘地的抚夷相当于低级的小土司。多数是景颇族和汉族。抚夷所辖地区政治、经济、行政管理权。除去土司对隘地征收各种官税外，抚夷变有权收派各种租款。抚夷拥有少量武装，有权派调兵役。

在坑内的各村寨设布幸，布幸为一村之长，在布幸下设文书节利。布幸的具体任务是：管理一寨行政事务；代土司征收钱粮；解缴布坑道；秉承布坑命令派差役；调解和裁判本村的小纠纷。

同时在司署附近的若干村寨被分为内八寨和外八方，由司署直接管理，司城内各街道由丛头管理。

2. 各级封建头人的委任

土司男性亲族都享有担任封建头人的权利，称族官、属官和族目。属官又根据同土司血统的亲疏分孟、准、印三等。孟级封建贵族，担任土司司署的高级官员，在账房、库房轮流值班。准级封建贵族主管土司司署的书房、门房工作。孟、准两级封建贵族同时又经管村寨，担任村寨召朗。此外，在土司司署里，非贵州血统的一般办事人员，都是印一级。

3. 土司的世袭制度

土司又称正印土司，由正印土司胞弟中年纪最长的人担任护印，名义上协助正印处理司署政务，土司的妻子保管土司御封的官印，称为印太。如正印土司缺位，或因年幼不能理事，则由亲族中的人担任代办。设有代办，则不能设护印，只可设护理。护理的职务实际上和护印一样。

承袭的办法一般是父死子继、兄终弟及、叔倒相立、女媳继职、子死母袭。而且在兄终弟及中，弟要取其嫂为妻，从而取得实权。

4. 婚姻

土司婚姻实行严格等级婚，门当户对，土司必须娶其他土司的女儿为妻。即等级和血统是土司间缔结婚姻的基本原则，通过联姻，巩固其统治，而且土司间通婚，并不重辈分。具体表现为通婚者辈分高低不据。

以上的分析不难看出，土司的内部机构设置比较清晰，各部门的职责分配已经非常到位，平级之间可以形成一种制衡关系。司署管属官，同时属官管理组织分为三个层，上级管下一级，从而形成一种监督的关系。德宏州土司的管理经营可以理解为是家族式的管理，为了保证绝对的控制权，土司按血缘关系的亲疏把亲人分为三等，不同等级的人从事重要性程度和难易程度不同的事，越亲的人担任越重要的职务，相对而言更轻松的职务。最后，为了确保血统的纯正和高贵，土司具有严格的承袭制度和婚姻约束。

三、云南省土司内部控制的启示

由于政治、经济、文化、社会、宗教、地理的不同，必然导致其某些制度与其他地区的土司存在着不一致。随着时间的推移和财会学科在社会地位的上升，相应的学科建设和发展也发生了巨大的变化。内部控制也是其中的一项。

现代内部控制制度强调控制环境、风险评估、信息与沟通、风险控制、对控制的监督等五要素的建设，从而合理保证财务报告的可靠性、经营的效率和效果以及对法律法规的遵守。相应的内部控制施行有明细、具体、可行的方案。

相对而言，云南土司的内控制度的主要目标是确保财物的完整性及合理使用，家族血统的延续性。可以看出，相对于现代内部控制制度，土司内部控制的目标已经不一样，范围上也更广。

四、结语

从以上的分析可以看出，相对当时的社会、经济条件，云南土司已经有较完整的内部控制，他以财物管理为内容，会计记录为对象，以确保财物的完整性及合理使用、家庭血统的延续为目标，为云南土司的长期存在与发展做出了一定的贡献。

云南与中原距离较远且交通不便，故与中原的交流较少。但由于与东南亚接壤的天然地理位置，使其政治、经济、社会、文化、宗教也得到了一定的发展，且与中原地区的发展不一样。通过本次的研究，作者认为：首先，理解云南土司的经济处理方法，对于全面了解东南亚的经济处理方法的历史演变非常重要；其次，对于本国而言，应站在民族政策的高度全方位考察和理解少数民族地区与中原地区的不一致性。出现某种意外时，针对具体的不一致情况应用不同的处理方法，使问题合理解决。

主要参考文献

[1] 龚荫：《中国土司制度》，云南民族出版社 1992 年版。

[2] 龚荫：《明史·云南土司传笺》，云南民族出版社 1978 年版。

[3] 马曜：《云南简史》，云南人民出版社 2009 年版。

[4]《民族问题五种丛书》云南省编辑委员会：《德宏傣族社会历史调查》，云南人民出版社 1984 年版。

[5] 赵乐巽：《清史稿·卷一百二十》，中华书局 1976 年版。

[6] 云南行政纪实（第二编）：《边务——土司制度》，1943 年版。

[7] 徐冶、王清华、段鼎周：《南方陆上丝绸之路》，云南民族出版社 1987 年版。

[8] 马玉华、齐愈：《国民政府对云南土司的调查》，载于《贵州民族研究》2004 年第 4 期，第 176 ~ 181 页。

[9] 郭道扬：《中国会计史稿》（上册），中国财政经济出版社 1982 年版。

[10] 郭道扬：《中国会计史稿（下册）》，中国财政经济出版社 1988 年版。

[11] 龚授：《南甸宣抚司所属通志资料》。

[12] 龚荫：《20 世纪中国土司制度研究的理论与方法》，载于《思想战线》2002 年第 5 期，第 5 ~ 100 页。

[13] 莫家仁：《论土司制度的核心与实质问题》，载于《广西民族研究》2009 年第 3 期，第 4 ~ 110 页。

[14]《历史上西南少数民族地区族际纠纷解决机制研究》，载于《云南社会科学》2010 年第 4 期，第 112 ~ 115 页。

[15]《四库全书》编写组：《土官底簿》。

[16]《民族问题五种丛书》云南省编辑委员会：《云南少数民族社会历史调查资料汇编》，民族出版社 2009 年版。

近代上海钱庄与山西票号的会计制度比较研究

——以银钱会计为视角

马光华　师冰洁*

【摘要】上海钱庄与山西票号是近代金融机构的代表，票号专营汇兑，钱庄则以存放款项为主，汇兑与存放款都属于近代银钱业会计，都为社会资金清算服务。在新式银行成立前，钱庄与票号各有其会计制度，例如在会计机构的设置、账簿制度、转账结算制度以及记账货币单位等方面即相通又各有特点，共同促进中国会计思想以及技术的发展。

【关键词】上海钱庄　山西票号　银钱会计　比较研究

纵观近代中国的金融变迁，在西方新式银行未传入中国之前，发挥融资功能的传统机构有票号、钱庄、当铺、银号、钱店等，但是其中的上海钱庄与山西票号发挥的作用最为显著。票号与钱庄同属于传统的金融机构，其组织类似，但是其经营范围有很大的不同，票号专营汇兑，钱庄则以存放款项为主。从会计史的角度来看，不管是汇兑还是存放款都属于近代银钱业会计。

银钱业会计作为会计学科的一门分支，负责核算银钱业的现金出纳、转账、汇款等事项，起源于清代前期的旧式钱业会计。它"用于记载各种业务上发生之事项，并计算银行经营结果"[1]的一种会计制度。它以货币为经营对象，其账簿管理重在现金及票据核算，还要进行转账和汇划业务核算。近代的银钱业会计包含了旧式的钱庄业会计和新式银行业会计两个方面，旧式钱庄业会计又以上海钱庄和山西票号的会计模式为代表。

一、钱庄与票号的历史演变

（一）钱庄

钱庄，又称钱铺、钱店，在清代之前就已经存在。明清时期采用银两、制钱平行本位制，一般大数用银，小数用钱，所以早期钱庄业务主要是银两和制钱的兑换。大致到乾隆中期，钱庄业务突破了单纯兑换银钱的范围，存放款开始成为钱庄业务的一个组成部分，也就是开始向信贷机构过渡，其标志为钱票的使用和流通。钱票是一种信用票据，由钱庄、银号等信用机构发行，在一定范围内流通，起着代替货币职能的作用，是将内容扩张的结果。早期如华北、山东等地区都开始广泛地使用钱票，随后蔓延到东南沿海地区，随着上海的近代崛起，钱庄越来

* 马光华、师冰洁：新乡学院商学院。

越多聚集在这里，于是到 1776 年（乾隆四十一年），上海已经成立了钱业公所。[2] 嘉庆初年，上海钱庄已发展到了一百二十四家[3]，其资金雄厚的钱庄开始于上海的沙船业融通资金。沙船业属于贩运贸易，资金需求量大，而且风险也大，每次出海时，经常向钱庄借入大宗款项。总之，钱庄从乾隆以后接近百年的发展过程看，最早从事于银两和制钱的兑换，随着商品经济的发展，逐渐越出银钱兑换的业务范围，发展存款、发放贷款等信贷业务。

鸦片战争后，钱庄业务开始涉及外贸，初期他们仅为外商保管现金，鉴定银两成色和融通款项，后也开始从事生丝、茶叶等外贸活动，其资金的来源越来越多地依赖于外国银行，开始与央行建立拆款关系，其资本有较大的扩充，主要业务为存款、放款、办理汇划、签发庄票等信贷活动。甲午战后至辛亥革命是其鼎盛时期，如 1908 年（光绪三十四年）有一百一十五家之多，资金也在三四百万两左右；到 20 世纪 20 年代，钱庄仍在上海金融界有相当的实力，之后就迅速的没落。

（二）票号

票号起源于汇兑，伴随晋商远途的贩运贸易而产生。早期，晋商在重庆、天际、北京等地从事颜料店商业，为了解决远道运现困难，从初期兼营汇兑业务中逐渐脱离出来，成为专营汇兑的金融组织。据史料记载，一般认为日升昌是第一家票号，是由山西平遥李氏“西裕成”颜料庄改组而成，时间大致在嘉庆道光之际或道光初年。

鸦片战争前，是票号发展的最初阶段，经营者几乎全是山西商人，以该省平遥、太古和祁县三地的商人为主。日升昌票号产生后，业务兴旺，收入丰厚，不久平遥蔚泰厚绸布庄、蔚丰厚绸布庄、蔚盛长绸布庄、新泰厚绸布庄、天成亨布庄，也先后专营汇兑业务，他们统称为“蔚字五连号”，之后祁县的合盛元、太古的志成信等票号相继出现，从 1823 年到 1852 年，三县共有票号十一家，分号遍布全国。他们以资金大小不同，开始在其他城市设立分号，逐渐形成以汇兑业为主业，以放款为辅业，而且票号与票号之间互相调剂的金融体系。

第二次鸦片战争后，票号的一个重要动向为开始为清政府频繁的汇兑各种公款。包括京、协饷，债、赔款及洋务经费。据统计，1894 ~ 1899 年六年中平均每年由票号汇兑的公款为四百七十九万余两，而 1900 ~ 1910 年十一年中，平均每年为九百七十九万七千余两，开始与之建立密切关系。辛亥革命后，票号迅速衰落。

二、钱庄与票号会计制度的比较

（一）会计机构的设置

钱庄与票号在业务上各有专长，会计机构是其在长期的营业活动逐渐形成的，因此，其会计机构也各有所长。

1. 钱庄的会计机构

钱庄多是各自经营，没有票号的总、分号之分，所以其整个组织机构相对于票号来讲还是相对比较简单的。主要成员有股东、经理、协理、职员及学徒等，“人数自二十余人至四五十人不等。”[4] 经理在钱庄中总揽大权，协理只是其助手，而股东“除年度分红外，一向不过问庄内业务之事”。[5] 总之，在经理之下，设有清账、跑街、钱行、汇划、洋房、银行、新房、客堂等职员，俗称“八把头”，他们分别负责八项经营项目，其中会计部门三个，他们分别是清账、汇划和洋行。其具体的业务内容如下：

清账：是负责处理账务，性质类似于各部门的会计科，如登记总清账目、编制月结、计算存欠户利息、编制红账、决算年度盈亏以及审查年终损益状况等。清账房对洋房及整个业务部门都有制约作用。有些钱庄也称它为内账房。

汇划：负责庄票之进出登记、届期票据的收付、查核存欠等，其职能雷同于业务部门。在有些钱庄中也把它称为外账房。

洋房：专管银、钱、钞币的出纳，其职能类似于今天的出纳部门。

在这个组织结构中，清账即内账房是整个机构的核心，是钱庄的总核算，如登记总账、计算利息，计算年终红利，以及对红利进行分配等。汇划，及外账房，负责日常核算，如系统登记各种原始账簿、辅助账簿、审核各种单据。洋房承担现金出纳与保管的责任，详记每日登记现金流水账，与清账与汇划相互制约，形成这种权利相互支撑的会计机构。

2. 票号的会计机构

票号有总号与分号之分，所以它的会计机构有总号账房和分号账房之分，但是二者的结构类同。账房设有管账、副管账各一人，帮账若干人。有些分号规模不大时仅设一位管账，而无副管账和帮账。总之早期票号的会计机构没有向钱庄一样就账务、票据业务以及现金出纳做具体的分工，都由管账一体承担，副管账和帮账只是协助其完成以上工作内容。[6]

清末，票号逐渐在上海设置分号，其会计机构也开始出现内、外账房的分化，逐渐与钱庄的账房设置相同，内账房负责总清账，计算利息，编制月清和年总结；外账房即汇划账房，负责票号与客户之间的相关账务处理和日常核算。

（二）账簿制度

在西方的记账方法传入中国前，我国传统的记账方法有两种即单式账簿与复式账簿。单式账簿是仅就企业资产、负债以及资本增减变化进行单方面记录的会计方法；复式簿记通常以借方（debitside）和贷方（creditSide）作为记账符号，每一交易必须借贷两方同时记载。

1. 钱庄的账簿制度

钱庄主要是存、放款业务，而且对象主要是中小商业者、农民等，他们之间的存款、贷款数目偏小，在一定程度上也影响了钱庄的账务制度，所以早期钱庄的账簿种类很多，名称繁杂，如“洋房所管之账簿，有六种；钱房所管者，有四种，信房所管者，有七种，附属各部分之账簿，共计达五十六种之多”。[7]虽然账簿繁杂，具体到不同地区、不同规模的钱庄在账簿名称、方法上存在一定的差异，但是账簿的基本构建基本相同，即“中式三账”为其基本构架。

上海钱庄一般设置“流水账”、“分清账”、“总清账”三大类型的账簿，三种账簿都以核算现金和票据为主，具体功能还是有差别的，具体表现如下：

（1）“流水账”

流水账是钱庄的原始凭证，它是由“汇划账房”所管辖，包括原始账簿“草摘”（用于核算往来客户远近期款项的收支）与“银汇”（专门登记到期应收解的银两数目），补助账簿“便查（由“草摘”转入，核算往来客户的存欠数目）、栈单留底、期洋留底”，以及原始单据“存欠草约”和“汇票存根”（开出汇票的存根簿），其他还有“日流簿”（誊录各簿的银洋收付数，用于结算库存的账簿）、现票簿（同行业见一切银两款项收解的账簿）、公单簿、银行收解簿、加水簿（买卖银元的行情记录）、进出水簿（现金出纳簿）、来票簿、来支簿、支划簿（到期的汇划转账与无票据的收解款项，以及各往来户预先诺照的远期应解票据的账簿）

等，共有十八种之多。

（2）“分清簿”

“分清簿”由清账房掌管。“分清簿”都是根据各账房每日的“流水账”分类整理过入的，包括十二种之多，如万商总清、利益均沾、日增月盛、利有攸往、克存信义等。具体含义如下：

“克存信义”：钱业简称“克存”，清末民初便直接改称为“定期存款”。此账专门记载各往来客户的定期存款，其总数反映存款之总额，能够说明钱庄的基础巩固与否。故被钱庄主看作最重要的一册账簿。“克存信义”中按人名和行号设户，其账目直接由“日流”整理过入。

“利有攸往”。钱庄的盈利，主要依靠放款取息，此簿取名“利有攸往”便含有放款取利之意。由于用它记载钱庄的主要收入，是企业核算财务成果的重要依据，所以，此簿也是清账房里的主要账簿之一。

（3）“总清簿”

总清簿分为月结和年结两类。月结簿称“日增月盛”，或称为“月结”、“月总”。此账为钱庄整个账簿组织的总枢纽。从经营规模较大的钱庄讲，凡往来客户全月存欠总数，本庄发生的全部费用，钱庄所存现银、现洋总数，以及上月盈余等，均分类列于此簿。到一定时期，将上下收支事项相抵，可以计算出本期盈亏之数。

年结账簿称为红账，又有“鸿账”、“财账”、“利益均沾”等不同称呼，即用于分配盈利的专门账簿。一年进行一次决算的钱庄，一年分配一次，三年一决算的钱庄，三年进行一次分配。此账逐年记载各股东对红利的分割情况，以及全庄职员在红利分配中所得数额，保留着历年红利分配的原始资料。

而且这些账簿都采用的是单式簿记法，钱款的进出是分别记载的，所以这样就容易造成账目不明，错账、纰漏都不易查处。钱庄管理者无法掌控这个钱庄的收支、盈余以及资产债务状况，对钱庄的发展特别不利。直到钱庄发展的晚期，上海钱业公会成立后才要求各钱庄改用新式簿记，这已经到了1937年了。这种账簿制度缺少财务稽核，非常不利于风险的规避。

2. 晋商的账簿制度

晋商发展阶段的不同，其账簿制度有所不同，大体有三种。其一，早期它使用较为简单的“以现金为主体的单式收付记账法”；其二是中国传统的账簿体系“中式三账”，“三账”指“草流、细流、总清”三种基本账簿，“草流”又称为底账，一般是业务发生之时“赶急暂记”，是非会计人员的店铺伙计一边营业一边记录的结果，“细流”又称“流水账”是“草账”的整理账目，一般在当天晚上由“草账”整理过入，“总清”又称总账，用于分类核算，根据流水归类整理而来；其三是部分票号在清代后期采用的“龙门账”。

“龙门账”是旧复式账簿，按照“四柱清册”的记账方法。“四柱法”是传统银钱会计的核心，所谓四柱“旧管、新收、开除、实在”四项内容，代表的意思为“期初余额、本期收入、本期支出、期末余额”，古人形象的将其比作支撑大厦的四根柱子，以显示其重要性。[8]“四柱法”都遵循“旧管＋新收＝开除＋实在”的平衡式，所以“四柱法”结算需要对会计平衡式进行分别计算并比较其差额，客观上有利于中国复式簿记的产生。

“龙门账”就是“在四柱法”的基础上产生的。将民间商业中的全部经济事项，分为进、缴、存、该四大类，分别设立账目核算。进，是指全部收入；缴，是指全部支出（包括各种费用支出和销售商品进价）；存，是指资产并包括债权；该，也称为欠，是指负责并包括业主投资。当时的民间商业，一般只在年终办理结算（即现在的决算），就是核实和整理一年的经营成果，以便向业主交代。年终结账，就是通过“进”与“缴”的差额，同时也通过“存”与“该”的差额平行计算盈亏。如果“进”大于“缴”，就有盈利；否则，就有亏损。它应该与“存”、“该”的差额（即盈亏）相等。

进、缴、存、该四大类的相互关系是：进 - 缴 = 存 - 该，该 + 进 = 存 + 缴。每当结算时，以此来验算两方差额是否相等，并据以确定当年盈亏，称为“合龙门”。否则，就是有问题，必须找原因，弄清是核算出错还是发生了舞弊。“龙门账”认为资金“有来源必有去路”，通过反映经营情况的进缴表与反映资产负债的存该表“合龙门”，进行财务稽核。并通过进、缴、存、该四大类的记账、算账、报账等几个环节，对商业经营过程进行控制和观测，为经营管理提供信息和决策依据。这种账簿制度实质上就是一种财务稽核制度能对收支平衡、盈亏情况以及资产债务状况定期进行评估，使得经营者理清票号的财务状况，以做出正确的决策。

“龙门账”是复式会计思想的初级阶段，它仅体现在会计结算阶段，而在账簿设置、记账方法等方面仍旧使用单式簿记的方式。

（三）转账结算制度

钱庄与票号根据各自经营内容和内部管理的需要，二者都在长期的生存中摸索创造了适合自身需要的转账结算制度，并形成了独有的账务处理艺术。

1. 钱庄的过账制度

中国的转账结算与银行划拨清算最早应该起源于上海钱庄。在晚清随着商品经济的发展，商品交换也日益频繁，客户与钱庄，钱庄与钱庄之间的互相转账关系也日益复杂，钱庄的转账制度也因此建立起来，并迅速发展。据史料考察，比较完善的转账制度，产生于清朝咸丰年间，创造者为宁波钱庄，即著名的过账制度。

过账制度的具体操过称为：每年正月二十八日，各个钱庄的客户按照规定到开户钱庄取得“过账簿”，作为新的一年中记录桩长交易业务发生的依据。以后，每一交易完毕，付款户应将付出银钱数目记入“过账簿”的上方，并书明收款户的开户庄号，加盖印鉴，收款户则按照规定将收款数目记入“过账簿”的下方，并写明付款户的开户钱庄。每日下午四时，双方将“过账簿”分别送到各自的开户钱庄，各钱庄则根据“过账簿”将客户应收、应付银钱数目，登记在特定的“摘草簿”之上，作为日后清查账目的依据。“摘草簿”上收下付，代客户收款的钱庄，将应收银钱数目记入“摘草簿”的上方，而代客户付款的钱庄，则将应付银钱数目记入“摘草簿”的下方。当天，各钱庄事先将本庄应付、应收账款的明细内容一一抄录，制成清单，第二日清晨，在同业值日钱庄处汇齐，逐项进行清算核实（俗称对家头），以防范前日过账可能发生的错误。各方清算无误后，过出钱庄便开出“划单”作为过账的依据，将款项划入过入钱庄。在划单上须写明划出银钱若干，并加盖图章，作为过账的依据。

上海钱庄的汇划制度是在宁波过账制度上发展而来的，但是上海的汇划制度比宁波的过账制度多了票据交换这一环节。19 世纪下半期，上海出现了公单清断制，由各庄开出应收、应付之公单，由栈司送往各有关钱庄核对冲销，若有差额，再一一缴送现金[9]，后在光绪十六年（1890）左右，上海钱业同业会组织设立“汇划总会”作为各钱庄之间的公单交换清理的场所，“日间各汇划庄自行收解票据、开发公单，至晚收齐所有公单，送至汇划总会，由汇划总会集中清理，俟各庄应收应付之数结算后，再由汇划总会通知各庄收付”[10]。“由于当日票据清算结果为欠为余，各庄于开发公单时即已约略知悉，故各庄均早在钱业市场中借入款项或放出余款，在汇划总会中大体为轧平之局；若未轧平，则次日由应付之钱庄将现银送交应收之钱庄”。[11]

2. 晋商总分号之间的转账结账

汇差的结算，是山西票号的一项繁杂而重要的工作。实行的是一月一小结，一年一总结的制度，所以分号运用“月清”、“年总结”两种账册，在向总号报账时进行结算。“月清”每月报送，“年总结”每年10月底结算时报送。“月清”是折纸抄报，故也叫“月清折”；“年总结的账册却是长方形的麻纸装订的，用四柱清册的方法，把一年内收交汇款数、利息、汇费收支数，及分号各项支出综合登入账内，最后得出与总号的存欠数。[12]

总号依据分号报送的“月清”或“年总结”，等到与各分号“月清”复核没有差错后，按收交差额（即分号与总号往来差额）分别登入总分号往来账，即完成汇差的清算。就总分号汇差来说，分号收入大于付出的差额，即收存总号银两数；分号付出大于收入的差额，即总号短欠分号银两数。总分号间这种汇差均不计算利息。[13]

钱庄过账制度和票号的总分号之间结算制度同样都有减少现金使用量的作用，都孕育当今银行金融业的票据转账的精髓所在，但是毕竟这二者还是有很大的区别，票号的过账仅是内部清算的一种结果，所以不论总号欠分号或者分号欠总号，总号统负盈亏责任，所以总分号间这种汇差均不计算利息。而钱庄的过账制度其与客户之间的一种结算方式，它区分现洋和“过账洋”，过账洋是虚位的银洋，客户要把过账洋换成现洋，须给钱庄一定的差价补贴，即“现金升水”。从这个方面看，钱庄的转账制度更具有前瞻性。

（四）记账货币单位

创立记账货币单位是会计核算的第一前提，只有单位统一，会计信息才有可比性。在近代由于银两与之前并行的货币制度，记账货币单位的统一直困扰着会计核算，同时银钱比价也不稳定，这加剧了会计核算的复杂性。因此，不管是钱庄还是票号创设记账货币单位的问题就应运而生。

1. 钱庄的“虚银”与实银的置换制度

钱庄的主要业务是存放款，而且应用过账的转账方式，对钱庄而言“虚银”与实银置换更要紧些。实银是实有其物，无论其名称、形式、大小、重量、成分如何，而“虚银”只规定其名称、重量和成色，“虚银”是实银的价值符号，实银与虚银的折算比例是钱庄记账货币的一项重要内容。

上海地区通行的主要虚银两是“九八规元”，一般华洋交易、银两汇兑、行市、转账、汇划都以规元为计算单位，在历史上，中国标准银两为纹银，含纯银93.5374%，规元含纯银91.6666%，为标准银成色的98%，故又称九八规元”。[14]但在实际运用中，虚银两必须规定银的一定成色和重量，但是由于技术无法达到的原因，实际上虚银标准无法统一，这也为钱庄的会计核算带来了相当的困难。

2. 票号的本平制度

山西票号的主要业务是存放汇兑，收受银两。由于“中国银锭是在一种称量货币”，它没有形成一种抽象的货币单位，“银两单位就是重量单位也就是货币单位”。[15]，所以每次都要鉴定银两成色，称量银两重量成为票号一项日常工作。而且各地的天平砝码不统一，公私银炉并存，熔炼白银的技术差异较大。各地所铸造银锭的成色不一。在度量衡没有国家统一标注情况下，每个票号都不得不建立自己的平码制度，与各地平码权衡，较出每百两比自置的平码大多少或小多少，作为银两收交的标准，并凭以记账，维护交易双方的利益，这种制度就是票号的本平制度。

三、结论

第一，上海钱庄和山西票号的会计制度都是以民间会计为主导，随着商品经济进一步发展，民间工商业的活跃，他们都成为当时先进会计方式的代表，造作了多种会计制度与会计思想，使传统的中式会计趋于完善。如钱庄所创造的过账制度，开启近代信用制度之先河，如票号的龙门账促进中国复式簿记的产生。

第二，近代银钱业会计在行业间并没有统一的会计规范或制度，钱庄与票号虽然在会计机构、账簿组织上、会计方法上有相通之处，但也存在诸多差异，主要原因应为各有专长营业的种类，同时资本的大小，甚至地方的习惯以及各店习惯等都是其成因。形成钱庄与票号隔阂的因素有两方面：其一近代社会总体上属于封建经济，经济体之间联系不像现在紧密；其二会计学在中国近代不是一门独立的社会科学，从业人员由学徒擢升，会计技术依赖口头相授同时还没有专门的会计研究人员。

第三，钱庄与票号毕竟都是从中国封建经济中破土而出，虽然在一定程度上创造出中式会计的辉煌，但其身上带有封建性是必然的。其一，他们地方帮会性质浓厚，各自有其势力范围，这种分散的状态不利于会计制度的统一，而且很多会计方法在自己势力范围内运用而不外传。其二，近代中国处于半殖民地半封建社会，随商品经济发展而产生的钱庄和票号却因“资本额小、组织简陋、墨守成规、人才缺乏”[16]而不得不要么依靠封建政府，要么依靠外商银行，这导致了他们衰落的必然。

主要参考文献

[1] 顾准、陈福安：《银行会计》，立信会计图书用品社 1948 年版，第 10 页。

[2] 嘉庆二年上海历年承办钱业各碑记．碑存上海内园．见中国人民银行上海市分行编：《上海钱庄史料》，上海人民出版社 1960 年版。

[3] 上海博物馆图书资料室编：《上海碑刻资料选集》，上海人民出版社 1980 年版，第 254 ~ 256 页。

[4] 潘子豪：《中国钱庄摘要》，台北学海影印 1970 年版，第 53 ~ 54 页。

[5] J. C. Ferguson，“Notes on the Chinese Banking System in Shanghai” in Journal of the North China of the Royal Asiatic Society，Vol. 37（1906），P. 59.

[6] 穆雯瑛主编：《晋商史料研究》，山西人民出版社 2001 年版。

[7] 中国人民银行上海市分行编：《上海钱庄史料》，上海人民出版社 1960 年版，第 471 ~ 473 页。

[8] 郭道扬：《会计发展史纲》，中央广播电视大学出版社 1984 年版，第 237 页。

[9] 中国人民银行上海市分行编：《上海钱庄史料》，上海人民出版社 1960 年版，第 494 页。

[10] 中国人民银行上海市分行编：《上海钱庄史料》，上海人民出版社 1960 年版，第 494 页。

[11] 马寅初：《中国银行论》，商务印书馆 1929 年版，第 332 ~ 333 页。

[12] 张正明：《晋商与经营文化》，上海世界图书出版社 1998 年版。

[13] 黄鉴辉：《晋商经营之道》，山西经济出版社 2001 年版。

[14] 宁波金融志编纂委员会编：《宁波金融志 6》（第 1 卷），中华书局 1996 年版，第 114 页。

[15] 戴建兵：《白银与近代中国经济（1890 ~ 1935）》，复旦大学博士学位论文，2002 年。

[16] 中国人民银行上海市分行金融研究室：《中国第一家银行——中国通商银行的初创时期（1897—1911）》，中国社会科学出版社 1982 年版，第 98 页。

浅谈山西票号的理财模式

张丽云　郭　睿*

【摘要】山西票号于100多年前曾实施了一种以获利为目标，以规则为依据，以实务操作为基础的理财模式。这种理财模式，不仅为促进票号发展发挥了重要作用，也对后来的企业理财产生了巨大影响，具有重要的历史和现实意义。

【关键词】理财模式　获利目标　理财规则　实务操作

一、引言

山西票号于100多年前，曾因敢为人先汇通天下、资金汇兑方便快捷、分支机构星罗棋布、待人处事诚实守信等，引起当时朝野上下的极大关注和肯定，也招致了国内外很多学者和媒体的探求兴趣。而且，自清末以来，有关山西票号的研究从未间断过。从目前看，经过人们长期的调查、考证和研究后，学术界已在票号的起源，成功经营的史实与经验，破产失败的教训，以及票号的投资经营管理体制、员工激励机制、货币防伪技术等很多方面，形成了比较成熟的共识，有了比较明确的论断。相形之下，有关山西票号理财方面的研究及成果则较少。

我们认为，山西票号所以能在历史舞台上持续经营百余年，并演绎出很多动人的故事，与其实施的经营管理密切相关。理财作为经营管理的重要组成部分，在票号的发展过程中发挥了重要作用。今天，山西票号退出历史舞台虽然将近一个世纪，但它的理财方略和办法，并未完全过时，有的做法仍被后人沿用。因此，仍有必要对山西票号的理财进行研究。

从现有资料看，山西票号的理财理念与做法，是在晋商理财经验的基础上，由票号人根据自身业务及经营特点，经过进一步探索和实践后逐步形成和完善的。如清嘉庆时期一些晋商铺号要签订设立合同，制定铺规，并在这些文件中对理财进行规定的做法，以及晋商自设本平的办法，山西票号都继承了下来。但山西票号并不仅限于效仿晋商的一些既有做法，他们还针对从事汇、存、贷业务，日常收付货币资金，赴外地设分号点多面广、不易直接控制等经营特点，探索出很多票号特有的理财办法，并最终形成一种基本统一的模式。

山西票号的理财形成统一模式，是历史发展的一种必然。我们都知道，票号所能营运的资金，除了财东投入的资本银两外，其余部分来自客户的负债资金，而且占比较大。以原始资本为基础作比较，票号的利润比较丰厚，投资盈利率较高。在这种高利润的感染，以及在社会经济发展的需求下，一些经营其他业务的商家也转业干票号。结果，票号规模不断扩大，票号之间的竞争日益增强。尽管当时各家票号都严守各自秘密，但票号只招聘本地人，票号内部因名

* 张丽云：山西财经大学；郭睿：中国人民银行太原中心支行。

誉、利益等难免存在一些矛盾，人员外流现象不可避免。这样，后开票业的商家，便直接效仿先前票号的投资经营体制，聘任从经营管理比较成熟的票号退出的高级管理人员做大掌柜，管理自家票号。最终导致各家票号在理财上的做法基本相同。

鉴于山西票号对各种资金及收支的运筹与管理的做法基本相同，并形成一种特有的理财样式，本文将这种理财样式，称为山西票号的理财模式。山西票号的理财模式，不是由政府或权威机构事先制定标准形式，再由票号照模去做的理财。而是由票号自主创立、自觉践行的一种理财模式。它凝聚了旧时很多人的智慧和经验，代表了19世纪中国商人的理财水平。

客观地讲，山西票号在具体运筹与管理各种资金及收支时，会涉及很多环节，需要处理好各种关系，应用的方法技术也比较多。因而，关于山西票号理财模式的研究比较庞杂。限于时间与篇幅，本文在引论山西票号实施一种自创理财模式的基础上，将以现存史料为依据，以有据可查的资料作支持，重点对可体现票号理财模式的基本构架内容——获利目标、规则依据和实务操作，采用归类整理、适当分析的方法进行研究。我们希望，通过本研究，既能对山西票号的理财史实给予比较客观的总结和揭示，也能为我国旧时民间经济组织理财史的研究提供一些有价值的素材和资料。

二、以合约确立的蒙天获利目标为指引

（一）山西票号在合约中确立蒙天获利目标

任何一种机构或组织设立时，都会有一定的愿望或想要达到的目标。山西票号作为一种盈利性经济组织，也不例外。从现有资料看，山西票号的愿望或目标是获取盈利或利润。票号设立时，财东和大掌柜共同签订的合约中载有此类内容，一般表述为“蒙天获利”。如光绪五年蔚泰厚票号合约中写到：“自斯之后，务祈东家同心，伙友协力，蒙天获利，按银人股均分。”光绪九年天成亨票号合约也有此类内容，如“自立之后，务宜协力同心，蒙天获利，按银人股均分。”

上例中的“蒙天获利”是票号的愿望或目标，由其基本含义而知。以现代眼光看，“蒙天”虽然多少带有一点唯心主义的色彩，但旧时人们常用它表达朴素而美好的愿景。在“蒙天”之后紧随“获利”二字，含义非常明白，即祈盼未来能获得盈利。山西票号在合约中写入“蒙天获利”，意在表达希望未来能多多获利。这种明确表示获利目标的做法，体现了山西票号不讳言计利的作风，也为日后的经营活动，特别是理财活动提供了明确的指引和方向。

山西票号为什么在合约中载明蒙天获利的目标，可能基于以下考虑：首先，蒙天获利是财东的投资愿望，也是大掌柜受托经营时的承诺。作为东掌信义合作达成的一种共识和见证，蒙天获利必须列入票号合约，以便日后相关各方权责利的行使与考核。其次，蒙天获利符合合约内容的要求。合约是票号设立时签订的重要文件，相当于现代企业的章程，主要记载众财东和大掌柜共同商议确立的重要事项。如设立后打理什么生意，资本若干，银人股者姓名及股份，对东伙的要求，以及收益分配原则等。蒙天获利作为东掌共同确立的票号目标，也非常重要，应当列入票号合约。再次，将蒙天获利载入合约，是票号经营管理的需要。按照票号投资经营管理体制的要求，票号设立后，所有内外事务由大掌柜全权负责，财东不再过问。大掌柜要顺利主导票号的经营活动，必须得到东伙的支持与配合。将蒙天获利载入合约，并将其置于对东伙要求与收益分配原则之间，有利于东伙认识蒙天获利与自己的关系，进而同心协力搞好票号

经营，达到多多获利的目标。

（二）山西票号的蒙天获利有公正信义法度的约束

蒙天获利是票号的目标或愿望，无可置疑。不过，在此还需要说明一点，票号所追求的蒙天获利，是有道德要求和行为约束的。关于这一点，从合约提出蒙天获利时的相关内容可见一斑。如同治十二年志成信票号合约中写道："自立之后，务要同心协力，以追管晏圣明之遗风，矢公矢正，而垂永远无弊之事业。日后蒙天赐福，按人银俸股均分，倘有不公不法，积私肥己者，逐出号外。"上述蔚泰厚票号和天成亨票号在合约的最后也有类似内容。

上例中的"以追管晏圣明之遗风，矢公矢正"，不得"不公不法，积私肥己"，是票号对东伙在道德和行为方面的一些要求，也是正经商人应具备的基本品格。东伙在这些方面做得如何，直接关系到客户对票号的印象，影响到票号的业务和盈利。所以，为了实现蒙天获利目标，东伙应该付诸实施。

其实，山西票号不仅在合约中讲公平正义诚信守法，在号规中也要求"大公至正"，实践中更是不允许不公不义行为存在。也就是说，这些经营理念和行为规范，贯穿于票号理财的全过程。试想一下，如若票号不坚持公正经营、取利有道，而搞什么见利忘义和见利妄为，它怎能发展至执中国金融之牛耳的程度？

三、通过号规制定理财规则

山西票号认为"凡事之首要，箴规为先。始不箴规，后头难齐"。由此，票号签订合约后，还要制定经营管理规则，俗称号规。账期时，再根据形势变化和业务发展需要，对号规进行必要的补充或修订。《山西票号史料》中收集有大德通票号1884年、1888年、1901年、1904年、1913年和1921年的号规。从这些史料看，票号号规主要涉及经营过程中的各种业务管理、职工待遇和经营纪律等问题。因为业务管理和职工待遇必然涉及资金及其收支问题，因而，号规的相当部分，实际上是理财方面的规则。下面以大德通号规为例，说明山西票号的理财规则。

（一）资金管理规则

要理好财，必须管好用好资金。就整体而言，山西票号的资金由总号统一管理。但具体管理办法，依经营管理体制的不同有所差异。大部分票号主要经营票业。这类票号，在总号之下直接设立分号，总号不给分号核拨资本。分号赴外地设庄时，只带少量的路费及开办费。分号初设后开展汇兑业务所需的营业款项，通过与其他分号的汇兑往来拨兑进行流转。分号经营借贷业务后，遇标期缺少现银，由就近分号从镖局运现接济。另一类票号，由商号改作票业后仍兼营较大规模的商业。这类票号初期时，实行总号统一核算与管理下的内部分业经营与内部独立核算，总号对各营业机构要核拨资金，并规定其核算范围。由此，票号号规除了有直接针对分号的资金管理规定外，也有诸如核拨资金的规定。

（1）核定资金定额，明确财务关系。从大德通1884年号规看，它是一个混业经营的票号。当年大德通将自有资本十万两平均分拨给茶业和票业，并规定借贷业务由茶号办理。如"茶票生理，本属一号……茶票两庄，祁铺[1]各号资金五万两……祁铺内外周行借贷，皆是茶号一门办理。'同兴裕'[2] 所占银两，除讫资银五万两，用多用寡，皆向茶号周借，无论逢标、平时，按长年利计贷。"

（2）核定库存限额。票号作为一种赚取利差的金融组织，必须搞好资金的流动性管理，将收存的资金及时用于汇兑交项或放贷。为此，大德通1888年规定："各处……将银抽活，限定每月存银，不准过一万之数。"

（3）痞账管理。痞账是由赊账、放贷或垫汇而形成，并因对方失信而得不到及时清理的账款。痞账的存在，既影响资金的正常运转，还可能造成损失。在票号存续后期，官商痞账颇钜，收取不易。为此，大德通1921年号规要求各庄"应极意设法，专派本庄强干之伙，授以事权……分头清理，倘能收得，宜当年量事酌给奖金，需由本庄呈请祁号，核准施行"。"痞账折收物产，预先多加研究，定妥方针，以早出售变银，以免受背。"

（4）禁止挪用资金。资金被挪用，是票号的一大禁忌。为了禁止挪用资金，以致舞弊，大德通在1884年、1888年和1913年号规中都强调了此类问题。如"各码头禁止亲友浮挪暂借，与亲友字号，相与之家不外当承作保，免受日后牵累。伙友支使银钱，不准浮悬水牌，现取现记，庶免日后生弊"等。

（二）费用管理规则

要开展业务，必然发生相应的费用支出。费用多寡，直接影响利润。为了便于各级经营机构加强日常费用的管理与控制，明确具体费用的开支权属，以利于会计核算和经营业绩的考核，大德通制定了很多费用规则。

1. 明确费用开支权属及时间

为了既方便日常开销，也利于费用的统一管控，大德通对于日常在各基层机构发生流水，但应由上一机构核算或负担的费用，都进行了明确规定。如1884年规定："每年票号与茶号，贴伙食一千两，祁铺年底一账。""号内身股，每年应支……春冬两标祁铺下账。""凡独做票庄码头，应拨衣资，'同兴裕'出账。惟两口、兴化镇以及南路办有要茶务者，茶号拨给。"1888年号规强调："置买家具路具，随置随出，不可抵作银数缴费。"

2. 规定费用开支范围及标准

山西票号的费用项目很多，为了既严肃费用开支，又便于伙友自觉遵守规定，号规对各项费用的开支范围、标准，以及有关期限计算的起止时间等都进行了明确规定。如大德通1888年规定："各码头伙友，除因公告假外，若因家务告假，车脚盘费计为己身……如伙友服汤药号出，若服参茸丸散，计为己身……各码头衣资，议定分号京、申……汴正班每月拨给衣资银三两，其顶生意协理，每月拨给衣资银二两……以上俱系自出行之日起，至下班之日止，但有零日，即算一月，逐年在祁出账。"

3. 不许弄虚作假，侵吞利润

票号伙友自入号起，就接受诚信、节俭及业务知识方面的教育。就整体而言，票号伙友的道德操守和办事能力都不错。但到后期时，也有的"首领敷出，每有私带数人，名为厨使仆役，实则非亲即故，往返盘费，号中出账。"个别分号首领还利用衣资项目"有假厚道名目，

① 指总号。
② 专营票业。

分结银三五十至百八十两”。为了杜绝此类行为，大德通1913年规定：“此后各庄首领，正己率属，一秉大公，以除积习而防流弊，慎勿再藉厚道名目，彼此分润，而致玷操守。”“兹议此后……以重号规而惜财力。如有犯者，务按情节之大小论过。”

（三）存、贷款管理规则

吸收存款、发放贷款，也是票号的两种基本业务，但从以下内容可以看出，山西票号对存贷款业务自始至终非常谨慎。

大德通仅在1901年和1921年号规中对存款业务进行规定。1901年的规定，基本上反映了此前和此后相当时期内，票号对存款业务的态度和政策。如“川省本富庶之地……须以营求浮存为要义。至于生息之款，利小者尤可收用，若系四厘以外之款，除至契者不能推却偶以少数应酬外，余则惋推躲用为善”。1921年则提高了存款利率，并要求了解存主人性。如“各庄存款利息，长期年息不得过七厘，短期利半年月息不得过五厘，二三月者月息不得过四厘。设有特殊情形，必须申明理由，尤须留意存主人性（强硬或平和），注意行之，勿可滥为收存”。

为了同业共存，并支持同乡和营业所在地大商号的发展，山西票号的贷款对象主要定位于“钱庄及各大货行”。因当时发放信用贷款，风险较大，大德通票号的贷款规则，主要强调不许贪放，按信用等级放贷，年底了解贷款人情况等内容。如1884年规定：“凡两口遇年分兴盛，利息较大，不免有贪放借贷之嫌……总以不做为上，万勿含糊。若有失措，是谁贪放，定罚不贷。”1901年为新设的成都分号专拟的号规中强调：“择主宜认真也……查我号定章纵是上上字号，至多不得逾三万之数，连号枝号，亦在其内，此尤指多年久占大庄而言。今我号初占成庄，市面生而且险，纵有极好上上字号，只可至多以二万为界，免受设有疏虑之害。”1921年号规则要求：“每到年终，将我号所共之主，资本若干，通年之盈余若干，人位如何，有限无限，何业何帮，务须详细报告祁号。”

（四）防范风险规章

票号经营，风险很大。为了提高抗风险能力，山西票号创立了倍本、护本护身和积金备防等一系列防范风险的规章制度。不过，各家票号的做法不完全一样。

倍本是一种不通过增加股份数量，而于账期分红时，将银股者应分红利按俸抽取一定金额转为资本，以防范经营风险的一种制度。据相关史料记载，大德通从1892～1908年的连续5个账期，每俸银股曾依次倍本1 500两、500两、1 000两、1 000两、2 000两。到1908年止，其银股俸数仍保留1884年的20股，但资本总额已由1884年的100 000两增至220 000两，每俸资本额由原来的5 000两实际增至11 000两。

护本护身是在银股投资的基础上，由银人股者按照所持股份另行交纳银两的一种制度。蔚泰厚和天成亨票号合约中都有护本护身的规定。如光绪九年天成亨合约写道：“议定以每足纹银五仟两作为一俸，每俸随护本足纹银二千两……至于人力，每俸亦随护身足纹银六百两。”票号实行护本护身制度，不仅可增加营运资金，还因人力股者投入护身，使人力股者承担了一定风险。

积金备防，是一些票号于账期或年终时，按银人股者应分红利的一定比例或直接从当期馀利总额中提留一部分资金，以备济急或扩充营业的一种制度。大德通1913年号规强调“不准侵蚀号中积蓄也”，各庄的“备荒余利存蓄等项，理应经理原数保存，以防伙等请张为幻。即有可以取消之款，亦应声明祁号，悉数入账，乃涓滴归公之道，万不可侵蚀挪移，弥补私亏，致犯通同舞弊之过。”

四、实施严格的理财实务

山西票号的日常理财活动，是在总号的统一领导和及时灵通的信息支持下，由分号经理率领伙友共同实施的。分号经理率众具体操作时，应遵照号规和总号指示办事，不得自作主张，随意处理。但遇特殊情况，应在不违背票号总目标和基本经营原则下，灵活应对，并及时报告总号。下面根据一些票号的内部信件和票号遗老的自述，以及当时的相关评述，简要说明票号的理财实务。

（一）酌盈剂虚，抽疲转快

山西票号作为专营汇、存、贷的金融组织，现银及其营运是理财的重点。为了加快资金流转，提高营运效率，票号推行了一种酌盈剂虚、抽疲转快的办法。实行这一办法的前提是总号统一管理资金并核算盈亏。具体操作时，要求各经营机构要互相通报信息，相互接济资金。为此，各分号每日应将当日发生的汇兑业务向汇兑另一方报告，同时将当天营业收交数字和所了解的近期可能发生的业务，以及当地行市等，向总号和其他各分号互报，以便各方相互了解情况。被告知方根据来信内容，应主动去做生意，或应用顺汇、逆汇方式及时组织资金调配，或直接起镖运银，以解对方现银短缺之急。如甲午年七月，日升昌总号得知三原分号短缺现银，马上写信通知周家口等分号，“银两紧急，原号缺空甚巨，而各庄会缴交项仍是涌广，收项皆无……致原大为掣肘，见信暂为万勿再收原、西交项。嗣后各庄务要察原地情形，阅原号信息，核计划算而为，以免夹赔，至望照办为是。”咸丰十一年底，日升昌总号得知汉口分号存银甚少，迅速联系了元丰玖、合盛长、永逢原商号于次年正、二、三月由汉口收银、总号付银两万四千两的业务。1844 年因赴苏州采购货物的客商多采用汇兑方式结算，苏州地面现银短缺，利率上涨。蔚泰厚苏州分号七月初十向京师分号发出“尽先往苏起银五七万两为妙”的信件。京师分号随即于七月二十八派自伙跟镖车三辆向苏州运现银 74 000 两。同期，日升昌、蔚丰厚等也都向其苏州分号镖运了大量现银。

山西票号的酌盈剂虚、抽疲转快，是在总号统一领导和管理下，通过各处加强联络，相互支援，加快资金周转，提高营运效率的一种资金管理方法。这一方法，令很多人赞叹不已。崔珍在《天成亨票庄记》中将此评述为：“每遇要事，勤以书信互相关照，抽疲交快，全凭银两流通，得失筹谋，俱仰各处管事维持。一处吃紧，而各分号相救，呼唤灵通，勿生妒忌之见，通盘计算，能获大利。收交期口务要扯平，其中奥妙，笔难尽述。”陈其田在《山西票庄考略》中将其解释为：“分号经理运用资金，有时甚为巧妙。如甲分号有存款时，而乙分号的利息较高，则转送乙分号，以图高利，这是常有的事。因为利益清算既然集中于总号，所以各分号可以如此融通。”王钰在《票庄营业论》中将其总结为：“昔年票庄之营业，轰轰烈烈，全赖有聚散全国金融之权也。聚散之道，有纲领，有手续，有经验阅历，非其法、非其地、非其时、非其人，不可得也。”

（二）自设本平，统一银两计量

山西票号从事各种业务，主要收付称重货币——银两。当时各地银两平色不一。为了维护自家信用，方便银两收付管理，各家票号都要自设本平及足银标准。其要点是：票号设立之初，要制作自家的砝码；各地分号的称，都以总号称为标准。票号要将本号平砝与各地周行的平砝作比较，弄清各平每百两纹银比本平大或小多少。发生业务时，票号以本平称量，对所收付银两按本号足银标准进行折算。为此。票号要编制平码歌和银色歌，让伙友背会记熟，以便应用。票号会计记账时，应以本平足银作为货币计量单位；对所发生业务，依序记录所收付的银两数、大若干或小若干，以及折算后的本平足银数；期末按本平足银数予以汇总和报告。如果客户对结算的银两数有异议，票号应以本号平砝进行较量，以消除客户误会。咸丰元年蔚泰厚苏州分号给京师分号信中曾述说了以下情形："近来我号各处砝码亦是大小不一，遇有会银较砝者，即有轻重，准得按砝交付，虽有心内疑惑，然有砝可凭，自不必说……今铸合砝十一块，各处存放一块，收交会项，或有大小，平均按此砝报，谅该不致再有差错也"。

山西票号自设本平的办法，自成体系，虽然各家平砝不一，但这种办法在统一银两的计量与管理，保障票号会计按同一标准反映资产与负债状况，核算盈亏等方面发挥了重要作用。由此可见，自设本平也是票号独具特色的一种理财办法，而且技术含量较高。不过，因应用本平和成色折算会产生平色余利，如果一些票号刻意为之，它也会成为票号剥削客户的一种措施。

（三）增加收入，节约费用

要蒙天获利，必须开源节流。为了开源，山西票号始终注重市场开拓，联络业务，增加收入。在这种环境下，山西票号的很多分号经理都练就成了不失时机做业务，时时处处想效益的理财能人。蔚丰厚的李宏龄就是其中之一。庚子年李宏龄由上海下班，取道汉口，得知老号不知外情下，曾电令江号推辞江西抚台每月接济甘饷三万两的汇兑业务。因该汇兑事关江号的未来发展，"江号收款一旦推卸，明年和局一定，江号恐不能立足。"李宏龄便以"我等坐观成败，岂能对人……若以违令见责，与江无干"的君子气概，力主江号办理了此事。致使江号"其后二三年，结利甚丰"。

李宏龄初接手汉口分号时，"戊戌五月至鄂，适汉口是年八月大遭回禄"，人伤货毁，无法营业。李宏龄面对前任手上已到期尚未收回的一些贷款，采取"所有外放款项一律收清，缓后再放"的措施，结果"惟我号未曾分毫受累"。

在注重开源，给予伙友较多待遇的同时，山西票号也狠抓节流，严格控制各项费用支出。如对分号伙友衣资费，实施多环节多层次的管控。伙友在外地置办衣服支用现银时，分号要按总号规定标准审核把关；伙友下班时，分号还要根据支用时的底鉴记录对所置衣物逐宗开一新折并划价，交由伙友带回总号，并写信通知总号。总号对伙友带回的全部衣物与折子，要一一进行清点核对；若查出所置衣物价值不符，定向伙友另行结算。日升昌票号的周家口、湘潭等分号致总号信件中经常有此类内容。如"今日王有功遵平信逢吉动身赴长号，茂亭兄相偕经汉下班回里，随结去伊带盘费本平足银八十两，又伊衣资本平足银三十两四钱四分，附呈伊公己新旧衣物共三折"。

（四）适时的财务指导与检查

总号作为票号的理财中心，非常重视分号报告和请示的问题，并给予及时回复与指导。如咸丰十一年，日升昌总号得知成都、重庆军务甚是紧急的信息后，立即指示广州分号等"祈为见信之日，万不可做重、成两处收交之票"。同治十年，日升昌总号得知永聚源等商号生意不佳时，马上指示成都分号："永聚源、永聚合、永聚公之财东底里空虚，如有应收之银，到期如数收结清楚，往后不准与伊等做先交后收并借贷之项。"

为了对分号进行控制，票号不仅要求分号之间进行业务互报，按月按年向总号进行财务报告，还经常派人赴分号进行财务稽核或专项检查。如大德通“每年正月初八日，选派稽核一二人，分巡各庄稽核。”李宏龄在京号任职期间，曾受总号指派赴天津查核钱账亏空之事，最后查清“某某实无冤枉，实属咎有应得”。

（五）实施必要的预测与分析

山西票号在紧抓现有资金营运的同时，也对未来的资金收交情况进行一些简单必要的预测或预计，陈其田在《山西票庄考略》中将此称为“比期”。如“分号每逢月终须将本月内之营业，详细造具清折，报告总号及连号各分庄，并于造具清册后，附报后三月之‘比期’（此三月内，预计后三月之生意俗称比期），详述收交之银，或有余，或不足，以通消息，而资联络，使各分庄作收交上之预备”。

现存票号史料中，有关财务分析的记载也不少，多采用文字方式。如李宏龄某年根据所在分号仅结利六万八千余两的情况分析道：“以各连号结利，我号皆在其次。以平帮各家结利，亦在其次。按天成亨各处存款而论，比我号减少将及一半，而结利反多增七万，我号人手不敌高下之分概可知矣！”由这段话可以看出，当时票号分号已就其盈利及人员效率等，在票号内部横向之间，以及与其他票号的平级机构之间进行对比分析。这样的分析是必要的，不仅会引起本号上下人等的重视，而且可促进票号进一步搞好财务管理，提高票号效益。

（六）评定功过以一处获利不损他处为原则

为激励人才起见，山西票号对伙友进行定期考核。大德通主要考核结利和疲账指标；按照“果尔本处多利，他方未受其害者为功”的原则，评定伙友功过；“每到二年，分功过励优惩劣一次。”山西票号对表现好和结利有功人员，一般按等级给以提拔重用或一定身股。若有人违反号规，不听总号指令，致使票号受损，则严加惩处，辞退出号。辞退伙友时，要将辞退决定及该人所犯错误，写信通告各分号，以警示其他伙友不得再犯。被开除的人，别的票号不予录用。日升昌总号咸丰十年给广州分号的信件中曾写道：“文荣伙不听平铺收庄之信，任意拖延，以致惹出薛兰第骗银之事。秉驿伙因在成违败平铺之信，拖欠二千余金，至今不能收结。兴本伙……兼之在苏驻班所作所为，一切究竟办理不善。以上三人均辞出号，附报知之。”

五、结束语

综上所述，山西票号确实创立并践行了一种比较系统务实有效的理财模式。通过实施理财，为促进票号的发展发挥了重要作用。这种以目标为指引，以规则为主要依据，严格实务操作的理财模式，是山西票号在晋商经验基础上，为适应所处的社会经济环境，满足经营管理需要，经过不断探索、总结后形成的，属于一种自觉主动型的理财。以现代视角看，它虽然带有很多旧时特征，但并不陌生。它与我国计划经济时期，或现在一些小企业的理财实务非常相像。如理财的重点都是开源节流、资金营运。为了指导实践，都要制定具体的理财规则或制度，并对什么可以开支、标准多少；什么不得开支报销等进行直接规范。在具体理财过程中，都要考虑风险因素，谨慎从事等。也就是说，在没有成文理财理论的清代，山西票号对理财的认知与实践水平已经很高；山西票号理财理念和做法中的一些比较科学的部分已经被传承下来；旧时理财与现代理财具有不可分割的关系。

当然，通过以上揭示与分析，我们也清楚地看到，山西票号的理财模式只适应于经营环境和要求比较简单的一般企业。它主要注重具体事项的管理；内容比较单纯；缺乏全面风险意识；当时尚未出现、更不可能应用现代科学方法进行预决策。但是，山西票号自觉理财的意识，求真务实的精神，在严加管控的同时辅以配套激励措施的做法，以及伙友在理财中不计较前职后任的思想等并不过时，仍然值得现代企业很好的借鉴和汲取。

主要参考文献

[1] 中国人民银行山西省分行、山西财经学院编写组：《山西票号史料》，山西人民出版社 2002 年版。
[2] 黄鉴晖：《山西票号史》（修订本），山西经济出版社 2002 年版。
[3] 郭道扬：《中国会计史稿》下册，中国财政经济出版社 1988 年版。
[4] 滨下武志：《山西票号资料书简篇》（一），东京大学东洋文化研究所，1990 年。
[5] 陈其田：《山西票庄考略》，商务印书馆 1937 年版。
[6]（清）李燧、李宏龄：《晋游日记·同舟忠告·山西票商成败记》，山西经济出版社 2003 年版。
[7] 萧清：《中国近代货币金融史简编》，山西人民出版社 1987 年版。
[8] 山西财经大学晋商研究院：《晋商研究早期论集》（一），经济管理出版社 2008 年版。
[9] 李锦彰：《晋商老账》，中华书局 2012 年版。

国家审计起源历史新探

夏　寒　戚振东*

【摘要】 鉴于目前学术界对于审计起源的研究观点各异，笔者从审计的定义出发提炼审计相关要素，然后通过考察审计各个要素的起源发展来分析中国古代审计的发展历程。本文指出审计的要素在历史发展过程中是逐渐出现的，并在春秋战国时期发展齐备，上计制度的出现表明国家审计制度已具完形。

【关键词】 国家审计　起源　夏商周　春秋战国　上计制度

一、问题的提出

国内关于审计①起源的研究，一是关注审计起源的动因，二是关注审计起源的时间。关于审计起源的动因，大部分审计文献和著作都认为审计的动因与受托经济责任有关，因为随着社会经济发展，当财产所有者与经营管理者出现了分离以及管理者内部出现分权制，形成受托经济责任关系之后，才产生了对审计需要。近年也有学者从国家治理的角度提出审计源于国家治理。李孝林则提出国家审计产生的基本动因是为了维护委托者和受托者双方的产权。[1]

关于审计起源于何时国内的学者有较多争议。刘云、李霁等认为国家审计的萌芽时期应该为夏禹时期，其主要标志是"会稽"的产生。[2] 李孝林以周礼为据并参考国外审计发展史指出审计起源于奴隶社会早期。[3]杨慧媛则认为在原始社会的条件下根本不可能产生审计，夏商时期由于资料匮乏考究不易，说审计起源于夏商时期也不妥当，从而力主审计起源于西周之说。[4]张达聪认为，两权分离只有在战国时代出现官僚阶层之后才产生，因此最早的审计制度是春秋战国时期出现的上计制度。[5]赵友良也把上计作为审计最早的起源。[6]上述研究者的结论之所以众说纷纭，主要是大家在探讨国家审计起源的时候，大多数研究者并未对审计定义及相关要素作相对明确的界定，审计往往等同于监督、检查、监察等概念。有些结论仅仅是从逻辑上推导，例如说有财政必然需要审计监督，或者根据只言片语的史料来推断，缺乏严密的理论论证。同时研究者大都只注重考察历史文献资料，往往忽略大量最新的考古资料，一些结论缺乏史学研究最讲究的双重证据。故而审计起源问题的研究，有必要重新用谨慎史学态度审视之。

笔者认为在讨论审计起源的问题上，我们必须界定审计的定义，确定审计起源的充要条件

---

* 夏寒、戚振东：南京审计学院。

① 审计通常分为国家审计、民间审计和内部审计，而后二者出现的时间比较晚，所以一般谈到审计的起源，主要研究的是国家审计的起源，因为国家审计不仅从时间上来看，出现比较早，也是很多国家或地区在早期发展阶段共有的一种政治现象。

即相关要素，然后通过分析这些审计要素的起源发展，运用文献和考古资料的双重证据，来考察审计起源发展的情况。

二、国家审计的逻辑前提：基于审计定义的分析框架

考察国内的审计书籍和文献，对于审计的定义各有不同。比较有代表性的如审计署法规司出版的《审计法答疑》对审计的定义是：审计是独立于被审计单位的机构或人员，对被审计单位的财政、财务收支及其有关经济活动的真实、合法和效益进行检查、评价、公证的一种监督活动。中国注册会计师协会对审计的定义是：审计是由独立的转职机构或独立的专业人员，以被审计单位在一定时期内的全部或一部分经济活动为对象，进行审核检查、收集和整理证据，确定其实际情况，对照法规和一定标准，以判断经济活动的合规性、合法性、合理性和有效性，以及有关经济资料的真实性和公允性，并出具审查报告或证明书的经济监督、评价和鉴证活动。美国阿尔文·A·阿伦斯等人写的《审计学——一种整合方法》中有关审计的定义，审计是由胜任的独立的人员，为确定和报告特定信息与既定标准间的符合程度，而收集和评价有关这些信息的证据过程。[7]

笔者认为最后一个审计的定义虽然较为抽象，但概括性极强，信息量大，能够将目前各种类型的审计活动涵盖其中。因此笔者在此将运用这一审计的定义来分析国家审计的起源问题。审计定义中包含的名词有：独立胜任的人、特定信息、既定标准，证据；动词为收集、评价、确定、报告。这一定义涉及的问题有：

（1）什么是独立的人？即审计主体的问题。从国家审计起源的角度来讲，应有相对独立于被审计人员或事件的官员出现，这涉及古代官僚体制的出现和发展，以及官员分工的问题。

（2）什么是特定信息？这个特定信息可能直接针对某个人或某项经济活动，但最终针对是某些可查考验证的资料。可查考的资料在古代主要反映在统计会计资料及其他有记录可量化的经济资料。而会计统计资料的出现，必须在文字、数字、数学方法等一系列要素出现之后。有无会计统计资料的出现，可以用是否出现文字、数学统计方法作为一个查考标准。从一些论及国外审计发展史的文章中所提及的古埃及、古巴比伦、古希腊、古罗马等国的审计监督资料时，我们会发现这些早期国家都已经有了成熟的文字。

（3）什么是既定标准？即审计依据问题。现在我们审计的依据通常是一些国家的法律法规和部门的规章制度。没有既定的标准，审计无从评价和鉴证。古代的审计也必须有相关的依据，如俸禄的标准、税收的标准，财务管理的制度或是一些明确的法律法规。这是在考察古代国家审计起源时往往被忽略的问题。

（4）为什么要确定和报告特定信息和既定标准的符合程度？向谁报告？这里就涉及审计需求和审计委托人的问题。审计需求的产生原因即审计动因，文章一开始提及的委托代理理论、国家治理和产权维护等理论对于解释审计动因均有一定的帮助，笔者认为古代国家审计需求的产生，也可以用这些理论来分析。如随着国家出现，官僚系统的出现，国王授权各级官吏管理各项国家事务，官员很可能因为追求私利的“经济人”本能以及相关信息不对称，产生危害国家和君主的机会主义行为。当此类机会主义行为超出一定的容忍度时，国王出于不信任会委派其他人员对各级官吏是否诚实地履行了经济责任情况进行审查，以问责的方式确保君主和国家的利益。审计需求由此产生。这里我们需要注意的是要点是：①代理人的权力来自委托人的授权，即官员的权力来自国君的授权。②委托人介意代理人的机会主义行为，即国君对官

员的不尽责或贪污腐败十分介意。③委托人通过审计后，可以对代理人进行奖惩。

（5）如何收集和评价？即审计方式方法的问题。古代审计的方法应该相对比较简单，通过核对、比较相关资料，或者亲临现场盘点，等等。这些方法的产生前提也必须是数学、统计、会计已经产生或发展到一定阶段。

根据上面的分析，笔者绘制一张图表（见图1），大致推导出了随着人类社会生产力的发展，剩余产品的增加带来了管理剩余产品的需求，同时也带来了阶级的分化，国家的产生。在此基础上文字和数学开始系统地发展起来，并推动会计计量和记录方法的产生。而随着国家复杂化，出现官僚阶层，国君和官员之间存在一定的委托代理关系，一旦出现因为代理官员的机会主义行为违背了相关的规定或者国君的要求（即既定标准），导致委托人国君的不信任，问责需求由此产生。这个时候国君就会委派审计人员对代理官员进行审计。由此可以看出，要确定审计活动的存在与否，必须满足一定的前提。例如有可查验的资料，有一定的查验方法，要有既定的标准，有相对独立的审计人员，委托人对代理人有一定的问责需求。而上述这些条件可以进一步转化成通过史料和考古资料能验证的东西，例如贫富不均的现象、文字、数学、国君、官僚、相关的法律、相关的文献记载等。这些可考察的条件将作为我们分析中国历史审计活动出现的主要依据。

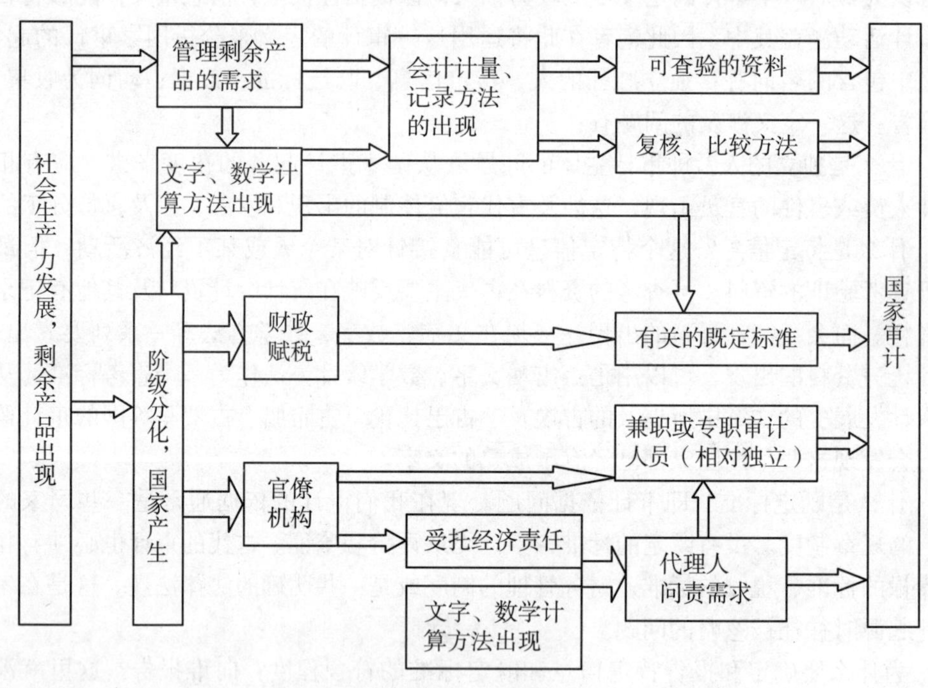

图1 国家审计的逻辑前提

三、先秦国家审计的起源与发展

（一）夏朝

传统史学认为夏朝是中国第一个奴隶制王朝，但是文献记载却是零星寥寥，加之目前研究夏朝历史的文献资料都是西周以后的东西，严谨的学者大都对其持保留态度。考古发现的河南偃师的二里头遗址虽然从时空范围来界定属于夏文化，但仅仅通过考古发现的物质文明还难以直接探讨制度文明。更为遗憾的是，我们目前尚未看到真正属于夏代的文字史料，这也是《剑桥中国上古史》坚持不列“夏朝”一章的主要原因。严谨的史学学者往往对夏朝历史存而不论。这一点是我们研究审计起源的时候也要注意的。另外，一些学者从人类学、考古学角度来推断，夏朝作为早期国家，其国家机构必然以宗法制度作为国家统治的基础。在这种制度下，无论是国家行政官僚体系还是军队均是以贵族家族成员组成的[8]。同时夏王朝四周还有众多的诸侯方国，在形式上虽与夏王朝一样，都是独立的政治实体，但在政治上对夏王表示臣服，也会有一定的缴纳贡税的义务。《禹贡》中有关于夏代贡赋的记载，《孟子》也记载：夏后氏五十而贡，都能说明这一点。不过对夏代的直辖区和藩属王侯来说，贡赋制度的实施可能有着不同的形式和内容。有学者认为当时方国贡物主要有青铜和地方名贵特产，作为税收的方国贡物可能是象征性的，其主要作用在于在政治上表示臣服的姿态。[9]

从审计的要素来分析夏朝的具体情况，即便当时有国君、有官僚，所谓的审计需求也会因为宗法制度，世袭制度、诸侯联盟制度而弱化。更为重要的是至今我们还没有发现夏朝系统的文字材料，夏朝是否已经有文字，难以下结论。因而审计需要的相关的记录和计算方法也是无从考察。因而笔者认为对于夏朝是否已经出现审计制度当持谨慎态度。但是作为已经进入国家形态的夏朝来讲，某些审计要素已经孕育，如管理财政赋税的需求、简单的官僚体系都已经存在。

（二）商朝

商朝是继夏朝之后我国第二个王朝。自 20 世纪以来，由于大量甲骨文以及殷墟王宫、王陵的发现，使得商朝的历史远比夏朝历史详细可靠。商代的政治统治分为内服和外服，内服指的是中央王朝，外服即被商王分封在王畿以外乃至边远地区的贵族和侯伯。在他们周围还有大大小小臣服于商王朝的方国、部族。他们对商王都有纳贡、拱卫等种种义务，处于商王朝的统治之下。商的中央王朝有所谓百僚、庶尹、惟亚、惟服、宗工等各级官吏，见于甲骨文记载的就有二十多种。几乎从朝廷到地方及其基层，从各类生产部门、政务、军事到意识形态各方面，都已设官分职。但作为早期的官制，商代官制中神职地位较高，官职分工不明确，“官事可摄”，选官制度上有浓厚的宗族血缘习惯，仍然是典型的“任人唯亲”政治。[10]

商代发现的甲骨文，已经是一种比较成熟的文字，虽然限于卜问之辞，但其中已经出现计算统计的各种数字。如计算人数的五人、十人、卅人、百人。卜辞计数的最高位三万，但计算几百、几千的记载，是日常所用的数字，这是很显然的。[11]卜辞中也有大量关于祭祀用牲、田猎收获以及贡赋缴纳、赏赐、赠送等记录，这些卜辞已经显示了当时会计记录的实际方法。因此“卜辞以外有关王朝行政和财政的记录文书，可以想象曾经被记载于册籍和布帛中。虽然这类物品难以保存至今，但在商朝，一个有着高度发达的青铜器所代表的都市文明国家，账簿类已有某一程度的发达毋庸置疑”。[12]作为一个有着高度青铜文明，且经常与周边方国征战的王朝，商王朝有着庞大的财政支出。其有关税赋的记录不仅从甲骨文的记录里可见，一些文献也有简单记录。如《孟子·滕文公上》记载：“殷人七十而助。”《史记·殷本纪》记载商纣王曾经“厚赋税以实鹿台之钱，而盈钜桥之粟”。

从审计的要素来分析商朝，商朝已经出现了文字、数字，并通过甲骨文可以推断会计记录和核算在一定程度上发展起来了，也就是说当时已经存在可查验的经济资料。商朝中央王朝内部已经有较为完整的官僚系统，有正常的财政收入和支出，存在着财政监督的需求。但是由于王朝的官僚多系王公贵族成员，这些官员职位世袭，各自有着独立的源自封地的收入，虽然他们与商王之间存在着一定的委托代理关系，但是由于其与商王特殊的血缘关系，对这些官员的问责需求还不会十分强烈。另外，我们还尚未发现商代有关经济监督的直接资料或者是相关制度的既定标准。

（三）西周

周王朝的统治权力较之商殷王国更为强化，因而它的官僚机构和政治制度也日渐冗繁和庞大。众多研究西周审计史的学者大都引用《周礼》这部要籍里的记载。但是《周礼》这部书本身是一部争议和分歧极大的书，目前学术界主要倾向于《周礼》成书于春秋末期或战国时期，虽然不能否认《周礼》一书带有作者生活年代乃至更早时期社会的影响，但是其所设计的官制实出于该书作者的政治理想，带有不少主观的成分。故一般研究西周历史的学者很少直接引用周礼中的一些句子作为论据。

西周时期的官制，基本上是在商代的“内服”和“外服”基础上发展起来的，只是其机构更加庞大，体制更加系统而已。从目前发现的青铜器铭文来看，西周在设官分职上旧贵族的世卿世禄制占据着主导地位，未形成由国君完全控制的从中央到地方的整套官僚体系。[13]西周初期的中央政权，十分明显，是以太保和太师作为首脑的。太保和太师掌握着朝廷的军政大权，并成为年少国君的监护者。[14]。西周晚期的番生簋和毛公鼎等铭文表明西周朝廷内则主要由所设立的卿士寮及大史寮两套官署掌握着行政权力，而这两寮的首长即卿士与大史二职，亦由世袭贵族担任。这两寮的下属机构亦未见十分繁复，设官分职并未十分专门化，两寮之中，大史寮在国家机构中占据着显要地位，此寮属下掌管宗教礼仪的神职人员在国家事务中亦颇显活跃，此种现象则应视作早期国家所具有的氏族管理机构的残余表现。[15]西周时期无所谓地方行政体系，被称作“四土”或“四方”的广大王畿以外的地区统由“邦君”治理。邦君即诸侯，有侯、甸、男之类称号，实皆半独立的各个地方政治实体的世袭统治者。诸侯在封国内有政治、经济军事、祭祀等大权，不过周天子有时会向诸侯国派遣监国的使臣，1958 年江西余干出土的《应监甗》中的“应监”，就是周王派往应国之监国使臣。[16]《仲几父簋》记载：“仲几父使于诸侯、诸监，用厥宾，作公宝簋”，意思就是仲几父派儿子几到诸侯及诸监的地方去访问，接受了诸侯、诸监的宾礼回来作器纪念。[17]

西周中央王朝在礼仪庆典、器物铸造等方面也都设置了相关的监督人员。例如《国语·周语上》分记载：宜王即位，不籍千亩，虢文公因此进谏，讲到籍礼举行的情况说：“及籍，后稷监之，膳夫、农正陈籍礼，太史赞王，王敬从之。王耕一拨，班三之，庶人终于千亩。其后稷省功，太史监之；司徒省民，太师监之。”意思就是举行籍礼要掌握时令和管理耕作，所以归太史寮主持。后稷、膳夫农正等官，都该是太史寮所属的官吏。等到“庶人终于千亩”的时候，要“后稷省功，太史监之，司徒省民，太师监之”。因为耕作的技艺必须由农官监管，农官是属于太史寮的，故而由太史寮负责监督。人民的劳役的征发必须由司徒监察，司徒是属于卿事寮，由卿事寮负责监督。再如青铜器《颂鼎》铭文日：“王日，颂，命女（汝）碗翻（司）成周贮廿家，监翻新造贮，用宫御。”意思是王命颂监督送到成周的进贡物资，以供宫中使用。甲骨文的“监”字本像一人立于盆侧，有自监其容之意，《说文》日：“监，临下也。”因此，“监”有监视、监督、监护、监管之意。上述史料或可证明西周时期已经出现了各种监督诸侯、官员或工匠等现象。

西周时期经文中出现的统计数据更为常见。例如在康王卅五年（或二十五年）小盂鼎上，详记着讨伐鬼方“獲馘四千八百□十二馘”，“俘人万三千八十一人”等等。《大盂鼎》铭文中记载：“锡女邦嗣四白，人鬲自驭至于庶人六百又五十又九夫：锡夷司王臣十又三白，人鬲千又五十夫。”可见当时已经有万人以上这样庞大的俘虏名籍存在了。[18]西周时期的赏赐册命类金文中也有大量酒、车、马、服饰、兵器、贝金、玉器、土地、臣仆等赏赐物数量的记载。故而西周时期已经存在大量的账簿文籍应该没有异议。

从审计要素来分析西周的情况，西周已经出现可查验的经济资料、相关的监督制度、以宗法制为基础的官僚体系，甚至有可能已经出现了一些法律法规。可以说，在西周时期审计的行为和理念均已经出现，但由于无论是西周中央王朝的官员，还是地方的诸侯，大都为贵族或宗亲，职位大都世袭而来，俸禄也由自己封地而出。周天子与官员之间虽然存在一定委托代理关系，但是由于世卿世禄的制度，天子对官员的掌控和约束并不强，从而也会导致审计需求的弱化，因此西周时期还没有形成一整套完整的审计制度。

（四）春秋战国

春秋是中国古代社会发生转型的历史时期，新的社会形态正在这个社会的内部孕育、长成。由于周王室的式微，新崛起的诸侯国伴随着各自势力的扩张而形成领土国家，各国地方的行政组织郡和县逐渐发展起来，郡和县的官员由中央委派，官位不再世袭。随着贵族政治向官僚政治的转变，贵族世袭制度逐渐被官员任免制度取代，一套分工更加细致，专业化程度更高，更有利于国君及中央政府集中权力的官僚体制得以产生。至春秋晚期，各国官制同过去相比有了很大差异，并逐渐接近于专制主义中央集权的官僚体系。这一时期，适应中央集权的上计制度应运而生。所谓上计制度就是中央重要官员和地方长官每年要把所管辖地区的户口、垦田、租税收入等上报给国君，由国君组织官员进行考核，当则可，不当则废。《晏子春秋·集释·外篇》记载齐景公三年，晏婴上计于齐景公。可见齐国已有上计制度。《吕氏春秋·知度篇》谓春秋晚期赵襄子时，以任登为中牟令，“上计”于赵襄子，说明赵国也有上计制度。

至战国时期上计制度已经发展到相当完备的程度。湖北云梦地区出土的秦简有大量关于记账、账簿、负责记账和保管账簿的机构和官员、上计者携带计簿上报中央机构等记载，这些都表明战国时期的秦国上计制度已经发展到相当完备的程度。而且不仅当时的秦国，其他诸侯国也有实行此制度。如《新序·杂事》篇谓魏文侯时，“东阳上计，钱布十倍”。《韩非子·外储说左下》记载西门豹“居年上计”，说明魏国的上计制度每年要进行一次。可见上计制度形成在战国时期，已经为诸国所共行。

从审计要素来看，春秋战国时期已经存在系统的可查验的经济资料，国君与受任命的地方官之间有着明显的委托代理关系，在诸侯争相称霸争雄、弱肉强食的历史环境中，代理人国君对其任命的官员有着强烈的问责需求。正如《荀子·王霸篇》中所说：“岁终奉其成功，以效与君，当则可，不当则废。”此外大量成文法的颁布，如郑国的子产铸于铁鼎之上的“刑书”，魏国李悝著的《法经》，以及后来的《秦律》都表明当时社会已经形成了一系列的既定标准，尤其是我国历史上第一部较为完整的法典《法经》中已经涉及官员受贿处罚的各类条款，直接可运用于对官员的经济监督。所有审计要素已经出现，上计制度也就应运而生。从春秋时期出现，至战国时期完善，上计制度成为统治者了解地方土地、人口、钱谷出入的重要方式，也成为其考核地方官员和澄清吏治的重要手段，为秦汉帝国的崛起奠定了良好的基础。

四、结论

历史的发展本身是极其复杂的，因此我们研究审计起源，不是简单地断定审计在哪个时间段出现，也不是简单地凭一两个审计要素来判断某一类活动是不是审计，更为重要的是把握其规律和特点，还原审计历史发展的原貌。

表1 各个历史时期审计要素发展一览表

审计要素	原始社会末期	夏	商	周	春秋战国
剩余产品	●	●	●	●	●
阶级分化	●	●	●	●	●
简单官僚组织（宗法）		●	●	●	●
财政赋税		●	●	●	●
文字		?	●	●	●
数学		?	●	●	●
有关监督行为和思想		?	?	●	●
相关的律法（既定标准）				?	●
复杂官僚系统（任命制）					●

注：表格中●表示已经出现或存在；? 表示目前没有发现，可能存在也可能不存在；空格表示没有出现或不存在。

综上论述，审计的要素在历史发展的过程中是逐渐出现的（见表1）。夏代虽然进入国家阶段，具有了初期国家的特征，但是未发现相关的文字和记录，审计监督的史迹难以追踪。商代文字和数学的发现可确证其已经有了可查验的经济资料，可能存在相关监督行为，但由于当时世袭贵族官僚制度，审计需求不可能强烈。西周在商的基础上，有了明确的监督行为记录，也可能出现了相关的可参考的既定标准，因此可以说当时已经出现相关的审计活动，但是由于分封制和世袭贵族官僚制度，审计需求不强烈，审计并未形成系统而稳定的制度。至春秋战国时期，在天子式微，诸侯争霸的历史环境下，社会制度发生了较大的变化，分封制改为郡县制，官员世袭制改为任命制度，国君对地方及各级官员的掌控能力大大增加，审计需求也十分强烈。此时上计制度也就应运而生，形成了稳定的系统的制度，至此国家审计制度已具完形。

主要参考文献

［1］李孝林：《国家审计产生和发展基本动因——维护产权论》，载于《审计研究》2013 年第 2 期。

［2］刘云、李霁：《关于审计起源的探讨》，载于《审计研究》2000 年第 5 期。

［3］李孝林、李歆：《审计产生于奴隶社会早期说新证——兼论国家审计产生于国家治理的需要》，载于《南京审计学院学报》2013 年第 2 期。

［4］杨慧媛：《浅议中国审计的起源》，载于《会计师》2009 年第 10 期。

［5］张达聪：《中国审计的起源》，载于《财会月刊》1992 年第 3 期。

［6］赵有良：《中国古代会计审计史》，立信会计图书用品社 1992 年版。

［7］阿尔文·A·阿伦斯等：《审计学——一种整合方法（第 12 版）》，谢盛纹、张龙平译，中国人民大

学出版社 2011 年版。

［8］邱树森等编著：《新编中国通史（第一册）》，福建人民出版社 1993 年版。

［9］杜勇：《论夏朝国家形式及其统一的意义》，载于《天津师范大学学报》2007 年第 1 期。

［10］王贵民：《商代官制及其历史特点》，载于《历史研究》1986 年第 4 期。

［11］中国科学院考古研究所：《甲骨文编》，中华书局 1965 年版，第 608 ~ 618 页。

［12］池田温：《中国古代籍帐研究》，中华书局 2007 年版，第 22 页

［13］白寿彝：《中国通史（上古时代上册）》，上海人民出版社 1994 年版。

［14］杨宽：《西周中央政权机构剖析》，载于《历史研究》1984 年第 1 期。

［15］沈长云、李晶：《春秋官制与〈周礼〉比较研究——〈周礼〉成书年代再探讨》，载于《历史研究》2004 年第 6 期。

［16］郭沫若：《释应监甗》，载于《考古学报》1960 年第 1 期。

［17］陈昌远：《西周监官制度浅说》，载于《河南大学学报》1985 年第 4 期。

［18］白川静：《金文通译》（卷一下），白鹤美术馆，1966 年。

我国会计师制度建设早期史事考略

范存遥*

【摘要】会计师制度建设是近现代中国会计发展中极为重要的史实，与我国会计的现代化发展有着极为密切的关系。然而，由于早期史料缺乏，对这一时期会计师制度建设的史实人们所知甚少，相关书籍也多语焉不详，甚至多有谬误。本文以中国会计博物馆馆藏史料为基础，还原我国会计师制度建设初期之概貌，以补上述不足。

【关键词】会计师制度　史料　谢霖

一、谢霖上呈及会计师制度变迁

世界范围内会计师职业之萌生，始自1720年英国南海公司破产案。鸦片战争后西方资本进入中国，西方会计师服务也随之进入。起初，他们只是服务于外国人经营的企业，后来中国企业遇到请求破产、清理资财或账目纠纷等经济争讼，租界当局即指定外国会计师仲裁。无论中方属原告还是被告，权益均无从保障。因此，出于维护民族利益、提高国人地位的目的，时任中国银行总会计的谢霖于1918年6月向北洋政府农商部暨财政部上呈，呈请建设中国会计师制度。以下为谢氏原呈及批复：

上农商部暨财政部原呈：

民国七年六月

窃维经济剧国际之争，企业之运筹宜慎，企业乖计算之法，经济之进步难期，此会计所以见重于诸邦①也，查东西各国，夙有专门会计师之制，上海比年以来，如会计专家克佐时，亦既营业，社会称便，霖曩游日本，毕业于大学商科，归国后，服役银行会计，教授会计课程，于兹十年，应时世之要求，用特远法各国专门会计师之成规，近效上海克佐时②之先例，设会计事务所于京师，以应公众关于会计事务之委托，酌拟章程，呈请察核批示准行。

谢霖上呈中，包括他所拟会计师章程十条，谢氏所著“中国之会计师制度”一文中列出原呈章程三条，为：

第一条　应个人或官署银行商号③之委托，办理左列各项事务，负相当之责任。

---

* 范存遥：上海立信会计学院会计研究院。

① 本文所引原始材料源自中国会计博物馆馆藏《会计简报》第二卷第2期（1942年2月15日）谢霖文章《中国之会计师制度》，该文章发表于光华大学青年之声月刊、《商学研究》1948年7月1日刊。

② 会计专家克佐时之名，《会计简报》刊文中此处写为“佐克时”，应为编版者之误，更正为克佐时。

③《商学研究》所刊文章中此处为“官署公司银行商号”，多“公司”二字。

一．检查账目，并出证明书。

二．清算账目，并制报告书。

三．规定会计规程，及账簿之组织。

四．编制统计报告。

五．答复关于会计之咨询。

第二条　凡以前条各事委托办理者，应由委托者先将大概情形告之，再行酌定愿意承办与否。

第三条　委托之事务，既经决定愿意承办，应与委托者协定期限酬金，以及其他各条款。

北洋政府农商部和财政部接到谢霖上呈后极为重视，于当月下旬很快做出批复如下：

农商部原批

民国七年六月二十四日

据呈已悉，查经营商业，整理会计，最紧关要，该具呈人拟设会计事务所承办此项事务，事属可行，应准立案，此批。

财政部原批

民国七年六月二十八日

呈暨章程均悉，该具呈人拟创设会计事务所，承办计算事业，便利商民，自属可行，详核所拟章程，大致尚妥，应暂行准予立案，将来订有专章，仍应遵照，章程存，此批。①

其后，农商部因续有请为会计师者，遂在谢先生所拟章程基础上，拟定会计师暂行章程十条，于1918年9月7日公布。按该会计师暂行章程规定，会计师资格需要满足："甲，为学校毕业之人，即须在外大学商科专门学校以上毕业者。乙，为已有服务经历之人，即须曾在实本五十万以上之银行公司充任会计主要职员五年以上者。甲乙两种资格，苟有其一，而其本人之年龄，如果已满三十岁以上，即为合格。"

1923年5月3日，农商部将暂行章程修正公布，仍为十条，将学校毕业资格改为"在国内外大学或专门学校之商科或经济科以会计为主要课程之一肄业三年以上得有文凭具有相当经验者"；又将服务经验资格改为"在资本五十万元之银行公司充任会计主要职员继续五年以上者"。修正后的章程对学校资格略有放宽，对服务经验资格更加严格，加上当时社会对会计师职业的意义缺乏足够认识，在这五年之中，请领会计师证书仅十四人。

1927年，国民政府成立，将会计师的监督权改为隶属于财政部。同年8月22日，由财政部公布《会计师注册章程》二十八条，将会计师资格定为四项："一，年满二十五岁者。二，经中国国民党证明有党籍者。三，在国内外大学或专门学校商科或经济科以会计学为主要课程，肄业三年以上得有毕业文凭者。或在国立或经教育部或财政部认可之公立私立大学，或专门学校教授会计主要科目继续三年以上者。四，在会计师事务所充任会计事务员二年以上得有办理善良之证书者。或在财政部所认为合格之企业机关官厅公署或公务机关，充任会计事务员三年以上得有办理善良之证书者。"只有以上四项都具备，才能参加由财政部设立的会计师考

① 中国会计博物馆馆藏《财政月刊》第五十五号（1918年7月刊）刊载有财政部批文，标题为"批谢霖创设会计事务所缮具章程请予立案照准文"，文字与上同。

试委员会举办的会计师考试。此项章程表面上看非常严格，废除了仅以服务经历请领会计师证书的办法，且必须具备学历经历双重资格，并经考试取录方为合格。但在该注册章程中，列有可以免除考试的两个条件："（甲）在国内外大学，或专门学校商科经济科毕业曾读满会计学二十学分以上成绩优良者。（乙）在财政部认为合格之企业机关官厅公署，或公务机关充任会计职员七年以上且有成绩证明书者，满有甲乙两项之资格，即可免试，经审查后，给之会计师证明书。"

1929 年，会计师的监督权移转至工商部。同年 3 月 25 日，由工商部公布《会计师章程》，共三十六条。财政部颁布的《会计师注册章程》同时废止。《会计师章程》中关于请领会计师证书的资格与《会计师注册章程》相比，年龄上仍然要求年满二十五岁，但是废除了中国国民党党籍的要求。此外请领会计师证书资格仍然分为考试和免试两部分。参加考试的人需满足："（一）在国内外大学或专业学校商科或经济科肄业三年以上得有毕业文凭者。（二）在国立或教育部认可中学以上之学校毕业充任会计师助理员，或在工商部认有合格企业机关官厅公署，或公务机关，任会计事务员二年以上，特有办理善良之证书者。"若免试则须具备甲乙两项条件，才能进行审查："（甲）在国内外或经教育部认可之公立私立大学或专门学校教授会计学必修课程继续二年以上者。（乙）在国立或者教育部认可中学以上之学校毕业，并在工商部所认为合格之企业机关官厅公署，或公务机关充任会计主要职员继续五年以上得有成绩优良之证书者。"此项章程，在考试部分，仍允许有服务经历三年的中学毕业生应考；在免试部分，必须大学或专门学校商科或经济科毕业，只要曾在大学或专门学校教过会计学必修课程二年以上，以及中学毕业充任五年以上会计主要职员者，都可以审查并给予会计师证书，两部分均比财政部的《会计师注册章程》的条件宽泛。

1930 年 1 月 25 日，国民政府公布《会计师条例》，并自公布之日施行，工商部颁布的《会计师章程》同时废止。《会计师条例》与其他法律一样，由立法院通过，因此会计师在法律上正式取得地位。《会计师条例》中开始采取学历、经历二者并重主义。条例明确在会计师考试未举行前，"凡中华民国人民，（甲）具有学校毕业资格，即在国立或国内经教育部立案，国外经教育部认可之公立私立大学，独立学院，或专门学校商科及经济科毕业者。（乙）具有服务经验资历，曾在专科以上学校教授会计主要科目二年以上，或在公务机关，或在实收资本十万元以上之公司任会计主要职员二年以上者，一经审查合格，即可给予会计师证书"。条例取消了关于年龄的限制，但也废除了先前可免试的审查，因此，对于在会计师事务所里担任助理的人来说，增加了其获得会计师资格的难度。

由于《会计师条例》中没有承认会计师事务所中助理员的服务经历，1935 年 2 月，各地会计师公会公推代表奔赴南京，分别向立法院、实业部请愿。随后立法院修正条例，并于同年 5 月 4 日由国民政府公布实施。修正后的条例关于学历的规定没有变更，主要将经历部分改为四种："（一）曾在专科以上学校，教授会计主要科目二年以上者；（二）曾在各级政府或其所属机关任会计主要职员二年以上者；（三）曾在有实收资本十万元以上之公司任会计主要职员二年以上者；（四）曾在会计师事务所助理重要会计事务二年以上者。"这一修订，明确了在会计师事务所担任助理两年以上者，可以呈请审查给予会计师证书。综上所述，1918～1935 年的 17 年间，会计师制度先后修改了六次。会计师也与律师、医生、工程师等一样，一方面享有参政的权利，另一方面承担纳税的义务，成为一种专门职业，为社会皆知。

二、“会计师”名称由来及英译问题

中国古代原无“会计师”之名，也无“会计师”职业。1918 年6 月谢霖向农商暨财政部上呈，取律师、医师、工程师之先例，拟名曰“会计师”。同年 9 月，农商部颁布会计师暂行章程，也采用这一名称，“会计师”由此定名，并未引发任何问题。意外的是，当会计师执行业务需要出具英文查账报告或鉴定书，究竟用哪个词汇作为“会计师”的英译，却引起了争议。

会计师职业，英国称“Chartered Accountant”，简称 C. A. ，美国称“Certified Public Accountant”，简称 C. P. A。民国时期会计界在需要使用英文名称时，多数情况下使用 Chartered Accountant，本来没有什么，但却招来了英国人的干涉，英国大使专门致函外交部进行抗议。

1925 年，上海会计师公会奉农商部训令，转到外交部咨文，其中有关“会计师”译文的辩驳，极为有趣。

农商部令上海会计师公会文　民国十四年

（一九二五年）

四月二十四日

农商部训令第三五〇号

准外交部咨称，关于会计师译词一节，英使以英语 Chartered Accountant 二字，有所专指，引为华语会计师之译词，未免滋生歧混，请转商农商部颁发饬令释明此语，并非华语会计师之适当译词，或更另为指定等语，应否转饬注意更正之处，请查酌办理，并希见复，等因，前来，查该公会章程内所引用会计师译词之英语 Chartered Accountant 二字，既准英使照称足以滋生误会，应即另行选定英语，呈部查核，合□抄录外交部原咨令，仰该公会查阅，此令。

上海会计师公会在接到训令后很快向农商部呈文解释，声明会计师译词并无歧混情形，“伏乞鉴核转咨，以释误会”。呈文颇为有趣地谈到：“美国有 C. P. A. 之名，尚称合宜，但英使今日既能为停用C. A. 之要求，则美使他日何不可援例停用C. P. A. 之译词耶”。呈文在做了严密论证之后讲到：

“敝公会平情讨论，详加研究，以为 C. A. 译词，已成一种习惯，华人引用，自无独虑滋生歧混之可言，况名词译用，原以近真为主，为各国彼此所同，犹难独对某方加以限制，法理事实，至为明瞭，原照会所称各节，确属一时误会，度不过在华某些人等凭以一面之词，蒙蔽其本国当局者之所为，以英外部及英使之开明，一经据实解释，前项误会，自可涣□冰释也，所有会计师译词并无歧混情形，现合据实□陈，伏乞鉴核咨行外交部转复英使查照，实为公便。”

其辞不卑不亢、有理有节，中国会计师之涵养才智，无不跃然纸上，实妙文也。

三、会计师监督权限之变更

自 1918 年北洋政府农商部应谢霖呈请颁布《会计师暂行章程》，至 1927 年，会计师监督权（谢霖用语）属农商部，十年间共颁发会计师证书 284 份。1927 年南京国民政府成立，会计师监督权改属财政部，财政部订立《会计师注册章程》，自 1927 年 11 月至 1929 年5 月，共颁发会计师证书268份。1929年3月，国民政府工商部颁布《会计师章程》，同年6月，会计师监督权转移至工商部。自1929年6月至1930年11月，工商部共计颁发会计师证书184份。其后，国民政府立法院曾对《会计师条例》进行修订，会计师监督权归属也曾一度转归实业部，后又转回工商部。据史料记载，实业部总共颁发了1 036份会计师证书。但会计师管辖权何时从工商部转移至实业部，实业部又从何时开始颁发会计师证书，并未见明确记载。还有资料称1933年10月会计师事务曾移交经济部主管。1930年之后，会计师的管辖权究竟因为什么原因发生了什么样的变更，尚需进一步考究。笔者与同事在建设中国会计博物馆的过程中征集到1936年由实业部颁发的会计师证书一份，1948年由工商部颁发的会计师证书一份，足以作为会计师管辖权变更的实物见证。

为清晰起见，将主要变更事实列成表1：

表1

时间	监督部门	颁发证书数量
1918～1927年	农商部	284
1927年11月～1929年5月	财政部	268
1929年6月～1930年11月	工商部	184
??年～??年	实业部	1 036
??	经济部?	?
??年～??年	工商部	?

四、会计师制服及在法庭上的座位

今天的人们可能很难想到，在民国时期，会计师曾经有过统一制服，并曾有人专为会计师在法庭上座位的排列问题伤过脑筋。但这却是历史上真实发生过的事实。

据谢霖记载，上海会计师公会曾参照律师服的样式设计出一种制服样式，呈请政府核准。该服装样式与律师服基本相同，只是用古铜色材料为边。当时律师的制服与法官相同，只是边的颜色不同。为什么会计师制服会以古铜色为边，是因为：按照当时的定制，推事制服以蓝色为边，检察官制服以红色为边，律师制服以白色为边，“盖取国旗青天白日之意”。书记官制服用黑边，会计师制服别无颜色可用，就用了古铜色。

关于在法庭上的座位安排，律师与会计师也有差异。诉讼人到法庭均无座位，律师在法庭上设有座位，法律上有明确规定。会计师经会计师公会请求之后，得司法行政部许可，也于法庭上设有座位。

五、会计师制度的影响

（一）会计师职业组织的发展

自中国实行会计师制度以来，注册会计师或联合或独立设立会计师事务所，接受当局指定或客户委托，执行会计师业务。总体上看，当时的会计师事务所规模比较小，而且多集中在上海、京津、武汉、重庆等经济发达的大城市。其中在上海最有影响的有立信会计师事务所（潘序伦创建）、徐永祚会计师事务所、公信会计师事务所（奚玉书创建）。

（二）会计师职业团体的建立

随着会计师队伍的扩大，建立会计师团体便提到议事日程上来。最早成立的会计师组织是1925 年 3 月成立的上海中华民国会计师公会，该公会在会计学术、业务研究方面均走在全国前列。继上海会计师公会成立之后，先后又有平津、武汉、九江、南京等会计师公会成立，会计师事业已初成气候。1933 年以上海会计师公会为骨干，建立了全国会计师协会。

自此，会计师有了全国性的组织，1946 年又成立了全国会计师公会联合会。

（三）会计教育的发展

工商业的发展对会计人才的需求日益加大。潘序伦先生于 1927 年举办簿记训练班，后又创办了立信会计补习学校、立信会计专科学校和立信高级会计职业学校，还创设了立信会计图书用品社，专门出版立信会计丛书和印制发行会计账册报表。徐永祚会计师事务所举办了短期会计人员训练班。公信会计师事务所组织开办了“公正会计补习学校”。正则会计师事务所办有“正则会计补习学校”。会计教育的发展为实业界培养了众多会计人才。

主要参考文献

[1] 谢霖：《中国之会计师制度》，载于《会计简讯》第二卷第二期，1942 年。
[2] 谢霖：《中国之会计师制度》，1948 年 7 月。
[3] 郭道扬：《中国会计史稿》（下册），中国财政经济出版社 1988 年版。

说明：凡查阅材料原文字迹脱漏不清者，引文中皆以“□”代替。

我国财务分析学科的历史演进

——兼论财务经济分析学的产生与发展

樊行健　孙建华　薛　媛*

【摘要】在财务分析日益受到重视、应用领域日益拓展的今天，对其产生发展的历史轨迹与逻辑进行系统的回顾、梳理和总结，有助于我们更好地开展财务分析的理论研究和创新。本文从财务分析的历史起源谈起，分析了我国财务分析的形成与发展，认为财务经济分析学的兴起是财务分析模式的融合与创新的结果，最后对财务经济分析学的学科定位、研究对象及研究内容进行了探讨。

【关键词】财务分析学　财务经济分析学　历史演进

一、财务分析的历史起源

财务报表分析起源于20世纪初的美国，财务报表分析通常也称为企业财务分析，具有内部分析与外部分析的双重特性。财务分析是为企业的投资者、债权人、经营者及其他关心企业的组织或个人了解企业过去、评价企业现状、预测企业未来做出正确决策提供准确的信息或依据的经济应用学科。财务分析是一种判断的过程，旨在评估企业现在或过去的财务状况及经营成果，其主要目的在于对企业未来的状况及经营业绩进行最佳预测（Leopold A. Bernstein，1974），其本质在于搜集预测与决策有关的各种财务信息，并加以分析与解释的一种技术（Water B. Meigs，1995）。

分析，顾名思义，即分解而加以研析。分析，就是把一个复杂的现象或对象分解成若干组成要素，把其中每一要素都看作是整体不可分割的一个组成部分而加以研究。通过分解，便可深入到被研究对象的内部，了解其内在本质，弄清统一的整体中每一要素的作用和意义。

然而，分析与综合总是联系在一起的。只分不合，就无法找到分析对象各个组成要素之间的相互联系，无法提供关于分析对象的一个完整概念，也背离了事物普遍联系的内在规律性。辩证唯物论的出发点总是分析与综合的有机统一。恩格斯曾指出：“思维既把相互联系的要素联合为一个统一体，同样也把意识的对象分解为它们的要素。没有分析就没有综合。”① 只有把分析与综合统一起来，才能保证把各个方面辩证地联系起来对分析对象进行科学的研究，因此，从广义上说，分析，是分解与综合的辩证过程，是对分析对象各个要素进行解剖，又从总体上考察各个要素内在联系的研究过程。

---

* 樊行健：西南财经大学会计学院；孙建华、薛媛：河南财经政法大学会计学院。

① 出自《马克思恩格斯全集》（第20卷）。

人类的分析能力是伴随着人类意识的产生而产生的。在漫长的人类生产劳动过程中，逐渐产生了意识。意识是人脑对客观世界的反映。这种反映已不同于一般动物的条件反射，它总是经过一定的思考而获得的对客观世界的某种认识。这种原始的思考过程，便是人类对客观事物的一种简单的分析过程。可见，人类很早便具有了分析问题的能力。随着社会生产的发展，社会现象的复杂化，“分析”变得日益重要。没有分析便不可能有正确的行为选择，也不可能有人们自觉的行动。

财务分析是对财务活动的分析。自从人类社会产生财务活动以后，人们便自然具备对财务活动的分析能力，根据我们的考察人类原始财务行为萌芽于原始社会末期即农村公社时期，它是伴随着商品生产与交换的产生和发展而逐渐形成的。它以在私有制形成过程中，具有独立或相对独立物质利益的经济单位的出现为其产生的标志。可见，财务分析活动自产生到现在已经历了一个漫长的历史发展时期。

财务分析活动虽然产生很早，但它一开始并不是作为一项独立的工作出现的。在其产生以后一段相当长的历史时期内，都从属于其他有关管理活动，如会计管理活动、财务管理活动、企业管理活动、银行经营管理活动中都包含着财务分析的内容。财务分析作为一门相对独立的学问进行较系统的研究，则还只是19世纪末到20世纪初才出现的。

19世纪60、70年代，自由竞争资本主义发展到了顶点，以后开始逐步向垄断过渡，到19世纪末20世纪初终于完成了这种过渡。资本主义由此发展到了垄断阶段，即帝国主义阶段。垄断并没有消除竞争，而使竞争更加激化。企业资本家为了在竞争中不断扩展实力，大量举借资金。在产业资本家的推动下，银行信贷业务同时得到了很快的发展。金融业的发展为产业资本的扩充提供了更理想的融资环境，从而进一步加速了企业的发展。企业经济发展，对资金需求量随之不断增长。银行面临着越来越多的资金需求者及更为庞大的资金需求额。作为银行家，最关心的莫过于债务人能否按时还本付息。为了确保其债权权益，尽量避免放贷风险，银行家逐渐感到，凭过去单纯以企业经营者个人信誉、对企业经营状况的主观判断或经验估测为贷款依据，必将身陷泥潭。从此开始纷纷要求贷款企业提交财务报表，以全面分析企业财务状况，确认企业具有足够的偿债能力。财务报表分析，作为一门学问进行专门的研究，正是在这种实践的呼唤中出现的。1900年，美国财务学者托马斯·乌都洛克（Thomas）最先撰写出版了《铁道财务诸表分析》① 一书。该书主要对财务会计报表分析的一系列基本概念问题进行了较系统的研究。1919年，又一位美国财务学者亚历山大·沃尔（Alexander Wall）撰写出版了《比率分析体系》一书，该书则主要对财务分析方法问题进行了富有创造性的研究。紧接着，1920年，诺维·贝尔（Novem Bell）发表了《损益分析图表》；1923年芝务斯·H·布理斯（H·Bliss）发表了《标准比率算定》，1925年斯铁芬·吉尔（Stephen·Gill）发表了《趋势分析》等一系列著作，进一步丰富和展了财务报表分析的理论与方法。这一切正式标志着“财务报表分析”作为一门相对独立的学科已经形成。

到了20世纪30年代，资本主义世界爆发了严重的经济危机。商品滞销，市场萧条，资金紧缺，利率猛涨，证券价格暴跌，银行纷纷关闭，信用缩紧。在这样恶劣的经济环境下，企业资本家本身也开始认识到，仅仅注重从外界筹集资金，扩大生产规模，仍然不能在竞争中求得长久的生存与发展，必须重视资金的内部管理。这样，企业内部财务报表分析开始逐渐得到重视。当时，经济生活中普遍存在的一种“黑字倒闭”现象更使得企业资本家痛定思痛。企业

① 又译为《铁路报告分解》。

发展建设越快，盈利能力越强，反而破产倒闭的风险越大。许多一夜间倒闭的企业却正是那些发展很有希望的企业。经济学家们在分析这种“异常”现象时，终于认识到：一个企业不仅要追求更高的盈利能力，同时必须维持足够的偿债能力。偿债能力不足，是“黑字倒闭”企业的致命伤。这样，盈利能力与偿债能力的综合分析开始在企业内部盛行起来。正是这种综合分析，极大地丰富与发展了财务分析的理论与方法。综观现代西方各种“财务报表分析”教程，莫不以两大财务能力分析为其核心内容。可以说，正是偿债能力分析、盈利能力分析以及两大能力的综合分析，构成了现代西方财务报表分析学科的基本框架。

二、经济活动分析的产生

经济活动分析作为一门经营管理学科，产生于苏联“十月革命”胜利后的分析工作实践，其理论方法体系随着社会生产活动内容的日益丰富而逐渐形成和不断发展，我们可以称之为东方财务分析模式，其产生主要分为四个阶段（见表1）：

表1 苏联经济分析的四个发展阶段

阶段	名称	特点
第一阶段（1918～1922）	会计报表分析阶段	“十月革命”胜利后，继承俄国企业中的分析要素，对资金平衡表为主的会计报表进行决算分析。
第二阶段（1922～1937）	经济活动分析形成阶段	（1）由以前单纯利用会计核算的信息到综合地利用会计核算、统计核算和业务核算多方面的经济信息。（2）由以前转述报表数据说明为主的分析到具有问题研究性质的分析，即开始重视对生产经营过程的基本要素进行深入细致的分析研究。
第三阶段（1938～1950）	经济活动分析发展阶段	《经济活动分析》学科引入社会主义各国，成为国际性经济学科，并在此基础上，各国之间开展经常性学术交流，使经济活动分析得到全面发展。
第四阶段（1951～1987）	经济分析理论完善阶段	多数院校都开设了经济活动分析课程，编写了多个有关专业的经济活动分析教材

（一）会计报表分析阶段

此阶段是社会主义经济分析的初始阶段，由企业会计师对会计报表资料进行客观公正的分析，这种会计报表分析大多停留在用文字转述报表数字所要说明的内容，不能综合地分析企业生产经营活动的整体情况。1918 年莫斯科州国民经济委员会公布了方法指南《应当怎样分析工商企业的资金平衡表》。它是苏维埃主管机关公开发表的直接论述经济分析问题的第一个文献。1920 年，P. H. 胡佳科夫的《资金平衡表分析》则是苏联第一本有关会计报表分析方面的有代表性的专著。作者指出会计报表分析相对于个别经济业务的会计凭证和会计报表来说，属于更加高级的核算阶段，即会计分析是会计核算的继续与深化。但在具体分析时只涉及了资金平衡表反映的指标，其分析范围有一定的局限性。

（二）经济活动分析形成阶段

1922 年，H. P. 维茨曼发表了《簿记与检查》专题学术著作。书中作者除了对资金平衡表指标进行详尽分析外，第一次将生产量、费用、利润等指标联系起来对企业生产经营活动进行综合分析。实现了由单纯的会计报表分析到全面的经济活动分析的过渡，标志着经济活动分析的形成。1926 年出版了 A. Я. 乌萨乔夫所著的《资金平衡表的经济分析》一书。书中论述了有关工业生产分析的问题，并且第一次使用了“经济分析”这个词组。20 世纪 30 年代初期在工业分析方面最重要的著作是最高国民经济会议中央会计处处长 A. Я. 洛克申的《决算分析》（1933）和 H. P. 维茨曼的《簿记分析是根据核算资料对工业企业活动进行分析的基本方法》[①]（1937）。工业经济活动分析在这个时期终于形成了包括企业经济活动各个方面调查研究工作的分析系统。

在会计报表分析阶段，经济分析方面的问题只是在有关高等院校的会计核算教程中单列为《资金平衡表和报表分析》一个章节。从 20 世纪 30 年代初期起，《经济活动分析》作为一门独立的课程被列入高等院校有关经济专业的教学计划。这样，一方面为国家培养了大批的具有高等专业知识的经济分析专门人才，另一方面推动了经济分析领域的科学研究工作。在此时期，先后有大量的关于经济分析的文章、专著、教科书和译著问世。

（三）经济活动分析发展阶段

20 世纪 30 年代中期，苏联会计核算和经济分析的业务领导已集中到财政部这个统一的中心，为经济分析的全面发展提供了组织保证。1938 年财政部颁布了关于财政机关检查和分析企业资金平衡表和年度报表的业务性指标。1940 年财政部又颁布了《关于检查和分析经济组织年度报表和资金平衡表的问题解答》汇编。财政部的组织领导不仅直接影响经济分析业务的顺利开展，而且有力地促进了科研工作人员对有关经济分析理论与实务方面的问题展开研究。这些科学研究工作着重体现在使经济分析工作向广度和深度扩展，从而为经济活动分析的全面发展奠定了理论基础。

第二次世界大战前，经济分析作为一门专业知识，不仅已在一般方法论上最终形成，而且还在国民经济各部门得到相当广泛的发展。如 1940 年出版了 C. K. 塔图尔所著的《工业企业经济活动分析》一书，是对第二次世界大战苏联开展经济活动分析理论研究和实际工作的一般性原理进行总结的代表作。这本书在分析生产过程的条件和因素对有关财务指标发生影响的过程中，同时分析了财务状况影响生产规划完成的反馈作用。不仅如此，国民经济其他部门及其各部门内专业化的经济活动分析方面的著作也相继出版，把工艺特点、经济特点紧密结合起来进行分析，大大丰富了成本分析的内容。这些有关产品成本技术经济分析方面的论述，在战时条件下得到了实际运用，对于克服战争时期的困难和支援前线具有重大的意义。

第二次世界大战后，经济活动分析已深入各个行业的经济核算制企业内部的下属单位[②]。此时，有关实行内部分析的著作大量出版，其中包括 C. K. 塔图尔写的《经济核算制和盈利率：工业企业巩固经济核算制的途径》（1951）一书。经济分析的理论和实务水平在苏联国内不断提高，《经济活动分析》学科由苏联一国引入其他社会主义各国，成为国际性经济学科，并在此基础上，各国之间开展经常性学术交流，使经济活动分析得到全面发展。

---

① 前一本书主要说明如何分析决算图表中载明的信息，后一本书则扩大了经济分析研究的范围。

② 例如，在工业企业中实行内部经济核算制，各生产车间、班组、工段等都必须分析个人节约措施实施情况、分析劳动生产率、设备利用率和原材料利用等方面的情况。

（四）经济分析理论完善阶段

随着国民经济的不断发展，经济分析的作用日益明显。经济活动分析作为一门学科，在经济管理科学体系中占有特殊的和极为重要的地位。20 世纪七八十年代苏联经济学家根据经济分析的发展情况不断从理论上予以总结提高，主要是在经济分析教学范围日益扩大的情况下形成的。在苏联所有高等经济、商业院校以及部分高等工科院校都开设了经济活动分析课程。随着国民经济各部门、各行业经济活动分析实务的深入开展，经济分析工作者与专家学者通力合作，着手编写各有关专业的经济活动分析教材。1977 年左右，开始形成了工业、农业、商业、建筑业、交通运输业等按行业的门类比较齐全的经济活动分析课程。1981 年，苏联功勋科学家、经济学博士 M. И. 卡洛夫教授和 A. Д. 谢列密特教授合作编写出版了第一本专门论述经济分析原理的著作《经济分析理论》，阐明了国民经济各部门、各行业经济活动分析的一般理论与方法。许多财经院校以此为试用教材单独开设了“经济分析理论”课程。1987 年，该书作者在做了重大修改后重新出版，并被教育部批准作为高等专业和中等专业的正式教材，这样，“经济活动分析”课程一分为二，成为“经济分析理论”和“专业经济分析”两门并列的课程。许多高等院校相继建立了经济分析教研室。

三、我国财务分析的形成与发展

（一）新中国成立后时期（1949～1978）：苏联为代表的东方分析模式的引入

新中国刚成立不久，我国便开始了国民经济全面恢复的新时期。为了适应经济发展的客观要求，企业经济活动分析工作迅速在各行各业得到了普遍展开。从 1952 年起，我们学习苏联经济活动分析方面的先进经验，引进了大量的图书资料，并在国营厂矿中结合具体情况，广泛地开展了经济分析工作。很快在改善和提高企业管理工作水平与保证全面均衡地完成国家计划方面取得了显著的成效。我国重工业部所属部分生产企业从 1954 年开始推行召开经济活动分析会议的先进经验，取得良好效果，以后则在各企业全面推广，并且已逐步成为一项重要的工作制度①。

为了适应经济发展的客观需要，全国范围内很快开展了经济分析的教学科研工作。我国出版的第一本经济分析方面的教材是 1952 年由王立才翻译的苏联沙洛莫维奇所著的《工业企业经济活动分析》。与此同时，中国人民大学等高等院校的会计专业都开设了“经济活动分析”课程。1957 年，中国人民大学编辑出版了我国第一本《工业企业经济活动分析》教材。此书参照苏联经济分析的成果，结合我国企业开展经济活动分析的实际情况进行了理论总结，对于形成我国自己的经济分析体系，发展我国经济分析教学科研工作，以及指导企业开展经济活动分析实务起到了很大的促进作用。

我国经济分析虽然基础薄弱、起步较迟，但是由于国民经济各部门、各行业、各企业领导的高度重视和广大干部职工的努力，很快走上了全面发展的道路。新中国成立以来，随着经济

---

① 例如，重工业部某局在 1955 年召开了所属某厂的经济活动分析会议，检查分析了该厂 1954 年的经营工作情况。从表面数字看，该厂工作是有成绩的，已经全面完成了国家计划。但是经过会议的分析对比，特别是与同类企业比较，发现该厂许多经济技术指标不是先进的，并指出了该厂消耗定额高、产品成本高、生产损失大、劳动生产率低、资金周转慢等方面的问题，从而促使该厂在会后立即采取了相应措施，使工作很快得到改进。

核算制的贯彻和会计工作的改革，逐渐形成了一个内容较为完整的企业经济活动分析理论方法体系，其在经济建设和经营管理中的作用越来越显得重要。当然，经济分析体系的形成并非一蹴而就，它伴随着我国经济发展的各个阶段，经历了相当复杂的发展历程。其间特别是经受了1958年"左"倾错误思想和"文化大革命"的影响所造成的两次大挫折，其共同点都是取消管理、鼓吹无账会计，经济分析制度受到破坏。特别是在"文化大革命"期间，各个企业的财务会计工作处于十分混乱和半瘫痪状态，绝大部分财经院校停办或撤销，"经济分析课程"也因此被迫取消，企业经济活动分析实际上已经停顿。这种局面直到1976年粉碎"四人帮"后才得到改变，重新确立了"社会越发展、会计越重要"的思想。国务院1978年9月颁布的《会计人员职权条例》明确规定企业总会计师的基本职能之一是"组织群众性的经济核算工作，建立各级经济活动分析制度，挖掘增产节约潜力"。全国各地的企业重新开展以旨在提高经济效益的经济活动分析工作，并结合经济核算制和经济责任制的贯彻实施，使经济活动分析工作深入到内部各个单位和环节。西方各国经济分析研究译著相继出版问世，它们大多适应我国经济体制改革的新形势，标志着我国经济分析教学科研工作出现了前所未有的蓬勃发展新局面。

（二）改革开放初期（1978～1992）：经济活动分析的恢复与发展

在这一时期，我国首先按照计划经济体制的要求，对"文化大革命"期间受极左路线影响遭受严重破坏的会计制度，进行了恢复和重建；在重建过程中，对企业会计制度进行了修订与完善，基本建立了与社会主义计划经济体制要求相适应的企业会计制度体系[①]。这一企业会计制度体系，对于加强国民经济计划管理，促进企业提高劳动生产率，降低人、财、物消耗，降低成本水平，乃至于社会经济效益的提高发挥了积极的作用。在财务会计工作领域，我国在恢复和重建企业会计规章制度的基础上，适应经济发展和体制改革的需要，对企业会计制度还进行一系列相应的配套改革[②]，使计划经济体制条件下的企业会计制度日益完善。

同一时期，我国经济活动分析学科在恢复和重建中，也取得了丰硕成果。如刘明辉教授（1987）提出，经济分析作为一项运筹和谋划全面经济效益的经济管理活动，要适应改革的要求，关键是要加强分析的预见性、及时性、全面性和科学性；经济分析要向制度化、系统化、电算化和现代化的方向发展。必须尽快实现转变分析宗旨、丰富分析内容、拓宽分析视野、完善分析指标、改革分析方法等十个转变。另外，中国人民大学推出了一系列理论研究成果，比较有代表性的著作是马英麟、王俊生、肖镜元编写的《经济活动分析》教材。该书的第一版于1981年9月完成。该书是在校内原有教材的基础上，经过调查研究，吸收了实际工作和教学实践的成果编写而成。主要阐述了工业企业经济活动分析的一般理论和具体方法。为了适应经济发展的新形势和更新教材内容的需要，作者于1988年10月又进行了必要的修订。全书更加强调以提高经济效益为目的开展各项经济活动分析，并吸收了当时经济活动分析理论和实践研究的最新成果，如有关经营决策、效益预测分析、企业经营效益的综合分析等。

---

① 1980年财政部在总结历史经验和广泛调查研究的基础上，对当时的会计规章制度进行了全面修订。比如1980年修订了《国营工业企业会计制度》，主要内容是根据强化企业会计核算的要求，增加会计科目、会计报表。后于1985年和1988年又进行了两次重大的修订，以满足经济体制改革对企业会计核算的要求。财政部还于1981年1～10月先后制定发布了《国营供销企业会计制度》、《国营施工企业会计制度》、《建设单位会计制度》等会计制度。

② 1982年到1987年，我国先后制定发布了《国营企业固定资产折旧试行条例》、《国营企业成本管理条例》、《国营工业企业成本核算办法》、《中外合资经营企业会计制度》、《股份制试点企业会计制度》等一系列会计法规，使我国计划经济体制下的企业会计制度体系得到进一步的发展和完善。

财政部统一组织的教材编写共有四次，参见表2：

表2 财政部统一组织编写经济活动分析教材的历史

	教材名称	作者	出版时间
第一本	工业企业经济活动分析	天津财经学院张柱中 北京经济学院王又庄 陕西财经学院冯大麟、王松年	1981年7月
第二本	企业经济活动分析	天津财经学院管锦康、羡绪门、张柱中、庞慎勤、康钟琦 北京经济学院王又庄、于承厚 陕西财经学院冯大麟、王松年、赫淑云 湖北财经学院边恭甫	1983年7月
第三本	工业企业经济分析	北京经济学院王又庄 上海财经大学石人瑾 东北财经大学俞机先 中央财政金融学院魏根雄、刘司城	1987年7月
第四本	工业企业经济活动分析	湖南财经学院樊行健等	1994年

（三）经济体制改革加速期（1992～1997）：西方财务分析模式的引入

进入20世纪90年代后，随着我国市场取向的经济体制改革目标的明确，经济体制改革进程的加速，1992年年底，财政部颁布实施《企业会计准则》和《企业财务通则》（征求意见稿），实现了我国会计制度从计划经济模式向市场经济模式的转变和过渡①。在具体改革内容上，大胆地借鉴国际通用的会计处理方法和会计报表体系，使我国会计制度逐步实现了与国际会计惯例的接轨，被国际会计界所认可和接受。

与这一时期的会计改革相适应，我国以会计核算、报表体系为信息基础的财务分析领域也发生了重大变革，核心是引入了以美国为代表的西方财务报表分析模式，如张为国（1988）对国际会计准则委员会批准颁布的《编制财务报表的理论体系》的原文的主要内容、摘要进行了详细介绍；潘晓江（1992）在当年的会计研究杂志上，分两期分别介绍了国际会计标准委员会关于财务报表的编制要素和财务报表要素的确认、计量及资本和资本保全的概念等框架。鉴于以往的会计专业教学和研究用书（包括经济活动分析）已不能适应新形势的要求，在介绍、引进、消化西方财务分析模式方面，国内不少学者进行了有益的开拓工作，取得了丰硕成果。

当时我国正由计划经济体制过渡到社会主义市场经济体制，加之新的会计制度即将全面实施，原有的会计专业教学和研究用书（包括经济活动分析）已不能适应新形势的要求，为弥补取消原有《工业企业经济活动分析》课程后的暂时缺位，樊行健教授于1993年3月写作出版了据考证可能是中国大陆会计制度与国际惯例靠拢后的第一本《财务报表分析》②（湖南出版社）。该书通过对传统财务报表分析进行实事求是的评价，提出现代财务报表分析的理论与

① 1992年11月如日经国务院批准，财政部以财政部长令的形式，发布了《企业会计准则》。并根据《企业会计准则》的要求、结合各行业生产经营活动的不同特点及不同的管理要求，分别制定了工业企业会计制度、商品流通企业会计制度、农业企业会计制度等13个全国统一的行业会计制度，形成了一个比较完整的企业会计核算制度体系。

② 该书包括财务报表分析概述、财务分析方法体系、主要财务分析方法研究、财务状况的基本认识、资产负债分析、损益表分析、财务状况变动表分析、物价变动条件下的财务报表分析等共八章。

方法，并结合我国新的财务报表体系的分析实务进行探索。同时，在承担中国人民银行总行1991年科研课题《财务标准比率研制》的基础上，樊行健与刘贵生合作完成并出版了《财务分析改革探索》（西南财经大学出版社，1993年）一书，该专著当时被列入中国会计学会组织的《会计理论探索丛书》①。另外，欧阳令南（1993）介绍了西方公司资产负债表、损益表、留存盈余表、财务状况变动表、现金流量表五种财务报表，并对前四种财务报表，运用比率分析的方法，分析了偿债能力、资产管理比率、资本结构比率、盈利能力比率、市场价值比率。王又庄（1993）认为构建企业财务分析和评价指标体系，应从我国社会主义市场经济发展的客观要求及企业财务活动的实际情况出发，尽可能借鉴国外先进的管理办法和经验，并总结改革开放以来积累的丰富经验和行之有效的方法。据此按企业筹资决策分析、投资决策分析、财务状况分析三方面内容详细设置了国有大中型企业财务分析和评价指标。1994年社科院工经所和人民大学会计系共同发起，在北京举办了一次关于“建立财务分析学研讨会”，张金昌（1994）对会议进行了综述，认为创建财务分析学的时机和条件已经成熟，财务分析理论、教学和实践应用的缺乏，已给经济工作带来许多不应有的损失，建立财务分析学，为社会培养急需人才，已是当务之急。杨有红（1994）、肖镜元（1996）等也对如何引入、构建财务分析学提出了设想。樊行健（1997）在综合分析我国改革的自身特点、西方经营管理学科的产生和发展环境，提出不应走全盘照搬外国（不论是苏联还是西方国家）财务分析模式的老路。张先治（2001）对以美国为代表的西方财务分析体系进行评介，对美国三种基本财务分析体系进行比较，探讨了在财务分析总体范畴、财务分析内容划分与地位以及财务分析具体内容方面的分歧，系统论证了构建财务分析体系的理论基础，并构建出由分析原理、会计分析、财务分析和综合分析构成的我国财务分析体系。张新民、王秀丽（2006）提出了以透视核心竞争力为目标的财务分析体系，基于核心竞争力视角构建了财务分析的目标、评价标准和分析内容。

四、财务分析模式的融合与创新：财务经济分析学的兴起

财务经济分析学起源于东、西方财务分析模式的融合，是传统财务分析与经济活动分析的扬弃，展其二者之长，去其二者之短，其正式提出和产生时间大约在1997~1999年。

传统的会计观念，把会计工作分为会计核算、会计分析和会计检查。随着学科领域的扩展和研究的深入，又各自发展成三个分支学科，即由会计核算延伸为专业会计核算（包括企业会计和预算会计）；由会计分析延伸为经济活动分析；由会计检查（会计监督）延伸为审计学。许多高校在20世纪90年代中期开始都陆续暂停开设经济活动分析课程，代之以“财务分析”或“财务报表分析”课程。

传统的经济活动分析包括生产分析、成本分析和财务分析三部分，其优点是内容全面，能对整个生产经营过程展开分析，其缺点是各部分相互独立，彼此分离，是一种重点不突出的板块式结构。而财务报表分析按照会计核算所提供的六大会计要素方面的资料展开分析，其内容包括以偿债能力分析为主的财务状况分析和以盈利能力分析为主的财务成果分析，它的长处是突出了财务能力分析，这是新时期企业财务管理的主要目标，不足之处是没有与生产经营过程

① 该丛书编委会由著名会计学家娄尔行、杨纪琬、葛家澍、阎达五、余绪缨任主编，是融合会计学术、会计知识、会计经验为一体，汇集不同学派、不同观点、不同主张的会计理论系列专著。

相联系，不能对财务指标作必要的因素分析。财务分析学科的发展，应将上述经济活动分析、财务报表分析两门课程取长补短，相互融合。以财务报表分析为主，同时，还要把生产分析和成本分析作为影响财务指标的原因来展开分析。这样，形式上保留了经济活动分析的三大部分内容，但实质上是变原来的板块结构为现在的渗透结构，突出了财务分析的侧重点和全面性。在原来的计划经济条件下，传统的经济活动分析的内容安排符合当时产品经济条件下产值挂帅等特征。当我们对其结构进行调整之后，则更能适应社会主义市场经济体制的现实需要，强调了市场经济的竞争性和效益性。为了体现学科的继承和发展，突出以财务分析为中心，可以将经济活动分析、财务报表分析融合后改称为“财务经济分析”（樊行健，1997）。它与技术经济分析从两个不同侧面对企业的经济活动过程及其结果展开分析。

基于上述分析，笔者认为所谓财务经济分析，顾名思义，是财务分析与经济分析的整合，但不是简单的拼凑和相加，而应是二者之间的有机结合。财务经济分析突出了以财务分析为主，体现了财务活动与整个企业经济活动的紧密联系。它突出了以财务分析为主，并体现了财务活动与整个企业经济活动的紧密联系。财务经济分析是以经济核算信息为起点，以财务资金分析和财务能力分析为中心，并运用专门方法评价生产经营过程诸要素对财务活动的影响，借以考核企业过去业绩，评估目前财务状况和预测未来发展趋势，为有关方面提供决策依据的管理活动（樊行健，1997）。

财务经济分析突出财务分析，强调对财务报表和财务能力的分析与评价，无疑从研究深度上对经济活动分析进行了挖掘；与此同时，财务经济分析要求联系生产经营指标和经济活动过程展开分析，并要求对财务指标的完成情况进行因素分析，实际上从研究广度上对财务分析进行了拓宽。由此可见，财务经济分析作为学科创新为我们的理论研究和实际应用提供了更高的平台和更大的空间。正如张先治教授（2008）所言，“财务经济分析学”的提出，其理论意义在于探讨财务分析学科内容与方法上的继承和发展的关系，既吸收了经济活动分析的长处，又发展了财务报表分析的内涵；既反映了经济活动分析与财务报表分析的融合，又促进东方财务分析模式与西方财务分析模式的协调。

五、财务经济分析学的构建与完善

（一）财务经济分析学的学科定位

财务经济分析学实际上是在会计信息供给（会计学）与会计信息需求（信息使用者）之间架起的一座桥梁，通过对会计信息的透视与剖析，将标准的会计信息分析转换为决策与管理所需要的信息，满足会计信息需求者的不同要求。随着相关学科理论与实务对会计信息需求的加大，财务分析在连接会计学与相关学科关系中的地位与功能将进一步扩展。

从财务分析与会计学及相关学科关系来看，随着会计学科地位的提升以及相关学科对会计学信息需求的范围、数量与质量要求的提高，财务分析将在分析主体、分析对象、分析内容和学科地位上有进一步地扩展与提升。财务分析不仅要满足投资者、债权人、监管机构、证券分析师等外部信息使用者的需要，而且要满足管理层、员工等内部信息使用者的需要；不仅要满足管理学理论与实务发展的需要，而且要满足经济学理论与实务发展的需要。可见，仅仅从基于会计学的财务分析、基于财务学的财务分析已经不能涵盖财务分析学科的范畴，基于其他学科和领域会计信息需求的财务分析将随之产生与发展。因此，伴随着财务分析地位的提升，独立于会计学专业、财务学专业等其他相关专业的财务分析专业或方向的产生将成为必然。

当然，财务分析专业方向的设立与定位必然涉及对现行会计学科和财务学科定位的思考。按照教育部《普通高等学校本科专业目录（2012 年）》规定的专业划分标准，会计学（120203K）和财务管理（120204）属于一级学科工商管理类（1202）下的二级学科，鉴于财务分析与会计学、财务管理在研究对象、研究方法、研究内容等方面显著区别，以及财务分析应用领域越来越广泛，如将财务分析仅仅作为会计学、财务管理下的一门课程，显然已经难于满足财务分析自身快速发展的需要，难于满足经济实务部门对财务分析日益增长的需求，因此，与会计、财务管理、审计、资产评估一样，财务分析专业应定义为一级学科工商管理类（1202）下的二级学科较为合理。财务分析专业方向将以会计学科为基础，其应用领域也由管理学扩展至经济学、金融学等更多领域。

（二）财务经济分析学的研究对象

财务经济分析应以财务能力分析为中心，这是由其分析的基本目的所决定的。无论企业内部生产经营者，还是企业外部利益关系者，都必然十分关心企业财务能力的大小，而对某一企业财务能力的确认，往往是该企业内外利益主体行为决策的依据。财务经济分析的基本目标是及时而有效的为各种决策者提供他们所需要的决策信息。

按照学科发展的沿革，经济活动分析是由会计学的会计分析部分延伸形成的分支学科，而作为经济活动分析学科继承与发展的财务经济分析学是一门独立的学科，它必须有独特的研究对象，才能构建本学科的理论框架。

众所周知，会计学研究对象一般是“扩大再生产过程中的资金运动”，财务管理的研究对象普遍认为是“资金运动及其财务成果”。如果将财务经济分析学的研究对象机械地表述为“财务活动过程及其成果”，则没有显示出该学科的特点。因为从价值形态看，以货币计量反映的企业财务活动及其成果也表现为资金运动，所以其含义与会计学、财务管理的研究对象的表述没有实质上的区别。这样，财务经济分析学的研究对象与会计、财务管理的研究对象也就没有什么差别。基于以上分析，根据财务经济分析的内涵与特征，我们可以把财务经济分析学的研究对象概括为：诸因素影响下的财务活动过程、结果及差异分析。

所谓财务活动过程及其结果，集中表现为企业财务状况，亦即是企业财务资金的运行情况和财务能力的表现。客观反映企业财务状况、经营成果及管理控制的任务由会计核算和财务管理完成，而揭示财务状况、经营成果的差异、原因则由财务经济分析来进行。因此，财务经济分析学的研究对象强调诸因素（主要是生产经营因素）的影响所形成的财务指标差异及其原因剖析，而非财务活动本身。这体现了财务经济分析与会计、财务管理在研究对象上的根本区别。

（三）财务经济分析学的研究内容

传统的经济活动分析和财务报表分析各有利弊、各有侧重、各具特色，在其内容上有其历史合理性，互补性较强，因此在探讨财务经济分析的内容框架时，应将经济活动分析和财务报表分析取长补短，相互耦合。一方面以财务分析为主，另一方面把生产分析和成本分析作为影响财务指标的原因来展开分析，既体现学科的继承性，又体现其发展性。

从信息起点到决策依据，体现了财务经济分析始终是对经济信息进行深度加工和转换的过程，它着重于财务资金本身的静态分析与动态分析。在新的理财环境下，我们对财务状况的理解，应表述为企业财务资金的运行情况及其财务能力表现，其主要内容是企业偿债能力的强弱和盈利能力的大小。值得指出的是，无论是事前分析、事中分析、还是事后分析都是以财务经济指标的总结性分析评价为基础，这样便于与管理（主要讲预测、决策分析）和财务管理（主要讲执行、控制分析）等课程相区别。

如前所述，经济活动分析主要包括生产分析、成本分析和财务分析三部分，而财务分析的主要内容为报表分析、财务效率分析及综合评价，作为二者继承与发展的财务经济分析，财务分析部分作为主要内容，将由财务状况分析和财务成果分析两大部分组成，前者着重通过资产负债表分析来表明企业偿债能力的强弱，后者则看重通过损益表分析来表明企业盈利能力的大小。为了体现生产经营过程对财务活动的影响，将对各项财务资金指标（以流动性指标和增值性指标为主）联系供应、生产、销售活动进行客观性评价。

作为影响财务状况及其结果变动的深层次原因，成本效益分析将作为单独部分来进行深入研究。考虑到成本指标与生产技术指标的密切关系，成本效益分析可以作为联系财务经济分析与技术经济分析的纽带。它将根据成本与效益之间的辩证关系，全面地分析成本费用指标的变动情况及其对财务能力的影响，为加强企业内部的日常管理与分析，提高企业经济效益出谋划策。

在以上分析的基础上，最后应形成财务经济分析的综合评价部分，要充分运用财务比率指标体系，并通过它们之间的相互联系，说明财务状况与生产经营活动之间彼此影响、相互依存的关系，以体现财务经济分析的整体性。

综上所述，财务经济分析学的内容框架可以表述为以财务报表分析为基础，以财务能力分析为目标，以生产经营活动为影响因素的企业财务经济活动的综合评价系统。具体来说，以经济核算信息为起点，首先进行财务报表分析，包括财务状况分析和财务成果分析，前者着重通过资产负债表分析反映企业偿债能力的强弱，后者通过利润表分析表明企业盈利能力的高低；其次分析影响财务状况及其结果变动的深层次原因，需要单独进行成本效益分析；接着进行财务能力的指标分析，充分运用财务比率指标体系，分析指标变动及其原因，说明财务状况与生产经营活动之间彼此影响、相互依存的关系；最后形成财务经济分析的综合评价，以体现财务经济分析的整体性。

六、结束语

郭道扬教授（1999）曾经指出①：“对于任何一个重要会计理论问题的研究，都不可以脱离历史考察与研究这一过程，对任何一个重要会计事件的认识，一开始便必须进行历史的回顾、思索、分析与论证。”财务分析学的发展也是如此，在财务分析日益受到重视、应用领域日益拓展的今天，对其产生发展的历史轨迹与逻辑进行系统的回顾、梳理和总结，有助于我们更好地开展财务分析的理论研究和创新，也有助于我们更好地把握其发展方向和趋势。

未来，财务经济分析将会实现在分析资料上的数字信息与非数字信息相结合，在分析方法上的规范研究与实证研究相结合，在分析内容上的财务指标与非财务指标相结合，在分析领域上的实体经济与虚拟经济相结合，在分析结论上的事后分析与预测分析相结合等，使得财务经济分析学的研究领域大为拓展。财务经济分析将在财务盈余质量分析、财务风险控制与预警分

① 见《会计史教程》（第一卷）导论。

析、公司价值分析（价值评估与市值管理）、币值变动财务分析、企业质量成本分析、企业战略成本分析、企业集团财务分析、金融财务经济分析及网络财务分析等诸领域和方向展开，这些研究课题需要广大热衷于财务分析学科发展的理论和实务工作者共同研究、不断探索，以进一步推动我国财务分析学科的繁荣、完善和发展。

主要参考文献

[1] 郭道扬：《试谈会计史上的五次大革命》，载于《武汉财会》1984 年 5 月。

[2] 樊行健：《关于改革经济活动分析的设想》，载于《经济学周报》1985 年 3 月。

[3] 刘明辉：《试论经济分析的模式转换》，载于《会计研究》1987 年 6 月。

[4] 张为国：《编制财务报表的理论体系》简介，载于《会计研究》1988 年 4 月。

[5] 潘晓江：《国际会计标准委员会关于编制和提供财务报表的框架》，载于《会计研究》1992 年 2 ~ 3 月。

[6] 樊行健：《财务分析改革探索》，西南财经大学出版社 1993 年版。

[7] 欧阳令南：《西方财务报表和比率分析》，载于《外国经济与管理》1993 年 6 月。

[8] 王又庄：《构建适应社会主义市场经济要求的企业财务分析和评价指标体系》，载于《会计研究》1993 年 6 月。

[9] 张金昌：《简论建立财务分析学的必要性》，载于《会计研究》1994 年 5 月。

[10] 杨有红：《关于建立财务分析学的思考》，载于《会计研究》1994 年 6 月。

[11] 肖镜元：《建立财务分析学的几个问题》，载于《会计研究》1996 年 9 月。

[12] 樊行健：《财务经济分析论纲》，载于《财经理论与实践》1997 年 4 月。

[13] 郭道扬：《会计史教程（第一卷）》，中国财政经济出版社 1999 年版。

[14] 樊行健：《试论财务经济分析学科构建》，载于《会计研究》1999 年 5 月。

[15] 张先治：《构建中国财务分析体系的思考》，载于《会计研究》2001 年 6 月。

[16] 樊行健：《市场经济呼唤财务经济分析新学科》，载于《会计之友》2002 年 2 月。

[17] 张先治：《会计报表演变与财务管理变革》，载于《会计之友》2003 年 7 月。

[18] 樊行健：《财务经济分析论纲》，西南财经大学出版社 2006 年版。

[19] 张新民、王秀丽：《以透视核心竞争力为目标的财务分析体系的建立》，载于《管理世界》2006 年 11 月。

[20] 张先治：《财务经济分析新学科：财务报表分析与经济活动分析的融合》，载于《财会学习》2008 年 9 月。

[21] Leopold A Bernstein. 1974. Understanding corporate reports: A guide to financial statement analysis.

[22] Leopold A. Bernstein and Mostafa M., Ph. D. Maksy. 1994. Cases in Financial Statement Reporting and Analysis, Jan.

[23] Robert F. Meigs, Walter B. Meigs, Mary A. Meigs. 1995. Financial Accounting, Eighth Edition. Published by McGraw - Hill, Inc.

[24] [苏] 谢·巴·巴林格列茨：《企业和联合公司的经济活动分析》，中国人民大学出版社 1981 年版。

[25] [俄] M. 巴卡洛夫、A. 谢列密特：《经济分析理论》（俄文版），财政与统计出版社 1994 年版。

[26] [俄] 沙维金卡娅：《企业经济活动分析》（俄文版），新知识出版社 2001 年版。

两百年来会计理论研究发展的全球扫描

——理查德·马蒂西克《会计研究二百年》评介*

严 明 许家林**

会计史研究作为会计理论研究的一个重要组成部分，对于洞悉会计理论与实务的演进与变迁、沟通中外学术交流、推动学科长远发展，具有重大作用。2008 年，加拿大英属哥伦比亚大学（University of British Columbia）尚德商学院（Sauder School of Business）的会计学荣誉教授理查德·马蒂西克（Richard Mattessich）① 联合国际会计史学界数十位专家学者，撰写了《会计研究二百年：国际视角下的人物、思想和成就》（*Two Hundreds Years of Accounting Research: An International Survey of Personalities, Ideas and Publications*，以下简称《会计研究二百年》）一书，从广阔的国际视角对 1800～2000 年两百年会计理论研究的历史进行了全景式扫描与审视，向人们展示了一幅全球性会计理论研究与会计文化发展的绚丽画卷。本文拟就该书核心思想和主要内容进行简要评介，期望引起学界思考，为我国现阶段的会计史研究拓展出更为广阔的学术空间。

一、19 世纪全球会计理论研究纵览

19 世纪伊始，来自英、美、法、德等国的文献逐渐占据了会计理论研究舞台的中心，对于"账户理论"（Theories of Accounts）的研究几乎统驭了整个世纪。其中对于"账户理论"与后来盛行欧洲大陆的"会计科目表"之间关联的探讨，具有重大的历史价值。同时，围绕拟人化（personalistic）账户和物化（materialistic）账户、实体理论（entity theories）和业主（权益）理论（proprietary theories）、审计、成本会计等主题，学者们展开了一系列激烈的

* 本文系 2011 年度国家社科基金重大项目——《中国会计通史系列问题研究》（11&ZD145）的相关成果。本文的形成基础是中南财经政法大学会计学院 2011 级博士班同学《会计思想史》课程教学过程的教学成果。在该课程中，我们分小组对该书逐章进行了精读与翻译，并就学习后的心得体会、理解与收获在师生间进行了广泛的研讨与交流，课后对其核心内容整理成文并自 2012 年第 6 期开始在《财会通讯》杂志予以连载，本文系据相关论文核心观点综合而成。这一工作由严明同学负责组织与协调，故其承担了本文初稿执笔任务。参与研讨的同学有俞华、舒利敏、乔永波、郭红彩、杨宝、赵婧、韦群、刘美华、叶继英、张治、陈金勇、孙俊、吴丹红、周阿立、刘华、王遂昆、黄海燕、黄永安、张吉东、黄永华和吕敏康等。该文核心内容曾以《二百年会计研究的绚丽画卷——理查德·马蒂西克教授《会计研究二百年》述评》发表于《财会通讯》2012 年第 6 期，第 103～106 页。

** 严明、许家林：中南财经政法大学。

① 理查德·马蒂西克（Richard Mattessich）早年以优等学业成绩在维也纳获得经济学博士学位；1959～1967 年，执教于美国加州大学伯克利分校；1966～1967 年，执教于德国（当时为联邦德国）波鸿市鲁尔大学；1967～1987 年，执教于加拿大英属哥伦比亚大学。马蒂西克教授一生笔耕不辍，取得了一百多项学术成果并获得众多褒奖，其个人传略还出现在 1994 年爱德华兹（Edwards）的《20 世纪的会计思想家》（Twentieth Century Accounting Thinkers），Chatfield 和 Vangermeersch1996 年的《会计史：国际视角下的百科全书》（The History of Accounting: An International Encyclopedia），以及 Colasse 于 2005 年出版的《会计学的大师们》（Les Grands Auteurs en Comptabilité），该书涵盖了从帕乔利到当代二十三位伟大的会计学者等。

论争。

这一时期所展开的“奠基性”工作显得非常重要，对后世有着深远的影响，主要体现在以下方面：资金流动表、矩阵代数在会计中的运用、资产估价、费用分配与折旧摊销、价格水平调整、现行价值、脱手价值、剩余收益、管理控制、Bilanz 平衡表理论、固定成本与变动成本的区分、固定与弹性预算、零基预算、计划评价与审查技术（PERT）、转移定价、盈亏平衡分析、差异分析、订单成本计算、人工与机器小时费用分配率、标准成本等。

阿马达兹（Amaduzzi）指出，19 世纪意大利会计学者的研究比其他国家更系统，并且意大利有关簿记学的文献也具有很高的学术原创性，这一时期所产生的会计理论具有较高的学术价值。但是，由于时代的局限，在区分资本性与收益性支出、折旧与资产等方面，还存在理解上的偏差与误区。

在实践领域，铁路公司等大型企业的产生是加快会计发展的推动力。受工业革命第二阶段的影响，大规模生产背景下的工业资本主义和越来越多的股份公司展开了对成本控制的探索，成为会计发展的另一巨大推动力。1890 年之后，随着金融资本主义的发展，对新商业立法及更高层次的商业教育的需求剧增，出现了具有准大学性质的商业学院，这类机构后来转型成为真正意义上的大学，反过来促进了作为新型商业经济和管理学主要支柱的会计学科的研究。

19 世纪建立了未来会计研究的主要方向，从而使得下列话题成为后续会计学者的主要任务：簿记理论，特别是“会计理论”；会计和管理中的伦理问题；通用会计报表中的估价和表述；通货膨胀问题及其解决方法；折旧和其他分配或分摊问题；成本计算、产品定价及效率计量；审计标准设置以及税务问题。这些最基本的会计问题，在今天看来仍然需要不断完善和丰富。令人欣喜的是，20 世纪 50 年代之后的当代会计学者们已经采用了更高级的数学和实证工具来分析和思考问题。

二、20 世纪主要国家与地区会计理论研究特点

（一）意大利的会计研究

20 世纪上半叶的五十年对于意大利会计学术研究的意义是重大的，叱咤风云的人物当属扎帕（Zappa），他的辉煌甚至遮盖了其他学者。不过，朱塞佩·塞伯尼（Giuseppe Cerboni）及其学生乔瓦尼·罗西（Giovanni Rossi）、扎帕的老师法比奥·贝斯塔（Fabio Besta）等，这些会计界巨匠同样值得怀念，他们同样是 20 世纪早期的领军式人物。扎帕在会计研究上的贡献集中表现在提出了企业会计的核心是收益确定这一论断上。这一论断构成所有会计程序的解释基础——尤其是资产负债表和收益表的编制理论，扎帕强调收益表与会计动态方面特征的联系。例如施马伦巴赫的动态会计理论，扎帕在其体系中将资产负债表视为确定收益的一种手段。

20 世纪上半叶的意大利会计研究与同属欧洲的法、德相比，有着以下四项特征：一是对会计史的研究有着根植于其传统的浓厚兴趣；二是对财务会计理论的研究占支配地位，虽然在成本会计方面也显现出一定的兴趣；三是在会计明细科目表与总科目表的研究方面表现相对冷淡；四是在通货膨胀会计方面的研究热情相对不高。

20 世纪下半叶则体现了意大利会计研究国际地位的转变。在财务会计领域，当时较为盛行的理念是收益导向观和资本导向观，一些具有代表性的会计史研究成果在这一时期问世。统计方法和实证会计理论在意大利似乎没有强有力的支持者。有迹象表明“会计信息观”引发

了一定的兴趣，最为“全面”的尝试可参见西洛尼（Cilloni）2004 年的著作。该书以“信息经济学和会计系统”为名，为具备一定数学基础的意大利读者提供了美国信息经济学基本内容和研究成果的介绍。尽管如此，从教学层面上来看，西洛尼的作品仍不能与克里斯坦森和德姆斯基（Christensen and Demski）于2003 年出版的经典教材《会计理论：一种信息含量视角的分析》（Accounting Theory：An Information Content Perspective）相比；在内容的丰富性和数学论证的严谨性上，也与克里斯坦森和费尔特姆（Christensen and Feltham）于2003 年和2005 年出版的《会计经济学（第一卷）：市场中的信息》和《会计经济学（第二卷）：业绩评价》相差甚远。

（二）德语国家的会计研究

施马伦巴赫（Schmalenbach）和施密特（Schmidt）当属德语系国家的大师级人物，前者在“动态会计”、会计科目表以及成本会计等方面做出了较大贡献，后者则因其重置成本理论而闻名于世。

账户等级理论（theories of accounts classes）曾一度盛行于20 世纪的前二十年，第一次世界大战之后，在德、奥两国发生的恶性通货膨胀催生了一大批原创性的会计研究。此后，“会计理论”（Bilanztheorien，亦称资产负债表、平衡表理论）则成为学术界讨论的热点。

德语系的会计研究在20 世纪上半叶处于领先地位，但其国际影响力在各个地区并不完全一样。它对欧洲中部和北部的强有力影响是不可否认的，甚至一些芬兰和斯堪的纳维亚学者对德语会计文献都有显著的贡献。它也影响到东欧的会计实务，俄罗斯也一度吸纳了其主要的会计科目。事实上，德国的成本会计，尤其是通货膨胀会计对理论与实践产生了深远影响。然而，德国会计对英国及英联邦国家的影响很小，尽管一些移民尝试将德国会计引入到那些国家，例如澳大利亚的会计，但似乎都是徒劳。即便施马伦巴赫关于动态会计的英文版出版后，德国会计的影响还是局限于某些个别领域。而日本学者倒是德国会计思想的忠实追随者，这可能源自两国在学术上的“传统”联系，特别是在经济学和管理学领域，大量的德国文献被翻译成日文，例如施马伦巴赫的著作就有七本。而在美国，德国会计的影响通过其通货膨胀会计文献以及施密特几篇论文的英文译稿得以体现。

进入20 世纪下半叶，源自施马伦巴赫所的“动态会计”学说成为科尔西奥（Kosiol）所倡导的现金制会计理论的基础。70 年代和80 年代早期，在通货膨胀会计和资本保全方面的研究相对较少，会计理论朝着现值的方向迈进。经验性研究则始于60 年代，并在20 世纪的最后二十年中显现出强劲的发展势头。

德国是典型的大陆法系国家，会计深受法律的制约，而欧共体的“标准化”进程又对其会计实务产生了重大影响，使得它对合并报表和审计研究的关注程度不断提升。一直以来，成本会计与管理会计都是主要的研究领域，主要表现为各种成本核算模式的论争、与数学规划相结合的边际成本计算方法的产生、在成本会计与投资理论之间建立起更加紧密的联系等。信息论以及代理理论的引入，无疑对当今德语系国家的会计研究产生了积极而深远的影响。

通过对德国和北美、英国的会计学术风格、偏好进行比较，不难发现，尽管我们身处于一个信息高速传递且经济国界日趋模糊的地球村中，学术风格与习惯的差异依然顽强地存续着：在北美，基于信息经济学的分析性会计研究可说是其最为华彩的篇章，克里斯坦森和费尔特姆（2003，2005）的《会计的经济学解读》（Economics of Accounting）一书对这种学派给出了总结与解释；在英国，20 世纪后期最突出的特点是“批判——诠释”阵营的出现。这支队伍里的会计专家众多，在方法论以及理论基础方面则涵盖一般社会学、行为科学、伦理学和其他哲学分支。全球性顶级学术期刊《会计，组织和社会》（Accounting，Organization and Society，简称 AOS）可以说是 20 世纪“英伦风格”会计学术研究的标志，就如同克里斯坦森和费尔特姆在美国会计学术界的地位一样。而在德语地区，尽管分析性、经验性方法也被学界所广泛采用，但研究者则表现出截然不同的态度。在许多方面，德国会计研究注重技术上的细致入微和一丝不苟，以实践为导向的色彩浓重，与北美式研究相映成趣。如果说 20 世纪上半叶德国学者在不同的资产负债表、平衡表理论方面展开竞争的话，那么 20 世纪下半叶，他们的主要学术精力投注在不同的管理会计/控制体系上。此外，财务会计领域的研究根植于不同的法律体系，德国法律体系的特征引致了其会计研究具有更加“守法”的定位和导向。

会计学术研究将走向何方，会计理论是否会超越国界而变得统一。以德国观之，答案是否定的。德国有着深厚的哲学传统，哲学在会计研究领域占有一席之地是大有希望的。确实，在本体论、认识论和方法论层面对会计学进行深入挖掘，或许会给德国乃至全世界的学者们提供再创佳绩的机会。

（三）法语国家的会计研究

17 世纪至 19 世纪期间，法语区的会计学者具有令世人瞩目的地位，像萨瓦里（Savary）、马蒂厄·德拉波尔泰（Mathieu de la Porte）、佩恩（Payen）、里奥提（Léautey）和吉尔博特（Guilbault）这样的大师均在会计编年史上留下了不可磨灭的印记，这种繁荣一直延续到 20 世纪的上半叶。此间的会计研究有以下五大主要课题，即：会计史；财务会计理论（包括其在商业与工业中的应用）、税务会计以及会计教育问题；对发展和成熟于德国、英国、美国的成本会计和管理控制进行本土化改编和吸收；20 年代后期，由一战后通胀问题所催生的物价水平调整；会计科目表的构建以及公共会计师、审计师机构的创设。

20 世纪上半叶，法国经历了两次世界大战、几次殖民地战争、两次“共和国”的更迭以及许多经济与金融灾难等一系列动荡。但伴随着大型企业的出现，法国慢慢地从一个以农业为主的经济体过渡到以工业为主的经济体。法国人通过采用新能源和开发新的通讯手段，并使用科学管理方法来有效管理他们的工厂。起初，会计理论家最感兴趣的是财务会计和基本簿记的实践，后来他们尝试在实践中运用成本会计和管理控制技术，并在一定程度上取得了成功。

20 世纪上半叶的最后十年中，法国以及比利时，在会计方面的工作主要围绕明细科目表和总科目表而展开。该项研究引起了学者、教师以及来自各个领域的专家，如税务机关、经济管理人员和政府高级官员的重视。对于法国会计而言，1900 ~ 1950 年间并不是特别辉煌的时期，然而，后来许多方面的重要发展都是在这一时期中酝酿产生。20 世纪下半叶，法国会计研究的重心是全国性的“会计总方案”（Plan Comptable General）、会计准则标准化与国际协调活动。有学者认为，这一时期法国在会计理论界的影响有所减弱，部分是因为对标准设置的过分关注和对学术研究的忽视。然而自 70 年代以来，学者们的研究领域变得日益宽广，他们与政府、社会公众及科研机构一起推动着各种成果的发布。其中，具有杰出贡献的人物包括管理会计领域的安德烈·塞伯特（André Cibert）、财务会计领域的皮埃尔·拉塞格（Pierre Lassègue）和探索宏观与微观会计之间联系的克劳德·佩洛彻恩（Claude Pérochon）等。在社会会计（宏、微观层面）上所凸显的研究兴趣，可说是法语区会计研究的标志性特点。此外，以比利时学者维林明克（Vleaminck）、史蒂夫林克（Stevelinck）和 R. 德鲁沃尔（R. de Roover）等人为代表的会计史研究亦风起云涌、著述颇丰。

20 世纪 50 年代到 60 年代，许多法国学者曾坦诚本国会计研究数量有限，对国外思想和理论的依赖性日益增长。不过进入 70 年代之后，特别是在 80 年代和 90 年代期间，学者们对这些思想、理论和观点在法国会计与审计各个方面的应用有过深入透彻的讨论，各种组织和会议对促进这种争鸣做出了非常重要的贡献。

（四）西班牙的会计研究

20 世纪上半叶，西班牙会计研究的主要领域包括关于会计“科学性”的不同认识、会计目标研究、特殊会计业务领域、交易的分类与记录、计价与折旧、成本会计、通货膨胀问题、审计和会计史等。西班牙学者对于原创性会计思想的贡献微乎其微，但却是法国和意大利会计学说的忠实追随者，西班牙人熟悉当时许多会计理论与工具上的创新，并将它们适时地运用到了自己的环境中。

西班牙会计在 20 世纪上半叶的主要特征如下：（1）发展西班牙（职业）商业学校的会计教育（主要以实务性导向指导学员掌握会计技艺，鲜有科学层面的理论研究）。（2）惯于接受国外现成会计理论，鲜有本土会计思想。（3）19 世纪下半叶以及 20 世纪上半叶的主导性学说来自法国，认为账户及关于账户的理论是会计研究的核心。（4）塞伯尼（Cerboni）将现代意大利会计思想率先引入西班牙，会计重心从账户转变到公司。不久，贝斯塔的理念也被引入，强调会计是企业控制的科学，在该时代的末期扎帕关于收入决定的观点在西班牙会计圈中被熟知。（5）尽管本国会计缺少创新以及相对孤立，但实务界的会计师们却能做到与时俱进，使得许多理论和实践创新方法被传播到国外。

进入 20 世纪下半叶之后，西班牙会计研究呈现出根本性变化。由于该国政治、文化、经济的发展，高等教育良好的学术气氛为会计研究的勃兴起到了决定性作用。卡尼班诺·卡尔沃（Canibano Calvo）、塞亚·加西亚（Cea Garcia）、罗马洛·罗德里格斯（Mallo Rodriguez）、蒙特西诺斯·朱夫（Montesinos Julve）和图阿·佩雷达（Tua Pereda）等学者做出了重大贡献，主要的工作成果表现在以下几个方面：更加专门化的会计问题，如合并财务报表、期权定价、租赁的处理、社会会计与政府会计等；审计领域的相关问题；方法论问题，如会计的公理化（会计假设、原则）与实证会计理论；成本与管理会计领域，包括行为会计、环境会计以及人工智能的运用；会计史与制度建设问题。

自 20 世纪中叶开始，西班牙会计研究受到英语国家文献的强烈影响，如对会计概念框架的关注，其研究重点由商业、税务管理向会计准则转变。对于每一个新会计准则的出现，均会伴随着大量的作品问世，这些作品涉及国际会计准则以及与欧洲其他国家会计准则的趋同。

（五）英语国家的会计研究

20 世纪早期，迪金森（Dickinson）、德保拉（De Paula）和后来移居美国的迪克西（Dicksee）等杰出英国学者的成就主要体现在财务会计与审计领域。而在美国，斯普拉格（Sprague）、哈特菲尔德（Hatfield）、蒙哥马利（Montgomery）、乔治·梅（G. O. May）等学界先驱的成果则相当丰富。美国会计研究包括了从基本问题、会计准则到现值模型以及会计的经济学、金融学内涵等宽广领域，在推动美国成为会计研究领域的主导力量方面起到了关键性作用。

20 世纪的下半叶是英语系国家会计研究高速增长时期。这是一个硕果累累且大师辈出的年代，产生了众多真正意义上的学术创新，奠定了英语系国家在财务会计领域的国际领先地位。

始于50年代的"新思维"（New Spirit）运动在以下的会计变革中有着充分的体现：数学方法与统计抽样技术在会计和审计中的运用（Vance, Cooper, Cyert, Rappaport and Trueblood）；在会计假设和会计公理方面所做的尝试，以增强学科理论基础（Chambers, Ijiri, Mattessich, Moonitz, Sprouse and Wells）；在财务会计尤其是成本会计领域中矩阵与线性代数的运用（Corcoran and Demski）；预算模拟（Mattessich）；电子数据表及相关实验的构建等。此时，成本会计已经演变为管理会计，成为决策制定的有效工具（Anthony, Devine, Horngren, Solomons and Vatter），并对边际成本（直接成本）和转移定价等话题进行了深度挖掘。此外，在创建宏观会计与微观会计的理论基础方面，学者们也进行了众多尝试。其中，美国的代表人物有威廉·库柏（William Cooper）、井尻雄士（Ijiri）、马蒂西克（Mattessich）和鲍威尔森（Powelson）；日本的代表人物有能势信子和原田藤尾；法国的代表人物有拉姆森（Lamson）和佩洛彻恩（Pérochon）（该项研究在日本和法国具有更持久性的成果）。

60年代早期，除了由瓦特（Vatter）、安东和霍恩格伦（Anton and Horngren）等倡导的资金流动表在实务界的热度不断上升、统计技术在审计中的运用不断得到推广之外，估价（Chambers, Edwards and Bell, Ijiri and Sterling）、（费用）分配（Arthur Thomas and Daniel Jensen）及（投资者）决策有用性（Staubus）等领域也广受关注。然而，60年代后期学界对先前"演绎式"的研究范式展开了反思，最具代表性的回应则是"统计——经验"研究范式的出现，并尝试运用这种范式探索公司盈余报告、资本市场事件与会计之间的关联（Benston, Ball and Brown, Beaver）。与此同时，分析性（信息经济学）视角的会计研究（Feltham, Demski, Lev et al.）、国际会计（Enthoven, Holzer, Mueller, Schoenfeld et al.,）和事项会计（Sorter）等均在这一时期开始崭露头角，而对审计领域的研究也再次受到关注。

进入70年代，在排斥描述性和规范性会计研究方面曾经有过一些徒劳无功的尝试，经验性研究继续对其理论基础和工具进行改良（Bernard, Gonedes and Dopuch, and Verrechia）。在通货膨胀日趋恶化的情势下，重置价值会计受到了广泛关注，诞生了一大批相关成果（Baxter, Bedford, Chambers, Dyckman, Edey, Gynther, Mathews, Peasnell, Revsine, Whittington et al.），并最终导致美国财务会计准则委员会（FASB）出台了临时性的"准立法"公告，一些英联邦国家也采取了类似的举措。

70年代晚期，特别是80年代后，行为会计（Ashton, Briloff, Birnberg, Gibbins, Libby, Swieringa et al.）研究大放异彩，这可能是受到了来自英国的"批判——诠释主义"会计思潮（Hopwood, Tinker, Chua, David Cooper, Lowe, Macintosh, Merino, Hopper and Scapens et al.）的影响，强调在会计研究中融入组织理论、社会学和人类学理论，而非仅仅局限于经济学范畴。相对于大洋彼岸的美国，那种围绕在"实证会计理论"（Watts and Zimmerman）光环之下所呈现出的较为"激进"的经验性经济学导向的会计研究而言，"批判——诠释"阵营以人文理论作为其哲学方法论的基础，提倡研究社会现象（例如会计）应该采用自然科学方法以外的其他方法。此外，企业管理领域代理理论的出现和基于该理论的分析性框架的建立，以及该理论与信息经济学的融合，也极大地推动了会计研究的发展。

在80、90年代里，普利因雷彻（Preinreich）所提出的"干净盈余理论"（clean surplus theory）得到了复兴与完善（Brief, Peasnell and Ohlson），并与信息经济学实现了整合。而信息经济学本身、经验研究以及基于资本市场的会计研究（Bernard, Burgstahler, Lev, Sloan and Palepu）和"批判——诠释"观等新思维也都被进一步巩固。相对于70年代的"停滞期"而言，管理会计也处于逐步恢复之中。来自于国际会计领域里的新观念，如战略成本管理、作业成本管理、平衡计分卡、日本的目标成本等，为振兴这一重要的会计分支发挥了关键作用（Atkinson，Bromwich，Horngren，Kaplan and Sunder）。对于审计及审计准则的研究也在不断地拓宽其广度（Antle，Kinney，Dopuch，Holthausen，Mock，Moonitz，William Scott，Simunic，Stamp，Vasarhelyi et al.）；对于会计准则制定与监管等问题的热度也依然不减（Abdel-khalik，Basu and Milburn，Kohler，Leftwich，Schipper，Skinner，Stamp，Trueblood Report，Wyatt et al.）；对于更加基本的问题，如会计其科学抑或实用技术的本质、会计反映财务现实的能力等，也有卢卡（Lukka）、马蒂西克、麦金托什（Macintosh）、桑顿（Thornton）等学者进行了深入且独到的探索。

此外，在20世纪后半叶的五十年中，会计史研究也得到了长足的发展（Brief，Chatfield，Frank Clarke，Graeme Dean，J. Richard Edwards，Fleischman，Thomas Lee，Lee Parker，Robert Parker，Previts，Vangermeersch，Yamey，Zeff et al.），政府与非营利组织会计（Anthony，Berry，Wallace）、税务会计与筹划（Davidson，Wolfson，Scholes）、会计教育（Sundem，美国会计学会会计教育创新奖得主等）、石油天然气会计（Butterworth，Falk，Wolfson）、会计中的性别问题、分部报告（Barefield，Holstrum，Ijiri）、环境与社会经济会计（Belkaoui，Epstein）和法务会计等一些已有或者新兴会计领域也在这一时期得到发展。

在这样一个硕果累累的时期，富于创造力的会计学者不胜枚举。事实上，会计研究引发了许多新想法，一部分源于内部推动，一部分源于其他学科的理论和知识在会计学领域的应用。然而，批判地进行回顾和审视，会计作为一个标准的应用性学科，在很大程度上需要考虑现实中的法律、道德、经济、社会和政治因素。

会计的基本问题即估值和计量问题，在过去一百年的时间里被反复提出，却依然没有找到被普遍接受的答案。与这一百年间其他领域所产生的大量研究成果相比，这似乎令人感觉不可思议。难道这说明了与那些物理、生物科学研究者的聪明才智相比，会计研究者的资质要更愚钝？诚然，会计界的“天才”百年难遇，而这些类似的天才在“硬”科学中却不时出现。事实上，的确存在一些因素限制了会计学科的进展。首先，与任何一门“硬”科学相比，会计是一门很难以“科学”对待的学科。因为它涉及的是人类行为，而不是那些相对容易预测的原子和分子的行为。其次，会计方面的科研经费相对于自然科学而言，则是杯水车薪。第三，会计实践者经常抵制会计理论成果及其应用，学术研究往往往往利用一些让实践者难以理解和掌握的抽象模型，使其望而生畏，由此一来会计研究长期处于学术与实践紧张对立的困境之中。而现实中也不难发现，学者们为真正实现有意义的能促成社会公平的会计、审计标准或者会计责任体系所做的种种努力，都被特定政治利益团体的力量予以否认。

财政和金融危机、巨额诈骗、大量私营企业的破产，这些现实中的事例为公共会计师事务所的生存以及整个学科的发展投下了巨大的阴影。同时引发了一些质疑，如学术界在其中扮演怎样的角色，并且是否应该为此受到指责。研究者或许对复杂的统计和数学方法投入了太多的精力、时间和其他资源，却没有对道德、规范和基本的人类行为方面给予足够的关注。

（六）俄罗斯的会计研究

20世纪伊始，沙俄时代的会计被三个重要的学派所统驭，即纯粹民族主义的“合作社”（Artel）学派、较国际化的圣彼得堡学派，以及在本国范围内具有一大批知名拥趸的莫斯科学派。

1930年之前，苏维埃俄国的会计研究与成果乏善可陈，当时在摒弃货币计量上曾有过乌托邦式的做法，恢复一些传统会计技术上学界曾付出过努力。在此期间，涌现出了会计界的一位领军式人物——拉克米利·杰（Rakhmily Jakovlevich Veitsman），其他的重要学者还有布拉托夫（Blatov）、西弗斯（Sivers）、哥拉甘（Galagan）、洛辛斯基（Losinsky）、洛恩斯基（Lounsky）、波波夫（Popov）、斯图米林（Stumilin）、斯特鲁维（Struve）、里昂提弗（Leontieve）以及诺贝尔奖得主里昂提夫（Leontief）。

斯大林领导下的苏联亦有一批新学者崭露头角，但是他们大都被贴上“布尔乔亚”式小资产阶级的标签，直至一些在政治上更容易被接受的学者的出现，这种情况才得以改变。学者哲布拉克（Zhebrak）由于推介一种俄式的标准成本系统而声名大噪，当时苏联的财务会计已经衰落，大多数的议题围绕着成本及其控制而展开。

当代俄罗斯联邦的会计研究中，包括财务会计、管理会计以及审计既根植于本土实际，又尝试与世界主流相融合。此时，来自“西方”国家的影响力已经非常显著，大量的英文会计教材和文献被翻译引入，俄罗斯学者也会不定期地用英文来发表自己的成果。

（七）部分欧洲国家的会计研究

这些国家在会计研究方面均有着悠久的历史，为人熟知的有芬兰的伊马里·科沃罗（Ilmari Kovero）和荷兰的希欧多尔·林佩格（Theodore Limperg）。科沃罗对林佩格和施密特的理论、爱德华兹（Edwards）和贝尔（Bell）的理论产生过影响，其本人和其他一些早期的芬兰会计学者则深受德国的影响。

1. 芬兰的会计研究

第二代芬兰学者中，马丁·萨里奥（Martti Saario）通过对施马伦巴赫某些观念的反思，创立了“芬兰”式的会计模式，并为 E. 阿托（E. Artto）和 J. 莱索沃里（J. Lethovouri）所延续。同时，随着马丁·萨里奥、伊萨·凯提里亚（Esa Kaitilia）、温托·维尔塔宁和亨利·维拉库宁（Unto Virtanen and Henry Virkkunen）等人所撰写的大量著作问世，芬兰学者在管理会计、行为会计、会计伦理等领域中声名鹊起。另一个比较突出的芬兰会计师和财务专家是雅格·霍克（Jaakko Honko），他具有较强烈的投资导向观念，是现值分析的倡导者。目前，有大量的芬兰学者活跃于会计研究领域，其研究领域宽广且研究方法多样化：从方法论上的分析性哲学观和经验性实证观，到具体方法上的决策导向观和行为导向观。

2. 荷兰的会计研究

在荷兰，来自阿姆斯特丹大学的希欧多尔·林佩格，被誉为是荷兰企业经济学之父和重置价值理论的先驱者之一。虽然其成果出版数量有限且大多使用荷兰语写就，但却在 20 世纪前五十年的荷兰会计界占有统治地位。不幸的是，他在重置成本会计上强硬的教条式学术立场对荷兰当代成本会计的全面发展造成了障碍。20 世纪后半叶涌现出了一批杰出的学者，使荷兰的会计研究也超越了原有的传统，其研究范围进一步拓展到大部分当下流行的话题。

3. 波兰的会计研究

在波兰，尽管著名学者索姆巴（Ciompa）在 20 世纪初曾经做出过重要贡献，但会计领域的出版物主要限于指导实务的操作手册类书籍。进入 30 年代之后，情况有所改观。这主要归功于舍弗斯（Scheffs）、阿森·科（Asen′ ko）、斯凯利斯基（Skalski）、鲁雷克和戈拉（Lulek and Góra）等人所发表的一系列成果，且从中不难看到当今欧洲会计思想的影子。冷战期间及其后，雅鲁格（Jaruga）、Krzywda、Szychta 和维拉姆（Vellam）等一些学者设法与西方会计界保持紧密联系。他们用英文发表波兰会计问题的论文，或者在波兰推介英语世界的会计文献。

当前有很多国际性会计学术会议在波兰各大城市召开，会议的英文论文集中部分也涉及波兰主题，波兰主题往往也能引起众多国际读者的兴趣。

4. 乌克兰的会计研究

早期的乌克兰较为“西化”，是今日乌克兰称颂的最为繁荣和进步的时期，著名学者索姆[illegible]就是这一时期的代表。在19世纪末期，该国就已经诞生了一系列新兴产业，并于20世纪初产生了第一个会计职业团体。然而，成为苏联加盟共和国并被“东方化”之后的乌克兰，则变得相对落后与发展迟缓。50年代时会计界的领军人物是Nimchynov，他是乌克兰会计学院（the Ukrainian school of accounting）的创始人，是一位农业会计专家。随后，一位工业与成本方面的专家Chumachenko成为显赫一时的会计人物，其影响甚至波及今天的西方世界。此外，库兹明斯基（Kuzminsky）的开创性工作，即设立乌克兰第一份会计学刊以及几家具有影响力的职业组织，也值得被后人铭记。

独立后的新乌克兰，在成本与管理会计决策有用性方面有过争论和思考。在审计领域，虽然先前已有大量关于审计理论与实务的文献和教材面世，但审计的合法地位直到1993年才被官方所认可。

5. 瑞典的会计研究

斯堪的纳维亚国家的会计研究始于瑞典学者奥斯卡·西伦（Oskar Sillén），他曾是施马伦巴赫的学生，其最为知名的作品是以德语写就的关于瑞典估价理论历史的一篇论文。瑞典另一位早期的杰出学者是艾伯特·特尔·维恩（Albert ter Vehn），他曾是施密特的学生，其主要研究兴趣集中在成本会计上。

（八）阿根廷的会计研究

阿根廷是南美会计研究的一朵奇葩，在学术研究和成果发表方面表现得较为活跃，其会计体制的演进与学术交流和学术期刊发展之间具有密切关系。20世纪早期，阿根廷会计研究深受西班牙、法国、意大利、美国、英国和德国的影响。进入20世纪下半叶以来，阿根廷会计研究最主要的特征则是会计研究成果的显著增加，尤其是在财务会计方面。会计研究的强大动力来自全国高校所提供的资金支持。例如，布宜诺斯艾利斯大学和普拉塔大学之间的合作，引发了对以下主题的研究：会计理论、理论假设和模型；环境会计；社会会计，包括非营利组织社会报告和企业社会责任报告。20世纪阿根廷会计文献的特点还包括：（1）20世纪上半叶，在阿根廷各类图书馆中，来自北美的出版物大约占1%，来自欧洲的出版物大约占25%（主要来自西班牙）。相较于北美的出版物而言，欧洲出版物更具有影响力，这可能是由于语言方面的原因。（2）20世纪下半叶，在阿根廷各类图书馆中，原语言及西班牙语译本的会计文献呈超过650%的快速增加态势，这主要是由于英语国家会计文献和研究日益增强的影响力，特别是在会计原则、会计标准以及通货膨胀的调整方面。

（九）亚洲的会计研究

1. 日本的会计研究

一直以来，日本会计深受德国的影响且一直延续到第二次世界大战结束，此后则深受美国的影响。20世纪早期，日本会计界的主要人物有太田哲三、黑泽清、木村和三郎、岩田岩男。其中，太田哲三的理论观点充满活力；黑泽清是日本最为多产的杰出会计学者；木村和三郎的兴趣广泛，从财务会计、成本会计到银行簿记都有涉猎；岩田岩男则关注会计的科学性发展。

后继的学者对宏观会计与微观会计比较关注。此外，国际知名的日裔美籍学者井尻雄士（Yuji Ijiri）的辉煌成就，使其成为日本会计研究者中的翘楚。日本学者还在生态会计问题上呈现出强烈的研究兴趣，并在当代管理会计领域进行了一系列开拓性工作，如持续改善成本和目标成本等理念的提出。

总体来看，20 世纪日本会计研究呈现出以下五个方面的特征：（1）现代会计的产生及其标准的出台，包括在英国、美国和德国已有的理论中选择适合自身的元素，并学习和借鉴这些国家的经验。（2）探索了会计基本理论，包括原则、假设以及宏观会计基础。在宏观会计领域，日本部分研究成果属于原创且居于领先地位，部分则是“跟随性”研究。（3）基于微观和宏观会计理念，开发了环境会计。日本学者积极地从有关外国文献中汲取养分，研究方法则更趋向于微观会计和宏观会计的综合。（4）推出了一系列创新型的管理会计和成本核算程序，如由日本企业的经营者和工程师开发的目标成本，由此奠定了其在现代管理会计上的领先地位。（5）对日本及西方会计史的浓厚兴趣，大量的英文、德文和其他语言的会计学名著被译成日文，这些日译本使得本国的广泛读者群接触到了国外的经典会计文献。

2. 中国的会计研究

20 世纪早期，中国的会计研究文献主要有：蔡锡勇于 1905 年出版的《连环账谱》，它是首部介绍西方复式记账原理的书籍；郭道扬于 1982 年、1988 年出版的《中国会计史稿（上、下）》，它记录了中国会计发展的悠久历史和演变过程，以及早期西方会计在中国发展的详细情况。近代文献主要有：1966 年，光（Kwang）关于中国大陆国有企业经济核算体系的文章；1969 年，楚（Chu）关于中华民国时期会计教育的文章等。1996 年，弗恩（Firth）出版了关于管理会计在中国的发展以及对外商投资影响的专著。

有关中国的学术期刊方面，《亚太会计与经济杂志》（*Asia - Pacific Journal of Accounting and Economics*）是一本在中国香港出版的英文期刊，其前身是《亚太会计杂志》，它不仅是向中国学者传播会计研究成果的重要渠道，也是将中国学者的研究推向海外的重要媒介。而由香港理工大学与清华大学合办的双语期刊《中国会计与财务研究》（*China Accounting and Finance Review*）也有类似功能。在中国大陆的众多会计期刊中，《会计研究》最具有权威性。

用英文文献介绍中国大陆的会计文献主要有：1985 年，娄尔行教授和法雷尔（Farrell）共同编写的《英汉、汉英会计名词汇译》；1987 年，由美国德克萨斯达拉斯大学出版的《中华人民共和国会计与审计》（*Accounting and Auditing in People's Republic of China*）；1994 年由汤云为教授、林恩·周（Lynne Chow）和巴里·库珀（Barry J. Cooper）等主编的《*Accounting and finance in China: a review of current practices*》于 2003 年出第五版；1995 年，由约翰·布莱克（John Blake）和西蒙·高（Simon Gao）主编的《*Perspectives on accounting and finance in China*》；2000 年，由纳拉扬（Narayan）和里德（Reid）所撰的《中华人民共和国的财务管理和治理机制问题》等论著。此外，20 世纪 80 年代后，一些英文会计研究文献也被翻译成中文出版。

（十）其他国家的会计研究

阿道夫·J·H·恩索文（Adolf J. H. Enthoven）是研究发展中国家会计问题的专家之一。他有很多关于发展中国家会计问题的专著值得称道，其中最突出的是 1973 年出版的《会计与经济发展策略》和 1977 年出版的《第三世界国家经济中的会计系统》。这个领域的其他文献还包括：1973 年，雅吉（Jaggi）关于发展中国家会计研究的文献；1978 年，布里斯顿（Briston）关于发展中国家会计体制发展的文献；1982年，塞缪尔斯和奥里加（Samuels and Oliga）关于发展中国家会计准则的文献；1984年，古尔和叶（Gul and Yap）关于发展中国家审计与管理咨询服务特征的文献，以及Ndubizu关于会计准则与经济发展的文献。

另一位成果丰硕的学者是弗朗西斯·B·纳拉（Francis B. Narayan），他为亚洲开发银行撰写了一系列关于会计、审计及治理问题的研究报告。例如，其于2000年和2002年发表的关于柬埔寨、中国、蒙古、巴基斯坦、巴布亚新几内亚、乌兹别克斯坦和越南的财务治理问题，以及有关阿塞拜疆、斐济群岛、马绍尔群岛、菲律宾和斯里兰卡等国会计和审计问题的文献。

三、世纪之交的会计理论研究新趋势：信息经济学视角下的多元扩展

信息经济学以其严密精准和模型化而著称，它在会计领域的应用可说是20世纪会计界的最新发展。信息经济学不断发展并成为主流经济学的过程，就是它对其他学科不断产生影响和渗透的过程。会计学研究中的会计信息成本、会计信息市场、会计信息质量和会计信息价值等课题，都是围绕信息问题而展开的。

有关信息经济学应用于会计研究的讨论中，强调了信息经济学应用于会计研究层面的主要方法论和理论主张，并对比了传统的“价值观”和新颖的“信息观”之间的主要差别。现有的会计信息价值研究，突出对相关性和可靠性等会计信息质量指标的定性分析和论证，而对会计信息价值的定量分析则是一个相对薄弱的环节。在信息经济学中，信息具有两方面的主要作用，即信息的决策作用和信息的控制作用。在经典的实证会计研究论文或著作中，大量地运用了“信号”、“逆向选择”、“信息不对称”、“委托代理”、“道德风险”和“激励”等信息经济学的概念和方法来分析会计盈余问题，并取得了新颖和丰硕的研究成果。从某种意义上来说，实证会计研究的兴起并成为主流，与信息经济学是密不可分的（王铁林，2009）。当然，这种“信息观”也面临许多无法解决的问题以及反对和批评意见，如复杂数学分析方法与模型的必要性、对于传统会计语言的忽视和背离等。对会计是否存在一般性或普世性理论（general theory）这个问题需要思考，若该种理论存在，它必定为一种“元理论”（meta-theory，或称为“超理论”）①。

在会计信息经济学领域，两位先驱式的人物有杰拉尔德·艾伯特·费尔萨姆（Gerald Albert Feltham）和乔尔·斯坦利·德姆塞克（Joel Standly Demski），其他的著名学者包括里克·安特尔（Rick Antle）、斯坦利·白曼（Stanley Baiman）、维克托·L·伯纳德（Victor L. Bernard）、约翰·A·克里斯滕森（John A. Christensen）、彼得·O·克里斯滕森（Peter O. Christensen）、巴鲁克·勒弗（Baruch Lev）、詹姆斯·A·奥尔森（James A. Ohlson）、史蒂文·彭曼（Steven H. Penman）、罗伯特·E·维里彻亚（Robert E. Verrechia）和张晓军（Xiao－Jun Zhang，加州大学伯克利分校海斯商学院会计学教授）等。

四、结论与思考

（一）学术视角全面广阔

《会计研究二百年》一书的主编马蒂西克教授认为，会计的历史如同哲学的历史，是一部

① 按照作者本人的解释，所谓的“元理论”，既要被一个全局性的框架所限制，同时该框架又要为特定的解释或者亚理论留有空间，从而使它们服务于不同的目的和信息需求（参见原书第302页）。

学说与方法的历史。虽然此前坊间已经有一些会计史方面的优秀著作或“百科式全书”，但仍然缺乏一本具有国际视角的、内容整合良好的、且专门聚焦于会计史的学术著作，这不能不让人感到遗憾。在当前学术研究与交流空前繁荣的背景下，了解并熟悉其他国家会计研究的历史与现状显得尤其重要。除此之外，通过回顾会计研究历史和相关专业文献，学者们也会获得灵感和启发。而对于会计史学家来说，不仅仅是多了一本意义独特的工具书和参考书，还会向他们提供一份在未知领域继续探索的动力。因此，在国际会计界已经出版的众多会计史类书籍中，以广阔的国际视角聚焦于过去二百年间（1800～2000）的会计研究史进行全景式扫描，本书可算首创，也是唯一。为了凸显“国际视角”，该书在写作指导思想上，通过介绍众多的国家和特定语言区域的会计研究状况，更为宽泛地展现出会计研究文献的全景，并注重了“点与面”的结合。在“面”上，作者对为数众多的本国或特定区域内知名，而国际上相对无名的会计研究文献给予了应有关注；在“点”上，对享有国际盛誉的学者及重要的“先驱型”或“奠基型”著作进行了浓墨重彩式的回顾。

2008年，该书以马蒂西克教授在退休期间独撰以及与他人合作的一系列相关研究成果为基础，由全球知名罗德里奇（Routledge）出版公司纳入其“会计史新作”系列丛书（Routledge's new works in accounting history）正式向全球推广。编著本书时，在来自俄罗斯、西班牙、法国、德国、意大利、阿根廷、日本等各国学界同行的协助之下，作者对以往研究成果进行了加工润色，搜集整理了大量文献资料，系统地回顾了过去二百多年的历史长河中，会计领域中的杰出学者以及实务工作者在学术研究方面所付出的不懈努力与杰出贡献。该书根据不同的文化传承路线设立章节，从而体现出会计理论研究多元化发展与交融的重要特征[①]。在财务与会计全球化的今天，英语国家的会计研究固然丰富精彩而为人所津津乐道，但我们也需要怀着同样的热情去熟悉非英语国家的会计研究历史。因此，本书的一大贡献就在于突破了语言与地域的障碍，向读者提供了“主流”英语国家之外的会计研究概况和文献资料，并从国际化视角展现当前会计研究现状，即从规范性、演绎性研究到经验性、分析性研究的历史发展轨迹，使我们能够充分感受到会计理论研究这棵参天大树枝繁叶茂的全景。

（二）学术内容兼收并蓄

本书的学术价值突出表现在于系统性地总结和梳理了1800～2000年两百年间会计领域的学者以及实务工作者在学术研究、成果发表上所付出的不懈努力和卓越成就，充分展现了会计研究文献的丰富性和多样性，使读者对过去已经获得的研究成就有一种高屋建瓴式的宏观把握。诚如马蒂西克教授本人所言：从会计研究和理论发展的角度来看，这个学科经久不衰的原因在于它的嬗变，尤其是在20世纪中的嬗变。基于19世纪会计理论研究，会计领域的学者们进行了伟大的探索与变革，其中既有基本思想和理念的碰撞，也有新的研究方法的诞生。会计研究历史发展表明：首先，会计不仅是财务现实的一种文字写照，需要充分的诠释以显现其所提供信息的相关性和有用性；其次，只有多元化整合，综合分析性、经验性、技术性手段与哲

① 该书共设十九章，每章均包含了大量的注释、参考文献和评论。第一章为导论，简要交代了该书写作背景、动因以及全书的基本架构；第二章是19世纪的会计研究纵览，未区分国别、地区和语言，对这一百年间具有奠基意义的研究成果与人物进行了评述；从第三章开始到第十八章，是针对20世纪各个主要国家和地区会计研究史的回顾和评论，其中第三、四两章为德语国家会计研究，第五、六两章是意大利会计研究，第七、八两章是法语国家会计研究，第九、十两章是西班牙会计研究，第十一、十二两章是英语国家会计研究，第十三章是芬兰、荷兰与斯堪的纳维亚国家的会计研究，第十四章是日本的会计研究，第十五章是俄罗斯会计研究，第十六章是波兰和乌克兰的会计研究，第十七章是阿根廷会计学术与职业的发展，第十八章是其他国家的会计研究情况纵览，且均分上半叶和下半叶进行介绍。最后一章，专门对世纪之交信息经济学在会计研究中的运用进行了阐述与讨论。

学历史观的研究方法，才能使会计研究满足未来发展的需要。

（三）学术源流挖掘梳理

该书在结构上特别值得称道的是，在其609页的篇幅中，有超过三分之一的内容是参考文献的列示①，这些海量文献不仅体现了作者严谨的治学态度，更为后继的学者继续挖掘会计史研究提供了一份弥足珍贵的文献清单。一部真正从国际视角出发的、聚焦于会计学术类研究成果的整合性作品绝对是大家长久以来翘首以盼的。

（四）学术影响意义非凡

该书出版在国际学术界引起了热烈的反响。英国卡迪夫大学（Cardiff University）的特维·博伊恩斯（Trevor Boyns）教授在《欧洲会计评论》（European Accounting Review）中对《会计研究二百年》给予了高度评价："怎样强调本书的价值和重要性都不为过——因为它的确意义非凡！它弥补了现有文献的不足与缺憾，未来的会计史学家们以及那些对会计发展有兴趣的人士应该永远感恩于马蒂西克教授，他的远见卓识和崇高的学术风范为本书质量作了最好的保证，可以预见本书在相当长时间内不会被超越！"② 澳大利亚卧龙岗大学（University of Wollongong）的迈克尔·格芬金（Michael Gaffikin）教授是国际知名的会计理论家兼史学家，也是澳大利亚会计名人堂首届选举委员会成员。他在《会计史杂志》（*Accounting History*）中这样评价该书："这本著作是现有会计文献极富价值的补充，亦是对马蒂西克教授本人及其半个多世纪以来孜孜以求的学术生涯的一大献礼。它向世人证明了作者是会计思想发展史上当之无愧的重要贡献者——一位会计研究的方法论大家和史学家。本书正显现了他学术造诣的精湛，值得所有有志于会计研究的未来会计人们一读。"③

（五）中国的会计史研究任重道远

非常遗憾的是，该书对于东方会计特别是中国会计理论发展成果少有提及。也许是语言方面的原因，也许是我国学者对外交流不够的原因，该书在对东方会计的专门介绍中，仅对日本会计列有专章（第十四章《日本的会计研究》），除对中国会计（第十八章《其他国家的会计研究》）略有提及外，其他亚洲国家则几乎没有第一手资料的涉及，仅依据几篇论文的材料予以一带而过式的概述。

该书对于中国会计研究的评述篇幅非常有限，不论是学术影响方面，还是学术贡献方面，所提及的有限研究成果与我国开放三十年来丰硕的会计理论研究成果极不相称。特别是对我国20世纪初期以蔡锡勇、谢霖为代表的尝试引进西式簿记的史实，30年代到40年代以潘序伦、徐永祚为代表的会计学术研究团队成果的史实，40年代到50年代引进吸收苏联会计理论研究成果的史实，80年代到90年代引进英美与日本会计理论与实务成果的史实，90年代开始会计制度全面改革的史实，以及世纪之交围绕会计准则体系与国际会计会计准则相趋同所取得系统性会计理论与实务重要成果等史实未能提及。因此，中国的会计史研究，不仅要取得丰硕的成果，还应当要有计划、有步骤地将会计理论研究成果向国外会计学术界同行介绍，使其真正成为人类会计文化财富的一个重要组成部分。因此，我国现阶段以及将来相当长时间内的会计史

---

① 全书共609页，其中所列示的参考文献即占221页，为全书篇幅的三分之一强。

② Trevor Boyns. *Book Review for Two Hundred Years of Accounting Research* [J]. European Accounting Review. 2009. 18 (4).

③ Michael Gaffikin. *Book Review for* Two Hundred Years of Accounting Research [J]. Accounting History. 2009. 14 (4).

研究，任重而道远。

主要参考文献

[1] http：//www. sauder. ubc. ca/Faculty/People/Faculty_Members/Mattessich_Richard，2012 -10 -28.

[2] Mattessich，R. Two Hundred Years of Accounting Research：An International Survey of Personalities，Ideas and Publication [M]. London：Routledge. 2008.

[3] 陈良华等:《会计范式革命》，大连出版社 2011 年版。

[4] 王铁林:《基于信息经济学的会计信息价值研究》，载于《财政研究》2009 年第 7 期。

[5] 许家林:《会计理论发展通论》，经济科学出版社 2010 年版。

[6] 严明:《二百年会计研究的绚丽画卷》，载于《财会通讯》2012 年第 6 期，第 102 ~ 106 页。

国外会计史研究综述与启示：2008～2012

王遂昆*

【摘要】本文以三种会计史国际专业学术期刊自2008～2012年发表的原创性论文为依据，对作者、研究主题等信息进行了定性和定量分析，并对其中的一些代表性文献进行了述评。本文探讨了目前国外会计史研究在方法和内容上的最新趋势，以期能对我国会计史研究提供借鉴和启示。

【关键词】会计史　国外　述评

一、引言

会计史是一个不断发展和影响力不断增强的研究领域（Carnegie and Potter，2000）。近年来，国外会计史研究成果非常丰富，论文的数量和质量都有很大提高。国外学者在研究中强调制度变迁过程和史学研究方法的差异化，采用规范研究和数量分析等研究范式，从不同视角进行深入研究，不断为会计史研究提供新的空间，尤其是通过探讨会计在促进社会关系转变中的作用（Miller and Napier，1993），有助于更好理解会计的本质、功能和未来演进。为了解国外会计史研究的现状，以便对我们开展会计史研究提供有益的借鉴，本文尝试对2008～2012年国外会计史文献进行综述。

文章接下来由三个部分组成。第二部分介绍文献选择；第三部分按照不同标准对文献进行研究分析；在文章的最后部分提出研究结论及启示。

二、文献选择

自20世纪中期以来，国外会计史研究文献主要来源于三种专业国际期刊，即美国《会计史学家杂志》（AHJ）、英国《会计史评论》（AHR）以及澳大利亚和新西兰合办的《会计史》（AH）。美国会计史学家学会（AAH）主办的《会计史学家杂志》创刊于1974年，每年出版两期；澳大利亚和新西兰会计和金融协会主办的《会计史》创刊于1996年，每年出版四期；《会计史评论》由英国伦敦Routledge出版社发行，其前身是《会计、商业与金融史》（ABFH），创刊于1990年，2011年更名为《会计史评论》，每年出版三期。其他如澳大利亚悉尼大学会计基金会主办的《算盘》（Ab）、英国会计学会主办的《会计、组织和社会》（AOS）

* 王遂昆：中南财经政法大学会计学院。

等期刊，也会偶尔刊登一些会计史研究方面的文章。由于国外会计史研究文献主要集中于AHJ等三种英文专业期刊，对其文献进行分析能够在很大程度上了解国外会计史研究的现状和前沿。因此，本文以三种会计史专业国际期刊自2008～2012年发表的原创性论文为依据（剔除社论和书评，以及2011年前AHR中与会计主题不相关的11篇论文），共得到203篇文献构成本文的研究样本。文献来源见表1。

表1 文献来源情况表

期刊	文献数量					合计
	2008年	2009年	2010年	2011年	2012年	
AHR	10	12	14	12	12	60
AHJ	12	12	11	12	8	55
AH	17	18	18	20	20	93
合计	39	42	43	44	35	208

三、文献研究分析

本文主要借鉴安德森（Anderson，2002）以及卡内基和波特（Carnegie and Potter，2000）的研究方法，把样本文献按照作者、研究主题两个类别展开分析研究。其中，作者研究包括对作者或者其所属机构的国籍、作者数目以及合作情况进行的分析，主题研究包括对文献所关注的国家或地区、涉及的研究期间以及研究领域的分析。

（一）作者分析

1. 独著或合著数量分析

论文创作分为独著和合著两种情况，合著又分二人合著及三人以上合著。对论文独著或合著的数量进行加总，就可以对独著和合著情况进行数据分析。具体数据详见表2。

表2 作者数量情况表

年份	独著	二人合著	三人以上合著	合计
2008	21	13	5	39
2009	24	10	8	42
2010	23	17	3	43
2011	25	15	4	44
2012	24	8	8	40
总计	117（56.2%）	63（30%）	28（13.8%）	208

通过表2可以看出，在所有208篇文献中，独著论文共117篇，占总数的56.2%，表明在国外会计史研究中，单独创作现象较为常见；合著论文共91篇，占总数的43.8%，虽然也存在四人和五人合著的特殊情况，但两人合著情况比较普遍（占总数的30%）。卡内基和波特

（2000）认为，在会计史研究中存在许多跨国研究的机会，这需要来自不同国家或地区的学者展开合作研究，因而在会计史研究中合著现象会越来越多。

2. **合著情况分析**

按照作者在论文中注明所属机构或组织的国籍，接下来对合著情况进行分析。对于本国合著，作者所属国家得1分，对于跨国合著则按作者数目进行加权调整。如两人跨国合著，每个作者所属国各得0.5分；三人跨国合著，每个作者所属国分别得到0.33分，以此类推。按照得分高低进行排序结果见表3。

表3　　合著情况分析表

年份	本国合著	跨国合著				
		英国/其他	澳洲/其他	美国/其他	其他合著	合计
2012	12	0.4	1.2	0.6		
2011	14	0.7	0.6	0.5		
2010	17	1				
2009	11	0.9	0.5	1.1		
2008	15	1.5	0.5			
合计	69（75.8%）	4.5	2.8	2.2	12.5	22（24.2%）

通过表3可以看出，在所有91篇合著文章中，69篇文章的作者来自同一个国家或地区，占合著文章总数的75.8%，说明同一个国家或地区的作者容易展开合作研究，本国合著是一种常见现象；仅有22篇文章的作者来自不同的国家或地区，即属于跨国研究的文献仅占24.2%，这表明会计史领域的跨国合作研究现象还不太普遍。此外通过数据可以看出，英国、澳大利亚和美国的学者，尤其是英国学者显示出较强的同国外同行合作的倾向。

3. **作者国籍分析**

接下来按照作者及其所属机构的国籍对作者进行定位研究。作者定位研究采用和合著情况分析相同的得分方法。按照分数高低进行排序结果见表4。

表4　　作者国籍分析表

年份	美国	英国	澳大利亚	法国	意大利	加拿大	新西兰	其他
2012	6.6	3.4	9.9	4	3.1	2	5	
2011	9.5	10.8	7.3	2	4	5	1.5	
2010	12.5	12	5	2	1.5	1	3	
2009	13.1	3.8	8.5	5.1	1.6	1.5	1	
2008	8	10.5	6.5	1	2	2	1	
合计	49.7	40.5	37.2	14.1	12.2	11.5	11.5	31.3
百分比	23.7%	19.5%	17.9%	6.8%	5.9%	5.5%	5.5%	15%

注：论文作者分别来自英国、美国、澳大利亚、加拿大、新西兰、中国、法国、葡萄牙、西班牙、荷兰、巴西、苏里南、瑞典、土耳其、日本、芬兰、德国、比利时、爱尔兰和意大利，共20个国家或地区。

通过表4可以看出，论文作者的来源相当广泛，显示了国外会计史研究中的国际化倾向。英国、美国和澳大利亚分别居于前三位，三国合计数占文献总数的61.1%，在数量上占据突出地位，其余十七个国家合计数仅占38.9%，这说明国外会计史论文大部分是由英、美、法等少数欧美国家的作者贡献的，其他多数国家仅充当着边缘化补充角色。此外，统计数据发现文献作者大都隶属于某一研究机构，因为研究机构能够提供合适的研究环境、学术资源和激励机制（Heck et al.，1986）。样本中出现频次比较多的会计史研究机构有英国的Cardif、LSE、Edinburg等大学，美国的Mississippi、Alabama、Auburn等大学，以及澳大利亚的Deakin、Wollongon等大学。

（二）文献主题研究

1. 论文关注的国家或地区分析

下面对样本所关注的国家或地区进行分析。在大部分会计史论文中都有一个明显的地理关注点（geographical focus），如果论文的内容仅涉及一个国家或地区，则这个特定的国家或地区就得到1分，对于跨国研究则需要按照国家数量进行调整，并采用与前面国籍研究相同的得分方法。如果论文没有明确指明某一特定国家，则列入“其他”类中。排名居前十位的国家或地区见表5。

表5　论文关注的国家或地区分析

国家或地区	2012年	2011年	2010年	2009年	2008年	合计	名次
英国	5.2	10	12.5	4	6	37.7	1
美国	6.7	5.25	11.5	3	10	36.45	2
法国	4	5	3	2	3	17	3
澳大利亚	3.2	2.25	2	6	3	16.45	4
意大利	3	1	2	6	1	13	5
新西兰	4.2	2.25	2			8.45	6
西班牙	0.5		3		1	4.5	7
加拿大	1.2	2.25	1			4.45	8
日本	1				3	4	9
爱尔兰	2			1		3	10
其他						63	

注：（1）论文关注的国家或地区包括欧洲的英国、法国、葡萄牙、西班牙、荷兰、瑞典、德国、比利时、爱尔兰、意大利、芬兰、罗马尼亚、俄罗斯、丹麦和挪威，北美洲的美国和加拿大，大洋洲的澳大利亚、新西兰和斐济，亚洲的中国、土耳其、日本、斯里兰卡、尼泊尔、伊朗和伊拉克，南美洲的巴西、苏里南和圭亚那，共30个国家或地区。（2）排名居前十位以后的国家也列入“其他”类中。

通过表5可以看出，其一，文献研究内容关注到四大洲的30个国家或地区，涉及的国家相对较少（当今世界有190多个国家），表明许多国家会计演进中的经验教训还没有进入研究者的视野；其二，以英国发展会计史为主题的文献最多，美国次之，接下来是法国、澳大利亚和意大利，以上5个国家几乎占据了总数的57.9%，表明英、美、法等国是会计史学者关注的焦点。这种结果显然与表4所显示的作者主要来源于英、美等国的结论是相符的。

2. **研究期间分析**

本文按照八个期间对样本进行分期研究。对于跨期事项同样要进行加权处理，如一篇文献同时涉及到19和20世纪两个阶段，则每个期间分别得到0.5分，以此类推。如果论文没有明确任何特定期间，则列入不特定期间。这些期间信息通常可以从摘要、关键词以及引言中获得。具体数据见表6。

表6　　研究期间分析表

年份	16世纪以前	16世纪	17世纪	18世纪	19世纪	20世纪	21世纪	不特定
2012	1.4	2.2	1.2	1.2	11.5	20.5	1	
2011	2.2	0.45	0.45	2.45	9.75	17	2	9
2010		1	2	1.5	15.5	15	1	5
2009	3	1	0.3	2.8	9.6	18.8	1.3	5
2008	4			4.5	6.5	15	3	5
合计	10.6	4.65	3.95	12.45	52.85	86.3	8.3	24
百分比	5.1%	2.2%	1.9%	5.9%	25.4%	41.5%	4%	

通过表6可以发现，其一，样本文献上至公元前6世纪波斯帝国的会计记录，下至21世纪初的全球性金融危机，关注的时间跨度非常大；其二，研究期间在19和20世纪的文献非常丰富，占总数的66.9%，表明超过三分之二的论文都把焦点研究集中于这两个时间段，而其他期间的研究成果比较缺乏，尤其是有关会计起源和四大文明古国的会计文献研究几乎是空白。这显然是由于近、现代会计的加速发展留下了丰富的文献资源，吸引了国外会计史研究者的关注。

3. **研究领域分析**

本文把会计史研究划分为七个主要领域，通过对代表性文献进行述评展开分析。

（1）职业会计组织、审计以及会计法制研究

会计师职业化是19和20世纪会计发展史上的重要事件，近、现代资本主义经济的发展是推动会计职业组织产生和发展的根本动力，同时，会计师职业化历程也离不开各国政府、行业组织以及关键人物的积极推动等多种因素的影响。李（Lee，2010）、多伦（Doron，2011）、比尔得（Beelde et al.，2009）、奥里根那（O'regana，2008）、哲林斯奇（Zelinschi，2009）分别探讨了英国、美国、法国、爱尔兰和罗马尼亚职业会计师组织的演变，分析了政府、关键人物、职业竞争、国际审计公司等因素在会计师职业化过程中的作用和影响，探讨了特定时期会计师的行业发展状况。此外，巴斯克维尔（Baskerville et al.，2010）探讨了20世纪80年代国际会计师事务所的合并浪潮对新西兰的影响，认为这将有助于提高本土事务所的审计技术和管理效能；斯普拉克曼（Spraakman，2011）分析了1886年英国哈德逊湾公司聘请外部审计师进行首次财务报告审计的情况，探讨了该事件对英格兰和威尔士特许会计师协会发展的影响；坎佛曼（Camfferman et al.，2009）、科斯奇（Kirsch，2011）分别考察了欧洲经济共同体（EEC）成员国之间、会计职业组织之间的冲突以及美国财务会计准则委员会（FASB）和国际财务报告准则委员会（IASC/B）之间的关系。

会计师职业化与审计和会计法制之间也存在密切的联系。奥赫曼（Öhman et al.，2012）、

拉米雷斯（Ramirez，2009）和普拉金（Praquin，2012）分别探讨了瑞典和法国《公司法》的修订和实施对审计职业的影响，认为商法的修订给审计师提供了一个新的机遇，也使得审计行业有望成为现代资本市场的一个重要组成部分；还认为会计和审计作为一种技术性学科，为缓和社会矛盾提供了空间；贝克（Baker，2008）分析了在美国普通法环境下第三方审计责任的起源。

面对不断变化的社会环境，会计师职业组织也在不断强化自身的管理，以更好地满足社会的需要。罗伯茨（Roberts，2010）探讨了美国会计师职业组织在20世纪30年代面临经济危机、政府管制和严重审计失败的情况下，以会计杂志为平台，通过宣传自己的独立性和职业道德以树立良好声誉争取合法的社会地位；李（2011）探讨了19世纪前半期苏格兰公共会计师公司的组织结构和经营状况，分析了行业发展的不利因素；思朋斯（Spence et al.，2011）分析了加拿大首家会计师协会的语言歧视现象，认为其目的是为了应付职业竞争的需要；沃克（Walker，2011）、伊金（Ikin，2012）分析了1887～1914年英国会计职业接纳女性成员和第二次世界大战期间澳大利亚出现女会计师的原因，认为这与当时的女权运动和男性会计师的缺乏密不可分。

（2）财务会计研究

财务会计信息的研究。财务会计信息研究一直是会计研究史的重点领域，包括对会计信息确认、计量、记录和报告演进的研究。巴尔内斯（Barnes，2011）从金融不稳定假说（FIH）出发探讨了会计信息与2007～2009年英美金融危机之间的关系，认为该假说能够为解释金融危机的爆发提供重要的理论依据；列万特（Levant et al.，2012）探讨了法国财务会计和成本会计的分离问题，认为直到20世纪40年代以前二者仍然自然的融合在一起，指出政府会计准则标准化活动对二者的分离起到了关键作用；汤普森（Thompson，2011）分析了财务会计在19世纪70年代企业投资和融资中的作用；维尔塔宁（Virtanen，2009）按照企业、学术、政府管制、资本市场五个主题，对芬兰1862～2005年的财务会计演进进行了探讨；布兰彻顿（Blancheton，2012）以新发现的20世纪20年代法国银行虚假的资产负债表为依据，剖析了会计操纵在经济危机期间扮演的角色。

特定企业会计信息披露实务的研究。惠尔（Heier，2010）探讨了美国内战期间受到战争危害的铁路公司的财务报告，认为这能为当今陷入困境公司的会计处理提供有益的启示；藤村（Fujimura，2011）研究了杜邦公司19世纪采用的会计系统，认为该系统是把复式记账应用于工业会计的结果；阿尔尚博（Archambault et al.，2010）分析了美国公司在美国证监会（SEC）成立前的盈余管理情况，研究结论与管制前后公司会采用不同的手段进行财务报告操纵的预期是一致的；Yameya（2010）考察了17世纪丹尼尔·哈维公司的复试记账总账，并结合当时环境对其特点进行了分析；惠尔等（2009）探讨了19世纪中期美国联合太平洋铁路公司的会计实务，并将其和当今的会计处理方法进行了对比；吉克尔（Jeacle et al.，2002）分析了20世纪20年代美国百货公司的零售价盘存法，揭示了会计核算的广泛作用和强化企业会计核算的重要性；普拉金（2010）考察了里昂信贷银行20世纪初的财务信息分析系统，认为这有效地增加了在缺乏管制情况下会计信息的可靠性。

会计准则演进的研究。科特斯（Cortese，2011）运用管制俘获（regulatory capture）理论探讨了美国石油和天然气会计准则的制定过程，认为业界成功的俘获了监管过程并达到了其首选地目的；坎佛曼（2012）从契约法视角探讨了荷兰1880～1970年会计政策和法律制度之间的历史关系，发现契约法为解决财务报告案例纠纷提供了支配性的参考框架；野口（Noguchi et al.，2008）分析了日本 1934 年财务报告准则没有对企业财务报告实务产生重要影响的原因。

（3）成本和管理会计研究

成本和管理会计方面文献的研究范围主要涉及两个方面，其一是对成本和管理会计制度的演进、统一成本制度形成的社会环境和影响因素的研究。迪亚兹（Díaz et al.，2009）、安东内利（Antonelli，2009）和塞格洛德（Segelod et al.，2010）分别对西班牙、意大利和瑞典的统一成本会计制度、成本会计理论和实务进行了研究，分析了其中的影响因素和关键人物，为进行国际比较会计史研究提供了素材；其二是对特定企业成本和管理会计实务的研究。安东内利等（2008）分析了 20 世纪初期科学管理环境下影响意大利公司成本和管理会计发展的内外部因素；科利尔（Collier，2012）分析了 20 世纪初贝尔公司的分类折旧（group depreciation）系统，认为技术、产品和服务的革新常常会导致管理会计的创新；金（King，2010）探讨了管理会计和成本会计在英国工业化进程中的作用；巴罗斯（Burrows et al.，2012）对传统上人们认为目标成本起源于 20 世纪 60 年代日本的观点提出了质疑，认为目标成本（TC）最早应用于 20 世纪 50 年代的北美洲，由咨询师乔尔·迪恩（Joel Dean）首次提出；昌达尔（Chandar et al.，2012）研究了美国电报电话公司（AT&T）20 世纪 20 年代管理会计信息的规范化，认为这种革新提高了经营效率，降低了随着组织规模增大和交易复杂性增加而出现的企业内部信息不对称问题。

（4）政府会计研究

政府会计方面的研究涉及到对不同社会背景下政府会计制度的演进、预算控制功能以及政府会计实务的探讨。沃尔默尔（Vollmers，2009）考察了公元前 5 世纪前后波斯帝国的账簿，认为当时已经建立了复杂的会计制度从而实现了对公共财产的有效控制；阿迪卡里（Adhikari et al.，2009）考察了 20 世纪中期尼泊尔政府会计的演进，认为这次会计改革活动离不开印度、联合国和美国国际开发署的积极参与；薛（Qingmei Xue et al.，2012）研究了中国实行改革开放政策以来政府会计的发展，将其划分为恢复、修订、创新和维护四个阶段探讨了政府监管的影响；吴（Wei Lu et al.，2009）分三个阶段探讨了 20 世纪中国会计制度的演进，认为政府监管和国际会计大变革是其中的关键影响因素。其他比较有代表性的成果还有：贝克等（2012）探讨了 19 世纪加拿大会计制度的形成过程；雅拉（Yayla，2011）研究了奥斯曼土耳其帝国 1826 年会计政策变更和政府管制的关系；科宾等（Cobbin et al.，2010）探讨了英国海军 1888 年的预算改革的背景和进程；德亚特和萨里卡斯（Djatej and Sarikas，2009）探讨了苏联第二次世界大战时期的会计实务；普拉托诺瓦（Platonova，2009）考察了俄罗斯彼得大帝时期的政府改革和会计实务；琼斯（Jones，2009）探讨了英国 12 世纪国库会计制度的起源和特点；凯尔（Care，2011）分析了政府统一会计制度在英国执行 1934 年《济贫法》中的重要作用；莫萨里（Moussalli，2008）研究了 19 世纪美国地方政府的会计实务。

（5）人物传记研究

在会计史演进过程中涌现出了许多著名会计学者和会计从业者，他们为推动会计发展和会计思想传播做出了重要贡献。“现代会计之父”卢卡·帕乔利是人物传记研究的热点，桑斯特（sangster et al.，2011，2012）分析了卢卡·帕乔利《商人的回忆》一书在复式簿记传播中的作用，并对其创作复式簿记论著的原因进行了研究，认为卢卡·帕乔利撰写《数学大全》的根本初衷是为了教会商人和他们的孩子如何成为合格的商人，但雅梅（Yamey，2010）却认为该书并不适合作为商人经商的参考书和学校的教科书；麦卡锡（McCarthy et al.，2008）分析了卢卡·帕乔利《数学大全》的写作动机，认为欧洲文艺复兴时期人文主义思想影响了他的写作风格。其他比较有代表性的成果有，罗密欧（Romeo，2008）研究了塞尔登·霍普金斯（Selden Hopkins）对美国会计师职业发展的影响；迪恩（Dean et al.，2010）通过分析钱伯斯教授和欧内斯特·维因默姆（Ernest Weinwurm）的往来信件内容，探讨了20世纪中期会计计量技术的发展；塔尔博特（Talbot，2010）探讨了英国维多利亚时代亨利·赛克斯上校在会计核算和统计分析上的贡献。此外，库珀（Cooper，2008）对澳大利亚职业会计团体首位女性会员艾迪（Addie）、霍林斯沃思（Hollingsworth，2012）对美国首位非洲裔美国注册会计师弗兰克·阿黛尔（Frank Adair）、李（2009）对苏格兰公共会计师职业的创始人罗伯森（Robertson）、罗密欧等（2008）对学者约瑟夫·哈德卡斯特（Joseph Hardcastle）、萨吉阿克默（Sargiacomo et al.，2012）对会计思想家法比奥·贝斯塔（Fabio Besta）分别进行了传记研究。

（6）会计教育研究

会计教育方面的文献涉及教育方法、教学效果等方面的研究。比斯曼（Bisman，2009）探讨了如何在研究生课程中开展会计史教学以提高学生学习的积极性和学习效果；Edwards（2011）研究了英国工业化早期的会计教育情况，认为当时的制度和教学方法创新较好地满足了当时人们对会计核算技术的渴求；桑斯特（2010）倡导应该在复式记账法教学中引入现代会计之父——卢卡·帕乔利的背景材料，以加深学生对复式记账法的理解；克拉基亚（Clarkea，2008）分析了爱尔兰19世纪的会计教育，认为熟悉簿记知识是移民到英国和美国的500万爱尔兰人所拥有的宝贵经验和财富；努（Nouri et al.，2009）通过分析不同版本的蒙哥马利审计教材，探讨了不同时期审计独立性的发展变化；内皮尔（Napier，2011）探讨了伦敦经济学院（LSE）的会计教育情况，认为在专注于理论教学和基础设施薄弱导致了该学院会计教育在20世纪70年代开始滞后于金融经济发展的步伐；麦克唐纳（MacDonald，2011）认为管理会计学术和实务脱节的原因在于会计研究和会计教育与实务的脱节，并通过对1967～1997年会计教育和会计职业团体开始采用最新管理会计概念进行比较，认为自20世纪80年代早期开始会计教育就开始落后于会计实务，并且这种差距正在逐步拉大。

（7）教会、寺院会计等非盈利组织会计研究

非盈利组织会计重点关注了会计和财务控制对促进非营利组织正常运营的重要作用。马兰（Maran et al.，2011）探讨了意大利中世纪庄园的组织结构和会计体系之间的关系，认为取得合法地位对于其获得外部捐赠和维持生存至关重要；里亚纳拉彻（Liyanarachchi，2009）研究了斯里兰卡古代寺院的会计和审计实务，认为会计记录是维持寺院及其相关管理人员良好声誉的重要手段；丹尼尔斯（Daniels et al.，2010）分析了18世纪晚期美国慈善团体的财务会计报告，认为财务报告作为一种合法手段能够增强捐赠者的信任；杰克逊（Jackson，2012）分析了19世纪苏格兰爱丁堡皇家医院的会计报告，探讨了会计年报在履行经管责任方面的潜在作用；多比（Dobie，2008）对英国中世纪晚期修道院财务管理和控制的演进进行研究，并探讨了影响其发展的决定因素；诺曼德和伍顿（Normand and Wootton，2010）探讨了美国内战期间芝加哥西北卫生委员会利用财务和会计报告来进行合法运营的史实；多比（2008）分析了现存英国中世纪修道院的会计账簿，发现这些账簿的收支记录存在紧密的勾稽关系，并且便于核查人员确认记账的真实性和准确性。

（8）会计研究方法

国外会计史研究在很大程度上是以文献研究为基础，除了继续采用传统的规范研究方法外，尝试采用数量经济分析等研究方法的兴趣正在不断增长。

规范研究方法。安东内利（2011）介绍了意大利的会计史资料库的详细信息，认为该资料库能够为进行国际会计史比较研究提供多维的数据资料；弗莱舍（Flesher et al.，2010）介绍了美国密西西比大学会计图书馆的会计资料，认为该馆是名副其实的国际会计研究中心，指出其许多资料通过互联网可以进行研究使用；理查森（Richardson，2008）探讨了英语系国家的会计史研究情况，提出了推动会计史研究发展的设想；巴杜阿（Badua et al.，2011）通过对会计研究的内容、方法和特征等进行纵向分析，探讨了20世纪以来会计思想的演进；麦金托什（Macintosh，2009）探讨了会计史研究的范式，认为应当针对当前的会计理论和实务进行评论性研究以提高会计史研究的有效性；法里亚（Faria，2008）和霍格泰（Hógartaigh，2008）分别对葡萄牙和爱尔兰的会计史研究情况进行了述评，探讨了影响其演进的制度背景以及未来发展趋势，认为一些领域尚待进一步深入研究。

数量经济分析方法。比斯曼（2012）采用文献分析方法对《AH》自创刊15年来的文献进行了述评，探讨了该刊物作为国际性期刊的特征；比斯曼（2011）对三种专业会计史期刊1996~2008年的文献进行了引用分析，提出应扩大引证范围，从而为会计史研究增加新的活力；桑切斯·马塔莫罗斯（Sánchez－Matamoros，2011）关注了20世纪90年代会计史文献的出版模式，认为国际会计史研究中存在精英群体（elite group）现象，探讨了国际会计史专业期刊的本地化特征；巴杜阿等（2011）强调了数据分析技术在会计史研究中的作用，分析了会计信息系统在学术研究和技术革新中的重要影响；辛奎尼（Cinquini et al.，2008）从不同层面对意大利1990~2004年间会计史研究状况进行了定量与定性研究，探讨了其动态变化和潜在的局限性；弗莱施曼（Fleischman et al.，2009）根据三种专业会计史期刊（AHJ、AHR和AH）的文献数据，对会计史研究中的合作研究情况进行了分析，并探讨了合作研究方法的优缺点。

国际比较会计史研究方法。随着跨国学术交流活动的增多，国际比较会计史研究变得日益重要，比较会计史研究通常把研究目标定位于解释会计实务、准则制定等。Buhr（2012）比较了美国、英国、加拿大、澳大利亚和新西兰五国采用应计制会计的动机和适应性发展，探讨了政府和会计职业组织在其中发挥的重要作用；艾斯比特（Aisbitt，2008）分析了北欧国家执行欧盟指令的过程，认为欧盟正在借鉴执行传统指令的经验来实施新的国际会计准则。

（9）综合研究

国外会计史研究的范围非常广泛，涉及政治制度、军事、宗教等社会的方方面面，充分显示了会计信息在社会生活中的重要作用。卡明斯（Cummings et al.，2009）、清水（Shimizu et al.，2010）和法布里（Fabre et al.，2010）分别探索了会计信息在澳大利亚马戏团经营、东京大地震中恢复社会秩序、20世纪上半期历次巴黎博览会中的功能，探讨了会计在一些社会项目中所能发挥的重要作用；戴博尔（Dyball et al.，2012）以夏威夷甘蔗园1921~1939年对菲律宾劳工进行人力控制的文献为例，揭示了会计在种族主义中的“负面”功能；华特士（McWatters et al.，2009）对18世纪法国奴隶贸易中会计的作用和投资收益进行了研究；霍利斯特和舒尔茨（Hollister and Schultz，2010）运用会计记录比较了美国内战时期南北奴隶制度的差异。此外，芬内尔（Funnell，2011）、麦利（Miley et al.，2012）、科宾（2009）分析了军事会计制度在提高作战效率和有效性方面的重要作用，探讨了会计职业的特殊作用。

四、研究结论及启示

通过上述分析可以看出，首先，国外学者在会计史研究方法上不断创新，除采用传统的规范研究方法外，不断尝试数量经济分析等新的研究方法；会计史研究领域不断扩大，越来越喜欢在考虑社会、政治和经济背景下来研究会计技术和制度的演进，从而有助于更深入地了解会计的本质和作用，这些都是值得我们学习和借鉴的地方；其次，国外会计史文献的作者大都来自英、美、法等少数欧美国家，研究的主题也大都取材于英、美等国的近现代会计发展史。中国悠久的会计史题材还没有被开发出来，在国际会计史专业期刊中仅有很少论文专门论及中国题材，表明广大发展中国家尤其是中国在国际会计史研究领域实质上处于一种边缘化补充地位。国际会计史研究由英、美等少数研究机构和学者独领风骚，处于一种相对封闭的状态，这不能不说是国外会计史研究中的一个明显缺憾。

在经济全球化背景下，我国会计史研究走向国际化虽然有很长的路要走，但我们仍然要坚定不移地走下去。我国会计史研究成果走向世界的关键问题是要熟悉国外研究中的游戏规则和解决语言障碍。因此，通过本文的研究，希望国内学者能学习和借鉴国外的研究范式，勇敢跨出国门与外国同行进行合作，积极弘扬我国古代财计演进的历史成就和现代社会主义市场经济建设中会计的改革成就，为丰富国际会计史学研究做出应有的贡献。

主要参考文献

［1］ Anderson, M. , (2002), "An Analysis of the First Ten Volumes of Research in Accounting, Business and Financial History", Accounting, Business and Financial History, Vol. 12, No. 1, March, pp. 1 – 24.

［2］ Carnegie, G. D. and Potter, B. N. , (2000), "Accounting History in Australia: A Survey of Published Works, 1975 – 1999", Australian Economic History Review, Vol. 40, No. 3, November, pp. 287 – 313.

［3］ Carnegie, G. D. and Potter, B. N. (2000) 'Publishing patterns in specialist accounting history journals in the English language, 1996 – 1999', Accounting Historians Journal, 27: 177 – 98.

［4］ Parker, R. H. (1969) 'Select bibliography of works on the history of accounting', in Parker, R. H. (ed.) (1980) Bibliographies for Accounting Historians, New York: Arno Press.

［5］ Parker, R. H. (1977) 'Select bibliography of works on the history of accounting, 1969 – 1977', in Parker, R. H. (ed.) (1980) Bibliographies for Accounting Historians, New York: Arno Press.

［6］ Parker, R. H. (1980) 'Select bibliography of works on the history of accounting, 1978 – 1980', in Parker, R. H. (ed.) Bibliographies for Accounting Historians, New York: Arno Press.

［7］ Carnegie, G. D. and Napier, CJ. (1996), "Critical and Interpretive Histories: Insights into Accounting's Present and Future through its Past", Accounting, Auditing and Accountability Journal, Vol. 9, No. 3: 7 – 39.

［8］ JB Sánchez – Matamoros, FG Hidalgo (2011), Publishing patterns of accounting history research in generalist journals: Lessons from the past, Accounting History, 2011, Vol. 16, 331 – 342.

［9］ Miller P. , Napier C. J. , 1993, Genealogies of calculation, Accounting, Organizations and Society, 18 (7/8), pp. 631 – 647.

［10］ Jones, M. J. and Roberts, R. (2000), "International Publishing Patterns: An Investigation of Leading U. K. and U. S. Journals", paper presented at the 23rd Annual Congress of the European Accounting Association, Munich.

新中国内部控制制度发展沿革

杨 鹏*

【摘要】内部控制是一个古老而又充满活力的话题，其目的就是要回避风险，建立内部控制制度就是在企业内部建立一套自我调节、自我约束的控制系统及其运行机制和规范。自新中国建立以来，会计工作在规范企业经济行为，完善企业经济管理中起着重要的作用，而作为会计工作的组成部分的内部控制制度在不同时期有着不同的特点和表现形式，本文通过梳理纵观我国内部控制制度的发展过程。一方面了解内部控制制度发展脉络，通过内部控制制度了解当时的经济环境；另一方面研究内部控制制度发展，可以把握内部控制制度体系实质。

【关键词】内部控制制度　内部牵制　控制

所谓内部控制制度，就是作为市场主体的企业，在满足所有者利益要求和企业自身利益的发展中形成的一种行为方式，一种机制，一种内在的接受监督并引起和保证企业行为规范的制度和机制。内部控制制度贯穿了企业经营管理活动的各个方面，为保护企业经济资源的安全、完整、确保经济和会计信息的正确可靠，协调经济行为，控制经济活动需要有相应的内部控制制度。

一、新中国建立，企业内部经济核算制形成

改革开放前内部控制制度（称之为内部经济核算制）分为新中国成立初期（1949～1957年）；“大跃进”时期（1958～1965年）；“文化大革命”十年时期（1966～1976年）。

第一个阶段：新中国成立初期（1949～1957年），由于新中国刚刚建立，新政权于1949～1953年期间，是整个国民经济在解放后的三年恢复期。财务会计工作对接收过来的企业，借鉴当时苏联的一些经验，不断改进，初步摸索到一些经验并建立起我国会计核算制度。随着新中国成立初期企业会计的统一，使企业会计核算工作初步实现有章可循，为统一的企业财务管理制度和经济核算制度的建立奠定了基础。

1950年3月3日政务院通过了《关于统一国家财政经济工作的决定》，规定统一全国的财政收支、物资调度和现金管理，保证中央能够按照规定集中财政收入。同日，政务院公布《中央金库条例》，这是新中国在会计核算制度方面颁行的第一部行政规章；3月25日，财政部制定了《中央金库条例施行细则（草案）》并通知试行。4月政务院通过并颁布《实行国家机关现金管理决定》、12月中财委批准公布《货币管理实施办法》；《条例》、《细则》及相关的管理办法的颁布，一方面促进和推动了金库会计工作正常有序的建立，同时，保证国家能够及时

* 杨鹏：首都经济贸易大学会计学院。

了解和掌握财政收入和指出的情况、进度，对落实国家统一财政收支的各项措施起了重要的促进作用。同时为在日后制定《现金管理暂行条例》制定、企业内部控制制度建设特别是现金管理奠定基础和积累经验。1951 年 11 月，财政部召开了第一次全国企业财务管理及会计会议，着重研究企业实行经济核算制后财务会计制度的建设问题。并第一次讨论了《会计主管人员职务、权利、责任暂行条例》以及会计、统计、计划的联系和分工等问题。建国初期内部牵制受到关注，虽然仅仅关注会计主管人员，但《会计主管人员职务、权利、责任暂行条例》在新中国成立初期经济恢复期提出具有重要意义。1951～1953 年期间企业开展班组、车间成本核算。1954 年 1 月下旬，机械工业系统确定 1954 年企业财务会计工作主要任务中首次提出：改革核算方法，加强检查，发挥会计监督作用。

国民经济恢复期和“一五”期间，会计工作顺利完成新旧时期的转换，在实行统一的计划经济背景下，建立了统一的会计核算制度，在此期间推出的具有企业内部控制（内部经济核算制）条例；企业职工建立经济核算思想，建立了定额、原始记录、质量检查、企业决算编审等制度以及逐步推广厂内经济核算是当时经济背景下的内部控制办法。

第二阶段：“大跃进”时期（1958～1965 年）

1958 年的《鞍钢宪法》，比较明确地形成了“两参一改三结合”的企业管理思想。在财务工作上，做到财权下放，确立了集中领导与分级管理相结合的原则。在推出鞍钢宪法一年半后，中共中央于 1961 年 9 月 16 日颁发了《国营工业企业工作条例（草案）》即《工业七十条（草案）》。它是中共中央为纠正工业战线因“大跃进”造成的混乱，贯彻“调整、巩固、充实、提高”的方针而制定的重要文件，也是我国第一部关于企业管理方面的章程。

在此背景下，这期间企业创造并推广了一些比较典型的管理经验和管理方式。比如，流动资金归口分级管理、成本费用归口分级管理等。1962 年 11 月国务院全体会议第 122 次会议通过，并颁布《会计人员职权试行条例》，该《条例》是会计人员进行工作的基本章程，它规定了会计人员的具体职责，赋予了会计人员为履行自己职责所必要的权限。《会计人员职权试行条例》对于当时加强和整顿当时的会计工作，对三年经济调整，起了很好的作用。《会计人员职权试行条例》体现了国家财政监督和会计监督，同时成为当时企业会计人员业务权力的责任分工规范。1963 年 10 月，国务院批准了国家经委、财政部《关于国营工业交通企业设置总会计师的几项规定（草案）》，对总会计师的地位、任职条件、任免办法及总会计师的职责和权限等问题做了具体规定，为我国总会计师制度的建立和巩固打下了良好的基础。成为内部牵制制度中最初的人员分工控制的最初形式。

第三阶段：“文化大革命”十年时期（1966～1976 年）

“文革”时期，频繁的政治运动令经济活动近乎停顿，经济建设陷入混乱甚至恶化的局面。作为经济管理重要组成部分的会计工作受到严重冲击，造成了我国会计研究的停滞和会计工作的倒退。许多企事业单位责任制废止，财务会计工作失去管理和控制，内部经济核算制处于混乱和瘫痪状态。比如，1967 年 12 月，1968 年 9 月、10 月、11 月发出“编制、改革企业、财政会计报表”的通知，由于《通知》要求简化和取消报表，以及报表中的项目，使得失去了大量的财务信息，企业内部控制制度设置无从谈起。

1969 年 11 月，财政部在上海召开全国企业财务改革座谈会后，重新整合已经陷于瘫痪状态的企业财务会计制度的工作即逐渐启动。依据此座谈会的精神企业内部经济核算制逐步恢复。1974 年 1 月财政部发出《国营企业会计工作规则（试行草案）》根据当时会计工作的实际情况和突出问题，明确提出了企业会计工作的基本任务，并对会计科目、会计凭证、会计账簿、会计报表、会计档案、会计核算、清查财产、财务监督和会计管理等工作做了比较具体的规定。上述规定对“文化大革命”这一特殊环境中加强企业财务会计工作提供了有力的保障，对于动乱时期陷于混乱状态的会计工作起到了一定的限制作用。其中，财务监督和会计管理规范了企业内部控制内容。

二、改革开放后内部控制制度发展

第一阶段是改革开放后的20世纪80年代初到90年代初的大约10年时间。初期面临的主要问题之一就是会计模式的冲突。计划经济占主导地位，内部牵制成为关注。

1978年党的十一届三中全会，做出了实行改革开放的重大决策。在会计工作急需整顿、恢复、完善的背景下，国务院1978年9月12日颁发《会计人员职权条例》，该条例是对1963年颁布的《会计人员职权试行条例》补充修改。《条例》中首次提出大、中型企业要设置总会计师；小型企业也要指定一名副厂长行使总会计师的职权；对于总会计师的权限给予较为明确的规定。提出会计工作的任务是：整顿会计的基础工作和会计工作秩序，把工作的重点逐步放到对经济活动和经济效果的分析、预测、监督等方面。针对改革开放以来：利用外资，引进技术，但是由于缺乏经验，进口成套设备规模超过了实际的需要和可能。加重财政经济的困难。1980年10月末财政部在京召开全国会计工作会议形成的《全国会计工作会议纪要》。根据《纪要》精神，1981年6月为指导国营工交企业经济核算工作的开展，财政部颁布关于《国营工交企业经济核算工作试行办法》的通知；10月国务院转批国家经委等部委拟定的《关于实行工业生产经济责任制若干问题意见的通知》；11月国务院批转《关于实行工业生产经济责任制若干问题的暂行规定的通知》；1982年10月国家经济委员会、财政部发布《关于当前完善工业经济责任制几个问题的报告》；12月国家经济委员会、国家计划委员会、财政部、中国人民银行《关于加强企业流动资金管理的报告》等文件规范企业会计监督。

当时会计工作中粗、假、乱的现象还没有根本改变，而且会计人员新手多，缺乏会计基础知识。另外，相关的会计制度颁布，特别是随着经济责任制落实，经济体制改革，企业的自主权的扩大，企业内部经济核算制不断要求完善，对会计人员提出更高的标准，为了加强会计工作，克服混乱现象，建立正常会计工作秩序和会计工作责任制，不断提高会计人员的业务水平，以适应改善企业经营管理对会计工作的要求，1984年4月财政部制定了《会计人员工作规则》，该《规则》较1978年《会计人员工作条例》更为具体、可操作。《规则》是会计人员工作手册。《规则》不仅代表了我国内部控制规范体系发展历史的初级阶段——内部牵制形成，而且为会计控制和全面风险控制奠定了基础，同时为制定和修订《中华人民共和国会计法》提供了重要参考。

第二阶段是20世纪90年代初到2000年年初。资本市场开始建立，开始通过市场来配置资源，这个背景要求全面进行会计改革。1993年，我国全面实行新的会计体系，结束了计划经济体制下的会计模式，为财政、税收、金融等一系列改革奠定了基础。初步建立社会主义市场经济体制阶段（1992~2000年），会计监督不断探索和改革。

1991年7月财政部根据国务院提出的《国民经济和社会发展十年规划和第八个五年计划纲要》确定的经济体制改革的基本目标和方针，结合财政、财务体制改革的基本要求，特提出现阶段的会计改革纲要。发布了《会计改革纲要〈试行〉》，为会计改革制定了宏伟目标。1996年6月财政部印发《会计基础工作规范》和《关于会计基础工作规范化意见》。要求各单位进一步建立健全包括但不限于内部牵制制度的内部会计管理制度。《会计基础工作规范》对于改善和加强会计基础工作，建立规范的会计工作秩序，提高会计信息质量和工作水平，充分发挥会计职能作用，更好地为加强经济管理，维护市场经济秩序，提高经济效益服务，具有十分重要的作用。财政部发布《会计基础工作规范》，明确要求各单位应当建立内部牵制制度，体现了对内部控制问题的前期认识和关注。

第三阶段是深层次的会计改革。完善社会主义市场经济体制阶段（2000 年至今），会计监督体系逐步理顺，内部控制体系完善成为必然。

自 20 世纪 90 年代以来，企业的外部环境发生了很大的变化，对企业内部管理手段的发展产生了巨大影响并提出了新的要求，内部控制已经成为企业经营必不可少的工具。特别是 2002 年连续发生“安然”、“世界通讯”等财务欺诈事件之后，美国国会出台了《2002 年公众公司会计改革和投资者保护法案》又被称作《2002 年萨班斯—奥克斯利法案》（简称《萨班斯法案》或《SOX 法案》）。我国随着麦科特、银广夏、黎明股份、东方电子等上市公司暴露出的问题；虽然我国企业在长期的实践中总结出了一些行之有效的内部控制措施和方法，但是内部控制研究尚处于初级阶段，缺乏对内部控制的总体研究，内部控制机制和制度都很不完善。

2001 年 2 月，财政部会计司内部控制研究小组在对一些企业单位的内部控制问题进行了实地调研基础上，为起草和完善《内部会计控制规范》。《内部会计控制规范》既认真吸收国外先进成果，又充分考虑我国国情，注重可操作性。2001 年 6 月，财政部会计司根据社会各界的反馈意见，对两个征求意见进行了修改，并定位为以内部会计控制为主体，同时兼顾与会计相关的控制，最终形成了《内部会计控制规范——基本规范（试行）》（以下简称“基本规范”）和《内部会计控制规范——货币资金（试行）》（以下简称“货币资金规范”）。目的在于，促进各单位提高经营管理水平，实现在 2005 年基本完成我国内部会计控制规范体系的目标。

针对我国三大石油公司、几大电信公司、电力能源公司、保险公司等国民经济骨干企业在美国上市，因美国安然事件之后的一系列制度出台，财政部和证监会分别向国务院报告，建议我国应当吸取美国“安然”等一系列内部控制失败案例教训、总结会计控制经验的基础上，针对国内国际两个市场，应对日益复杂的各种风险，推动会计控制向全面风险控制转变。

2006 年 3 月温家宝同志在十届全国人大四次会议上作《政府工作报告》时强调，要“完善公司治理，健全内控机制”；2006 年 7 月 15 日，财政部会同证监会、国资委、审计署、银监会、保监会联合发起成立中国企业内部控制标准委员会，为构建我国企业内部控制规范体系提供组织和机制保障。

2008 年 5 月由财政部会同证监会、审计署、银监会、保监会联合《基本规范》的发布，是我国企业内部控制制度建设的重大举措，标志着我国内部控制制度建设取得了重大进展，对促进我国企业及其他单位开展内部控制，防范风险，提高企业经营管理水平将发挥积极作用。第一《基本规范》为我国未来内部控制制度建设提供了基本框架。《基本规范》明确企业内部控制的目标和概念，提出企业建立和实施内部控制应当遵循的原则，规定了内部环境、风险评估、控制活动、信息与沟通以及内部监督等内部控制的五要素。在此基础上连同 2010 年 4 月发布的《企业内部控制应用指引》、《企业内部控制评价指引》以及《企业内部控制审计指引》，形成具有我国特色的内部控制制度体系。

三、内部控制制度沿革的思考：

（一）逐步形成我国的一套适合我国国情的内部控制规范体系

从新中国成立初期的内部经济核算责任制、内部牵制制度、内部会计控制到全面风险控制。我国企业内部控制规范体系的形成是一个渐进式长期积累和发展的过程，即新中国成立初期的集中统一计划经济的内部经济核算制；20 世纪 80 年代，以计划经济为主导，财政部总结形成《会计人员工作规则》，标志着会计工作岗位、全国统一的内部牵制制度的形成；20 世纪 90 年代至 21 世纪，建立和发展社会主义经济市场体制，资本市场的快速发展催生了我国的会计控制形成；随着我国加入世界贸易组织，经济全球化的到来，引发全面风险控制的客观需求，建立了我国的企业内部控制规范体系。

（二）有利于企业规范内部控制制度的建设

实现现代化企业管理，内部控制是重要内容，是企业管理与经营活动赖以顺利进行的基础。规范企业内部控制建设，对于改善我国企业的内部控制现状，保证会计信息的质量，完善公司治理和信息披露制度，保护投资者的合法权益并保证资本市场的有效运行。内部控制规范体系旨在引起社会、政府有关部门及企业对于规范内部控制建设的重要性和紧迫性的认识，并为企业加快建立健全内部控制体系全面提升企业经营管理水平和风险防范能力、提高企业内部控制与经营管理水平，促进企业健康持续发展。

（三）内部控制制度研究有利于明确企业战略目标

企业要实现其既定的经营目标就应当拥有健全、有效的风险防范和控制机制，良好的内部控制有效性方面起到了预防、监督和保障的作用。即相关人员依据内部控制制度通过检查、分析、评价并且报告风险控制的有效性和健全性，并以此提出改进的意见和建议帮助企业管理当局有效地预防、控制各项经营风险与财务风险。使财务报告及管理信息的真实、可靠和完整；资产的安全完整；遵循国家法律法规和有关监管要求等。建立企业内部控制制度体系实际上就是在企业内部建立一套能够自我约束、自我调节的控制系统，其目的在于保证企业的经济活动能够高效率的运转，保护企业资产的安全、完整。完善企业经营管理水平。

（四）内部控制制度的针对性和适应性。企业内部控制规范体系已经建立，其具体实施、贯彻、监督、评价是未来面临的问题。内部控制制度的改进要根据单位的实际情况，针对单位内控制度中的薄弱环节，针对工作中容易出现错误的细节，制定切实有效的内控制度，将各个环节和细节加以有效控制，以提高单位的经营管理水平。制定一套符合单位实际的会计内部控制制度与规范。同时，企业的内部控制制度既要保持其稳定性、又不能一成不变。应根据变化了的情况及时补充和完善。适应性可分为两个方面，一方面是对外部的适应性，另一方面是对企业内部的适应性。外部适应性是指单位的内部控制制度要适应国家的宏观经济发展、产业发展和企业竞争对手。而内部适应性是指要适应单位本身的战略规划、发展规模和企业的现状。

总之，研究我国内部控制制度发展历程，旨在一方面对新中国内部控制制度发展过程的全面展示，有助于内部控制制度历史与现实的认识，同时加深对我国会计改革的理解；另一方面对新中国内部控制制度的回顾和思考，依据历史经验提出改革的建议，能够为我国内部控制制度的发展完善提供借鉴与参考。

改革开放后我国会计人员管理体制的回顾、思考与评价

尹世芬*

【摘要】 本文通过对改革开放以来会计人员管理体制的回顾，对我国会计人员管理体制的演变过程进行了评价和思考，提出应将我国政府主导型会计人员管理体制转向政府和企业结合的双重导向型会计人员管理体制。

【关键词】 会计人员管理体制　回顾　思考　评价

一、会计人员管理体制的涵义及构成

会计人员管理体制是会计管理体制的一个重要组成部分，它所要解决的核心问题是如何组织与管理会计人员。对会计人员组织和管理的方式、方法以及为此所做出的具体制度安排构成了会计人员管理体制；根据我国的具体情况，它包括政府对会计人员的管理和企业对会计人员的管理。

会计人员管理体制的内容包括对会计人员从业资格、专业技术资格、任职资格的管理以及对会计人员继续教育、表彰奖励等规章和制度。

二、我国会计人员管理体制的回顾

（一）1978～1991 年，我国会计人员管理体制的恢复、重建和发展

1978 年党的十一届三中全会以后，我国政治体制和经济体制改革逐步展开，为了贯彻中央提出的“调整、改革、整顿、提高”的方针，适应我国经济体制改革和对外开放的要求，我国“政府主导型”会计管理体制也在不断发展。这一阶段的最大变化就是逐步形成了会计规范体系。

1. 重新修订并颁布《会计人员职权条例》

“文革”结束之后，会计工作经整顿虽取得了一定成绩，但仍不适应快速发展的经济形势的需要。为解决当时一些单位的领导忽视会计工作在经济管理中的重要作用，导致企业出现账务不健全、会计人员缺乏的问题，1978 年 9 月在总结 1963 年《会计人员职权试行条例》实施经验的基础上，国务院重新修订颁布了《会计人员职权条例》。该条例指出：“各单位都必须

---

* 严世芬：首都经济贸易大学会计学院。

设置财务机构，配备必要的会计人员；会计人员必须力求稳定，不要随意调动；一般会计人员的调动，须先商得本单位会计主管人员和上级财务会计部门的同意；会计主管人员一律由上级机关直接任免。此外，在该《条例》中还新增加了总会计师和技术职称两章，一方面恢复、加强了总会计师制度；另一方面第一次对会计人员技术职称的评定做出明确规定，将会计人员技术职称分为总会计师、会计师、助理会计师、会计员四级，并规定了各级职称应具备的基本条件以及评定、授予的程序、方法等。”

2. 恢复和更名财政部会计制度司

1979 年财政部恢复会计制度司，1982 年随着国家机关机构的改革，将其更名为会计事务管理司。随后，各省、自治区、直辖市财政厅（局）和一些地（市、州）、县（市）财政局也第一次相继设立会计事务管理的专门机构，负责贯彻落实国家统一会计法规、制度，组织会计人员培训，行使对会计人员的管理职能。从此我国会计工作在计划经济模式下实现了重建会计秩序和完善会计工作管理，建立有中国特色会计人员管理体制的恢复发展阶段。

3. 开创我国会计人员管理体制的新篇章——新中国会计史上第二次全国会计工作会议的召开

1980 年 10 月财政部召开新中国会计史上的第二次全国会计工作会议，会议要求进一步贯彻落实国务院颁发的《会计人员职权条例》，并且抓紧会计立法，搞好会计干部和会计人员的培训，进一步健全财务机构充实会计人员，从而尽快提高会计工作水平和会计人员业务水平。这次会议还讨论了财政部起草的《中华人民共和国会计法讨论稿》、《关于成立会计顾问处的暂行规定》和《关于加强会计人员培训的几点意见》三个文件。这次会议使我国会计工作以崭新的面貌走上了开拓发展的道路，为建立具有中国特色的会计管理体制指明了方向。

4. 规定和实施会计干部技术职称

1981 年 8 月国务院批转了财政部、原国家人事局制定的《会计干部技术职称暂行规定》，将会计干部的技术职称定为高级会计师、会计师、助理会计师、会计员四个档次，规定按照会计干部的学识水平、业务能力和工作成就来评定干部技术职称。随后，根据职称评定中出现的问题并结合会计干部队伍的实际情况，1981 年 10 月财政部会同劳动人事部门制定颁发了《关于对已授予会计干部技术职称进行复核的意见》，为着重解决不具备规定学历的老会计的评定技术职称问题，1983 年 5 月又制定颁发了《会计干部技术职称考核评定工作若干问题的具体规定》。

职称评定工作从 1978 年 9 月开始，到 1983 年 8 月末中央决定暂停为止，历时五年。1983 年 9 月以后，为调动会计人员的积极性，激励会计干部的进取精神，稳定会计干部队伍，促进会计干部提高专业知识水平，中央多次研究职称评定工作的改革问题，并已开始进行职称改革试点，1986 年财政部制定《会计专业职务试行条例》，该条例在会计人员岗位设置、工资待遇、结构比例、任职条件等方面做出了明确规定，并把职称评定制度改为专业职务聘任（任命）制度。会计职称制度的建立，促进了会计队伍素质的提高和结构优化。

5. 培养和提高会计人员的职业素质

1984 年 4 月，为给会计人员处理业务制定一个较为完善的工作规范，提高会计人员的业务素质和工作质量水平，财政部制定颁发了《会计人员工作规则》，对会计人员岗位责任制的建立，对会计科目的使用、会计凭证的填制、会计账簿的登记和会计报表的编制，以及会计交接的办理，会计档案的管理等作了具体规定。该规则从规范会计业务、明确会计责任和加强基础工作三方面，恢复和加强了会计制度。在此基础上为进一步规范会计工作，完善会计人员岗位责任制，财政部于1988年印发了《会计工作达标升级试行办法》。

6. 颁布和实施会计法

从1980年起，我国会计法规、制度的建设，进入了一个健全和完善的时期。1980年8月至1983年2月由财政部草拟《中华人民共和国会计法》，后于1983年2月至1984年7月经国务院审议，1984年7月至1985年1月经六届全国人大常委会审议，最终于1985年1月21日由六届全国人大常委会第九次会议通过，并于当年5月1日实施生效。至此形成了新中国成立以来规范会计工作和会计人员的第一部法律，确立了"统一领导，分级管理"的会计管理体制，创建了我国"政府主导型"会计管理的基本构架。可以说会计法的颁布实施，标志着我国的会计管理体制正式步入法制化轨道。

7. 在全国范围的试行会计证管理制度

为解决会计人员知识结构偏窄、学历水平偏低，政治、素质参差不齐、上岗和职务任免缺乏必要监督制约等问题，加强会计队伍的管理，1990年3月财政部在总结各地实行会计证管理经验的基础上，发布了《会计证管理办法（试行)》，开始在全国范围内试行会计证管理制度。

8. 确定总会计师的职权和地位

为了发挥总会计师在加强经济管理、提高经济效益中的作用，1990年12月31日国务院颁布了《总会计师条例》。该条例与《中华人民共和国会计法》配套形成一项行政法规，再次对总会计师制度做了系统、完整的规定，明确了总会计师的地位、职责、权限以及任免和奖惩等，它的颁布、实施使我国结束了长期以来对社会主义企业、单位配备总会计师章法不明，甚至无章可循的历史，使我国的总会计师制度进入了一个全新的发展时期。

9. 颁布《会计改革和发展纲要（试行）》

随着经济体制改革的深入开展，为加速和逐步完善会计改革，财政部于1991年7月29日，发布了《会计改革纲要（试行)》方案，该方案对我国会计管理体制做出了明确、完整、系统的规定，提出按照"统一领导，分级管理"原则，改革现行会计管理体制，并把建立管理型会计作为会计改革的一项重要内容。

（二）1992年至今，会计人员管理体制的进一步发展

1992年1月，邓小平南方讲话以后，我国经济建设和经济改革进入了一个全新的发展时期。这一时期随着计划经济体制逐步向社会主义市场经济运行机制的转换，我国会计模式开始由计划经济会计模式向市场经济会计模式转移。这一阶段伴随企业会计制度的发展和企业会计准则体系的形成，我国会计人员管理体制发生了根本性变革。具体如下：

1. 两次修订中华人民共和国会计法

为了适应社会主义市场经济对会计人员管理体制变革的要求，我国分别于1993年12月29日和1999年10月31日，两次适时地修订了《会计法》，以法律形式对我国会计工作的管理部门和管理权限进行了规定。不仅进一步明确了立法宗旨，突出强调了单位负责人对本单位会计工作和会计资料真实性、完整性的责任，以及进一步加强会计监督的要求，更主要的是进一步完善了会计核算规则，对公司、企业容易导致会计信息失真、失实的问题作了禁止性规定。同时明确了会计人员任职资格的认定与管理，重新确立了对会计人员合法权益的保护，突出了总会计师、会计机构负责人（会计主管人员）的法律地位，重新建立了会计人员从业资格管理制度。在修订后的《会计法》中更加明确地提出："国有的和国有资产占控股地位或者主导地

位的大、中型企业必须设置总会计师。总会计师的任职资格、任免程序、职责权限由国务院规定。”至此我国政府主导型会计人员管理体制便以立法的形式确定下来，并逐步完善。

2. 建立和发展会计人员从业资格管理制度

继 1990 年《会计证管理办法（试行）》颁布实施后，财政部于 1996 年、2000 年、2005 年和 2013 年分别作了修订和增补。

1996 年，财政部对《会计证管理办法（试行）》作了全面修改，重新发布《会计证管理办法》。该办法的实行，密切了财政部门、业务主管部门与会计人员的关系，在一定程度上对会计人员依法履行职责和维护其合法权益提供了必要保护。从此进入会计队伍、从事会计工作的人员，必须持有会计证。

随着改革开放的不断深入和社会主义市场经济的发展，为适应会计工作所面临的社会经济环境变化的要求，在 1999 年 10 月 31 日修订的《会计法》，在全面总结会计证制度做法和经验的基础上，将会计从业资格以法律形式确定下来，为强化会计从业人员职业技能和职业道德要求提供了制度保障。据此，财政部于 2000 年 5 月 8 日印发了《会计从业资格管理办法》，并自 2000 年 7 月 1 日起施行。

根据《行政许可法》的规定和国务院《关于贯彻实施〈行政许可法〉的通知》精神，在广泛调研并征求各级财政部门、中央有关部门、企事业单位和广大会计人员意见的基础上，2005 年 1 月 22 日，财政部以财政部令第 26 号修订了《会计从业资格管理办法》。将其在监管方式的转变，考试科目的调整，证书申请、受理、颁发程序的规范，对会计人员继续教育的具体要求和对会计行政许可委托事项的规范五个方面实现了创新。

2010 年 9 月 21 日财政部发布《会计行业中长期人才发展规划（2010 ~ 2020 年）》，2011 年 9 月 9 日财政部颁发《会计改革与发展“十二五”规划纲要》，这两个文件进一步明确了会计从业资格是依法对从事会计工作的人员实行的市场准入制度。即要求会计人员必须具备其相应的专业基础知识，而且需依据其知识结构和能力，通过严格的统一考试才能取得会计从业资格。这就要求在全国范围内统一会计从业资格考试大纲、考试题库及考试标准。为使会计从业资格考试真正体现其公正性和科学性，应尽快对会计从业资格实行无纸化考试。

为适应我国会计人员队伍规模日益壮大、素质水平逐年提升、人员流动更加频繁、信息技术手段日新月异等客观需要，进一步加强会计人员管理，规范会计人员行为，财政部于 2012 年 12 月 10 日修订发布了《会计从业资格管理办法》（财政部令第 73 号），自 2013 年 7 月 1 日起在全国范围内施行。新的《会计从业资格管理办法》系统全面地规范了会计人员管理的工作流程，建立了会计人员管理的制度体制。其创新如下：一是强调会计从业资格考试科目实行无纸化考试，无纸化考试题库由财政部统一组织建设；二是引入学分制管理会计人员继续教育；三是在总结会计从业资格信息化调转经验的基础上，强调会计从业资格实行信息化管理，要求会计管理机构建立会计人员从业档案信息系统，及时记载、更新会计人员相关信息。

通过《会计从业资格管理办法》的实施、发展和不断完善，我国目前已建立起对会计从业人员的考核与管理制度。

3. 施行会计人员专业技术资格管理制度

1992 年 3 月，财政部、人事部在对会计人员实地调查研究的基础上，为规范会计人才能力评价工作，促进会计从业人员能力持续提升，联合颁发了《会计专业技术资格考试暂行规定》及其《实施办法》，规定除高级会计师外停止会计专业职务评聘，实施会计专业技术资格全国统一考试。

1995 年、1997 年、2000 年、2004 年，财政部、人事部又多次联合发文对会计专业技术资格考试的有关政策进行调整。

2010 年 9 月 21 日财政部发布《会计行业中长期人才发展规划（2010 ~ 2020 年）》，2011 年 9 月 9 日财政部颁布《会计改革与发展“十二五”规划纲要》，这两个文件更加明确了会计职称制度是长期形成并被社会广泛认可的培养、选拔不同层级会计专业技术人才的有效政策措施。不断完善和提升不同层级会计专业技术人才的知识结构和能力框架，形成初级、中级、高级（含副高级和正高级）等层次清晰、相互衔接、体系完整、逐级递进的会计专业技术资格体系，推进会计专业技术资格考试形式、考试科目和试题客观化改革。同时提出规范高级会计师考试与评审办法，建立科学的高级会计师考试和评审相结合的制度。从而推动会计专业技术资格国际认可进程。

4. 修订建议总会计师条例

为进一步强化总会计师参与企业经营决策的职能，充分发挥其加强企业经济管理，提高企业经济效益的突出作用，保障总会计师制度的顺利落实；应重点明确总会计师制度的适用范围、管理体制、职责权限、任职资格以及相关法律责任等方面的问题。

在 2010 年 9 月 21 日财政部发布的《会计行业中长期人才发展规划（2010 ~ 2020 年）》和 2011 年 9 月 9 日财政部颁布的《会计改革与发展十二五纲要》两个文件中，再次强化总会计师地位和职能。指出应充分发挥总会计师在加强企业经营管理、提高企业经济效益中的作用，对于大中型企业应设置总会计师。凡设置总会计师的企业，应注意不得再设置与总会计师职权重叠的副职。同时在行政事业单位也应做好积极推动设置总会计师的工作。除此之外，财政部门还应积极探索建立并推行总会计师资格认证制度，从而优化行政事业单位领导层的能力建设，进一步推动其财务管理改革。执行中可先在高校等单位进行试点，并探索建立总会计师委派制度。这样就能为用人单位科学选聘总会计师提供制度保障。

5. 开展会计人员继续教育工作

对会计人员进行继续教育是财政部门的一个专项工作，是法律法规的要求，是会计管理工作的一个组成部分，是会计队伍建设的重要内容。应建立和完善与社会主义市场经济要求相适应的会计人员继续教育制度，规范会计人员继续教育工作，促进我国会计工作水平的提高。

根据《中华人民共和国会计法》等有关规定，财政部于 1998 年 1 月 23 日制定发布了《会计人员继续教育暂行规定》。明确了会计人员继续教育的对象、任务、内容、形式、学时要求、检查以及考核等。从此会计人员继续教育走上了法制化和规范化道路。

为了进一步贯彻落实《会计法》，紧密结合经济社会发展和会计行业的发展要求，推进会计人员继续教育科学化、制度化、规范化，培养造就高素质的会计队伍，提高会计人员专业胜任能力，加强会计人才队伍建设，为经济社会和会计行业发展提供人才保证和智力支持。财政部根据《会计法》和《会计从业资格管理办法》（财政部令第 26 号），于 2006 年 11 月 20 日颁布制定了《会计人员继续教育规定》。该规定与 1998 年 1 月公布的《会计人员继续教育暂行规定》相比，在继续教育理念、管理体制、形式内容、师资教材等方面进行了全面规范。具有以人为本、创新机制，理顺体制、责权明确，内容丰富、形式多样，规范师资、精编教材，注重考核、强化监管的特点。

在 2010 年 9 月 21 日财政部发布的《会计行业中长期人才发展规划（2010 ~ 2020 年）》和 2011 年 9 月 9 日财政部颁布的《会计改革与发展“十二五”规划纲要》中都明确了完善会计人员继续教育制度的措施。指出应修改完善《会计人员继续教育规定》，对会计人员继续教育由学时制改为学分制，并且尽快制定会计人员继续教育指南，对会计人员实行分类继续教育，在会计人员继续教育内容和手段上应予以创新，采取评估、考核、备案和公示等有力措施，继续加强对会计人员继续教育机构的管理，坚决并严厉打击有关施教机构采取乱收费、乱办班的方式进行虚假培训的行为，从而真正提高会计人员继续教育的效果。

三、对我国会计人员管理体制的评价与思考

综上所述，改革开放以来，我国会计人员管理体制相关法律法规发生了较大变动，我们从中可以看出我国会计人员管理体制正处于逐步完善的阶段。会计人员管理体制相关法规的制定只有与当下会计人员的实际情况相匹配才能适应时代的发展。目前我国已逐步实现了由计划经济向市场经济的过渡，顺应我国经济体制改革和对外开放的要求，我国已逐步建立了符合国情的市场经济会计。

（一）1978～1991年，我国“政府主导型”会计管理体制得到不断发展

1978～1991年，国务院逐渐恢复与修订了“文化大革命”期间被破坏而停止运用的会计制度，随之恢复、整顿与改革了会计人员管理制度。1978年《会计人员职权试行条例》的颁布，让我国会计人员第一次明确了自己的职权范围；紧接着《会计人员职权条例》的实施更加强调了会计人员在企业管理中的重要性。这一阶段以党的十一届三中全会的召开为主要标志，配合我国政治体制和经济体制的全面改革，会计人员管理体制也实现了重建和改革，“政府主导型”会计管理体制在我国得到不断发展。这一时期，会计一方面作为经济管理的核算工具，另一方面履行着参与拟订企业经济计划、业务计划，考核、分析预算、财务计划的执行情况。

（二）1992年至今，逐步实现了会计法规体系的完善、规范、科学和配套

1.1992～2005年，我国企业会计规范从统一会计制度转向企业会计准则

1992～2005年，是会计制度与会计准则的并行阶段，是我国经济体制从计划经济向市场经济过渡的客观需要，也是会计制度向会计准则的过渡阶段，这一阶段可分为会计准则体系逐渐形成，分行业、分所有制的会计制度趋于统一的时期。

这一时期我国会计的发展沿着建立适应社会主义市场经济会计模式的轨道前进。我国会计制度改革的总体目标是“建立适应社会主义市场经济需要的新的会计管理、核算模式”。1992年11月30日《企业会计准则——基本会计准则》的颁布，标志着我国会计规范从统一会计制度转向企业会计准则，从而取代了过去分部门、分行业、分所有制一统到底的会计制度，形成了会计制度与会计准则并存的阶段，是我国经济体制从计划经济向市场经济过渡时期的客观需要。这一时期我国逐步建立起以提高经济效益为目标，以强化内部管理为中心，有利于转换企业经营机制、同国际会计准则接轨的新的会计核算体系。

这一时期为配合企业会计准则和企业会计制度的实施，我国先后两次修订了《会计法》，使会计法律法规进一步得到完善，会计人员也有法可依。随后会计人员职称考试、会计从业资格管理制度等也进行了较大变革，从而提高了会计人员的思想和业务素质，促进了会计职权的较好落实。从此我国逐步实现了会计法规体系的完善、规范、科学和配套。

2.2006年以后，我国基本建立并发展了具有中国特色的企业会计人员管理体制

2006年以后，我国逐渐形成以会计准则为主、企业会计制度逐渐淡出的局面，而且会计

准则体系的国际化推动了我国会计国际化的进程。

2006年到现在随着会计制度的变迁，企业会计人员管理模式也发生了巨大变化。通过三十多年的实践和总结，我国目前已建立并形成了包括会计人员职责权限、会计从业资格、会计人员职称（后改为会计专业职务）、会计专业技术资格评审和考试、总会计师、会计人员继续教育等会计人员管理制度，这些制度明确了对会计人员的管理，调动了会计人员做好本职工作的积极性，进一步促进和提高了会计人员的素质。

会计人员管理体制发展的实践所取得的成效告诉我们，制度督促、政策推动，是培养会计人才、提高队伍素质的有效途径。

目前我国的会计规范体系是以会计准则为核心、以会计法律法规为指导、以会计管理制度为基础、以会计职业道德为保障。在这种会计规范体系下实行的是政府主导型会计人员管理体制，即财政部统一制定企业会计准则和有关会计人员管理制度及相关法规，财政部对会计人员的从业资格、专业技术资格等进行统一管理，各用人单位自主地设置会计机构，任免会计人员并对会计人员进行日常管理。在这种管理体制下，会计人员隶属于所服务的单位，并对单位的行政领导负责尽职。因此在政府主导型会计人员管理体制下，财政部门对会计人员的管理仅限于对会计人员从业及其技术资格进行资质认证、开展继续教育和行业指导等，但在监管方面还缺乏独立性、客观性和公正性。

正因为如此，在会计实际工作中就不可避免地出现了会计人员难以履行法律赋予的监督职能的尴尬情况。为解决这一问题，笔者建议考虑将我国政府主导型会计人员管理体制转向政府和企业结合的双重导向型会计人员管理体制。为构建这种新的双重导向型会计人员管理体制，财政部应尽快制定其试行办法、财务会计人员和管理会计人员的管理办法以及实施细则，明确各级会计人员管理机构的设置，各类会计人员聘用的条件和资格，会计人员管理机构及会计人员的权力和责任，财务会计人员和管理会计人员权责的划分，对会计人员违规行为的处罚，对侵犯会计人员权益、阻碍会计人员工作行为的处罚等做出规定。此外，还应考虑建立会计人员选拔聘用制度，会计人员岗位责任制度、会计人员定期轮岗制度、会计人员业务考核制度、会计人员工作奖惩制度、会计人员激励约束制度，以及会计人员重大事项报告制度、会计人员定期报告制度和离职审计制度等各项管理制度。

主要参考文献

［1］许家林、蔡传里等：《中国会计发展与改革研究》，华中科技大学出版社2011年版。
［2］王保忠：《中国会计制度变迁经济学研究》，中国物资出版社2010年版。
［3］刘玉廷：《会计中国二十年》，立信会计出版社2011年版。
［4］项怀诚：《新中国会计50年》，中国财政经济出版社1999年版。
［5］陈亚民：《会计规范论》，中国财政经济出版社1991年版。

新中国企业福利费用会计核算的历史演进

冯延超*

【摘要】企业职工福利是薪酬的重要形式，根据福利制度和企业会计准则的变迁历程，新中国企业职工福利费用的核算演变过程分为计划经济时期、转型经济时期和市场经济时期三个阶段。

【关键词】福利费用　会计核算　历史

一、引言

福利作为劳动报酬的一种间接形式，是吸引、保留、激励、帮助组织单位全体成员的重要手段。新中国的企业职工福利制度起源于特定的历史和政治背景，伴随着社会成员单位制逐步建立和完善，最终形成了以工作单位为主体，遵照国家政策为单位内部成员提供除工资和劳动保险之外的集体福利分配模式。以国有和集体所有制企业为主导经济模式，企业不仅有生产经营功能，而且具有经济、政治、社会等多方面的功能。我国长期以来实行低工资制，企业职工除了按照自己的劳动数量、质量领取工资外，还可享受企业举办的各种集体福利事业的待遇和取得必要的个人补助，形成了企业办社会的现象，由此在财务制度上也形成了具有中国特色的企业福利费用会计核算体系。

新中国的企业职工福利费用会计核算制度经历了多次变革，这些变革不仅由企业会计制度的变迁决定，还受到意识形态、公司法律、国家政策、部门规章等多重因素改变的影响。回顾新中国企业福利费用会计核算的历史演进，总结其内在规律和经验，将对进一步深化社会主义市场经济改革，建立科学合理的现代企业制度，更好地保障企业员工的福利水平和生活质量，构建社会主义和谐社会具有重要的理论与现实意义。

二、企业福利费用会计核算的历史演进

按照国家对企业职工福利的提取、使用和管理的各项制度和企业会计核算制度等的变迁历程，新中国企业福利费用核算的执行和演变过程大体上可分为三个阶段：

（一）计划经济时期的企业福利费用核算（1950～1992年）

随着生产资料公有制改造的完成，我国以公有制经济为依托，逐步建立起了一整套比较完

* 冯延超：河南财经政法大学会计学院。

善的社会福利制度和统一的会计核算制度。从 1950 ~ 1951 年 6 月，由中财委审定并颁布的包括重工业部门在内的 13 个部门的所属企业及经济机构的统一会计核算制度。随后根据经济环境的变化，参照苏联的会计核算模式，财政部门会同各行业专业部门多次修订了一系列的行业会计制度。但随着“文化大革命”的政治走向，阶级斗争、政治挂帅不断升级进而否认经济发展，会计核算制度也走上了放权和收权的修补怪圈。1980 年财政部发布的《国营工业企业会计制度》拉开了企业会计制度恢复与建设的序幕。这些制度规范使我国在改革开放时期的企业会计制度体系不断完善发展，开创了中国企业会计制度建设的新局面。

1953 年 1 月劳动部公布的《劳动保险条例实施细则修正草案》规定：实行劳动保险的企业应根据工人职员的需要及企业经济情况，单独或联合其他企业设立疗养所、营养食堂、托儿所等，其房屋设备、工作人员的工资及一切经常费用，完全由企业行政方面或资方负担。私营企业改造完成后，建立了以公有制为主体的国民经济体系，国营企业的福利设施在兴建时作为非生产性的基建投资，由财政拨款解决。针对国营企业福利费用的提取办法不一致问题，为便于基层企业统一掌握执行，1953 年政务院财经委员会发文规定：企业的职工福利费用按照职工工资总额的一定比例提取工资附加费的方式解决，工资附加费的内容主要包括劳动保险金、工会经费、医药卫生补助金和福利补助金四项。其中福利补助金，由企业按职工工资总额的 2.5% 提取，主要用于职工困难补助、职工集体福利设施以及职工食堂的收支差额补助。1963 年《国务院关于企业职工福利补助费开支办法》规定职工福利补助费主要应用于职工的生活困难补助，其余部分可以适当用于补贴托所、幼儿园、浴室、理发室等其他集体福利事业的开支。职工福利补助费开支的不足部分，可以从企业奖金中弥补。

1969 年和 1973 年财政部先后发文，对职工福利基金的提取和使用作了新的规定，其主要内容是：（1）将国营企业奖励基金和福利费、医药卫生费实行合并提取的办法，统一按工资总额的 11% 提取职工福利基金，并计入成本。（2）实行职工福利基金办法后，原来的企业奖励基金不再用于对先进个人和集体发奖，而是由企业根据需要统筹安排，分别用来解决职工医疗、福利方面的开支。（3）职工福利基金主要用于职工及供养亲属的医药费、医务人员工资、医务经费、职工因工负伤就医路费，职工的生活困难补助，职工浴室、理发室、托儿所、幼儿园的人员工资和收支相抵后的差额，食堂炊事用具的购置和修理费用，职工的集体福利设施支出，以及企业农副业生产的开办费和亏损补贴等。

1979 年改革开放后，国家曾发文规定，实行利润留成的企业，原在生产成本中提取的相当于工资总额 11% 的职工福利基金，统一纳入利润留成的范围，企业发生的各项福利费支出改在利润留成中的职工福利基金中开支。但 1983 年国家在国营企业实行利改税后，又规定按工资总额 11% 提取的职工福利基金均在成本中列支，超过工资总额 11% 的部分，在税后留利中列支，不准计入成本。

从以上福利制度的演进看，新中国企业职工的福利费用初步形成了基建拨款、从工资总额中提取、税后留利等三个来源体系，会计制度的变化对福利费的核算影响不大，具体会计核算方法如下：

（1）根据工资总额的 2.5% 或 11% 提取的职工福利基金。在账务处理时，企业不同部门计提的福利费用，按完全成本法作为企业的成本，借记“基本生产”或“生产费用”科目，贷记“专用基金——职工福利基金或“应付工资附加费”科目。提取的职工福利费发生支出时借记“专用基金——职工福利基金”或“应付工资附加费”，贷记“专用存款”等科目。

（2）利润留成或奖励基金用于职工福利，根据不同时期利润留成比例或奖励基金提取比例，借记“利润分配”，贷记“企业留利基金——企业奖励基金”科目，使用时借记“企业留利基金”，贷记“专项存款”等。

（3）国家直接拨款建立的福利设施，借记“专项存款”，贷记“国家基金”，建成后，借记“固定资产”，贷记“固定基金”，并按规定的折旧率提取折旧基金。

（二）转型经济时期（1992～2006年）

1992年邓小平同志南方讲话澄清了改革开放的重大理论问题，随后召开的党的十四大，确立了建设社会主义市场经济体制的目标，经济领域的各项改革幅度和进度明显加强。为适应市场经济建设的需要，财政部于1992年年底发布《企业会计准则——基本准则》、《企业财务通则》以及适应各行业生产经营活动特点、管理要求的13个行业会计制度和10个行业财务制度（简称“两则两制”），会计恒等式也由原先的“资金来源=资金占用”变为国际上通用的“资产=负债+所有者权益”，初步与国际会计准则接轨，由此拉开了我国会计准则体系建设的序幕。2001年发布了统一的《企业会计制度》，它将会计的确认、计量、记录、报告四项功能融为一体，在制度中进行全面规范，便于企业实务操作。

1992年4月5日财政部（92）财工字第120号文件规定将福利费用的提取比例由按工资总额的11%提高到14%，并明确将副食品价格补贴由原从福利基金中开支转为直接列入成本。1993年12月29日颁布了《中华人民共和国公司法》，其中第177条和第180条规定：公司分配当年税后利润时，应当提取利润的5%～10%列入公司的法定公益金，公司提取的法定公益金用于本公司职工的集体福利。

根据这一时期有关福利制度和会计制度的变化，企业职工福利费除了国家不再直接对企业的非生产性基本建设拨款和贷款外，其来源与计划经济年代相似，具体账务处理如下：

（1）根据工资总额的14%提取的职工福利费。企业按工资总额的14%计提的职工福利费，主要用于职工的医药费（包括企业参加职工医疗保险交纳的医疗保险费），医务人员的工资，医务经费，职工因公负伤赴外地就医路费，职工生活困难补助，职工浴室、理发室、幼儿园、托儿所等集体福利部门人员的工资等。在账务处理时，根据不同的计提部门借记“生产成本”、“制造费用”、“管理费用”等科目，贷记“应付福利费”。提取的职工福利费发生支出时借记“应付福利费”，贷记“银行存款”等科目。

（2）按税后利润的5%～10%提取的公益金。原公司法是在我国经济转型的初期制定的，规定公司型企业从税后利润中提取5%～10%的资金作为公益金，主要用于职工集体福利设施的建设。其账务处理为：计提时，借记“利润分配——提取法定公益金”，贷记“盈余公积——法定公益金”；使用时，借记“固定资产”等科目，贷记“银行存款”，同时借记“盈余公积——法定公益金”，贷记“盈余公积——任意公益金”。

（3）按税后利润的一定比例提取的职工奖励和福利基金。这一核算项目是外资企业依据外商投资企业法规从税后利润中提取的，提取比例由各企业自行决定。提取的职工奖励及福利基金，主要用于职工非经常性奖励、补贴购建和修缮职工住房等集体福利。计提时，借记“利润分配——提取职工奖励及福利基金”，贷记“应付福利费——提取的职工奖励及福利基金”。

（三）市场经济时期的企业职工福利会计核算（2006年至今）

原有财务制度下对职工福利的会计核算是计划经济及其转型期间的产物，随着市场经济的发展，它存在的弊端日益凸显：一是许多企业已将福利机构剥离推向社会，社会保障体系逐步建立，但所有企业都计提福利费造成核算范围不符合事实；二是同为职工“五险一金”项目的职工医疗保险从应付福利费中开支的，但其他保险从管理费用中开支，造成同一项目会计核算不统一；三是内资企业和外资企业差异，不利于会计信息的可比性；四是由于计提的应付福利费可以税前列支，监督部门对该账户的审查较松，因此大部分民营企业按规定计提却很少开支福利费，国有企业将大量不合规的开支从应付福利费中列支，应付福利费经常出现红字，提取的福利费并没有真正用到职工福利上；五是企业产权日益多元化，投资人拥有企业剩余利润的所有权，理所当然地可以把剩余利润用于企业经营或分配，而不应限于用做职工集体福利，没有理由要求他们将应属于他们的税后利润拿出来作为公益金或职工奖励及福利基金给他人使用。

随着社会主义市场经济的基本形成和世界经济一体化进程的加速，使会计国际趋同的需要日益迫切。2006 年财政部正式印发了新企业会计准则体系及准则应用指南。新会计准则体系由 1 项基本准则和 38 项具体准则组成，其中第 9 号准则“职工薪酬”首次对广义上的报酬进行了系统规范，将原来的应付工资、应付福利费等合并为“应付职工薪酬”，并明确了和职工福利有关的职工福利费、辞退福利、非货币性福利和股份支付等四项内容。随后发布的《企业财务通则》规定将从职工福利费中开支的基本医疗保险等直接列入成本费用，并取消了按规定比例计提职工福利费，福利费由企业参照历史一般水平据实列支。财企〔2009〕242 号文《财政部关于企业加强职工福利费财务管理的通知》明确按月按标准发放或支付的住房补贴、交通补贴、通讯补贴、午餐补贴等应纳入工资总额管理，对企业福利费的使用做了严格规定。

2006 年公司法也进行了修订，取消了从税后利润提取公益金的规定，新规则下的职工福利费用的账务处理如下：

（1）根据企业会计准则——职工薪酬准则规定，企业不再按照工资总额 14% 计提职工福利费。企业按照实际情况和职工福利计划发生的福利费用直接从“应付职工薪酬——职工福利”科目贷方列支；以自产产品作为非货币性福利发放给职工的，从“应付职工薪酬——非货币性福利”科目贷方列支，同时按产品的公允价值，计入相关资产或当期损益；企业无偿向职工提供住房等固定资产使用或租赁给职工无偿使用的，按每期应计提的折旧额或应支付的租金，也从“应付职工薪酬——非货币性福利”科目贷方列支。上述职工福利费用，应根据受益部门借记“生产成本”、“制造费用”、“管理费用”、“劳务成本、“研发支出”、“在建工程”等科目。另外，新准则还规定如果满足确认条件的解除劳动关系计划或自愿裁减建议的辞退福利，应计入管理费用。

（2）外商投资企业提取的职工福利及奖励基金的处理。根据企业会计准则职工薪酬准则及其应用指南，外商企业按规定从净利润中提取的职工奖励及福利基金，也应在“应付职工薪酬”科目核算。因为公司法已取消了公益金的计提，新的企业所得税法也实现了两税统一，预计下一步将对有关外资企业法做出修改，取消从税后利润计提职工奖励及福利基金的做法。

（3）已经计提职工福利费的处理。新会计准则首先在上市公司实施，大部分非上市公司在 2007 年 1 ~2 月仍按 14% 的比例计提了福利费用。但根据企业财务通则和财企〔2007〕48 号文的规定，2007 年企业已经计提职工福利费的应当予以冲回。会计处理为，根据已计提的应付福利费，做红字冲销分录或做相反方向分录。

根据《公司法》第 167 条和财企业〔2006〕67 号文件规定，从 2006 年 1 月 1 日起企业进行利润分配时不再提取公益金。企业对以前的公益金结余，转做盈余公积金管理使用，公益金赤字，依次以盈余公积金、资本公积金、以前年度未分配利润弥补，仍有赤字的，结转未分配利润账户，用以后年度实现的税后利润弥补。

根据财企〔2007〕48 号文的规定，对 2006 年 12 月 31 日前应付福利费账面余额的处理，根据不同的企业处理方式不同。（1）如果是上市公司，则根据《企业会计准则第 38 号——首次执行企业会计准则》的规定，首次执行日企业的应付福利费余额，全部转入应付职工薪酬，首次执行日后的第一个会计期间，按照企业实际情况和职工福利计划确认应付职工薪酬（职工福利），首次执行日转入应付福利费的余额与当年度实际使用额之间的差额，调整管理费用。

如果是非上市公司，因 2007 年还未要求实行新企业会计准则，所以原福利费余额为结余的，继续按照原有规定使用，待结余使用完毕后，再按照修订后的《企业财务通则》执行。如果企业实行公司制改建或者产权转让，则应当按照《财政部关于〈公司制改建有关国有资本管理与财务处理的暂行规定〉有关问题的补充通知》（财企〔2005〕12 号）转增资本公积。余额为赤字的，转入 2007 年年初未分配利润，由此造成年初未分配利润出现负数的，依次以任意公积金和法定公积金弥补，仍不足弥补的，以 2007 年及以后年度实现的净利润弥补。

如果是外商投资企业且为非上市公司，2006 年 12 月 31 日前从税后利润中提取的“应付福利费——提取的职工奖励及福利基金”余额不做结转。

三、未来企业福利费用核算的发展

相对于工资薪酬，职工福利应当只是企业对职工劳动补偿的辅助形式，企业应当合理控制职工福利费在职工总收入的比重，避免无序增长的福利性收入，扭曲社会劳动力真实成本和市场价格（即工资）。因此企业应当结合薪酬制度改革，逐步建立完整的人工成本管理制度，将职工福利纳入职工工资总额管理，这是职工福利制度改革的方向。

同时随着我国市场经济的发展，多层次社会保障体系的逐渐完善，企业向职工提供福利的形式不断丰富，尤其是离职后福利计划日益发展，对职工薪酬的会计核算及相关信息披露提出了新的挑战和要求。财政部目前拟对职工薪酬会计准则进行修订，预计将充实离职后福利的内容，新增了关于设定受益计划的会计处理规范；将企业为职工缴纳的养老、失业保险调整至离职后福利中；充实了关于辞退福利的会计处理规定；引入其他长期职工福利。准则修订后预计职工福利的会计核算内容将增加，但会计处理方法基本保持不变。

主要参考文献

［1］陈守平：《浅谈应付福利费科目》，载于《当代经理人》2006 年第 8 期，第 35 页。

［2］刘用铨：《浅谈应付福利费核算存在的不足及其改进建议》，载于《时代财会》2003 年第 10 期，第 25 ~ 27 页。

［3］叶映红：《新会计准则下职工薪酬会计核算的变化》，载于《中国管理信息化》2006 年第 12 期，第 46 ~ 48 页。

［4］殷同立：《企业职工福利基金》，载于《中国财政》1985 年第 1 期，第 38 ~ 39 页。

［5］李晓东：《职工福利、剩余索取权分享与国有企业的社会成本问题》，载于《会计研究》2010 年第 10 期，第 76 ~ 82 页。

［6］宋士云：《新中国社会福利制度发展的历史考察》，载于《中国经济史研究》2009 年第 3 期，第 56 ~ 65 页。

美国公允价值会计应用历史考察

于永生*

【摘要】美国早期应用公允价值会计是满足公共事业企业商品定价需要。后来会计界的一些学者认识到公允价值会计可以反映物价变动对企业资产的影响，从而将企业与外部经济环境联系起来。本文通过对美国公允价值会计演进和发展的梳理表明，市场经济发展是推动公允价值取代历史成本成为财务会计主要计量模式的直接动因，而美国证券交易委员会对FASB和会计界的全力支持是公允价值会计经受2008年存废之争考验的关键所在。

【关键词】公允价值　美国公认会计原则　SEC态度

2008年是公允价值会计生死攸关的一年。这主要是因为，第一，公允价值会计一直是个颇有争议的问题；第二，美国财务会计准则委员会（FASB）的“公允价值计量”准则项目（即SFAS 157）使公允价值会计的关注度进一步提高；第三，2008年恰是“公允价值计量”准则正式生效的第一年，在金融危机全面爆发、市场景况不断恶化情况下，金融机构对公允价值会计的憎恨达到前所未有的程度。那么，颇具争议又生不逢时的SFAS157为什么能力闯难关、大难不死呢？本文认为，不是FASB和会计界的雄辩和影响力捍卫了公允价值会计，而是美国证券交易委员会（SEC）的明确支持和肯定拯救了公允价值会计。

美国公认会计原则（GAAP）由会计职业组织制定，但必须得到SEC认可方能生效。在SEC组建之初，美国会计准则制定部门在财务会计计量改革方面曾进行过多次尝试，但均以失败告终。原因是，在过去的很长一段时期内，对任何背离历史成本的计量改革，SEC总是彻底封杀。因而，在财务会计计量改革方面，美国会计准则制定部门与SEC的合作一直很不愉快。正如上文所述，SEC对FASB和会计界的全力支持是公允价值会计顺利渡过难关的关键所在。那么，一度对历史成本忠贞不二的SEC为什么在2008年金融危机中成为捍卫公允价值会计的斗士？以下对美国公允价值会计演进和发展的梳理，主要目的正是阐释这个问题。正确理解和把握美国公允价值会计演进和发展及SEC态度的转变过程，对认识2008年金融危机中的公允价值会计问题和预测其未来发展趋势有重要理论和现实意义。

一、美国早期的公允价值会计应用考察

美国早期的公允价值应用可能与司法判例有关。1898年，在“Smyth v. Ames”判例中，美国高等法院（the Supreme Court of the United States）要求估计该案中涉及的“公共事业”（public utilities）企业不动产（property）的公允价值，根据该价值确定投资资本的收益率，拒

* 于永生：浙江财经大学会计学院。

绝将历史成本作为公允价值估价的唯一参照。自那以后，公允价值就成了确定公共事业企业投资资本权利的公认基础。[①] 最初的公允价值估计相当复杂，几乎要考虑与不动产相关的所有因素，操作性很差；后来法院逐渐将公允价值估计简化，在这个过程中它们最先考虑的是“现行重置成本”（current replacement cost）。在“Smyth v. Ames”判例中，美国高等法院指出：“计算合理价格的基础必须是为公众提供服务的不动产的公允价值”；在确定不动产的公允价值时要考虑以下因素：“建筑物的原始成本、大修支出、建筑物的现行成本、潜在的获利能力、运营费用以及公共事业企业的股票和债券的金额和市场价值等因素，我们并没有说估计不动产价值时不再考虑其他因素。”[②] 后来，法院逐渐将“重置成本（新）减去折旧”作为不动产价值估计的恰当方法。[③] 法院将现行重置成本作为资产重估参照的事实对公共事业企业的资产估价实务产生了很大的影响。而在物价上涨时期，“收益率管制定价法”（rate of return price regulation）的推行又进一步刺激了公共事业企业按重置成本重估其资产价值的行为。[④]“收益率管制定价法”是美国在19世纪末推出的对自然垄断行业价格管制的基本方法，其基本思路是，赋予公共事业企业投入的资本以规定的收益率，从而逆推确定公共事业产品价格。[⑤] 在公共事业企业产品定价中，投入资本价值的计量方法对产品价格产生直接影响。而在物价上涨期间，资本重估增值能使提高产品价格的行为合理化，因此被公共事业企业普遍采用。

美国公允价值应用可能发端于司法判例，首先在“公共事业”企业推广，它们应用公允价值并非出于财务报告目的，而是产品定价的需要。在确定公允价值的过程中，法院最初要求综合考虑与不动产相关的各类因素，后来简化为按照重置成本，最后明确为重置成本减折旧。这个转变过程说明，法院最初希望从法律角度、在综合权衡相关因素的基础上确定公允价值，后来转变为从经济现实的角度、以当前市场情况下重置资产的价格为公允价值，最后又进一步考虑了资产的新旧程度，以重置成本减累计折旧后的金额为公允价值。在这个过程中，法院已经明确地将市场确定为估计不动产公允价值的主要信息渠道，这主要是基于可操作性方面的考虑，但市场信息的客观性、公开性和透明性也是不可忽视的因素，正是这些因素突出了公允价值的“公允性”。从财务报告的角度分析，重置成本减累计折旧这种确定不动产公允价值的方法与资产减值存在显著差异。不动产的重置成本要依据当前市场状况而定，可能高于历史成本，也可能低于历史成本。这种确定公允价值的方法要求确认不动产价值的双向变动，与资产减值仅确认单方向变动不同，符合Ryan（2008）关于公允价值会计的定义。

二、SEC成立前美国公允价值应用状况

在证券交易委员会（SEC）成立之前，美国会计实务无章可寻，没有统一的会计标准，各州公司法（corporation law）也很少涉及财务报告问题。会计人员将会计教科书和专业杂志视为最佳实务指南。这些文献一般支持使用以成本为基础的方法对资产进行计价，宣传会计应坚

---

① Earl A. Saliers. “Cost, Fair Value and Depreciation Reserves”. The American Economic Review, Vol. 10, No. 2, Jun 1930, pp. 272 – 282.

② Smyth v. Ames, 160 U. S 466, 1898.

③ May, G. O., *Financial Accounting: A Distillation of Experience*. Macmillan. 1943. 转引自 Walker R. G, “The SEC's Ban on Upward Asset Revaluations and the Disclosure of Current Values”. Abacus, Vol. 28, No. 1, 1992.

④ Clarke, F. L. “Inflation Accounting and Accidents of History”. Abacus, December 1980.

⑤ 苏素：《公共事业间接管制定价》，载于《重庆大学学报》（自然科学版）2004年第5期。

持“收入与费用配比”原则，而不必反映物价变动的影响。①然而，在“Smyth v. Ames”判例及后来资产重估在“公共事业”企业普遍应用的影响下，会计界的各种不同观点也开始浮现出来，它们或者被编入教科书，或者发表在专业杂志上。一些人继续坚持以成本为基础的计价，甚至否定对存货和交易性证券应用成本与市价孰低法；一些人则认为资产重估是可取的，因为它可以检验资产折旧金额的充分程度；一些权威机构强调企业应在资产负债表中披露所用的资产计价方法，不论是成本法、折旧成本法（depreciated cost）、评估重置成本法（appraised replacement cost）还是其他方法，它们暗示，根据评估价值和市场价格的资产重估增值（write-up）是合法的；另外一些人指出，实务中已经存在资产重估的现象；还有一些人建议，应偶尔对固定资产进行重估增值，以避免财务报告传递误导性的信息；另外有人建议，可以在资产负债表的附注中披露资产的市场价值。②

从以上罗列的观点中不难看出，支持根据重置成本或市场价值对企业资产进行重估并确认重估增值或减值的观点已经占了主流。此外，权威机构的肯定又进一步推动了这种方法在会计实务中的普及。法布里肯特（Fabricant，1936）的调查表明，1925～1934年间，在他所选择的208家大型工业企业样本中，75%的企业重估资产并进行增记或减记。③狄龙（Dillon，1979）发现，他调查的样本公司中有1/4在1925～1934年间记录了资产重估增值。④可见，在20世纪20年代和30年代早期，美国企业对其资产进行价值重估，通过增记或减记的方法在资产负债表或附注中反映这些资产的现行价值，这种现象在当时的会计实务中已经非常普遍。

在SEC成立之前，美国公允价值会计应用主要体现在资产重估实务上。有的企业将资产重估增值或减值的信息在资产负债表中确认（如公共事业企业），有的企业将这些信息在财务报表附注中披露。但是，脱离统一会计标准、外部审计和监管的资产估价实务给企业利润操纵提供了巨大的空间。这种利润操纵现象在较早应用公允价值的“公共事业”行业中被最早发现。

三、20世纪30～70年代SEC对公允价值会计的态度

（一）SEC组建之初对资产重估的态度

20世纪20年代中期，美国电气行业的高度垄断及其定价机制引起人们高度关注。1928年2月美国参议院要求“联邦贸易委员会”（Federal Trade Commission）对公共事业企业的财务问题展开调查。“联邦贸易委员会”1935年报告的调查结果令人触目惊心。仅在电力行业18家一级控股公司（top holding company）、42家二级控股公司（sub-holding company）和91家运营企业（operating firm）中，资产重估增值的总额就高达15亿美元，其中许多增记金额完全是企业随意确定的。⑤“联邦贸易委员会”对公共事业企业财务问题的调查及他们对恶意资产重估

①⑤ Walker R. G. “The SEC's Ban on Upward Asset Revaluations and the Disclosure of Current Values”. Abacus, Vol. 28, No. 1, 1992.

② Earl A. Saliers. “Cost, Fair Value and Depreciation Reserves”. The American Economic Review, Vol. 10, No. 2, Jun 1930, pp. 272－282.

③ Fabricant, S. “Revaluation of Fixed Assets, 1925－1934”. National Bureau of Economic Research Bulletin, December 1936.

④ Dillon, G. J. “Corporate Asset Revaluations, 1925－1934”. The Accounting Historians Journal, Spring 1979.

增值的批判对美国会计界产生了很大的影响。

1934 年 7 月 2 日，SEC 成立，负责执行和实施 1933 年的证券法案和 1934 年的证券交易法案。这些法律赋予 SEC 制定上市公司报告、会计和披露信息编制规范的权利。SEC 在 1935 年秋设立首席会计师职位并于同年 12 月任命加曼 · G · 布劳（Carman G. Blough）为第一任首席会计师。①布劳（Blough）是一位大学教师、注册会计师，1934 年调入 SEC 企业注册部工作，1935 年 12 月起任首席会计师，1938 年 5 月离任。SEC 首席会计师能对会计准则制定部门的工作产生实质性影响。

在组建之初，SEC 在许多方面与"联邦贸易委员会"有密切联系。在 SEC 成立之前，《1933 年的证券法案》由"联邦贸易委员会"负责实施。两个委员会的部分工作人员曾经在同一办公室办公。一些最初的 SEC 工作人员是直接从"联邦贸易委员会"调入的。SEC 组建时的 5 位委员中有 3 位参与了"联邦贸易委员会"对公共事业企业财务问题的调查，包括直接负责该调查工作的罗伯特 · E · 希利（Robert E. Healy）。希利是 SEC 内部坚持历史成本原则的最核心人物，他确定了美国公认会计原则中计量属性选择的基本原则，阻止了会计准则制定部门偏离历史成本的任何改革尝试。希利是一位律师，1928 ~ 1934 年间任"联邦贸易委员"会首席法律顾问一职，期间他主持了对公共事业企业市场操纵事件的调查工作。希利对资产重估增值深恶痛绝，将当时的资产重估实务现状生动地描述为"除了地下室的炉灰外，一切都可以资本化"。在他看来，所有脱离历史成本的资产增值都是欺骗性的。希利（1938）对会计的认识是：会计的目的是记录事项的历史成本，而不是列报有关价值的信息。希利努力说服其他 SEC 委员接受他的观点，使得 SEC 上层在反对资产重估增值上保持一致。希利还将他的观点灌输给 SEC 首席会计师及其办公室的其他会计人员，影响了最初加入 SEC 的所有会计人员，包括后来成为第二任首席会计师的威廉 · W · 温茨（William W. Werntz）（任职年份：1938 ~ 1947）、第三任首席会计师伊尔 · C · 金（Earle C. King）（任职年份：1947 ~ 1956）和第四任首席会计师安德鲁 · 巴尔（Andrew Barr）（任职年份：1956 ~ 1972）。结果，坚持历史成本、反对依据经济现实调整资产价值的理念成为会计准则制定部门在准则制定过程中被迫执行的基本原则，主导了美国财务会计计量领域的发展基调，使得历史成本一直在美国财务会计实务中占据统治性地位，直到 1972 年第四任首席会计师巴尔离任这种状况才有所改观。在美国会计历史上，希利对财务报告计量领域发展的影响是深远的，导致公允价值会计发展至少滞后 40 年。

组建之初，在资产计价方面坚持历史成本、反对重估增值已成为 SEC 内部共同认可的基本原则。但 SEC 并未通过发布公告的形式直接废止资产重估增值，而是对资产重估实务提出严格、苛刻条件，从而逐渐地逼迫企业自动放弃资产重估。SEC 的早期工作之一就是对 1935 年 7 月 1 日前上市的公司进行重新核查登记，要求它们提供有关公司财务状况的资料；新申请上市的公司也要按照 SEC 要求提供相关资料。为此，SEC 设计了一些规范公司财务信息披露的表格，其中最重要的是表 10（Table 10）和表 A－2（Table A－2）。这些表格的披露要求及其执行指南是 SEC 为废除"资产重估增值"而采取的第一项措施。通过这些表格，SEC 要求进行资产重估增值的公司必须提供充分资料，否则将向他们发出"缺陷函"（letter of deficiency），进一步索取相关证据资料，从而导致这些公司登记延后或增加成本。为了避免登记延迟或增加成本，大多数公司后来就放弃资产重估，转用历史成本报告其资产。这样，到 1940 年，

① Stephen Zeff. "The SEC Rules Historical Cost Accounting：1934 to the 1970s". Accounting and Business Research（International Accounting Policy Forum Issue），2007.

很少有公司重估其资产，但仍有一些公司在财务报告附注中披露其不动产、厂房和设备的评估价值。①

20世纪20年代，"公共事业"企业"滥用资产重估"事件给公允价值会计的早期应用蒙上了一层厚厚的阴影。自此，每当讨论公允价值会计，人们就会联想到在"公共事业"行业发生的"资产重估增值恶行"（the vice of write-ups）；公允价值会计应用也始终与"滥用"（abuse）、"任意"（arbitrary）、"操纵"（manipulation）和"主观"（subjective）等表达人们各种担忧的描述结伴而行。

本文认为，早期的公允价值会计滥用事件与当时美国的社会环境有密切的关联。"Smyth v. Ames"判例实质上是要求从经济价值的角度考虑企业资产估价问题，这正是基于历史成本的财务报告系统无法彻底克服的内在缺陷，因而较早地唤起了人们对历史成本信息缺陷的思考。这是"Smyth v. Ames"判例的积极意义所在。历史成本信息无法反映外部经济环境变化对企业的影响，基于这些信息的决策可能会使企业和投资者蒙受损失。公允价值会计早期应用的失败可能说明，公允价值会计正确应用离不开相对发达的市场环境和相对完整的监管体系。然而，这些条件在20世纪30年代前的美国都是不具备的。缺乏权威的会计和审计标准使美国当时的会计实务杂乱无章；"收益率管制定价法"的推行刺激了追求利润的企业管理层借"资产重估"制造虚假资产的动机。在这样的环境下，公允价值会计的滥用可能也不足为怪。

（二）SEC否定资产计价方面的改革尝试

尽管新组建的SEC已经明确地表达了对资产重估的态度并开始限制上市公司的资产重估实务，但当时的会计准则制定部门（即会计程序委员会）却开始尝试资产计价方面的改革。1945年10月，会计程序委员会通过了一项决议，提出在"准改组"（quasi-reorganization）情况下允许企业进行资产重估增值操作。其目的是为特定情况下的资产重估增值打开方便之门。接着，会计程序委员会撰写了一份"会计研究公告草案"来进一步明确其主张。但是，次年该委员会被迫推迟发布这份关于"准改组"情况下资产重估增值的正式公告，因为SEC首席会计师威廉·W·温茨在公开场合明确表达了对"准改组"中记录资产增值的反对态度。在后来写给美国会计师协会的信中，会计程序委员会指出，在因"重组"或"准重组"而重新确立企业会计核算基础的情况下，如果资产账面金额不能代表其价值，企业应该确认新成本。②在1950年，为应对二战后的通货膨胀问题，会计程序委员会再次建议在"准改组"中进行资产重估增值操作，但又一次遭到SEC强烈反对。虽然几经努力，但由于SEC的反对，会计程序委员会多年来的资产计价改革尝试以失败告终。在这期间，为顺应通货膨胀情况下会计实务的需要，会计程序委员会还尝试将固定资产的折旧基础由历史成本改为重置成本，但也是由于SEC首席会计师Earle King的极力反对而未能成功。

（三）SEC否定一般物价水平会计的改革尝试

一般物价水平会计允许企业按一般物价水平调整历史成本核算的资产账面金额。第二次世界大战后美国通货膨胀加剧，会计界对一般物价水平会计的关注度与日俱增。1952年，乔

---

① Walker R. G. "The SEC's Ban on Upward Asset Revaluations and the Disclosure of Current Values". Abacus, Vol. 28, No. 1, 1992.

② Stephen Zeff. "The SEC Rules Historical Cost Accounting: 1934 to the 1970s". Accounting and Business Research (International Accounting Policy Forum Issue), 2007.

治·O·梅（George O. May）率领的研究小组指出，应鼓励上市公司披露有利于按当前购买力单位确定收益水平的信息，但遭到时任 SEC 首席会计师伊尔·C·金的反对。1954 年 3 月，Arthur Andersen & Co. 会计师事务所向 SEC 发出请愿书，建议使用现行成本会计，或者作为替代方法，按一般物价水平重述历史成本基础的折旧金额。SEC 同样拒绝了该事务所的请求，指出：委员会认为该建议违背公认会计原则、没有权威性理论支持、不符合公众利益。20 世纪 50 年代，美国会计协会（American Accounting Association），一个会计学术组织，也开始研究一般物价水平会计问题。该协会先后发表了三份研究报告，对按一般物价水平重述的财务报告的优势进行解释、说明和论证。

1963 年，会计程序委员会（CAP）的继任者会计原则委员会（APB）发表了一份解释和说明一般物价水平会计的研究报告。在 1965 年发表的另外一份 APB 研究报告中，保尔·格莱蒂，普华的一位高级合伙人，建议补充披露物价水平变动的财务影响。受其影响，会计原则委员会不久就开始研究一项相关的会计公告。1969 年，会计原则委员会通过了一份不具约束力的公告，号召企业补充披露按一般物价水平重述的财务报告。会计原则委员会原本计划发布一份要求企业按一般物价水平进行重述的强制性意见书（Opinion），但因 SEC 首席会计师安德鲁·巴尔反对而被迫放弃。

（四）SEC 正式废止资产重估

正如上文所述，尽管 SEC 没有发布禁止应用“资产重估增值”的任何文告，但要求进行这些操作的公司按规定提供足够充分的证据材料，延迟其股票或证券上市交易的时间。SEC 希望通过这种非正式的方法将“资产重估”赶出会计实务。SEC 采取这种措施之后，在资产负债表上按重估价值列示其资产金额的公司已非常罕见，但仍有公司将一些资产的重估价值在财务报表附注中披露。20 世纪 50 年代，SEC 又一次以非正式的方法禁止公司将资产重估信息在财务报表附注中披露。①最后，在 1965 年“会计原则委员会”（APB）第 6 号意见书正式废止了“资产重估”在会计实务中的运用。第 6 号意见书指出，企业不能在成本的基础上增记不动产、机器和设备的账面金额以反映其评估价值或当前市场价值。②

（五）SEC 解除资产重估增值禁令

尽管 SEC 一直对公允价值会计持否定态度，但在 20 世纪 70 年末期却放弃了该原则，允许企业在某些情况下进行资产重估。SEC 解除“资产重估”禁令的原因有两方面：一是新上任的 SEC 首席会计师约翰·C·波顿鼓励使用历史成本以外的其他计量属性；二是在 20 世纪 70 年代高通货膨胀期间，基于历史成本的企业财务报告普遍报告虚假利润，传递了误导投资者的信息。在这两个因素的影响下，SEC 内部对公允价值会计应用的态度发生了根本性转变。1976 年，SEC 发布了会计系列公告 190（ARS 190），要求企业披露现有实物资产的重置成本，正式解除了资产重估增值的禁令。但是，在执行过程中，企业发现按照 ARS 190 的重置成本定义和指南估计资产的价值难度很大。于是 FASB 于 1979 年 9 月发布 SFAS 33“财务报告与物价变动”，要求企业在 10 - K 报告中披露实物资产现行成本信息。1978 年，SEC 还发布了第 253 号

① Walker R. G, “The SEC's Ban on Upward Asset Revaluations and the Disclosure of Current Values”. Abacus, Vol. 28, No. 1, 1992.

② Accounting Principles Board. ‘Status of Accounting Research Bulletins’. *Opinion No.* 6. New York: American Institute of Certified Public Accountants. 1965.

会计系列公告，要求油气企业在财务报告中使用“储量确认会计”，一种类似现行价值会计的方法。按照“储量确认会计”，未实现的利得和损失要计入损益。自 1934 年组建以来，SEC 第一次允许企业在财务报告中使用背离历史成本的会计方法。近 40 年来在，SEC 要求上市公司在财务报告中不折不扣地贯彻历史成本原则，坚决抵制任何背离历史成本会计的改革尝试。第 253 号会计系列公告的发布标志着 SEC 的立场已发生实质性改变，因而具有重大历史意义。

四、20 世纪 80 年代以后 SEC 对公允价值会计的态度

1978 年 11 月和 1980 年 5 月，FASB 发布了第 1、2 号财务会计概念框架公告（SFAC 1、SFAC 2），指出财务报告的首要目标是提供对制定决策有用的信息，确定“相关性”和“可靠性”是会计信息的最重要质量特征。[①]这标志着美国财务会计准则制定方向已经发生了根本性的转变，也表明 FASB 已经走出了在历史成本和公允价值之间徘徊犹豫的怪圈，将扩大公允价值应用作为公认会计原则会计计量体系改革的长期目标。SFAC 2（1980）指出，相关性（relevance）就是信息影响决策的能力，包括信息的预测价值、反馈价值和及时性；可靠性（reliability）就是它反映了意在反映的经济情况或事项，包括反映真实性、可核性和中立性。按照这两个标准，历史成本既不相关（没有及时性）也不可靠（虽然可核但不能真实地反映当前的交易或事项）。

SFAC 1 和 SFAC 2 发布之后，FASB 发布的会计公告中涉及公允价值计量的明显增多。20 世纪 80 年代，美国 2 000 多家金融机构因从事金融工具交易陷入财务困境，但建立在历史成本计量模式上的财务报告在这些金融机构陷入财务危机之前，往往还显示“良好”的经营业绩和“健康”的财务状况；许多投资者认为，历史成本财务报告不仅未能为金融监管部门和投资者发出预警信号，甚至误导了投资者对这些金融机构的判断；为此，他们强烈呼吁 FASB 重新考虑历史成本模式是否适合于金融机构。[②] 1990 年 9 月，SEC 主席布里登（Breeden）在美国议会关于银行、住房和城市事务协会上发表讲话，力荐使用公允价值计量金融工具。在其报告的最后部分“财务报告的正当角色：公允价值会计”中，布里登指出：[③]

“金融机构从事金融工具的买卖，他们都有一个根据当前市场情况进行价值计量的问题。其资产应该按当前市价入账而不应按历史成本入账，这已日益成为我们为之努力的目标了。”

“SEC 认识到将银行会计由历史成本模式转变为公允价值模式是一个艰巨的任务，我们当前正对这些问题进行研究。努力的目标应该是尽可能地取得恰当地运用公允价值进行计量的财务报告。”

“历史成本形成于一个与现在大量市场参与者相互作用的经济环境大相径庭的背景下。现今，金融机构积极管理投资证券的利息收入和债务证券的利息费用，以使净收入最大化和利率风险最小化。这种投资证券和债务证券管理通常要求通过买卖证券投资来改变到期的资产和负债的结构。在这种环境下继续使用历史成本是不恰当的，它会减少财务信息的相关性。”

布里登的讲话为公允价值在美国会计准则和实务中的推行注入了无限动力，揭开了会计计量领域改革的新篇章。不久，AICPA、FASB 和 SEC 的代表举行会议，决定由 AICPA 负责制定

---

① FASB. Concepts Statement No. 1, Objectives of Financial Reporting by Business Enterprises, 1978 (November). FASB. Concepts Statement No. 2, Qualitative Characteristics of Accounting Information, 1980 (May).

② 黄世忠：《公允价值：面向 21 世纪的计量模式》，载于《会计研究》1997 年第 12 期。

③ William R. Scott, Financial Accounting Theory, Prentice - Hall, Inc. , 1997.

恰当的会计准则来达到布里登主席的要求。后来，FASB 于 1991 年 10 月正式接手制定这方面的会计准则。其实，早在 1988 年 10 月 FASB 就启动了一个有关“公允价值”的研究项目，开始考虑在会计计量中更广泛地使用现值技术。1990 年 12 月，FASB 发布了一份讨论备忘录“会计中的现值计量”（Present Value-based Measurements in Accounting）。FASB 在 1990 年 12 月～1999 年 12 月间共发布了 32 个会计准则，其中 15 个涉及确认和计量问题，11 个涉及现值技术的使用。1996 年 2 月，FASB 在 1990 年讨论备忘录的基础上发布了一份题为“以现值为基础的计量”（The FASB Project on Present Value Based Measurements）的特别报告；1997 年 6 月，FASB 发布了一份财务会计概念公告的征求意见稿“在会计计量中使用现金流量信息”（Using Cash Flow Information in Accounting Measurements），1999 年 2 月又发布了该概念公告的第二份征求意见稿。2000 年 2 月，FASB 推出了第 7 号财务会计概念公告“在会计计量中使用现金流量信息和现值”（Using Cash Flow Information and Present Value in Accounting Measurements）。2003 年 6 月 FASB 将“公允价值计量”项目列入议程，专门研究公允价值在美国公认会计原则中的应用问题，制定统一的公允价值定义和计量框架并增加披露，为进一步拓展公允价值计量应用做好铺垫。

五、次贷危机期间 SEC 对公允价值会计的态度

美国次贷危机始于 2007 年 2 月，标志性事件是新世纪金融公司财务报告重述及其后来的破产事件，其后基于次贷的复杂性结构产品的交易市场遭遇不断增大的压力，使这些金融工具的市场估值持续下跌。美国金融机构对公允价值会计的责难始于 2008 年 3 月①，因为公允价值会计强迫它们在年报中确认这些复杂结构性产品所产生的巨额减值损失。此后，金融机构展开声势浩大的游说活动，呼吁在危机期间停止应用公允价值会计，引发危机期间公允价值会计应用问题的广泛争论。2008 年 10 月，建议暂停公允价值会计、研究其影响的《2008 紧急经济稳定法案》成为法律，使公允价值会计争论进一步升级。2008 年 12 月 31 日，SEC 发布关于公允价值会计的研究报告——《遵照“2008 紧急经济稳定法案”第 133 节的报告和建议：市值会计研究》，结论是暂停公允价值会计很可能增加市场不确定性并进一步打击投资者信心。SEC 的结论挽救了公允价值会计，也使相关争论暂时平息下来。

2008 年 3 月，美国国际集团因确认 2007 年第 4 季度的减值损失 110 亿美元，而向 SEC 发出请愿书，要求停止应用公允价值会计。② 美国国际集团的建议立即得到许多大型金融机构的响应，它们认为在市场估值下跌情况下按市场价格估计资产价值放大了金融机构的损失，导致一些金融机构经营失败。从财务报告的角度看，废除公允价值的建议显然是荒谬的。次贷危机期间，持有较多次贷产品的金融机构财务压力增大是不可避免的，捏造财务数据肯定不是解决问题的办法。FASB 对停止应用公允价值会计的反对态度是明显的，FASB 主席 Robert Herz 的表态是：“目前还没有修订公允价值会计规范的计划”，SEC 则拒绝发表任何评论。③ 在次贷危机所引发的公允价值会计争论的初始阶段，SEC 和 FASB 的言行就十分默契。另外，针对次贷产品交易市场流动性不足，导致企业相关资产公允价值估值中主观判断增多的情况，SEC 向主要金融机构发函，要求在 10－K 报告的“管理层讨论与分析”中增加公允价值计量方面的信

①②③ Francesco Guerrera and Jennifer Hughes. AIG urges ‘fair value’ rethink. Financial Times，March 13. 2008.

息披露，补充 SFAS 157 披露规范的不足。[①] SEC 此举的用意是明显的，它希望通过解决危机期间公允价值会计应用的具体实务问题，化解相关争论，减轻自己和 FASB 面临的压力。2008 年 9 月 16 日，SEC 又发布"2008 年 3 月信函附录"，提出关于非活跃市场情况下公允价值会计应用的披露要求。[②] 2008 年 9 月 30 日，SEC 与 FASB 发布联合公告，用问答形式阐述了对非活跃市场情况下公允价值会计应用问题的看法。[③] 2008 年 10 月，FASB 发布"工作人员立场公告"（FSP SFAS 157 -3），用具体例子对 SEC 信函及双方联合公告中的相关指南进行解释说明。[④] 以上这些事实说明，次贷危机爆发以来 SEC 和 FASB 一直相互合作、相互支持，共同致力于解决危机期间公允价值会计应用的具体问题。

SEC 一方面与 FASB 通力合作，努力为危机背景下公允价值会计应用新问题寻找恰当的解决方法；另一方面，SEC 又紧锣密鼓地进行公允价值会计的各项调查和研究工作。依据《2008 紧急经济稳定法案》，SEC 必须在 2009 年 1 月 2 日前提交研究报告并对是否停止公允价值会计做出抉择。该研究的结论决定公允价值会计的存废，因而备受关注。由于 SEC 支持金融工具主要按公允价值计量并一直与 FASB 在改进公允价值会计应用方面密切合作，再加上后续的调查和研究结论大多也支持公允价值会计，因而在是否停止公允价值会计方面 SEC 较早就有了明确的主张。在 2008 年 12 月 8 日召开的美国注册会计师协会（AICPA）全国会议上，时任 SEC 主席克里斯托弗·考克斯（Christopher Cox）就已经直言不讳地表达了对公允价值会计的态度。考克斯指出：[⑤]

"尽管研究工作尚未结束，但我愿与大家分享一些初步的研究成果。"

"第一，对于许多金融机构而言，每一季度均按市价计值并将价值变动计入损益的投资工具仅占其全部投资组合的较小比例。"准备出售证券"和贷款通常占投资组合的较大比例，众所周知，这些投资工具并非在每一期间都要按市价计值并将价值变动计入损益；相反，这些证券要通过判断来确定非暂时性减值金额（在一些情况下，很困难）。"

"第二，大多数投资者和其他人士认为，对投资工具而言，公允价值是一种简单、透明的计量方法。财务报告应满足投资者的需求。尽管其他财务报告使用者可能将财务报告作为重要的决策依据，如审慎监管机构，但提供给投资者的信息内容不应因其他需求而调整。"

"第三，会计准则一直很好地服务于我们的资本市场，但我们必须继续努力，为编制者和审计师开发更健全的最佳实务指南，尤其是非活跃市场中交易的证券的公允价值计量指南。学术界和实务界必须努力为编制者和审计师在这些棘手问题上达成一致提供必要指引。"

"我们已经取得的成绩说明会计准则制定部门有能力改进现有的减值模型。投资者也明确指出，当前的市值会计能提高财务信息的透明度，但应为非活跃市场情况下这些准则的恰当应用提供额外指南。"

《2008 紧急经济稳定法案》指出，金融机构依据 SFAS 157 中的市值会计指南编制财务报告，SEC 应对这些指南对金融机构资产负债表、信息质量和 2008 年银行破产的影响等展开研究。考克斯的讲话基本回答了该法案所提出的问题，表达了 SEC 的基本立场：第一，按市价

---

① SEC. Sample Letter Sent to Public Companies on MD&A Disclosure Regarding the Application of SFAS 157, March 2008.

② SEC. Sample Letter Sent to Public Companies on MD&A Disclosure Regarding the Application of SFAS 157, September 2008.

③ SECand FASB. SEC Office of the Chief Accountant and FASB Staff Clarification on Fair Value Accounting, September 2008.

④ FASB. FASB Staff Position, Determining the Fair Value of Financial Asset When the Market for That Asset is Not Active, October 2008.

⑤ Christopher Cox. Remarks Before the AICPA National conference on Current SEC and PCAOB Development, December 8, 2008.

计值的投资工具所占比例小，因而市值会计对金融机构资产负债表的影响不大，对 2008 年银行破产的影响也很小；第二，市值会计提高了金融机构财务报告信息质量，投资者对其认可度很高，停止使用会打击投资者信心；第三，危机期间的公允价值会计问题是非活跃市场情况下的具体应用问题，应通过开发针对性的指南来应对，而不是停止应用公允价值会计。另外，考克斯对危机爆发以来 FASB 的各项工作也表示满意。考克斯的上述观点与 2008 年 12 月 31 日 SEC 发布的研究报告的结论基本一致。这完全可以说明，在次贷危机引发的公允价值会计“危机”中，SEC 不仅一直坚定地支持公允价值会计，而且还积极与 FASB 合作，全力研究应对非活跃市场情况下公允价值应用的新挑战，这是会计界战胜金融机构责难和国会威胁、顺利渡过 2008 年难关的关键。

六、SEC 对公允价值会计态度转变的原因分析

从 1934 年组建至 1972 年第四任首席会计师安德鲁·巴尔离任的 38 年中，SEC 对公允价值会计一直持全盘否定的态度。一方面，SEC 逐步清除上市公司财务报告中的各类公允价值会计应用，另一方面坚决排斥任何偏离历史成本的各种改革努力。尽管会计准则制定部门、学术界和实务一直在努力阐释财务报告反映经济现实的重要意义，但 SEC 排斥公允价值会计的态度不仅没有缓和，反而越来越强硬。然而在 1972 年安德鲁·巴尔离任，新首席会计师约翰·C·波顿就任后，SEC 对公允价值会计的态度发生了彻底的转变，美国会计界迎来了财务报告计量领域改革的春天。20 世纪 80 年代“储贷危机”的经验和教训进一步增强了 SEC 在企业财务报告，尤其是金融机构财务报告中，逐步拓展公允价值会计应用的决心。事实上，自 20 世纪 90 年代以来，美国公允价值计量实务的发展就是 SEC 主席布里登积极推动的结果。随着公允价值会计在美国会计实务中应用范围的不断拓展，SEC 对公允价值会计的支持力度也越来越大。在次贷危机期间，SEC 在公允价值会计问题上面临的压力是前所未有的，但 SEC 并没有屈服，它一方面积极应对公允价值应用的新挑战，另一方面开展广泛的调查研究工作，用事实和证据回应金融机构的各种责难，捍卫了公允价值会计在财务报告中的地位。

自 1934 年组建至 2008 年次贷危机引发的金融危机全面爆发的约 73 年中，SEC 对公允价值会计的态度存在两个截然不同的阶段。1934 ~ 1972 年的 38 年间，SEC 对公允价值会计彻底封杀；1973 ~ 2008 年的 35 年间，SEC 对公允价值会计则全力维护。SEC 对公允价值会计态度的转变可能是多种因素综合作用的结果，但以下几方面因素可能起到了关键作用：

第一，危机事件的影响或推动。SEC 对公允价值会计的否定态度归咎于 20 世纪 20、30 年代公共事业企业资产重估增值的泛滥。但是，20 世纪 80 年代的储贷危机又直接推动了公允价值会计在美国会计实务中的发展。危机事件对公允价值会计的影响是重大的，但方向可能不同。

第二，SEC 关键成员的影响。SEC 第一届委员会委员希利对公允价值会计深恶痛绝，他的观点深深地影响了 20 世纪 30 年代加入 SEC 并先后成为首席会计师的 SEC 成员，使得排斥公允价值会计的传统一直传承至 20 世纪 70 年代。但是，约翰·C·波顿成为首席会计师后，SEC 却开始大力推行公允价值会计。约翰·C·波顿不仅未受到希利任何影响，而且还是现值会计大师菲利普·W·贝尔（Philip W. Bell）的弟子，他对公允价值会计的态度与其前任有天壤之别。SEC 关键成员对公允价值会计的影响是深远的。

第三，市场发展的影响。市场发展对公允价值会计的影响有两个层面：一是通货膨胀和市

场大幅波动使基于历史成本的财务报告传递虚假信息，推动了公允价值会计发展；二是股权分散程度加大使投资者保护意义越来越重要，“决策有用”成为财务报告首要目标。这是进一步促使 SEC 支持公允价值会计的另一重要因素。

七、美国公允价值应用历史总结

美国早期应用公允价值会计是满足公共事业企业商品定价需要。后来会计界的一些学者认识到公允价值会计可以反映物价变动对企业资产的影响，从而将企业与外部经济环境联系起来。在 20 世纪 70 年代通货膨胀严重的阶段，人们又发现应用公允价值会计可以引导企业关注其运营能力的维护，防止企业报告虚假利润。在发布 SFAC 1 和 SFAC 2 之后，FASB 将“决策有用”确定为财务报告的目标，将“相关性”和“可靠性”确定为财务信息的质量特征，已经为公允价值会计应用奠定了理论基础。20 世纪 90 年代后，金融工具计量问题的讨论，使人们进一步认识到了公允价值的长处；因为人们发现，历史成本无法对金融工具进行恰当地计量。后来，无形资产计量问题的讨论又一次让人们认识到了历史成本计量属性的局限性。近二十年来，随着世界经济全球化步伐的加快，全球统一资本市场逐渐形成，国际贸易更加自由，国际资本流动更加频繁，跨国公司兼并活动日益剧烈，致使企业所面临的经营环境复杂化、企业间的竞争白热化。在这样的环境下，一方面企业努力寻求借助金融创新规避风险，使各种金融工具层出不穷；另一方面投资者迫切要求财务报告能提供相关、及时并真实反映企业当前市场价值的信息，以满足他们在不断变化的经济环境中适时调整投资决策的需要，这客观上要求财务报告计量体系调整其目标和方向，从面向过去转变为关注现在和未来，努力从市场参与者的角度考察企业的资产和负债，将符合这种目标的公允价值计量模式作为其主要计量基础。美国公允价值会计应用的历史支持这样的结论：经济全球化、知识经济的快速发展、金融一体化和竞争白热化导致投资风险不断加大，同时知识经济的快速发展使“软资产”在企业价值创作中发挥着越来越重要的作用，客观上要求财务报告对它们进行确认和计量，这些可能是推动财务报告进一步拓展公允价值计量应用的直接原因；换言之，市场经济发展是推动公允价值取代历史成本成为财务会计主要计量模式的直接动因。

美国企业合并会计处理方法的演进及启示*

赵彦锋**

【摘要】企业合并是主体重新配置资源的重大交易，不同动因会促成不同的合并形式，对企业合并的会计处理方法随着合并实质的变化经历了两次变迁：从权益结合法到购买法，从购买法到购并法。会计的技术性与社会性决定了，其方法的演进是多种因素权衡的推动，其中关键是刻画交易实质与抑制管理层机会主义，我国现行合并准则的“二元制”即是证明。

【关键词】企业合并　权益结合法　购买法　购并法

在企业合并大潮中，反映合并交易的会计方法显得尤为重要，特别是会计数据的契约作用及定价功能使其具有经济后果，在有会计选择权的条件下，管理层会机会主义行事，这就要求压缩合并中处理方法的选择空间，这在美国合并会计处理演进中体现得尤为明显。

一、企业合并动因及合并方式

最近几十年来，全世界都经历了大量的企业兼并或接管，即两个或更多企业合并成一个单独实体进行共同管理和所有权控制，从而一个企业对另一个企业实现控制。最近，合并的数量仍在增多。

（一）企业合并经济实质

企业合并是指两个或两个以上彼此独立的企业通过共同控制而联合起来。在国际会计领域，广为接受的定义由美国修订后的财务会计准则 141 号作出，“企业合并是指一个企业获得对另一个或更多企业的控制权的交易或事项”。由此可知，取得另一个企业的控制权是企业合并的经济实质。从企业运作现实来看，控制权可以通过表决权（voting rights）或变动利益合同（variable interest contracts）实现，而前者是传统的控制权实现方式，本文主要讨论该方式下的合并会计方法。

（二）企业合并动因

企业合并是企业成长和提高竞争力的一种战略。在当今的市场竞争中，企业规模显得日益重要，即使单位产品利润空间较小，大型企业也能通过扩大销售量增加利润。虽然每一起合并

---

* 本文是国家哲学社会科学基金项目“金融危机后全球会计治理及其国际协调机制与我国对策研究”（批准号：10BJY020）及河南省软科学研究计划项目“虚拟经济语境下的会计监管创新研究”（122400450433）的阶段成果。

** 赵彦锋：河南财经政法大学。

案情况并不完全相同，但是很多合并都通过以下一种或几种方式潜在增强企业的盈利能力：使企业的产品与另一企业的销售或进一步加工实现纵向一体化；通过减少冗繁的设备与员工来节约成本；使新老产品快速进入国内、外市场；通过规模经济效应提高企业效率，同时增强企业的谈判力量；使企业能以更优惠的利率融资；分散经营风险。总之，大多数企业合并的主要动因来自于日益激烈的竞争环境。

（三）企业合并形式

企业合并可以通过不同交易形式实现，下列情形尽管各自的法律形式大不相同，然而都是企业合并。

（1）一个公司以现金、其他资产、负债、股票或者其组合取得另一个公司的资产，通常也包括负债，且被合并的公司通常解散。因此，只有合并企业仍然存在，并且直接吸收了被合并企业的净资产。法律上称这种方式为吸收合并（statutory merger）。

（2）一个公司以现金、其他资产、负债、股票或者其组合取得另一个公司的股本。在取得控制权之后，合并企业可以决定将其资产和负债转移到自己的财务记录中，而解散被合并企业。就从法律形式而言，该合并形式只有合并方存在，也被称为吸收合并。然而，这种吸收合并是通过取得权益而不是购买目标公司的资产，因此，合并企业必须在解散子公司之前取得对方100%的控制权。

（3）两个或多个公司将其资产或股本转移到一个新成立的公司，原有公司都解散，这种合并方式称为新设合并（statutory consolidation）。

（4）一个公司通过取得另一家公司大部分表决权股份而获得其法定控制权。虽然控制权存在，公司没有解散，参与合并的各方仍然作为独立的运营主体而存在。该合并中，合并方称为母公司，被合并方称为子公司。子公司保留自身的法律地位，能更好利用诸如许可证、商标、员工忠诚度以及公司的声誉等要素，因此该方式更受欢迎。企业合并会计处理的重点也是该种方式。

合并交易结果影响其会计程序，因此，从该角度将合并分为两类：合并后一方或多方解散、合并后各方仍保持独立法人地位。由于前者只需编制合并日的合并财务报表而变得简单，而后者需要周期性的编制合并财务报表而复杂，合并会计处理方法聚焦于该类情形。

二、合并会计处理方法演进

当一个公司取得对另一公司的控制权时，取得控制权（control）的一方就需要将各方的财务数据编制成合并财务报表（consolidated financial statements），这就是财务会计应对主体变化的合并方法。其基本思路是：将母子公司组成的集团（group）作为单一的经济实体（single economic entity），据此在将各独立公司的资产、负债、收入、费用报表项目简单相加，然后调整与抵销相互往来账户和内部交易，以保证报告的余额真实地代表合并主体。依据不同的理论，合并会计处理方法经历两次大变迁。

（一）从权益结合法到购买法

合理的会计方法应能刻画交易实质，合并的会计方法也不例外，然而合并的动机多样，并且其过程的结构化增加了会计处理的难度，为公允反映合并实质，理应有不同的会计方法应对合并交易。

1. **权益结合法**（pooling of interests method）

通过原所有者之间交换表决权股份，继而成为新合并企业的所有者的合并称为权益结合，其特征是合并前后所有者的权益是延续的，为反映该情况，权益结合法有两个重要步骤：（1）两个公司资产和负债的账面价值成为合并财务表的账面价值；（2）因为所有权的延续允许所有者确认企业合并之前及之后取得的收益，被合并方的收入和费用项目在合并日之前和之后都合并入合并报表。该方法可追溯到20世纪20年代的美国，当时合并主要在关联关系很强的企业之间进行，合并后，不改变原有资产用途，所有权也没有转移。1943年，美国联邦能源委员会正式提出“权益结合法”。该方法反映了合并中权益的结合的实质。

2. **购买法**（purchase method）

随着经济环境的复杂化，合并形式与内涵有了很大变化，特别是，参与合并的企业之间不再存在密切关系，合并实质不再表现为权益结合。为真实反映该种交易，人们提出购买法合并会计。购买法将企业合并视作与购置普通资产相同的交易，坚持成本原则，其关键在于确定合并成本、确定被合并企业可辨认净资产公允价值及商誉的处理。该法具有以下特点：（1）对被合并方的资产和负债按合并日的公允价值重新估价后，再与购买方的资产和负债的账面价值进行合并（折价购买除外）。（2）计算并确认合并过程中所形成的商誉（或负商誉）及资产增值（或贬值）。合并成本大于所取得被合并方的净资产公允价值时，确认商誉；合并成本小于所取得被合并方的净资产公允价值时，首先降低长期资产的公允价值，有关资产价值降为零，仍有差额的才确认合并收益，这种情况极少见。（3）被合并企业合并之前的留存收益不并入购买方留存收益中，只有合并之后的被购买企业净收益才纳入合并。

3. **两种方法的抉择**

1950年，美国会计程序委员会（CAP）发布了第40号会计研究公报（ARB40），提出了权益结合法的四个应用条件。结果是，企业合并可在权益结合法与购买法之间进行选择。随后，在权益结合法被广泛应用的同时，也招致了很多批评，因此其运用条件不断被修改。其焦点在于：该法提供了利润操纵空间以及其提供的会计信息是否有用。为此，1970年，会计原则委员会（APB）在第16号意见书《企业合并》中规定，完全符合12项条件才能使用权益结合法，否则，应采用购买法。该规定虽然遏制了权益结合法的滥用，但是并没有解决所有问题，该状况被美国财务会计准则委员会（FASB）发布财务会计准则公告第141号《企业合并》（2001）改变，禁止采用权益结合法，必须采用购买法。

（二）从购买法到购并法（acquisition method）

所有权的转移是任何资产购买的基本特征——不论是单一资产项目还是价值几十亿的公司。企业合并后，财务会计报告要求新的所有者（购买方）恰当记录交易中获得的各个项目的价值。购买法的成本原则未能反映商业合并这一重要交易的实质对购买方的影响，特别是折价购买。为此，美国2007年对第141号准则“企业合并”进行修订，要求对企业合并用购并法替代购买法，在2009年之后的财务报告中采用未来使用法（prospective application）。基于所有权转移的合并实质，购并法强调对被合并企业作价的公允价值计量属性，主要体现在以下的确认和计量中：（1）支付给被合并方的对价；（2）需单独识别的合并中取得的资产、承担的负债及任何非控制性权益（non-controlling interest）；（3）商誉（goodwill）或折价购买中产生的利得（gain on bargain purchase）。

购并法与购买法相比，有以下四方面差异：（1）合并资产、负债公允价值的分配，主要表现在折价购买（bargain purchase）情况下，购并法以被合并方资产在合并日的公允价值为基础，确认合并利得，而购买法坚持成本原则，降低被合并方长期资产的公允价值，只有有关资产价值减到零时，才可能确认利得。（2）合并直接成本，购并法下发生时直接费用化，而购买法将其计入合并成本。（3）或有对价，购并法下，按其公允价值计入合并对价，而购买法不计入合并对价而进行后续调整。（4）合并中取得的正在进行的研发项目（IPR&D），购并法下资本化，而购买法将其费用化。从整体来看，购并法更符合商业原则，因此成为美国现行准则中唯一保留的方法。

（三）合并财务报表理论

合并财务报表理论是指人们对合并财务报表的理性认识和判断，即如何看待由母公司和子公司（包括全资子公司和非全资子公司）所组成企业集团（合并主体）及其内部联系。目前主要有所有权理论、经济实体理论和母公司理论三种。

1. 所有权理论

所有权理论也称业主理论，它是一种着眼于母公司在子公司所持有的所有权的合并理论。依据这一理论，编制合并财务报表时，对于子公司的资产与负债，只按母公司所持有股权的份额计入合并资产负债表；对于子公司的收入、费用与利润，也只按母公司持有股权的份额计入合并利润表。该理论强调形式的所有权比例，本质上是比例合并，能够统一对被投资单位从“重大影响”到“控制”的不同影响程度，然而忽略了合并中“控制”实质及其受托责任（accountability）扩展及其带来杠杆效应，因此，该理论随着对“共同控制”的被投资单位转用“权益法”而停用。因此，目前合并财务报表主要采用以下两种理论。

2. 经济实体理论

实体理论是一种站在由母公司及其子公司组成的统一实体的角度，来看待母子公司间的控股合并关系的合并理论。它强调单一管理机构对一个经济实体的控制。依据这一理论，编制合并财务报表的目的在于，提供由不同法律实体组成的企业集团作为一个统一的合并主体进行经营的信息。因此，母公司及其子公司的资产、负债、收入与费用，也就是合并主体的资产、负债、收入与费用。依据实体理论编制合并财务报表时，如果母公司未能持有子公司100%的股权，则要将子公司净资产（资产减负债后的净额）区分为控股权益与少数股权。尽管少数股权只与它们持有股份的子公司有关，但在依据实体理论编制合并财务报表时，少数股权与控股权益一样，也属于合并主体的所有者权益的一部分。合并利润表上的合并净利润中，包括子公司非控制性股东所持有的子公司净利润的份额。

3. 母公司理论

母公司理论是一种站在母公司股东的角度，来看待母公司与其子公司之间的控股合并关系的合并理论。这种理论强调母公司股东的利益，它不将子公司当作独立的法人看待，而是将其视为母公司的附属机构。依据这一理论编制的合并财务报表，不仅要反映母公司股东在母公司本身的利益，而且要反映它们在母公司所属子公司的净资产中的利益。当母公司并不拥有子公司100%的股权时，要将子公司的非控制性股东视为集团外的利益群体，将这部分股东所持有的权益（少数股权）视为整个集团的负债。依据母公司理论编制合并财务报表，实际上是在母公司个别财务报表的基础上扩大其编制范围：合并资产负债表实际上是在母公司个别资产负债表的基础上，用所有子公司的资产、负债来代替母公司个别资产负债表上的“长期股权投资——对子公司股权投资”项目，合并主体的所有者权益只反映母公司的所有者权益，而不包括子公司的所有者权益；合并利润表实际上是在母公司个别利润表的基础上，用子公司的各收入、费用项目代替母公司个别利润表上的“投资收益——对子公司投资收益”项目。合并净利润中不包括子公司非控制性股东所持有的子公司净利润的份额，而将其视为企业集团的一项费用。

就经济实体理论与母公司理论而言，其在形式上，无论母公司拥有子公司所有权比例多少，都将子公司百分之百的资产、负债或收入、费用逐项并入母公司财务报表。但是由于实质上看问题的角度差异，两种理论在对“非控制性股东”上存在重要差异，经济实体理论真正将集团作为单一会计主体，集团权益及收益在“非控制性股东”与“控股股东”（母公司）之间分配；而母公司理论将“非控制性股东”视作集团的外部债权人，由此，子公司实现的利润归属于“非控制性股东”的部分成为集团的费用，由此可见，该理论在逻辑上与合并理念相悖，即将本质是所有者的“非控制性股东”排除在外，并且形式上，其是将合并财务报表作为母公司个别财务报表拓展的做法，降低了合并报表的有用性。由此，合并财务报表编制主要依据经济实体理论，实务中会因现实经济环境有所变通。

（四）三种合并方法的比较：基于实例

为比较上述三种合并会计处理方法，现举例进行说明。A 公司于 2013 年 1 月 1 日，发行股票 10 000 股（面值，$1/股，公允价值 $120/股）对 B 公司进行合并，支付法律及会计服务费 $25 000。同时，A 公司同意在 B 公司完成规定利润目标时，额外支付或有对价，其公允价值为 $150 000。表 1 是合并日 B 公司净资产的账面价值与公允价值。

表 1　　合并日 B 公司净资产账面价值与公允价值表

1月1日	账面价值	公允价值
流动资产	$30 000	$30 000
互联网域名	160 000	300 000
许可协议	0	500 000
正在进行的研发项目	0	200 000
应付票据	（25 000）	（25 000）
净资产合计	$165 000	$1 005 000

按照上述三种方法，合并日 A 公司编制的合并财务报表的主要项目如表 2 所示。

表 2　　三种方法合并报表数据比较表

1月1日	权益结合法	购买法	购并法
流动资产	$30 000	$30 000	$30 000
互联网域名	160 000	300 000	300 000
许可协议	0	500 000	500 000
正在进行的研发项目	0	0	200 000

续表

1月1日	权益结合法	购买法	购并法
商誉	0	220 000	345 000
应付票据	(25 000)	(25 000)	(25 000)
或有对价	0	0	(150 000)
净资产合计	$165 000	$1 005 000	$1 005 000

由表2可以看出：(1) 购买法与购并法都是按公允价值合并被合并方的资产与负债，而权益结合法是按账面价值合并，结果是，尽管合并交易金额为 $1 350 000，而权益结合法反映的只有 $1650 000 净资产交易。随之而来的是，权益结合法反映较低的折旧与摊销费用，因此会有较高的未来利润，进而严重夸大净资产收益率等财务比率。(2) 购并法将或有对价公允价值计入合并成本，而该成本远远大于服务费用等直接合并成本，使得该法下的商誉大于购买法下的商誉。(3) 购并法中公允价值的一致运用，体现了准则制定机构加大管理层对合并后集团受托责任的要求。

三、对我国企业合并处理的启示

（一）我国合并会计与美国的比较

从我国现行准则来看，对合并会计采用“二元制”：非同一控制下的企业合并采用购买法，而对同一控制下的企业合并则采用权益结合法。这意味着，被美国从限制到禁止的“权益结合法”我国仍在使用，而其适用条件与美国原来运用时的合并交易实质也相去甚远，其仅强调“同一控制”的形式，而非“换股合并”的实质，这与会计信息质量要求的“实质重于形式”不符。从购买法的运用来看，与美国做法保持同步，表现在：1. 理论上，由原来的母公司理论转向基本依据经济实体理论；2. 事务上，2006 年《企业合并》准则照搬美国 SFAS141 中的购买法，随后在美国修订“企业合并”准则后，我国财政部在 2010 年以《企业会计准则解释第 4 号》的形式将原方法完善成购并法。同时，我们应该看到在购买法的运用中，我国与美国的主要差异在于：商誉的确认上，即我国仅确认母公司的商誉，而美国准则确认全部商誉。这一差异源于对“非控制性股东权益”的计量法不同，美国运用公允价值计量，由此会产生归属于“非控制性股东”的商誉，并且由于控制权溢价的存在，控股股东与非控制性股东分配的商誉不成比例；而我国现行准则对“非控制性股东”按其享有的被投资单位可辨认净资产公允价值份额计量，这就不会对其分配商誉，而在商誉减值测试中会用忽略控制权溢价的方法倒推归属于非控制性股东的商誉。

（二）对我国的启示

作为资本市场发达的美国，其合并会计处理方法的演进，可为我们提供以下启示。

1. 会计的反应性本质

为实现财务会计如实反映交易或事项的目标，会计处理方法适应经济环境的变化而变化。企业合并会计处理方法的变迁，很好地体现了这一点。为反映最初有关联之间企业合并的权益交换实质，权益结合法得以广泛使用。后来，随着企业合并本质转向无关联企业之间立足市场的战略合并，合并会计方法也从独立交易主体出发，选择公允价值作为计价基础，从购买法的不完全坚持最终到完全坚持的购并法。合并形式及实质的变迁是推动合并会计方法发展的动力，而秉持的理念是其方法的支撑，比如，绝对控制的全部合并摒弃了比例合并法，再如，从“成本”到“公允价值”体现了对合并重要性的认识，触发“新起点”（fresh-start）计量，而取得控制权之后的股权处置与取得均视作权益交易（equity transaction），而不会引起重新计量。

2. 会计合并方法的经济后果

经济后果是选择会计方法时的重要考虑因素，这被允许对权益结合法与购买法做出选择的期间现象证明。包括管理层报酬在内的很多契约以报告的净利润为基础，能增肥业绩的权益结合法得到青睐，甚至不惜构造条件将应采用购买法的合并伪装成权益结合法，备选方法的存在，为管理层提供了操纵空间。而我国权益结合法运用于同一控制下的企业合并中，无疑为人为控制业绩提供便利，这应作为监管的重点。

3. 对我国企业合并会计处理改进建议

我国现行企业准则对企业合并会计处理的“两元格局”是我国国情的反映。然而，我们应注意到，在企业合并准则执行过程，存在构造同一控制条件，以运用权益结合法的情形，这一已被美国的历史证明两种方法的并存难以避免选择。为此，应发布准则指南严格限定权益结合法的使用，并将监管期间拓展至合并前后若干期间，以有效识别伪装行为。需要指出的是，我国现行的购买法与购并法还存在上述差异，并且对购并法中公允价值的确定也颇有微词，这是我国今后企业合并会计完善的方向。

多种动因引发企业合并，不同的合并会计处理方法会带来经济后果，由此，影响资源配置效率，而有的企业为采用特定的会计处理方法，不惜运用结构化交易，形成规则驱动性交易，这会带来巨大的成本。因此，准则的制定、完善应慎之又慎！

主要参考文献

［1］黄世忠、陈箭深、张象至、王肖健：《企业合并会计的经济后果分析》，载于《会计研究》2004 年第 8 期。

［2］Hoyle，Schaefer，Doupnik. 2011. Advanced accounting，McGRaw – Hill International Edition.

后　　记

本书是中国会计学会第八届会计史国际学术研讨会的论文集。该研讨会由中国会计学会会计史专业委员会主办，河南财经政法大学会计学院承办。在本书出版之际，在此就河南财经政法大学会计学院对研讨会的支持表示感谢。

中国会计学会会计史专业委员会

2015 年 11 月 2 日